Aus dem Himmel ohne Grenzen
trittst du tastend an das Licht,
du hast Namen und Gesicht,
wehrlos bist du wie wir Menschen.

Als ein Kind bist du gekommen,
wie ein Schatten, der betört,
unnachspürbar wie das Rauschen,
das man in den Bäumen hört.

Bist uns als ein Wort gegeben,
Furcht und Hoffnung in der Nacht,
Schmerz, der uns genesen macht,
Anbeginn und neues Leben.

Huub Oosterhuis

Aus dem Himmel ohne Grenzen

Weihnachten in aller Welt

herausgegeben von
Hans Steinacker

Verlag der
Liebenzeller Mission
Lahr

Bildnachweis:
S. 1: T. u. H. Herzig; S. 20: W. Layer/E. Geduldig; S. 64: Bildarchiv Fiebrandt; S. 71: G. Gölz;
S. 91: Fotoverlag Huber; S. 95: K.-H. Schlierbach; S.98/99: B. Senftleben; S. 210: H. + B.
Dietz; S. 237: H. Oppitz; S. 246: B. zur Bonsen; S. 247: E. Geduldig; S. 251: G. Weissing;

Die Deutsche Bibliothek – CIP-Einheitaufnahme

Aus dem Himmel ohne Grenzen : Weihnachten in aller Welt / hrsg. von Hans Steinacker. –
Lahr : Verl. der Liebenzeller Mission, 2000
    ISBN 3-88002-686-6

ISBN 3-88002-686-6

VLM-Bücher 40011
Alle Rechte vorbehalten, auch der auszugsweisen Wiedergabe und Fotokopie
© Copyright 2000 by Edition VLM
im Verlag der St.-Johannis-Druckerei, Lahr
Umschlaggestaltung: Grafisches Atelier Arnold, Dettingen
Umschlagfoto: W. Rauch
Gesamtherstellung:
St.-Johannis-Druckerei, 77922 Lahr
Printed in Germany 13840/2000

Inhalt

Vorwort eines alten Esels

Hans Steinacker

Ein grauhaariger Esel sitzt vor seinem Computer und soll ein kluges Vorwort schreiben. Einfach deswegen, weil er aus der Lesefutterkrippe seiner Bibliothek vierzig Weihnachtsgeschichten sowie Lieder und Gedichte aus dem Schatz der Weltliteratur ausgewählt hat. Von Island bis Südafrika, von East Harlem bis Sizilien. Sie beginnen im deutschsprachigen Mitteleuropa und führen dann vom Osten – weil dort bekanntlich die Sonne aufgeht – um den ganzen Erdkreis.

Warum nun gerade vierzig? In seinem Eselshirn dachte er, daß die Zeit zwischen Advent und dem Dreikönigsfest vierzig Tage ausmacht. Für jeden Tag also eine Erzählung. Sie sollen uns in das neue Kirchenjahr begleiten. Um doch ehrlich zu sein: Der 1. Januar ist alles andere als ein richtiger Jahresanfang. Wenn die Inventur gemacht und schon die Schokoladenosterhasen in die Regale sortiert werden, erinnert sich ein alter Esel nur daran, daß dieser Tag mit seiner riesigen Silvesterknallerei sich doch ziemlich kraftprotzend ankündigt. So als habe er es wirklich nötig, sich aufzuplustern. Also nicht viel mehr als Schädelbrummen. Und die Moralpeitsche, die er immer schwingt, um aus ihm gute Vorsätze herauszupressen.

Da ist ihm der Advent mit seinen langen Nächten schon lieber. Er kündet von Hoffnung und Erwartungen, nicht nur durch die Lichterketten an den Tannen draußen und in den Häusern. Als alter Packesel, dem man im Laufe seines langen Lebens etliches an Lasten aufgebrummt hat und der manchen stolprigen Pfad oft mehr gezerrt wurde als er freiwillig gegangen ist, versteht er die Freude, wenn dann einer endlich am Ziel ist. So wie in vielen dieser vierzig Erzählungen. Sie haben in der Regel die Sorge um das tägliche Brot, sprich unser viehisches Leben, zu ihrem Thema. Materielle Not also, aber auch Liebe und Leid, Streit und Versöhnung. Alles das gehört ja zu unserem Eselsdasein. Und das verbindet doch uns alle, jung und alt, arm und reich, schwarz, weiß und gescheckt.

Seit der Esel von der Krippe weiß, macht er sich jedes Jahr auf die Reise. Immer wieder neu. Manchmal störrisch und vom Streß keuchend, aber nie allein, immer mit seinem Mitochsen und manch anderem Gesell. Denn an der Krippe ist viel Platz, weil alle kommen dürfen und noch nie jemand fortgejagt wurde.

Ich lade mit diesen Geschichten junge und alte, erwartungsfrohe und abgestumpfte Mitesel und Miteselinnen ein, mir zu folgen. Auch wenn der Weg manchmal im Dunkeln liegt, wir Blickkontakt mit dem Stern aufnehmen und halten müssen und mancher dumme Artgenosse es nicht glauben und uns sogar aufhalten will. Glaubt es mir: Alle Wege dieser Welt führen letztlich nach Bethlehem. Zum Kind in der Krippe.

Transeamus usque Bethlehem

Joseph Wittig

Der Dezember war immer der friedlichste Monat im Gottschlich-
häuslein droben an der Jäschkenlehne. Der Unfriede kommt bekanntlich daher, daß irgendein Teil des Leibes oder der Seele nicht
genug beschäftigt ist, oder wenn das Herz keinen rechten Gegenstand
seiner Liebe hat, oder wenn der Verstand stehen bleiben muß, weil er
nicht mehr weiter kann, auch wenn es für den Willen nicht genug zum Wollen
gibt, oder wenn das im Menschen, was nach Gott hungert, Gott zu wenig hat.
Es braucht aber nicht immer gleich alles satt zu werden. Auch der hungrigste
Magen schweigt manchmal ganz still und denkt gar nicht an Speise und Trank,
wenn das Herz gerade sehr beschäftigt ist, weshalb man gern sagt, daß man auch
von der Liebe satt werden kann. Oder wenn ein Gelehrter in dem alten städtischen Archiv gerade eine noch ganz unbekannte Urkunde gefunden hat, dann
ist's, als ob er gar keinen Magen oder gar keine Braut oder kein eheliches Weib
hätte; er ist ganz zufrieden, braucht sogar, wie ein Seliger des Himmels, gar kein
Mittagessen, obgleich er sonst sehr unzufrieden und erbittert sein kann, wenn
beim reichlichsten Mittagessen auch nur eine Kleinigkeit fehlt, vielleicht nur das
Salzfaß auf dem Tische.

Der Gottschlich Heinrich ging auf die Glashütte, und seine Frau hieß Marie.
Sie waren beide gute Menschen und hatten, als sie noch jung waren, einander
sehr gefallen, obwohl es sich damals schon zeigte, daß sich keins vom anderen
etwas gefallen lassen konnte; es mußte erst immer einen kleinen Kampf geben.
Sie wurden einander nie ganz satt. Gottschlich Heinrich verdiente recht gut, da
er an der Glashütte Formenmacher war. Er hatte auch ein paar Morgen Acker
geerbt, und seine Frau Marie verstand sich gut mit der Landwirtschaft. Zu Mar-
tini hatten sie immer eine Gans, und wenn es dann schneite, konnten beide hübsche Pelzmützen aus der Mottenlade nehmen. Und so gab es eine ganze Anzahl
von Stunden im Jahre, in denen sie recht zufrieden waren. Aber dann! Sie konnten sich eben nichts voneinander gefallen lassen. Er sah aber auch alles, was an
seiner Frau nicht ganz recht war, und sie sah aber auch alles, was an ihm nicht
ganz recht war. Und er mußte dann davon reden, und sie mußte dann davon reden.

Das wurde im Dezember ganz anders. Da holte Gottschlich Heinrich vom Boden das große Brett, schraubte zwei Holzstützen an die Balkenwand der Stube
und legte das Brett darauf. Von diesem Augenblicke an gab es im Gottschlichhause keinen Unfrieden mehr. Wenn Frau Marie jetzt noch in der Meinung, sie
dürfe sich vom vorigen Augenblicke her etwas nicht gefallen lassen, etwa sag-

te: »Du hättest halt in Glatz weiter studieren und Pfarrer werden sollen, aber du hast's ja wegen der Ziegen daheim nicht länger als drei Jahre ausgehalten«, da sah Gottschlich Heinrich nur auf das leere Brett und begann leise zu pfeifen: »Transeamus usque Bethlehem!« Sonst konnte er rasend werden, wenn ihn Marie an jene drei Jahre erinnerte, und Marie konnte dann immer noch etwas Giftiges darauf sagen.

Daß es nicht so war, sobald das Brett auf seinen Stützleisten lag, hatte einen sehr natürlichen Grund. Die beiden hatten einmal um Weihnachten ein Kindlein gehabt, den Jungen, der nun als Handwerksgesell in der Welt umherzog. Da hatte Gottschlich Heinrich nicht nur gepfiffen, sondern gepfiffen und gesungen: »Mariam et Heinrich et infantem positum in boc praesepio.« Gar mancher Rigorist wird das geschmacklos finden, aber Marie hatte damals selig gelächelt, als ihr Heinrich an den Wäschekorb trat, worin das Kind lag, und als er ihr mit seiner sonoren Hirtenstimme und mit seinen Kenntnissen von jenen drei Jahren her erklärte: »Das heißt: Hier ist unser Bethlehem Maria und Joseph und das Kind, das in diesem Wäschekorb liegt.« Seitdem hatte sich das Lied in beider Herzen gestohlen. Über Marie kam immer wieder jenes Lächeln, so oft sie es hörte; Heinrich pfiff und sang es aber nur, wenn wieder ein Kind im Wäschekorb lag oder wenn es außerdem einmal Advent war, das heißt, wenn er eben jenes Brett an die Wand angeschraubt hatte.

Von diesem Augenblicke an sah er immer nur das Brett und den Raum darüber, aber gar nicht mehr, was an seiner Marie nicht ganz richtig war. Das Brett und der Raum beschäftigten ihn so, daß er weder für sein Herz noch für sein Rechthabenwollen und Sich-nichts-gefallen-lassen-wollen sehr viel Nahrung brauchte. Im Traum wie im Wachen baute er an Stadt und Stall von Bethlehem und an dem Hirtenberge. Kaum hatte in der Glashütte die alte Glocke des Wärters den Feierabend angekündigt, war er schon auf dem Wege. Nach Hause? Nein, nach Bethlehem, das heißt nach dem Raume über dem Brett. Und sein Mund spitzte sich: »Transeamus usque Bethlehem!« Und da die Melodie nicht im Marschtempo war, ging er bald in Viertelnoten, bald in Achtelnoten, machte mit seinen Hüften all die Schleifen und Bogen, die über den Noten liegen, stockte mit seinem Fuß bei jeder Pause, so daß die Glashüttenjungen, die ärgsten aus der ganzen Umgegend, hinter ihm herhüpften und sagten: »Unser Formenmachermeister wackelt wie eine Ente.« Manchmal sogar – das darf ich aber schier nicht verraten – begann er schon während der Werkstattarbeit mit dem Pfeifen, und dann wurde aus der Form, die er anweisungsgemäß machen sollte, ganz unwillkürlich ein Haus von Bethlehem oder eine Schäferhütte oder eine Windmühle für den Hirtenberg, die er sich dann geschwind in die Tasche steckte, indem er sagte: »Selbst der Gerechte fällt siebenmal am Tage« – und er war doch nicht einmal ein Gerechter.

Auch ein ganz eigentümliches Nicken mit dem Kopfe hatte Gottschlich Hein-

DEUTSCHLAND

rich im Advent an sich. Das kam von den tausend schönen Gedanken und Plänen, die ihm für den Bau von Bethlehems Stadt, Stall und Hirtenberg einfielen. Sie waren alle so schön, daß er unbedingt ja dazu sagen mußte. Und bei jedem ursprünglichen Menschen, bei dem Leib und Seele oder wenigstens noch Kopf und Seele ein Ganzes sind, gibt es kein Ja, ohne daß der Kopf dazu nickt. Auch daher kam es, daß im Gottschlichhause der Dezember der friedlichste Monat war. So oft nämlich die Marie etwas sagte, nickte der Heinrich mit dem Kopfe, nicht zu dem, was Marie sagte, sondern zu dem famosen Gedanken, der ihm eben eingekommen war, vielleicht, daß er dem einen Schäfer einen Brummbaß und einem anderen eine Ziehharmonika in die Hände geben wollte, aber Marie dachte, das Zunicken gelte ihrer Rede, und meinte: »Nun endlich lernt er den gebührenden Gehorsam, den ich am Altare für ihn gelobt habe!«

Dieses Mißverständnis wurde für beide zum allerseligsten Verständnis für die ganze Adventszeit. Und wenn es dann Weihnachten wurde, war es soweit, daß Gottschlich Heinrich alles tat, was seine Frau wollte, und wenn er einmal etwas tat, was sie nicht gewollt hatte, dachte sie, sie hätte es so gewollt, hätte es sicher so gesagt; und sogar, wenn er etwas tat, was sie durchaus nicht gewollt hatte, was sie sich mit einem Rückfall in außeradventgemäße Unmanier verboten hatte: »Heinrich, das tust du aber auf keinen Fall!«, sogar dann meinte sie, sie hätte doch vielleicht eine Gegenorder gegeben und Heinrich tue genau nach ihrem Willen.

Wenn das so Jahr für Jahr geht, dann wird etwas daraus. Gottschlich Heinrichs Leben wurde ganz und gar ein Transeamus, und da sich Marie nicht von ihm scheiden lassen wollte, mußte sie mit. Heinrich hatte mit seinem Schwager, dem Fiebigbauer, seit Jahren einen Streit wegen einer Glaservante, von der er meinte, sie gehöre seiner Frau und nicht der Fiebigen, seiner Frau Schwester. Und da der Marie die Glaservante gefiel, so gefiel ihr auch ausnahmsweise, daß ihr Mann die Glaservante für sie beanspruchte und daß er, als er sie nicht bekam, niemals mehr in den Hof oder durch den Hof des Fiebigbauern gehen mochte, obwohl dies geographisch und sittlich der nächste Weg vom Jäschkenhübel zur Kirche war. Den Fiebigbauern drückte dies so sehr, daß er schier keine Freude an der alten Glaservante hatte, um so mehr, als seine Frau eine neue hatte stehen sehen, die sie sehr gern gehabt hätte. Er fand nur keinen Weg zum Jäschkenhübel, obwohl ein ganz breiter Weg hinaufführte. Es fehlte eben das Transeamus. Der Fiebigbauer konnte es nicht einmal pfeifen. Da war es nun doch sehr gut, daß es der Gottschlich Heinrich pfeifen konnte. Als er nämlich nach der Weihnachtseinbescherung mit seiner Marie zur Kirche in die Christnacht gehen wollte und den Schlüssel herumdrehte, quietschte das alte Schloß. Und da es den pfeifenden Menschen gerade so geht wie den Kanarienvögeln, daß sie nämlich zu pfeifen beginnen müssen, sobald etwas quietscht, begann er gleich zu pfeifen: »Transeamus usque Bethlehem!«

Drunten im Fiebighofe brannten noch die Christbaumlichter, genau zwischen dem Gottschlichhause und der Kirche. Aber das Gottschlichsche Ehepaar wollte wieder den Umweg gehen, obwohl er diesmal mit großen Schneewehen bedeckt war. Schon beim dritten Schritt geriet Frau Marie bis an die Knie in einen vollgeschneiten Graben, während ihr Mann gerade wieder zu singen begann: »Transeamus!« »Au!« schrie Marie, und zwar so inhaltsreich, daß darin alle Befehle und Verbote an ihren Mann enthalten waren. »Du«, sagte Heinrich wie in gebührendem Gehorsam. »Transeamus, das heißt: wir sollen keine Umwege machen, sondern wir sollen mitten durchgehen. Hast du nicht eben gesagt, wir sollen durch den Fiebighof gehen? Ich bin bloß aus alter Gewohnheit hier herum gegangen. Natürlich sollst du deinen Willen haben!« Und schon zog er das Weib auf den breiten Fiebigweg. Und da der Schnee bis zu den nackten Kniekehlen gekommen war, mußte Marie tüchtig aufstampfen, damit er wieder abfiele, und konnte infolgedessen nicht bald klar werden, ob sie es gesagt hätte oder nicht, nämlich, daß sie den Fiebigweg gehen wolle.

Jetzt trieb aber das Transeamus den Gottschlich Heinrich so weit, daß er nicht nur durch den Fiebighof, sondern auch durch das Fiebighaus ging, wo sich die Fiebigleute gerade zur Christnacht zurecht machten.

Und am anderen Morgen, als die Gottschlichleute ziemlich spät aus dem Schlafe erwachten und einmal vor die Haustür traten, stand unter dem Vordach das Erbstück der alten Fiebigmutter, die Glasservante. Und ein Zettel lag darin, darauf stand: »Zum Christkind!«

Seitdem gewöhnte sich auch Marie an das Transeamus. Wenn ein Weib so viele Kinder hat, muß es durch sehr vieles hindurchgehen. Da erleichtert ein solches Kommandowort aus glücklicherer Zeit und aus jugendlicheren Jahren jeglichen Übergang. Ich durfte bei ihrem Manne sein, als er aus dieser Zeitlichkeit in die Ewigkeit gehen sollte. »Transeamus!« sagte er, und dann fügte er die Worte hinzu, zu denen er bei Lebzeiten gar nicht immer gekommen war: »Gloria, Gloria, Gloria in excelsis Deo!« Und als ich mich nach dem Traueressen von seiner Frau verabschiedete, ich glaube, sie sagte: »Transeamus!«

Josef und der störrische Esel

Karl Heinrich Waggerl

Als der heilige Josef im Traum erfahren hatte, daß er mit seiner Familie vor Herodes fliehen müsse, weckte der Engel auch den Esel im Stall.

»Steh auf!« sagte er von oben herab, »du darfst die Jungfrau Maria mit dem Herrn nach Ägypten tragen.«

Dem Esel gefiel das gar nicht. Er war nicht sehr fromm, eher ein wenig störrisch. »Kannst du das nicht selbst besorgen?« fragte er verdrossen. »Du hast doch Flügel, und ich muß alles auf dem Buckel schleppen! Warum denn gleich nach Ägypten, so weit?«

»Sicher ist sicher!« sagte der Engel, und das leuchtete dem Esel ein.

Als er aus dem Stall trottete und sah, welche Fracht der heilige Josef für ihn zusammengetragen hatte – das Bettzeug für die Wöchnerin und Windeln für das Kind, das Kistchen mit dem Gold der Könige und zwei Säcke mit Weihrauch und Myrrhe, einen Laib Käse und eine Stange Rauchfleisch von den Hirten, den Wasserschlauch und schließlich Maria mit dem Knaben –, da fing er gleich wieder an, vor sich hin zu maulen: »Immer dasselbe bei solchen Bettelleuten! Mit nichts herkommen, und schon haben sie eine Fuhre für zwei Paar Ochsen beisammen.«

Der Esel wölbte den Rücken, um die Last zurechtzuschieben, und dann wagte er einen Schritt, vorsichtig, weil er dachte, der Turm müsse über ihm zusammenbrechen, sobald er einen Fuß voransetzte. Aber seltsam, plötzlich fühlte er sich wunderbar leicht, als ob er selbst getragen würde; er tänzelte geradezu über Stock und Stein in der Finsternis.

Nicht lange, und es ärgerte ihn auch das. »Will man mich verspotten?« brummte er. »Bin ich etwa nicht der einzige Esel in Bethlehem, der vier Gerstensäcke auf einmal tragen kann?« In seinem Zorn stemmte er die Beine in den Sand und ging keinen Schritt mehr. Wenn Josef mich jetzt auch noch schlägt, dachte er erbittert, dann hat er seinen ganzen Kram im Graben liegen!

Doch Josef schlug ihn nicht. Er griff unter das Bettzeug und suchte nach den Ohren des Esels, um ihn zu kraulen. »Lauf noch ein wenig«, sagte er sanft, »wir · rasten bald!«

Darauf seufzte der Esel und setzte sich wieder in Trab. So einer ist nun ein großer Heiliger, dachte er, und weiß nicht einmal, wie man einen Esel antreibt.

Mittlerweile war es Tag geworden, und die Sonne brannte. Josef fand einen dürren Strauch in der Wüste, in seinem Schatten sollte Maria ruhen. Er lud ab und schlug Feuer, um eine Suppe zu kochen. Der Esel wartete voll Mißtrauen auf sein Futter, aber nur, damit er es verschmähen konnte. »Eher fresse ich meinen Schwanz«, murmelte er, »als euer staubiges Heu!«

Es gab jedoch kein Heu, nicht einmal Stroh – der heilige Josef hatte es in seiner Sorge um Weib und Kind vergessen. Sofort überfiel den Esel ein unbändiger Hunger. Er ließ seine Eingeweide so laut knurren, daß Josef entsetzt um sich blickte.

Inzwischen war die Suppe gar geworden. Alle aßen davon, und das Kind trank an der Brust der Mutter. Bloß der Esel stand da und hatte kein einziges Hälmchen. Es wuchsen nur etliche Disteln im Geröll.

»Gnädiger Herr!« sagte er erbost und richtete eine lange Rede an das Jesuskind, scharfsinnig und ungemein deutlich in allem, worüber die leidende Kreatur vor Gott zu klagen hat. Das Kind hörte alles aufmerksam an. Schließlich beugte es sich herab und brach einen Distelstengel, den bot es ihm an.

»Gut!« sagte der Esel, bis ins Innerste beleidigt. »So fresse ich eben eine Distel! Aber in deiner Weisheit wirst du voraussehen, was dann geschieht. Die Stacheln werden mir den Bauch verstechen. Dann seht zu, wie ihr nach Ägypten kommt!«

Wütend biß er in das harte Kraut und sogleich blieb ihm das Maul offen stehen. Denn die Distel schmeckte nach süßestem Honigklee und würzigstem Gemüse. Niemand kann sich etwas derart Köstliches vorstellen.

Für diesmal vergaß der Graue seinen ganzen Groll. Er legte die langen Ohren andächtig über sich zusammen, was bei einem Esel soviel bedeutet, wie wenn unsereins die Hände faltet.

Es könnte ein Christbaum sein ...

Wie der Waldbauernbub dem Brüderchen den Christbaum bescherte

Peter Rosegger

Es waren die ersten Weihnachtsferien meiner Studentenzeit. Wochenlang hatte ich schon die Tage, endlich die Stunden gezählt bis zum Morgen der Heimfahrt von Graz ins Alpel. Und als der Tag kam, da stürmte und stöberte es, daß mein Eisenbahnzug steckenblieb. Da stieg ich aus und ging zu Fuß frisch und lustig sechs Stunden lang durch das Tal, wo der Frost mir Ohren und Nase abschnitt, daß ich sie gar nicht mehr spürte. Durch den Bergwald hinauf, wo mir so warm wurde, daß die Ohren auf einmal wieder da waren und heisser als je im Sommer.

So kam ich, als es schon dämmerte, glücklich hinauf, wo das alte Haus, schimmernd durch Gestöber und Nebel, wie ein verschwommener Fleck stand, einsam mitten in der Schneewüste. Als ich eintrat, wie war die Stube so niedrig und dunkel und warm – urheimlich. In den Stadthäusern verliert man ja allen Maßstab für ein Waldbauernhaus. Aber man findet sich gleich hinein, wenn die Mutter den Ankömmling ohne alle Umstände so grüßt: »Na, weil d'nur da bist!«

Auf dem offenen Steinherd prasselte das Feuer, in der guten Stube wurde eine Kerze angezündet.

»Mutter, nit!« wehrte ich ab, »tut lieber das Spanlicht anzünden, das ist schöner.«

Sie tat's aber nicht. Das Kienspanlicht ist für die Werktage. Weil nach langer Abwesenheit der Sohn heimkam, war für die Mutter Feiertag geworden. Darum die festliche Kerze. Und für mich erst recht Feiertag!

Als die Augen sich an das Halblicht gewöhnt hatten, sah ich auch den Nickerl, das achtjährige Brüderlein. Es war der jüngste und letzte. »Ausschauen tust gut!« lobte die Mutter meine vom Gestöber geröteten Wangen.

In der dem Christfest vorhergehenden Nacht schlief ich wenig – etwas Seltenes in jenen Jahren. Da war ein Anliegen, über das ich schlüssig werden musste in dieser Nacht, ehe die Mutter an den Herd trat, um die Morgensuppe zu kochen. Ich hatte viel sprechen gehört davon, wie man in den Städten Weihnacht feiert. Da sollen sie ein Fichtenbäumchen, ein wirkliches kleines Bäumchen aus dem Wald auf den Tisch stellen, an seinen Zweigen Kerzlein befestigen, sie anzünden, darunter sogar Geschenke für die Kinder hinlegen und sagen, das Christkind hätte es gebracht.

Nun hatte ich vor, meinem kleinen Bruder, dem Nickerl, einen Christbaum zu richten. Aber alles im geheimen, das gehört dazu. Nachdem es so weit taglicht geworden war, ging ich in den frostigen Nebel hinaus. Und just dieser Nebel schützte mich vor den Blicken der ums Haus herum arbeitenden Leute, als ich vom Walde her mit einem Fichtenwipfelchen gegen die Wagenhütte lief, dort das Bäumchen in ein Scheit bohrte und unter dem Karren- und Räderwerk versteckte.

Dann ward es Abend. Die Gesindleute waren noch in den Ställen beschäftigt oder in den Kammern, wo sie sich nach der Sitte des Heiligen Abends die Köpfe wuschen und ihr Festgewand herrichteten. Die Mutter in der Küche buk die Christtagskrapfen, und der Vater mit dem Nickerl segnete den Hof. Hatte nämlich der Vater in einem Gefäß glühende Kohlen, hatte auf dieselben Weihrauch gestreut und ging damit durch alle Räume des Hofes, durch die Stallungen, Scheunen, Vorratskammern, in alle Stuben und Kammern des Hauses endlich, um sie zu beräuchern und dabei schweigend zu beten. Es sollten böse Geister vertrieben und gute ins Haus gesegnet werden.

Dieweilen die Leute draußen zu tun hatten, bereitete ich in der großen Stube den Christbaum. Das Bäumchen, das im Scheite stak, stellte ich auf den Tisch. Dann schnitt ich vom Wachsstock zehn oder zwölf Kerzchen und klebte sie an die Ästlein. Unterhalb, am Fuße des Bäumchens, legte ich den Wecken hin. Da hörte ich über der Stube auf dem Dachboden auch schon Tritte – langsame und trippelnde. Sie waren schon da und segneten den Bodenraum. Bald würden sie in der Stube sein, mit der wir den Rauchgang zu beschließen pflegten. Ich zündete die Kerzen an und versteckte mich hinter dem Ofen. Noch war es still. Ich betrachtete vom Versteck aus das lichte Wunder, wie in dieser Stube nie ein ähnliches gesehen worden. Die Lichtlein auf dem Baume brannten so still und feierlich – als schwiegen sie mir himmlische Geheimnisse zu.

Endlich hörte ich an der Schwelle des Vaters Schuhklöckeln. Die Tür ging auf, sie traten hinein mit ihren Weihgefäßen und standen still. »Was ist denn das!« sagte der Vater mit leiser, langgezogener Stimme. Der Kleine starrte sprachlos drein. In seinen großen, runden Augen spiegelten sich wie Sternlein die Christbaumlichter. – Der Vater schritt langsam zur Küchentür und flüsterte hinaus: »Mutter! Mutter! Komm ein wenig herein.« Und als sie da war: »Mutter, hast du das gemacht?«

»Maria und Josef!« hauchte die Mutter. »Was lauter haben's denn da auf den Tisch getan?« – Bald kamen auch die Knechte und Mägde herbei, hell erschrocken über die seltsame Erscheinung. Da vermutete einer, ein Bub, der aus dem Tal war: »Es könnte ein Christbaum sein …«

Sollte es denn wirklich wahr sein, daß Engel solche Bäumlein vom Himmel bringen? – Sie schauten und staunten. Und aus des Vaters Gefäß qualmte der Weihrauch und erfüllte schon die ganze Stube, so daß es war wie ein zarter Schleier, der sich über das brennende Bäumchen legte.

Die Mutter suchte mit den Augen in der Stube herum: »Wo ist denn der Peter?«

Da erachtete ich es an der Zeit, aus dem Ofenwinkel hervorzutreten. Den kleinen Nickerl, der immer noch sprachlos und unbeweglich war, nahm ich an den kühlen Händchen und führte ihn vor den Tisch. Fast sträubte er sich. Aber ich sagte – selber tief feierlich gestimmt – zu ihm: »Tu dich nicht fürchten, Brüderl! Schau, das liebe Christkind hat dir einen Christbaum gebracht. Der ist dein!«

Und da hub der Kleine an zu wiehern vor Freude und Rührung, und die Hände hielt er gefaltet wie in der Kirche.

Öfter als vierzigmal seither hab' ich den Christbaum erlebt, mit mächtigem Glanz, mit reichen Gaben und freudigem Jubel unter den Großen und Kleinen. Aber größere Christbaumfreude, ja eine so helle Freude hab' ich noch nicht gesehen als jene meines kleinen Brüderchens Nickerl.

Als die Welt verloren, Christus ward geboren;
in das nächt'ge Dunkeln fällt ein strahlend Funkeln.
Und die Engel freudig singen,
unterm Himmel hört man's klingen:
Gloria, Gloria, Gloria in excelsis Deo!

Und die Engelscharen
bei den Hirten waren,
brachten frohe Kunde
von des Heilands Stunde:
»Bei den Herden nicht verweilet
und nach Betlehem hin eilet!«
Gloria, Gloria, Gloria in excelsis Deo!

Zu dem heilgen Kinde
eilten sie geschwinde,
konnten staunend sehen,
was da war geschehen:
Gott im Himmel schenkt uns allen
mit dem Kind sein Wohlgefallen.
Gloria, Gloria, Gloria in excelsis Deo!

Nach einem Lied aus Polen
von Gustav Kusz

Der Knabe bei Christus

Fjodor M. Dostojewski

Ich träume von einem Knaben, einem noch sehr kleinen Knaben, sechs Jahre alt oder noch jünger. Dieser Knabe erwachte an einem Morgen im feuchten und kalten Keller. Er war mit einem Kittel bekleidet und zitterte. Sein Atem entfloh als weißer Dampf, und er saß auf einer Kiste in der Ecke und blies vor Langeweile den Dampf absichtlich aus dem Mund und unterhielt sich damit, daß er zuschaute, wie er entfloh. Aber er hätte gerne etwas gegessen. Er war schon einige Male im Laufe des Morgens zu der Pritsche gegangen, wo, auf einer pfannkuchendünnen Unterlage und mit einem Bündel statt eines Kissens unter dem Kopf, seine kranke Mutter lag. Wie war sie hierhergeraten? Wahrscheinlich war sie mit ihrem kleinen Knaben aus einer fremden Stadt gekommen und plötzlich erkrankt. Die Vermieterin der Schlafstelle war schon vor zwei Tagen von der Polizei geholt worden, die Mieter hatten sich zerstreut, da gerade Feiertag war, und der einzige Zurückgebliebene, ein Trödler, lag völlig betrunken in seiner Ecke, ohne erst noch die Feiertage abgewartet zu haben. In der anderen Ecke des Zimmers stöhnte, gequält vom Rheumatismus, eine achtzigjährige Greisin, die einmal irgendwo Kinderfrau gewesen war und nun einsam sterben mußte; sie ächzte und brummte und schalt den Knaben, so daß er sich fürchtete, sich ihrer Ecke zu nähern. Zu trinken hatte er im Flur etwas bekommen, aber ein Endchen Brot war nirgends zu finden, und wohl schon zum zehnten Male versuchte er, seine Mutter zu wecken. Ihm wurde schließlich ganz bang im Dunkeln, denn es war schon lange Abend, aber noch immer wurde kein Licht angezündet. Er befühlte das Gesicht der Mutter und wunderte sich, daß sie sich gar nicht rührte und so kalt war wie die Wand. Es ist sehr kalt hier, dachte er, stand eine Weile da, unbewußt seine Hand auf der Schulter der Entschlafenen lassend, hauchte dann auf seine Finger, um sie zu erwärmen, und ging plötzlich, nachdem er seine Mütze von der Pritsche genommen hatte, leise tastend aus dem Keller hinaus. Er wäre schon früher gegangen, aber er fürchtete sich vor dem großen Hund, der oben auf der Treppe den ganzen Tag vor den Türen der Nachbarn heulte. Jetzt jedoch war der Hund nicht mehr da, und der Knabe ging gleich auf die Straße hinaus.

Herr, war das eine Stadt! Nie zuvor hatte er etwas Ähnliches gesehen. Dort, woher er gekommen war, war es nachts so finster; eine einzige Laterne beleuchtet die ganze Straße. Die Fenster der niedrigen Holzhäuschen werden mit Lädchen verschlossen; auf den Straßen war, wenn es kaum dämmerte, kein Mensch mehr zu sehen, alle schlossen sich in ihren Häusern ein, nur ganze Rudel von Hunden, Hunderte, Tausende von Hunden heulten und bellten die ganze

Nacht hindurch. Aber dafür war es dort warm, und er hatte zu essen gehabt, aber hier . . . Gott, wenn es doch etwas zu essen gäbe! Und was für ein Dröhnen und Lärmen war hier, wieviel Licht und Menschen, Pferde und Wagen, und die Kälte, die Kälte! Eisig strömt den gejagten Pferden der Dampf aus den heiß atmenden Mäulern; durch den lockeren Schnee schlagen die Hufeisen auf die Pflastersteine, und alle stoßen ihn, und, o Gott, er möchte so gern essen, nur ein kleines Stück, und so weh tun ihm auf einmal die Fingerchen! Ein Hüter der Ordnung ging vorbei und wandte sich ab, um den Knaben nicht zu sehen.

Wieder eine Straße – ach, wie breit! Hier wird man sicher überfahren; wie sie alle schreien, laufen und fahren, und das Licht, das Licht! Und was ist das? Oh, ein großes Fenster, und hinter dem Glas ist ein Zimmer und im Zimmer ein Baum, bis zur Decke. Das ist ein Christbaum, und auf dem Christbaum so viele Lichter, so viele goldene Papierchen und Äpfelchen, und um den Baum Puppen und kleine Pferde; und im Zimmer laufen Kinder umher, schön gekleidet, sauber, und lachen und spielen, essen und trinken. Da tanzt ein kleines Mädchen mit einem Knaben. So ein hübsches Mädchen! Jetzt hört er die Musik durch das Fenster. Der Knabe schaut, wundert sich, lacht jetzt, aber es tun ihm die Zehen weh, und die Finger an den Händen sind ganz rot geworden, lassen sich nicht mehr biegen, und es tut weh, wenn er sie bewegt. Und plötzlich merkte der Knabe, wie sehr ihn die Finger schmerzten, er weinte und lief weiter. Und da sieht er durch ein anderes Fenster ein Zimmer, in dem auch solche Bäume stehen, aber auf den Tischen stehen allerlei Kuchen – rote, gelbe Mandelkuchen, und es sitzen vier reich gekleidete Damen da, und wenn jemand hereinkommt, bekommt er Kuchen, und die Tür geht jeden Augenblick auf, und es kommen viele Herrschaften von der Straße herein. Der Knabe schlich heran, öffnete plötzlich die Tür und trat ein. Ach, wie sie ihn anschrien, mit den Armen fuchtelten! Eine Dame trat hastig auf ihn zu, steckte ihm eine Kopeke in die Hand und öffnete ihm selber die Tür. Wie er da erschrak! Die Kopeke entfiel ihm und klirrte über die Stufen hinab; er konnte seine roten Fingerchen nicht mehr biegen und sie festhalten. Der Knabe lief hinaus, ging schneller und immer schneller und wußte selbst nicht wohin. Er hätte gerne wieder geweint, aber er fürchtete sich; er lief, lief und hauchte in seine Händchen. Und es ward ihm so weh ums Herz, denn er fühlte sich auf einmal so verlassen, aber plötzlich, oh Gott! was ist denn das wieder? Eine ganze Schar von Menschen steht da und staunt in ein Fenster, hinter der Glasscheibe stehen drei kleine Puppen in schönen roten und grünen Kleidern und sehen ganz wie lebendig aus! Ein alter Mann sitzt dabei und scheint auf einer großen Geige zu spielen; zwei andere stehen neben ihm und spielen auf kleinen Geigen und wackeln mit den Köpfen im Takt und blicken einander an und bewegen die Lippen. Sie sprechen, sie sprechen wirklich, nur kann man sie durch die Fensterscheibe nicht hören. Anfangs meinte der Knabe, sie seien lebendig, als er aber erriet, daß es Puppen waren, fing er plötzlich zu lachen an.

Nie hatte er solche Püppchen gesehen und auch nicht gewußt, daß es solche gibt. Er möchte weinen, aber die Püppchen sind so spaßig! Plötzlich fühlte er, daß ihn jemand von hinten am Röckchen packte; ein großer, böser Knabe stand neben ihm, haute ihn auf den Kopf, riß ihm die Mütze herunter und stellte ihm ein Bein. Der Knabe fiel zu Boden, er hörte Schreien, erstarrte vor Schrecken, sprang auf und lief davon und, ohne selber zu wissen wie, vor ein geschlossenes Tor, kroch unten durch in einen fremden Hof und versteckte sich hinter dem aufgestapelten Holz. Hier finden sie mich nicht; es ist auch dunkel. Er kauerte sich zusammen und konnte vor Schreck lange nicht zu Atem kommen. Und plötzlich ward ihm so wohl: Hände und Füße schmerzten nicht mehr, und ihm wurde so warm, so warm wie auf einem Ofen. Da fuhr er zusammen: Ach, bald wäre ich eingeschlafen! Wie schön wäre es, hier einzuschlafen! Ich bleibe eine Weile sitzen, dann gehe ich wieder die Püppchen ansehen, dachte der Knabe und lächelte in Gedanken an sie. Ganz wie lebendig. Und plötzlich hörte er seine Mutter über seinem Haupt ein Lied singen. »Mutter, ich schlafe, ach, wie schön ist es, hier zu schlafen!«

»Komm mit mir, mein Knabe, zum Christbaum«, flüsterte plötzlich eine leise Stimme über ihm.

Anfangs glaubte er, es wäre wieder seine Mutter, aber nein, sie ist es nicht! Wer ihn gerufen hat, sieht er nicht, aber jemand bückt sich über ihn und umarmt ihn im Dunkeln. Und er streckt die Hand entgegen und . . . plötzlich – oh, wieviel Licht! Oh, was für ein Christbaum! Das ist kein Tannenbaum, solche Bäume hat er noch nie gesehen! Wo befindet er sich nur? Alles glänzt, alles leuchtet – und ringsherum lauter Püppchen! Aber nein, es sind lauter kleine Knaben und Mädchen, alle leuchtend; sie drehen sich um ihn, schweben umher, küssen ihn, umfassen ihn, tragen ihn mit sich, jetzt schwebt er selbst und sieht – seine Mutter schaut ihn an und lächelt freudig. »Mutter, Mutter! Ach, wie schön ist es hier, Mutter!« rief der Knabe und küßte wieder die Kinder und möchte ihnen schnell von den Püppchen im Fenster erzählen. »Wer seid ihr, Knaben? Wer seid ihr, Mädchen?« fragte er sie lachend und von Liebe zu ihnen erfüllt.

»Das ist der Weihnachtsabend bei Christus«, antworteten sie ihm. »An diesem Tag hat der Heiland immer einen Christbaum für kleine Kinder, die dort keinen eigenen Baum haben.« Und er vernahm, daß die Knaben und Mädchen genau solche Kinder waren wie er, doch einige von ihnen waren schon in ihren Körben erfroren, als man sie vor den Türen der Petersburger Beamten auf der Treppe liegen ließ, während andere bei den finnischen Weibern erstickten, denen das Findelhaus sie zur Pflege gegeben hatte, und wieder andere an den ausgezehrten Brüsten ihrer Mütter (während der Hungersnot in Samara) starben oder im Gestank der Eisenbahnwagen dritter Klasse umkamen. Sie alle sind jetzt da, sie alle sind jetzt Engel, alle bei Christus, und Er selbst ist mitten unter ihnen, streckte seine Arme nach ihnen aus und segnete sie und ihre sündigen Mütter. Und die Mütter dieser Kinder stehen auch alle da, etwas abseits, und weinen. Jede erkennt ihren Knaben oder ihr Mädchen, und die Kinder schweben auf sie zu und küssen sie, wischen ihnen die Tränen mit ihren Händchen ab und bitten sie, nicht zu weinen, weil es ihnen hier so gut ginge . . .

Am nächsten Morgen fanden die Hausknechte hinter dem Holz die kleine Leiche eines hergelaufenen, erfrorenen Knaben; man machte auch seine Mutter ausfindig . . . Die war noch vor ihm gestorben; beide sahen sich beim Herrgott im Himmel wieder.

Der Gast beim Bauern

Nikolai Ljesskow

iese wahre Geschichte, die davon handelt, wie Christus an einem
Weihnachtsfeste selbst zu Gast zu einem Bauern kam, und davon,
was er ihn da lehrte, vernahm ich von einem alten Sibirjaken, der die
Begebenheit in nächster Nähe miterlebt hatte. Was er mir erzählte,
werde ich mit seinen eigenen Worten wiedergeben:
Unsere Gegend ist eine Verbanntensiedlung, doch eine gute, handeltreibende
Gegend. Mein Vater kam hin zu der Zeit, als in Rußland noch die Leibeigen-
schaft herrschte, ich aber bin bereits dort geboren. Wir hatten Vermögen, ausreichend für unsere Verhältnisse, sind auch jetzt nicht arm. Wir halten uns an den
üblichen schlichten russischen Glauben. Mein Vater war belesen und brachte
auch mir die Lust am Lesen bei. Wer das Wissen liebte, galt mir für den vornehmsten Freund, ich war bereit, für ihn durch das Feuer oder das Wasser zu gehen, Und nun bescherte der Herr, mir zur Freude, mir einst den Freund Timofei
Ossipowitsch, von dem ich Ihnen gerade erzählen will, wie ihm ein Wunder wi-
derfuhr.

Timofei Ossipow geriet zu uns noch als ein junger Mann. Ich war damals acht-
zehn Jahre alt, er aber vielleicht so einige zwanzig. Timoschas Lebensführung war
die allerbeste. Warum er vom Gericht zur Verbannung verurteilt worden war, danach fragt man aus Rücksicht unter unseren Verhältnissen nicht, doch hieß es, ein
Oheim habe ihn geschädigt. Jener sei des Waisenknaben Vormund gewesen und
habe fast dessen gesamtes Gut entweder durchgebracht oder sich angeeignet, Timofei Ossipow aber habe damals, entsprechend seinen jungen Jahren, der Geduld
ermangelt; es sei zwischen ihm und dem Oheim zum Streit gekommen, er habe
auf den Oheim mit der Waffe eingestochen. Dank Gottes Barmherzigkeit sei nun
diese sündhafte Wahnwitzeltat nicht zur Vollendung gekommen – Timofei habe
nur die Hand des Oheims durchstochen. Seiner Jugend wegen sei ihm keine
schwere Strafe zuerkannt worden: Er war als einer vom Stande der Kaufleute er-
ster Gilde zu uns zum Siedeln verbannt.

Obwohl Timoschas Vermögen ihm zu neun Zehntel geraubt worden war, auch
mit dem letzten Zehntel ließ sich´s leben. Er baute sich bei uns ein Haus und begann in ihm zu wohnen; das Unrecht jedoch, das er erlitten hatte, kochte in seiner Seele, und lange hielt er sich von jedermann fern. Er saß andauernd zu Hause, und nur sein Knecht und dessen Weib bekamen ihn zu sehen; zu Hause aber
las er immerzu Bücher, und zwar die allerfrömmsten. Schließlich wurden wir
miteinander bekannt, gerade durch die Bücher, und ich begann ihn zu besuchen,
er aber nahm mich gern an. Wir fanden Wohlgefallen aneinander.

Zu Anfang ließen meine Eltern mich nur ungern zu ihm gehen. Sie wurden aus ihm nicht recht klug: »Man weiß nicht, wer er ist, und warum er sich vor allen verbirgt. Möchte er dir nur nichts Schlechtes beibringen.« Ich aber, der ich dem Elternwillen gehorchte, ich sagte ihnen, Vater und Mutter, wahrheitsgemäß, daß ich von Timofei nichts Schlechtes zu vernehmen bekäme, und daß wir uns damit beschäftigten, zusammen Büchlein zu lesen und vom Glauben zu sprechen, welcherweis man gemäß Gottes heiligem Willen zu leben habe, um das Bild des Schöpfers in sich nicht zu erniedrigen und zu schänden. So erlaubte man mir, bei Timofei zu sitzen, soviel ich wollte, und mein Vater ging selbst zu ihm; danach kam Timofei Ossipow auch zu uns. Meine Alten sahen, daß er ein guter Mensch war, und gewannen ihn lieb, und es begann ihnen sehr leid zu tun, daß er häufig düster war. Gedachte er nämlich des Unrechtes, das man ihm angetan hatte, besonders auch, wenn man vor ihm nur mit einem Wörtchen seines Oheims erwähnte, so wird er ganz bleich, ist hernach ganz durcheinander und läßt, ganz mutlos, die Hände sinken. Dann will er auch nicht mehr lesen und – anstatt seiner üblichen Freundlichkeit – leuchtet Zorn in seinen Augen. Er war von musterhafter Ehrlichkeit und ein kluger Kopf; infolge seines Grames jedoch enthielt er sich jedes Unternehmens. Doch seiner Schwermut half der Herr bald ab: ihm gefiel meine Schwester, er heiratete sie, hörte auf, sich zu grämen, begann vielmehr zu leben und zu gedeihen und zu verdienen und erwies sich nach zehn Jahren vor aller Welt Augen als ein höchst kapitalkräftiger Mann. Er errichtete sich ein Haus mit schönen Stuben; es war mit allem erfüllt, alles hatte er zur Genüge, er genoß die Achtung aller, und sein Weib war wacker, die Kinder gesund. Was bedurfte es da noch mehr? Man möchte meinen, alles vergangene Leid ließe sich vergessen, er aber gedachte dennoch des Unrechtes, das ihm widerfahren, und einmal, als wir zusammen in einem Wägelchen fuhren und in aller Freundschaft plauderten, fragte ich ihn: »Wie nun, Bruder Timoscha, bist du jetzt mit allem zufrieden?«

»Wie meinst du das?« fragte er.

»Hast du jetzt das alles wieder, was du in deiner Heimat verloren hast?«

Er aber wurde auf der Stelle ganz bleich und antwortete kein Wort, sondern lenkte nur, schweigsam, das Pferd.

Da bat ich um Entschuldigung. »Du, Bruder«, sagte ich, »vergib, daß ich so fragte. Ich dachte jenes Böse sei schon lange . . . vorbei und vergessen.«

»Es kommt nicht darauf an«, antwortet er, »daß es lange vorbei ist . . . Es ist vorbei, dennoch denkt man daran.«

Er tat mir leid, nicht jedoch in der Hinsicht, daß er ehemals mehr besessen hatte, doch darin, daß er sich in einer solchen Verfinsterung befand: daß er die Heilige Schrift zwar kennt und gut vom Glauben zu reden versteht, doch das Unrecht so ständig im Gedächtnis bewahrt. Das will doch heißen, das Wort Gottes sei ihm nichts nütze.

Ich wurde nachdenklich, zumal ich in allem ihn für klüger als mich selber hielt und von ihm durch gute Gespräche Förderung erhoffte – er indessen gedenke des ihm angetanen Bösen.

Er bemerkte das und spricht: »Woran denkst du eben?«

»Nur so«, spreche ich, »daran, was mir gerade einfällt.«

»Nein, du denkst nach über mich.«

»Ich denke nach auch über dich.«

»Was denkst du da von mir?«

»Du, bitte, sei nicht böse, folgendes dachte ich von dir: du kennst die Schrift, doch dein Herz ist voller Zorn und unterwirft sich nicht Gott. Hast du denn unter solchen Umständen irgendeinen Nutzen von der Schrift?«

Timofei wurde nicht böse, nur ward er im Antlitz betrübt und finster, und er spricht: »Du bist nicht kundig genug in der Heiligen Schrift, dich auf sie zu berufen.«

»Da hast du«, sagte ich, »recht. Ich bin nicht kundig.«

»Kundig bist du auch nicht«, spricht er, »hinsichtlich dessen, was es in der Welt für Unrecht gibt.«

Ich stimmte ihm auch hierin zu; er aber hub an zu sagen, es gebe derartiges Unrecht, daß man es nicht ertragen könne – und erzählte mir, er sei nicht des Geldes wegen gegen seinen Oheim so zornig geworden, sondern aus einem anderen Grunde, der nicht zu vergessen sei. »In alle Ewigkeit wollte ich darüber schweigen, jetzt aber will ich mich vor dir, als vor meinem Freunde, aussprechen.«

Ich sage: »Sollte dir's frommen, sprich dich aus.« So eröffnete er mir, daß sein Oheim schon seinen Vater tödlich gekränkt hatte, seine Mutter durch Kummer, den er ihr bereitet, ins Grab gebracht, ihn selber verleumdet und, alt, wie er gewesen, mit Schmeicheleien und Drohung gewisse Leute bestimmt, ihm, dem Greisen, zur Frau das junge Mädchen zu geben, das Timoscha von Kind auf geliebt und seit jeher zu heiraten sich vorgenommen hatte. »Kann man denn«, spricht er, »alles das vergeben? Ich vergeb' es ihm zeitlebens nicht.« »Gewiß«, erwiderte ich, »das Unrecht, das man dir angetan hat, ist groß – das stimmt. Daß aber die Heilige Schrift dir zu nichts nütze ist, ist ebenfalls keine Lüge.«

Er aber führt mir wieder zu Gemüte, daß meine Schriftkunde schwächer als die seine sei, und beginnt mir auseinanderzusetzen, wie doch nach dem Alten Testamente die heiligen Männer selber der Gesetzesbrecher nicht geschont, ja sie mit eigenen Händen abgeschlachtet hätten. Wollte doch der Arme derart seine Gesinnung vor mir rechtfertigen.

Ich aber antwortete ihm bei meiner Einfalt einfältig.

»Timoscha«, spreche ich, »du bist ein kluger Kopf, bist belesen und weißt alles, und ich kann, in Sachen der Schrift, dir nicht widersprechen. Was ich gelesen habe – gestehe ich dir –, verstehe ich nicht durchweg, weil ich ein sündiger

Mensch und beschränkten Verstandes bin. Doch möchte ich dir sagen, daß im Alten Testamente alles so altertümlich ist und dem Verstande irgendwie zweideutig schillert; im Neuen aber steht es deutlicher. Dort leuchtet über allem das »liebe und vergib«, und das ist köstlicher denn alles, ist wie ein goldener Schlüssel, der jedes Schloß aufschließt. Was aber ist denn zu vergeben? Etwa irgendeine geringe Verfehlung und nicht gerade die ärgste Schuld?« Er schweigt.

Da dachte ich: »Herr, gefiele dir's doch, durch mich ein Wort der Seele meines Bruders zu sagen!« Und ich hielt ihm vor, wie sie Christus schlugen, mißhandelten, bespien und mit ihm so verfuhren, daß er nirgends eine Stätte hatte; er aber vergab allen. »Folge«, sage ich, »lieber diesem Beispiel und nicht dem Rachebrauche.«

Er aber hub an mit weitläufigen Auslegungen des Inhalts, es habe jemand geschrieben, gewisse Dinge vergeben wäre dasselbe, wie das Übel mehren. Dem konnte ich nicht widersprechen, so sagte ich nur, ich besorgte, daß »viele Bücher einen um den Verstand brächten«. – »Du«, sag'ich, »wappne dich wider dich selber. Solange du des Bösen, das dir widerfahren, gedenkst, ist das Böse lebendig. Laß es nur sterben, dann wird auch deine Seele in Frieden zu leben beginnen.«

Timofei hörte mich an bis zu Ende und drückte mir fest die Hand, redete von nun ab nicht mehr weitläufig, sondern sagte nur kurz: »Ich kann nicht. Laß ab, du machst das Herz mir schwer.« Ich ließ ab. Ich wußte, er hatte Leid, und schwieg. Doch die Zeit ging hin, und es verstrichen noch sechs Jahre, und all die Zeit beobachtete ich ihn und sah, daß er immer noch litt, und daß er, wenn man ihn völlig freiließe und er irgendwo den Oheim träfe, die ganze Heilige Schrift vergessen und dem Rachesatan verfallen werde. In meinem Herzen aber war ich getrost, weil ich da den Finger Gottes wahrnahm: nun, so würden wir gewiß auch die ganze Hand zu sehen bekommen; der Herr werde meinen Freund aus der Sünde des Zornes erretten.

Das aber verwirklichte sich auf höchst wunderbare Weise.

Damals lebte Timofei schon das sechzehnte Jahr bei uns als ein Verbannter, und schon waren fünfzehn Jahre vergangen, seit er sich beweibt hatte. Er mochte wohl siebenunddreißig bis achtunddreißig Jahre zählen, hatte drei Kinder und ein schönes Leben. Besonders lieb hatte er Blumen – Rosen, und hatte deren viele bei sich, an den Fenstern wie auch am Bretterzaun. Der ganze Platz vor dem Hause war mit Rosen bepflanzt, und dank ihrem Dufte war das ganze Haus vollen Wohlgeruches.

Und nun hatte Timofei die folgende Gewohnheit: Regelmäßig, sobald die Sonne tief stand, trat er aus dem Hause, putzte selbst seine Rosenstöcke aus und las alsdann auf der Bank ein Buch. Außerdem, soviel ich weiß, betete er auch häufig dort.

Derart begab er sich auch einmal nach dem Platze und hatte das Evangelium mitgenommen. Er sah nach den Rosenstöcken, dann setzte er sich, schlug das

Buch auf und begann zu lesen. Da liest er nun, wie Christus zu Gaste zum Pharisäer kam, und sie gaben ihm nicht einmal Wasser, die Füße zu waschen. Da fühlte Timofei ganz unerträglich die dem Herrn angetane Kränkung, und dieser tat ihm leid, so leid, daß er zu weinen anhub, darüber, wie jener reiche Hausherr mit seinem heiligen Gaste umgegangen. Und siehe: in diesem nämlichen Augenblicke ereignete sich der Beginn des Wunders, worüber mir Timofei folgendes mitteilte: »Ich blicke«, spricht er, »um mich und denke: Was habe ich doch für ein Auskommen und einen Überfluß, aber mein Herr ging einher in solcher Armut und Niedrigkeit! . . . Und meine Augen füllten sich ganz mit Tränen, und ich konnte trotz allen Blinzelns ihrer nicht Herr werden; alles um mich aber wurde rosenfarben, selbst meine Tränen. In diesem Zustand, gleichsam unbewußt oder in einer Ohnmacht, rief ich aus: »Herr, kämest du zu mir, ich gäbe mich selbst dir hin!«

Ihm aber wehte da plötzlich irgendwoher durch das Rosenlicht im Windhauch die Antwort zu: »Ich werde kommen.«

Timofei kam zitternd zu mir gerannt und fragt: »Wie dünkt dich? Kann der Herr wirklich zu mir zu Gaste kommen?«

Ich antwortete: »Das, Bruder, geht mir über den Verstand. Ließe sich darüber nicht etwas in der Heiligen Schrift finden?«

Timofei aber spricht: »Es ist immer derselbe Christus, heute und in Ewigkeit. Ich wag nicht, es nicht zu glauben.«

»Dann«, sage ich, »glaub es.«

»Ich werde befehlen, daß man tags ein Gedeck auf dem Tische für ihn bereit halte.«

Ich zuckte die Achseln und antwortete: »Frag mich nicht weiter. Sieh du nur selber zu, was ihm am wohlgefälligsten wäre. Übrigens meine ich nicht, daß ein Gedeck auf deinem Tische ihn kränkte; immerhin, wäre das nicht Hochmut?«

»Es steht geschrieben«, sagte er: »Dieser nimmt die Sünder an und ißt mit den Zöllnern.«

»Es steht aber auch das geschrieben«, antworte ich: »Herr, ich bin nicht wert, daß du unter mein Dach gehest. – Auch das scheint mir am Platze.«

Timofei erwidert: »Das verstehst du nicht.«

»Gut – wie du willst.«

Timofei ließ sein Weib seit dem folgenden Tage einen überzähligen Platz bei Tische bereit halten. Setzten sie sich zu Tische, zu fünfen – er, seine Frau und drei Kinder –, immer ist da noch ein sechster Platz bereit, der Ehrenplatz am Tischende, und davor ein großer Lehnsessel.

Die Frau war neugierig: Was heiße das, wozu und für wen sei das bestimmt? Timofei jedoch weihte sie nicht in alles ein. Seinem Weibe und anderen sagte er nur, so müsse es seines innerlichen Gelübdes wegen gehalten werden »für den vornehmsten Gast«. Wer damit wirklich gemeint war, das wußte – außer ihm und mir – kein Mensch.

Timofei erwartete den Erlöser am Tage, nachdem er das Wort im Rosengarten vernommen hatte, er erwartete ihn auch noch am dritten Tage, danach am nächstfolgenden Sonntag – doch dieses Warten fand keine Erfüllung. Lange noch hielt er mit seinem Warten an: an jedem Feiertage erwartete Timofei immer wieder Christus zu Gaste, und er erschöpfte sich vor lauter Unruhe, ließ aber nicht nach im Vertrauen, daß der Herr sein Versprechen halten – daß er kommen werde. Das gestand Timofei mir mit den folgenden Worten: »Tagtäglich«, spricht er, »bete ich: ›Ja, komm, Herr!‹ und warte. Doch höre ich nicht die ersehnte Antwort: ›Ja, ich komme bald!‹«

Ich war ungewiß im Geiste, was ich Timofei darauf antworten sollte, und oft dachte ich, mein Freund wäre hochmütig geworden und dafür verwirre ihn jetzt eine trügerische Versuchung. Gottes Vorsehung aber fügte es anders.

Das Christfest kam. Es war harte Winterszeit. Timofei kommt zu mir am Heiligen Abend und spricht: »Lieber Bruder, morgen erwarte ich den Herrn.«

Ich pflegte schon lange nicht mehr auf dergleichen Reden zu antworten und fragte damals nur: »Was gibt dir dazu die Gewißheit?«

»Diesmal«, antwortete er, »sobald ich nur das ›Komm, Herr!‹ gebetet hatte, geriet meine ganze Seele in Wallung und es klang in ihr auf wie mit Posaunenschall: ›Ja, ich komme bald!‹ Morgen ist sein heiliges Fest – sollte er nicht an diesem Tage mich besuchen wollen? Komm du zu mir mit der ganzen Verwandtschaft, sonst bebt mir die Seele nur immer vor lauter Furcht.«

Ich spreche: »Timofei, du weißt, daß ich über dieses alles kein Urteil habe, auch nicht erwarte, den Herrn zu schauen, weil ich ein sündiger Mann bin – doch du bist von unserer Sippe, wir werden zu dir kommen . . . Du aber, wenn du bestimmt einen so großen Gast erwartest, ruf du da nicht deine Freunde zusammen, sondern suche nach einer ihm wohlgefälligen Gesellschaft.«

»Ich verstehe«, antwortet er, »ich werde sofort meine Knechte und meinen Sohn durch das ganze Dorf schicken und alle Verbannten einladen, die da in Not und Bedürftigkeit wären. Sollte Gott mir die wunderbare Gnade erweisen, daß er käme, soll er alles, wie er es geboten hat, vorfinden.«

Mir schien auch dieses sein Wort nicht recht: »Timofei«, sag' ich, »wer vermöchte alles, so wie es geboten, auszurichten? Das eine verstehst du nicht, das andere wirst du vergessen, das dritte wiederum vermagst du nicht zu erfüllen. Doch wenn dieses alles so stark in deiner Seele posaunt, so sei dem so, wie es dir offenbart wird. Wird der Herr kommen, so wird er alles, was noch gebräche, ergänzen, und solltest du jemand, den er haben will, vergessen, wird er den Erforderlichen schon selbst herbeiführen.«

Wir kamen am Weihnachtstage zu Timofei mit der ganzen Familie, ein wenig später, als man sonst zu einem Mittagsmahle auf Einladung kommt. Denn so hatte er eingeladen, damit man erst, wenn alle Erwarteten zur Stelle wären, mit dem Mahle beginne. Wir fanden seine geräumige Stube voller Leute unserer, der sibirischen Verbanntenart: Männer und Weiber und das heranwachsende Kindergeschlecht, Leute von jedem Beruf und aus verschiedenen Gegenden, so Russen wie Polen und Bekenner des estnischen Glaubens. Timofei hatte alle die armen Siedler, die seit Ankunft in ihren Wirtschaften noch nicht auf die Beine gekommen waren, versammelt. Die Tische waren groß, mit Leinen gedeckt und bestellt mit allem Erforderlichen. Die Mägde liefen hin und her und stellten Kwas und Schüsseln mit Fleischpasteten darauf. Draußen aber begann es schon zu dämmern, auch war niemand mehr zu erwarten; alle Boten waren wiedergekehrt, von nirgendher mehr waren noch Gäste zu erwarten, weil draußen ein Schneegestöber begonnen hatte, ein Stürmen und Wehen, als wäre der Jüngste Tag hereingebrochen.

Ein Gast nur fehlt und fehlt – der werter ist denn alle.

Schon hätte man die Kerzen anzünden und sich zu Tische setzen müssen, denn es war schon ganz dunkel geworden, und wir alle harren im Finstern beim schwachen Licht der Lämpchen vor den Heiligenbildern.

Timofei ging bald umher, bald saß er; er befand sich augenscheinlich in quälender Unruhe. Seine ganze Zuversicht war ins Wanken geraten: scheint es doch schon gewiß, daß der »große Gast« nicht kommen werde.

Es verging noch eine Minute, und Timofei seufzte auf, sah mich traurig an und spricht: »Nun, lieber Bruder. Ich sehe, entweder ist es Gottes Wille, mich zum Gespötte zu machen, oder du hast recht: Ich hab' nicht verstanden, alle die Erforderlichen zu versammeln, denen er begegnen möchte. Alles geschehe nach Gottes Willen; laßt uns beten und uns zu Tische setzen.«

Ich antworte: »Also bete.«

Er trat vor das Heiligenbild und begann laut zu beten: »Vater unser, der du bist im Himmel ...« und danach: »Christ wird geboren, lobsinget! Christ kommt vom Himmel, verkündet es! Christ ist auf Erden ...«

Kaum aber hatte er dieses Wort ausgesprochen, als plötzlich irgend etwas so fürchterlich von außen an die Wand schlug, daß alles zu wanken anhub; dann aber fuhr ein lautes Getöse durch den breiten Flur, und unversehens sprang die Stubentür von selbst sperrangelweit auf.

Alle Leute, soviele dort waren, warfen sich in unbeschreiblichem Schrecken in eine der Zimmerecken, viele stürzten zu Boden, und nur die Wagemutigsten blickten auf die Tür. In der Tür auf der Schwelle aber steht ein alt-uralter Mann, bekleidet mit nichts als schlechten Lumpen, zittert und hält sich, um nicht umzufallen, mit beiden Händen an den Wandbrettern fest; hinter ihm her jedoch, aus dem Flur, der unbeleuchtet war, fällt ein unsäglicher rosenfarbener Schein, und über die Schulter des Alten streckt sich in die Stube vor eine schneeweiße Hand; und sie hält eine länglich gestaltete tönerne Lampe mit einer Flamme, wie man sie auf Darstellungen des Nikodemusgespräches gemalt sieht. Der Wind mit dem Schneegestöber tobt da draußen, aber die Flamme bringt er nicht zum Flackern. Und diese Flamme scheint dem Alten ins Antlitz und auf die Hand, auf der Hand aber fällt einem in die Augen eine vernarbte alte Schramme, die von der Kälte ganz weiß geworden ist.

Kaum erblickte ihn Timofei, so schrie er auf: »Herr, ich sehe ihn und nehme ihn auf in deinem Namen. Du selbst aber gehe nicht bei mir ein, ich bin ein böser und sündiger Mensch.« Und damit verneigte er sich, mit dem Antlitz bis zum Boden. Mit ihm zugleich aber fiel auch ich nieder aus Freude darüber, daß ihn die echte christliche Demut angerührt hatte, und rief aus, daß alle es hörten: »Seien wir des inne: Christus ist mitten unter uns!« Alle aber antworteten: »Amen!« – das bedeutet: »Es ist gewißlich wahr.«

Nun brachte man Licht – Timofei und ich, wir richteten uns auf vom Boden, die weiße Hand war schon nicht mehr zu sehen – nur der Alte war geblieben.

Timofei stand auf, nahm ihn an beiden Händen und setzte ihn auf den vornehmsten Platz. Wer aber der Alte war – vielleicht erraten Sie es selbst –, so war das Timofeis Feind, der Oheim, der ihn so völlig zugrunde gerichtet hatte. Mit knappen Worten berichtet jener, daß bei ihm alles in Trümmer gegangen sei: Familie und Reichtum seien verloren, er wandere schon lange, um den Neffen aufzufinden und ihn um Verzeihung zu bitten. Er habe danach gedürstet, in diesem Schneegestöber jedoch den Weg verloren und, dem Erfrieren nahe, nur sterben zu müssen gewähnt.

»Plötzlich jedoch«, erzählt er, »leuchtete mir irgendein Unbekannter und sagte: ›Geh hin und wärme dich an meinem Platze und iß aus meiner Schale‹, griff mich an beiden Händen, und so war ich denn hier, weiß selbst nicht, woher.«

Timofei jedoch antwortete vor allem: »Ich, Oheim, kenne deinen Geleiter. Das ist der Herr, der da gesagt hat: ›Hungert dein Feind, so speise ihn mit Brot; dürstet ihn, so tränke ihn mit Wasser.‹ Setze dich bei mir auf den vornehmsten Platz und iß und trink ihm zur Ehre und bleibe in meinem Hause nach Herzenslust bis zu deinem Lebensende.«

Seitdem nun blieb auch der Alte bei Timofei; und sterbend segnete er ihn, Timofei aber fand für immer Ruhe in seinem Herzen.

So ward dieser Bauer gelehrt, in seinem Herzen eine Krippe für den auf Erden geborenen Christus herzurichten. Und ein jedes Herz vermag gleichfalls zu solch einer Krippe zu werden, falls es das Gebot erfüllt: »Liebet eure Feinde, tut wohl denen, so euch beleidigen.« Christus wird in dieses Herz eingehen wie in eine geschmückte Kammer und wird dort Wohnung nehmen.

»Ja, komm, Herr! Ja, komm bald!«

Wo Liebe ist, da ist Gott

Leo Tolstoi

In einer Stadt lebte der Schuster Martyn Awdejitsch. Ein kleines Kellerzimmer, dessen einziges Fenster zu ebener Erde auf die Straße ging, war ihm Heim und Werkstatt zugleich. Von seinem Arbeitsplatz aus konnte Awdejitsch die Menschen erblicken, die an seinem Fenster vorübergingen, und obgleich er nur die Füße zu sehen bekam, erkannte er doch einen jeden am Schuhwerk. Schon viele Jahre lebte Awdejitsch in diesem Stadtviertel, und so gab es kaum ein Paar Schuhe, das er nicht ein- oder zweimal in seinen Händen gehabt hätte. Kaum blickte er zum Fenster hinaus, da wußte er es auch schon: Diese Stiefel hast du neulich besohlt, bei denen dort mußtest du die Kappe erneuern, und da sind ja auch die Halbschuhe, denen du einen Flicken draufgesetzt hast. Arbeit hatte Awdejitsch genug, denn alles, was er machte, war von Dauer; er nahm nur gutes Leder, verlangte keine übermäßigen Preise und hielt den vereinbarten Tag ein. Konnte er die Arbeit an einem bestimmten Tag abliefern, dann nahm er sie an, konnte er es nicht, sagte er es gleich und machte keine leeren Versprechungen. So kannten alle den Awdejitsch und kamen gern zu ihm.

Immer schon hatte Awdejitsch ein frommes und gottesfürchtiges Leben geführt, und je älter er wurde, desto mehr begann er sich um das Heil seiner Seele zu sorgen und daran zu denken, wie er sich Gott nähern könne. Vor vielen Jahren – er hatte damals noch bei einem Meister gearbeitet – war seine Frau gestorben und hatte ihm einen dreijährigen Knaben hinterlassen. Die älteren Kinder waren schon früher von dieser Welt geschieden. Zuerst dachte Martyn daran, das Kind zu seiner Schwester ins Dorf zu bringen, dann aber tat es ihm um den Knaben leid: »Schwer wird es meinem Kapitoschka fallen, in einem fremden Hause aufzuwachsen, soll er lieber bei mir bleiben.«

So ging Awdejitsch von seinem Meister fort und zog mit seinem Söhnlein in eine eigene Werkstatt. Aber Gott schenkte Awdejitsch kein Glück mit seinen Kindern; kaum war der Knabe herangewachsen und begann seinem Vater zu helfen – eine wahre Freude war das anzusehen –, da wurde er krank, lag eine Woche lang mit hohem Fieber danieder und verschied. Der Vater bettete seinen Sohn zur letzten Ruhe, doch war er vor Schmerz wie von Sinnen, und so groß war sein Leid, daß er an Gottes Gerechtigkeit zu zweifeln begann. Mehr als einmal bat er Gott um seinen Tod und lehnte sich dagegen auf, daß er seinem einzigen, geliebten Sohn das Leben genommen hatte, ihn aber, den alten Mann, weiterleben lasse. Auch in die Kirche ging Awdejitsch nicht mehr.

Eines Tages kam zu Awdejitsch ein Bauer aus seiner Heimat. Das war ein alter Mann, schon acht Jahre lang wanderte er von einer heiligen Stätte zur anderen und kam jetzt vom Troitzki-Kloster. Ihm klagte Awdejitsch seinen Kummer:

»Das ganze Leben macht mir keine Freude mehr, lieber Freund! Nutzlos ist es, wie ich jetzt lebe. Sterben möchte ich, das ist das einzige, worum ich Gott bitte.«

Doch der alte Mann verwies ihm seine Rede und sprach:

»Schlecht ist es, was du daherredest, Martyn, uns steht es nicht zu, über die Taten Gottes zu richten! Nicht mein Verstand regiert die Welt, der Herre Gott das Urteil fällt! Es war Gottes Wille, daß dein Sohn sterben sollte, du aber am Leben bliebest, also ist es gut so. Wenn du aber verzweifelst, dann kommt es nur daher, daß du zu deiner eigenen Freude leben möchtest.«

»Ja, wofür soll ich denn leben?«

»Für Gott, Martyn, für ihn allein! Er hat dir das Leben geschenkt, nun lebe auch für ihn! Tust du es, dann wird die Trauer von dir weichen, und alles wird dir leicht werden.«

Martyn schwieg eine Weile, dann fragte er:

»Was soll ich tun, um für Gott zu leben?«

Der Alte aber sagte:

»Was du zu tun hast, das hat uns Christus gelehrt. Kannst du lesen? Ja? Nun, dann gehe hin, kaufe dir ein Evangelium und lies darin. Dort wirst du erkennen, wie wir für Gott leben sollen.«

Awdejitsch bewegte diese Worte in seinem Herzen und ging noch am gleichen Tage in die Stadt, kaufte sich ein Neues Testament – eines, das mit großen Buchstaben gedruckt war – und begann darin zu lesen.

Zuerst wollte Awdejitsch nur an den Feiertagen in der Heiligen Schrift lesen, doch kaum hatte er damit begonnen, da wurde es ihm so leicht ums Herz, daß er jeden Abend zur Bibel griff. Manchmal las er sich so fest, daß seine Lampe zu erlöschen drohte und er sich doch nicht vom heiligen Buch trennen konnte. So verging denn kein Abend mehr, an dem er nicht im Neuen Testament gelesen hätte, und je mehr er sich darin vertiefte, desto klarer wurde es ihm, was Gott von ihm verlangte und wie er für Gott leben solle. Immer leichter wurde es ihm ums Herz. Früher, ehe er noch begonnen hatte, in der Bibel zu lesen, war die Zeit vor dem Schlafengehen ganz besonders kummervoll für ihn, immerzu mußte er dann an seinen Kapitoschka denken; jetzt aber sprach er: »Preis und Ehre sei dir, o Herr! Es geschehe dein Wille!«

Allgemach änderte sich auch das ganze Leben des Awdejitsch. Früher ging er an manchem Feiertag in die Schenke, trank Tee und versagte sich auch ein Gläschen Branntwein nicht. Dann fand er sich wohl auch mit einem Bekannten zu einer Flasche Schnaps zusammen; zwar war er nachher auf dem Heimweg noch lange nicht betrunken, aber er war doch angeheitert und redete unnützes Zeug, schrie einen Vorübergehenden an oder wiederholte Klatschereien, die ihm zu

Ohren gekommen waren. Jetzt kannte er das alles nicht mehr. Sein Leben bekam einen ruhigen und freudevollen Gang. Am frühen Morgen setzte er sich an seine Arbeit und blieb den ganzen Tag dabei; brach der Abend herein, nahm er die Lampe vom Haken und stellte sie auf den Tisch, dann langte er das Buch vom Wandbrett herab, öffnete es und setzte sich nieder, um zu lesen. Je mehr er darin las, desto mehr verstand er, was darin geschrieben war, und desto klarer und friedvoller wurde seine Seele.

Und es begab sich, daß er wieder einmal spät in der Nacht über seiner Bibel saß. Er hatte das Evangelium des Lukas aufgeschlagen und las darin im sechsten Kapitel:

»Und wer dich schläget auf einen Backen, dem biete den anderen auch dar; und wer dir den Mantel nimmt, dem wehre nicht auch den Rock. Wer dich bittet, dem gib, und wer dir das Deine nimmt, da fordere es nicht wieder. Und wie ihr wollt, daß euch die Leute tun sollen, also tut ihnen gleich auch ihr.«

Und als Awdejitsch weiterlas, kam er zu den Worten des Herrn:

»Was heißet ihr mich aber Herr, Herr, und tut nicht, was ich euch sage? Wer zu mir kommt, und höret meine Rede, und tut sie, den will ich euch zeigen, wem er gleich ist. Er ist gleich einem Menschen, der ein Haus bauete, und grub tief, und legte den Grund auf den Fels. Da aber Gewässer kam, da riß der Strom zum Hause zu, und mochte es nicht bewegen; denn es war auf den Fels gegründet. Wer aber höret und nicht tut, der ist gleich einem Menschen, der ein Haus baute auf die Erde ohne Grund; und der Strom riß zu ihm zu, und es fiel alsbald, und das Haus gewann einen großen Riß.«

Da Awdejitsch dies gelesen hatte, überkam ihn eine große Bewegung. Er nahm die Brille ab und legte sie auf das Buch, dann stützte er sich mit beiden Ellenbogen auf den Tisch und begann, in tiefem Sinnen sein Leben an den Worten der Schrift zu messen.

»Habe ich nun mein Haus auf Fels oder hab' ich es auf weiche Erde gebaut? Es wäre schon gut, wenn es einen festen Grund hätte. Manchmal scheint es mir, als hätte ich alles getan, was Gott befohlen hat, und dann vergesse ich es wieder und sündige von neuem. Doch will ich nicht ablassen im Bemühen, seinen Willen zu erfüllen. Hilf mir, o Herr!«

So bewegte er die Worte Christi in seinem Sinn und wollte sich dann zur Ruhe begeben, doch konnte er vom heiligen Buch nicht loskommen und schlug daher auch noch das siebente Kapitel auf. Er las vom Hauptmann von Kapernaum und seinem Knecht, er las von dem Jüngling zu Nain; er vernahm die Antwort, die Christus den Jüngern Johannes des Täufers gegeben hatte, und kam dann zu der Stelle, da von dem reichen Pharisäer erzählt wird, der unseren Herrn zu Gast geladen hatte. Er las, wie die Sünderin die Füße Christi gesalbt und sie mit Tränen genetzt hatte und wie Christus sie rechtfertigte, und er las auch den vierundvierzigsten Vers und die folgenden, in denen geschrieben steht:

»Und er wandte sich zu dem Weibe, und sprach zu Simon: Siehest du dies Weib? Ich bin gekommen in dein Haus, du hast mir nicht Wasser gegeben zu meinen Füßen; diese aber hat meine Füße mit Tränen genetzt und mit den Haaren ihres Haupts getrocknet. Du hast mir keinen Kuß gegeben; diese aber, nachdem sie hereingekommen ist, hat sie nicht abgelassen, meine Füße zu küssen. Du hast mein Haupt nicht mit Öl gesalbet; sie aber hat meine Füße mit Salbe gesalbet.«

Wieder setzte Awdejitsch seine Brille ab und legte sie auf das Buch und dachte darüber nach, was er gelesen hatte: »Da war also der Pharisäer nicht anders, als ich es bin … Auch ich habe nur für mich selber gesorgt, wie ich zu einem Glas Tee, zu einer warmen Stube komme, daran aber habe ich nicht gedacht, was ich für den Gast tun könne. Für sich selbst hat auch er gesorgt, der Pharisäer, nur für den Gast hat er nichts getan. Wer aber war dieser Gast? Der Herr selbst! Wenn er zu mir gekommen wäre, ich hätte nicht so gehandelt!«

Awdejitsch stützte sich mit beiden Ellenbogen auf den Tisch und merkte nicht, wie ihn der Schlummer befiel.

»Martyn!« klang es plötzlich ganz leise, wie ein leichter Atemhauch, an sein Ohr.

Martyn schreckte auf:

»Wer ist da?«

Er blickte sich um, schaute zur Tür hinüber, keine Menschenseele war im Zimmer. Doch kaum war er wieder eingenickt, da hörte er, jetzt schon ganz deutlich:

»Martyn! Martyn! Schau morgen auf die Straße, ich werde zu dir kommen.«

Von diesen Worten erwacht, sprang Martyn auf und rieb sich die Augen wach. Doch da er nicht wußte, ob er diese Worte geträumt oder in Wirklichkeit gehört hatte, löschte er die Lampe und legte sich zur Ruhe.

Am nächsten Morgen stand Awdejitsch noch vor Tagesanbruch auf, sprach sein Morgengebet, heizte den Ofen an und richtete sein Essen – Kohlsuppe und Grütze –, dann kümmerte er sich um den Samowar und machte sich, mit einer Schürze angetan, an seinem gewohnten Fensterplatz über seine Arbeit her. Und er weiß nicht recht, was er vom gestrigen Abend halten solle, ob er geträumt oder ob die Stimme wirklich zu ihm gesprochen habe. »Sollte das so ganz und gar unmöglich sein?« denkt er.

Schlecht arbeitet es sich heute: Kaum zeigen sich im Kellerfenster ein Paar unbekannte Schuhe, schon muß sich Martyn weit vorbeugen, um durch das Fenster auch das Gesicht – nicht nur die Schuhe – zu erblicken. Da ging der Hausknecht in seinen neuen Filzstiefeln vorüber, dann kam der Wasserträger, und nach einer Weile erschienen im Fenster ganz abgetragene und rundum geflickte Filzstiefel; ein alter Soldat, der noch in den Tages des seligen Nikolaus des Ersten gedient hatte, trug sie an den Füßen und kam jetzt, mit einer Schaufel in den Händen, auf die Straße. Awdejitsch kannte den Alten, er hieß Stepanytsch, ein Kaufmann aus der Nachbarschaft hatte ihn um Christi willen aufgenommen und ihm aufgetragen, seinem Hausknecht zu helfen.

Stepanytsch machte sich daran, den Schnee vor dem Fenster des Awdejitsch wegzuschaufeln. Lange schaute ihm Awdejitsch zu, dann nahm er seine Arbeit wieder auf.

»Was bist du doch auf deine alten Tage blöd geworden!« lachte er sich selber aus. »Der Stepanytsch schaufelt Schnee, ich aber denke, das ist der Herr Christus, der zu mir kommt! Ganz verblödet bist du schon, altes Schafsgesicht!«

Doch kaum ein Dutzend Stiche hatte Awdejitsch gemacht, da zieht es ihn auch schon wieder hin ans Fenster. Wieder schaut er hinaus und sieht: Stepanytsch hat die Schaufel an die Wand gelehnt und wärmt sich, vielleicht ruht er auch von der Arbeit aus.

»Wie alt ist er schon geworden, der Stepanytsch! Und ganz von Kräften ist er gekommen, selbst Schnee schaufeln kann er nicht mehr. Soll ich ihm vielleicht ein Glas Tee geben? Der Samowar kocht ja schon über.«

Awdejitsch steckt die Ahle ein und steht auf, er setzt den Samowar auf den Tisch, brüht den Tee auf, dann klopft er an das Fenster, um dem Stepanytsch zu bedeuten, er möge hereinkommen, und öffnet die Tür.

»Komm nur, komm! Wärme dich auf bei mir«, sagt er. »Arg verfroren siehst du aus!«

»Christus stehe uns bei! Die Knochen tun mir weh!« gibt Stepanytsch zur Antwort, tritt in den Flur und schüttelt den Schnee ab. Auch die Füße will er sauber reiben, um keinen Schnee hereinzutragen, schwankt aber dabei.

»Ach, laß das nur, bemüh dich nicht, ich werde es schon aufwischen! Komm rasch herein und setz dich! Hier, nimm ein Glas Tee!«

Awdejitsch hatte zwei Gläser Tee eingeschenkt und reichte jetzt eines dem Gast, seinen Tee aber goß er aus dem Glas auf die Untertasse aus und begann auf das dampfende Getränk zu blasen, um es abzukühlen.

Stepanytsch trank sein Glas leer, stellte es mit dem Boden nach oben auf die Untertasse und legte das angenagte Zuckerstückchen obendrauf; dann dankte er. Man sah es ihm aber deutlich an, wie gern er noch ein Glas getrunken hätte.

»Du trinkst doch noch ein Glas?« sagte Awdejitsch und goß sich und dem Gast von neuem ein. Im Trinken schaute er aber immer wieder auf die Straße hinaus.

»Wartest du auf jemand?« fragte der Gast.

»Ob ich jemand erwarte? Ich schäme mich zu sagen, worauf ich warte. Da habe ich doch gestern abend ein Wort gehört, das ist tief in mein Herz gedrungen, und doch weiß ich nicht, ob es eine Erscheinung war oder was sonst. Ich las im Neuen Testament von unserem Väterchen Christus, wie er auf Erden wandelte und was er da alles erleiden mußte. Du hast wohl auch davon gehört?«

»Gewiß habe ich das, doch weißt du, ich bin ein armer, unwissender Mensch und kann nicht lesen.«

»Nun siehst du, da las ich doch gestern, wie er damals, als er noch auf Erden wandelte, zu einem Pharisäer gekommen war und wie ihn dieser gar nicht so empfangen hatte, wie man einen teuren Gast aufnehmen soll. Siehst du, mein Lieber, als ich das las, mußte ich daran denken, wieso denn er, der Pharisäer, unser Väterchen Christus nicht mit allen Ehren aufgenommen hatte, und weiter dachte ich, wäre Christus zu mir gekommen, dann hätte ich gar nicht gewußt, was alles tun, um ihn würdig zu empfangen. Er aber, der Pharisäer, hat nichts getan, um unser Väterchen Christus so zu empfangen, wie es hätte sein sollen. Solches dachte ich und schlummerte ein, und da, du wirst es mir nicht glauben, mein liebes Brüderchen, da höre ich doch, wie mich jemand bei Namen ruft, und dann war es mir, als ob mir eine Stimme zuflüsterte:»Warte auf mich, Martyn«, sagte sie,»morgen komme ich zu dir.« Zweimal hörte ich diese Worte, und nun, glaube mir, wollen sie nicht aus meinem Sinn. Ich ärgere mich über meine Dummheit, und doch warte ich immerzu auf ihn, auf das Väterchen.«

Nachdenklich wiegte Stepanytsch den Kopf und sagte nichts zu dem, was ihm Awdejitsch erzählt hatte. Als er aber sein Glas ausgetrunken hatte, legte er es auf die Untertasse hin, doch stellte es Awdejitsch wieder auf und schenkte noch einmal ein.

»Trinke nur, Stepanytsch, laß es dir wohlbekommen! Ja, und weißt du, dann mußte ich daran denken, daß unserem Väterchen, damals als er noch auf Erden wandelte, kein Mensch zu gering war. Immer war er mit einfachen Leuten zusammen, und auch seine Jünger wählte er sich unter solchen Menschen aus, wie wir sündige Menschen es sind, du und ich, unter einfachen Arbeitern. Er sagte ja:»Wer sich selbst erhöhet, der soll erniedriget werden; und wer sich selbst erniedriget, der soll erhöhet werden.« »Ihr nennet mich euern Herrn«, sagte er, »aber ich werde eure Füße waschen. Wer der Erste sein will, der sei jedermanns Knecht, denn selig sind die Armen, die Friedfertigen, die Sanftmütigen, die Barmherzigen.«

Stepanytsch dachte nicht mehr an seinen Tee. Er war ein alter Mann und weinte leicht; so saß er da, hörte zu und sein Antlitz war von Tränen überströmt.

»Trinke doch deinen Tee!« mahnte Awdejitsch, doch Stepanytsch schlug ein Kreuz, dankte, schob das Glas von sich und stand auf.

»Habe Dank, Martyn Awdejitsch«, sagte er,»du hast mich gut aufgenommen, Leib und Seele hast du mir erquickt.«

»Du bist mir stets willkommen, Stepanytsch! Komm bald wieder, ich freue mich über den Gast.«

Als Stepanytsch gegangen war, trank Martyn den Tee aus, räumte das Geschirr ab und setzte sich wieder an seine Arbeit. Er flickt an einem Absatz herum, aber seine Gedanken sind nicht dabei. Immerzu schaut er zum Fenster hinaus und wartet auf Christus, und nur an ihn und an seine Taten denkt er.

Zwei Soldaten gingen am Fenster vorüber, der eine in Militärstiefeln, der andere in seinen eigenen; dann kam, in sauber geputzten Überschuhen, der Besitzer des Nachbarhauses, nach ihm ein Bäckerjunge mit seinem Korb. Als sie alle vorbei waren, trat eine Frau in wollenen Strümpfen und derben Bauernstiefeln vor das Fenster. Ein Kind hatte sie auf dem Arm. Auch sie wollte zuerst vorübergehen, hielt aber dann am Fenster an, so daß Awdejitsch sie genau betrachten konnte. Er kannte sie nicht, offenbar war sie hier fremd. Er sieht: Sie lehnt sich mit dem Rücken gegen den Wind an die Wand und will ihr Kindlein wärmen, doch sie hat nichts Rechtes, worin sie es einwickeln könnte. Auch ihre Kleidung ist schlecht und viel zu leicht für die grimmige Kälte. Durch das Fenster hindurch hört Awdejitsch das Kind schreien, die Mutter versucht es zu beruhigen, vergeblich, es weint und schreit zum Gotterbarmen. Awdejitsch steht auf, öffnet die Tür und ruft zur Trepppe hinaus:

»Du, junge Frau, hör mal her!«

Das Weib hört den Awdejitsch und wendet sich dem Hauseingang zu.

»Was stehst du denn mit deinem Kind in der Kälte? Komm herein! In der Wärme kannst du den Kleinen besser wickeln. Hier, komm die Treppe herunter!«

Verwundert schaut ihn das Weib an: Alt ist der Mann, der sie anspricht, eine Schürze hat er an, eine Brille im Gesicht. Sie folgt ihm, die Treppe herab, tritt in das Zimmer, und Awdejitsch führt sie an das Bett. »Setz dich her, junge Frau, rück nur ganz nah an den Ofen, wärme dich und stille dein Kleines!«

»Ich habe keine Milch mehr«, klagte die Frau, »seit heut früh habe ich nichts gegessen«, nahm aber doch das Kind an die Brust.

Awdejitsch schüttelte den Kopf, ging zum Ofen und holte den Topf mit der Kohlsuppe hervor. Auch die Grütze nahm er aus dem Ofen, doch war die noch nicht gar, und so stellte er nur die Suppe auf den Tisch, über den er ein Tuch gebreitet hatte, und legte Brot dazu.

»Komm, iß etwas«, sagte er. »Den Kleinen nehme ich dir inzwischen ab. Ich habe ja selber Kinder gehabt, verstehe mich darauf, Kinderfrau zu spielen.«

Die Frau schlug ein Kreuz, setzte sich an den Tisch und begann zu essen, während Awdejitsch ihr das Kind abnahm und sich mit ihm auf das Bett niederließ. Um das weinende Kind zu beruhigen, begann Awdejitsch mit den Lippen zu schnalzen, doch schlecht tut sich das ohne Zähne, und so hört das Kind auch nicht auf zu schreien. Da dachte sich Awdejitsch ein anderes Spiel aus: Er fährt mit seinem Finger an den Mund des Kleinen heran und zieht den Finger dann rasch wieder zurück. Doch achtet er sorgsam darauf, daß er den Mund des Kleinen nicht berühre, ist doch sein Finger ganz schwarz von Pech. Der Kleine folgte dem Finger des Awdejitsch mit seinen Blicken, dann wurde er still, und schließlich begann er sogar zu lachen. Die Frau hatte inzwischen ihren ersten Hunger gestillt und begann nun, während sie weiter aß, zu erzählen:

»Mein Mann ist Soldat«, sagte sie, »schon vor acht Monaten haben sie ihn geholt und nichts habe ich seitdem von ihm gehört. Ich hatte eine Stelle als

Köchin, doch hat man mir gekündigt, als mein Kind zur Welt kam. Nun bin ich schon seit drei Monaten ohne Arbeit. Alles, was ich mir erspart habe, ist dahin. Als Amme wollte ich gehen, doch nimmt man mich nicht, zu mager sei ich, sagt man. Jetzt komme ich von einer Kaufmannsfrau, bei der ein Mädchen aus meinem Dorf in Stellung ist. Dort will man mich annehmen, und ich hoffte schon, ich könnte gleich dableiben, aber die Frau befahl mir, erst nach acht Tagen zu kommen. Ganz ermattet bin ich vom weiten Weg, und auch mein Herzenskind ist müde geworden. Gott sei Dank, daß meine Wirtin ein gutes Herz hat und mich um Christi willen bei sich wohnen läßt, sonst wüßte ich nicht, wie ich die nächsten Tage bestehen sollte.«

Awdejitsch seufzte tief auf und sagte:

»Warme Kleider hast du wohl auch nicht?«

»Ach, mein Lieber, woher sollte ich denn warme Kleider haben! Gestern wanderte mein letztes Tuch zur Pfandleihe, zwanzig Kopeken haben sie mir dafür gegeben.«

Sie trat an das Bett heran und nahm ihr Kind, Awdejitsch aber stand auf, holte aus der Ecke des Zimmers eine alte Jacke hervor und reichte sie der Frau:

»Nimm das«, sagte er, »es ist nicht mehr das beste Stück, aber immer noch hält es warm, wenn du deinen Kleinen darin einwickelst.«

Die Frau schaute auf die Jacke, schaute zum Alten herüber, dann nahm sie die Jacke und schluchzte auf. Awdejitsch aber wandte sich ab und machte sich unter dem Bett zu schaffen. Er holte eine kleine Truhe hervor, suchte dort etwas und setzte sich dann wieder neben die Frau.

Sie sagte:

»Unser Herr Christus soll's dir vergelten, Großväterchen. Er ist es wohl gewesen, der mich an dein Fenster geführt hat. Ohne dich wäre mein Kind erfroren. Als ich meine Heimat verließ, war es noch warm, schau hin, wie kalt es jetzt geworden ist! Gewiß hat er, unser Väterchen, dir aufgetragen, zum Fenster hinauszuschauen und sich meines Elendes anzunehmen.«

Da ging ein Lächeln über das Gesicht des Awdejitsch, als er sagte:

»Es kann schon sein, daß es so ist, wie du sagst. Nicht von ungefähr schaue ich zum Fenster hinaus, du Kluge.«

Und Martyn erzählte es nun auch der Soldatenfrau, wie er gestern eine Stimme gehört habe, die ihm die Ankunft des Herrn ankündigte.

»Bei Gott ist kein Ding unmöglich«, sagte die Frau, stand auf, warf sich die alte Jacke des Awdejitsch über und wickelte ihr Kind darin ein. Dann verneigte sie sich tief vor dem Alten und dankte ihm.

»Nimm auch das noch um Christi willen und löse dein Tuch aus«, sagte Awdejitsch und gab ihr zwanzig Kopeken. Die Frau schlug ein Kreuz und auch Awdejitsch bekreuzigte sich, dann geleitete er sie hinaus.

Als die Frau mit dem Kind gegangen war, aß Awdejitsch seine Kohlsuppe, räumte den Tisch ab und setzte sich wieder an die Arbeit. Er arbeitet, vergißt aber auch das Fenster nicht – kaum fällt ein Schatten auf seinen Tisch, so blickt er schon auf, um zu sehen, wer da vorbeigeht. Nun, es gingen Bekannte vorüber, es kamen auch Fremde, aber nichts Besonderes gab es zu sehen.

Nur eine Alte, ein Hökerweib offenbar, blieb an seinem Fenster stehen. Sie trägt einen Korb, darin noch ein paar Äpfel liegen – die anderen hat sie wohl schon verkauft – und auf dem Rücken hat sie einen Sack mit Spänen, die sie auf einem Bauplatz zusammengelesen hat. Die Späne sind schlecht verpackt und drücken sie; sie setzt den Sack ab, stellt auch den Korb hin und macht sich daran, die Späne fester zusammenzudrücken. Wie sie sich damit abmüht, springt ein Junge an den Korb heran, greift sich einen Apfel und will damit auf und davon, doch war die Alte rascher, als er es gedacht hatte, sie packt zu und erwischt ihn gerade noch am Ärmel. Der Junge schlägt um sich, zappelt, will sich frei machen, doch die Alte läßt nicht locker, schlägt ihm mit der freien Hand die zerrissene Mütze vom Kopf und packt ihn am Schopf. Der Junge schreit, die Alte schimpft, Awdejitsch aber nimmt sich nicht einmal die Zeit, seine Ahle einzustecken, er wirft sie auf den Boden und springt zur Tür hinaus. So eilig ist er, daß er auf der Treppe stolpert und ihm die Brille von der Nase fliegt. Er springt auf die Straße heraus, der Awdejitsch, auf die beiden zu. Die Alte zerrt den Jungen immer noch an den Haaren und schreit auf ihn ein, zur Polizei will sie ihn bringen. Der Junge aber schlägt um sich, versucht sich loszureißen und beteuert seine Unschuld. »Ich habe nichts genommen«, schreit er, »was schlägst du mich? Laß mich los!« Awdejitsch will dem Streit ein Ende machen, er faßt den Jungen am Arm und sagt:

»Laß ihn laufen, Großmutter, verzeih ihm um Christi willen!«

»Ich werde ihn dir laufen lassen, mein Lieber! So rasch soll er mich nicht vergessen, der Lausbub, zur Polizei bringe ich ihn.«

Awdejitsch begann der Alten gut zuzureden:

»Laß ihn laufen, Großmutter«, sagt er, »er wird es nicht wieder tun. Laß ihn schon los, um Christi willen.«

Endlich hatte er die Alte so weit, und der Junge wollte auch schon gleich das Weite suchen, da hielt ihn aber der Awdejitsch zurück:

»Halt, mein Junge! So rasch geht das nicht! Bitte zuerst die Großmutter um Verzeihung und tu in Zukunft nichts Unrechtes. Ich habe es selber gesehen, wie du den Apfel genommen hast.«

Dem Jungen kamen die Tränen, und schluchzend bat er die Alte, sie möge ihm verzeihen.

»So ist es recht. Jetzt sollst du auch deinen Apfel haben, da, nimm ihn!« Mit diesen Worten nahm Awdejitsch einen Apfel aus dem Korb und gab ihn dem Jungen. Ich bezahle ihn dir, Großmutter!«

»So verdirbst du sie nur, die Lausbuben«, murrte die Alte. »Man müßte ihm einen Denkzettel geben, daß er eine Woche lang nicht sitzen kann.«

»Ach Großmutter, Großmutter!« sagte Awdejitsch. »Vielleicht ist das Menschenart, aber Gott will es anders. Wenn wir den Jungen um eines einzigen Apfels willen strafen wollen, was soll dann erst mit uns geschehen, mit uns sündigen Menschen?«

Da schwieg die Alte. Awdejitsch aber erzählte ihr das Gleichnis von dem Manne, der einem anderen eine große Schuld erließ, dieser aber, kaum seiner Schuld ledig, geht hin und beginnt die zu würgen, die ihm Geld schuldeten. Die Alte hörte aufmerksam zu, und auch der Knabe ließ sich kein Wort entgehen.

»Und so lautet denn Gottes Gebot, daß wir unseren Schuldigern vergeben sollen, damit auch uns vergeben wird. Allen müssen wir verzeihen und den Unverständigen erst recht.«

Die Alte nickte nachdenklich mit dem Kopf und seufzte:

»Ja, ja, so ist es! Wenn sie nur nicht lauter Dummheiten im Kopf hätten!«

»Dann ist es an uns Alten, sie zu belehren«, entgegnete Awdejitsch.

»Recht hast du, mein Lieber!« stimmte die Alte zu und begann nun, von ihrem Leben zu erzählen. Sieben Kinder habe sie gehabt, nur eine einzige Tochter sei ihr geblieben, bei ihr wohne sie auch und freue sich an ihren Enkelkindern.

»Sieh mich an«, spricht sie, »was ist mir schon von meiner Kraft geblieben, aber immer noch arbeite ich. Um meiner Enkel willen tu ich es. Wie lieb sind die aber auch! Komm ich heim, dann laufen sie mir entgegen, und Aksjutka, die Kleine, weicht keinen Schritt von mir. ›Großmutter, liebe Großmutter, ich hab dich ja so lieb‹, spricht sie.«

Ganz weich wurde es der Alten ums Herz, sie wies auf den Jungen und sagte:

»Es ist ja auch bei ihm nur Kinderei gewesen: Gott sei mit ihm!«

Mit diesen Worten griff sie nach dem Sack mit Spänen und wollte ihn aufnehmen, doch da sprang der Junge hinzu:

»Gib her, Großmutter«, rief er, »ich trage ihn dir, wir haben den gleichen Weg!«

Wieder nickte die Alte, hob den Sack auf die Schultern des Knaben, und so gingen sie miteinander die Straße hinab. Die Alte hatte sogar vergessen, den Awdejitsch nach dem Geld für den Apfel zu fragen. Awdejitsch schaute den beiden nach, wie sie die Straße entlanggingen und friedlich miteinander redeten, dann kehrte er ins Haus zurück, fand auf der Treppe seine Brille – sie war unversehrt geblieben – und setzte sich, mit der Ahle in der Hand, an seine Arbeit. Doch nicht lange hatte er gearbeitet, als es schon zu dunkeln begann. Am Fenster kam der Mann vorbei, der die Straßenlaternen anzündet.

»Es ist wohl an der Zeit, Licht zu machen«, denkt Awdejitsch, richtet sein Lämpchen und hängt es hin, dann macht er sich wieder über seine Arbeit her. Als der eine Schuh fertig geworden war, drehte ihn Awdejitsch lange hin und her und besah sich die getane Arbeit von allen Seiten, dann packte er sein Werkzeug zusammen. Er räumte die Lederreste vom Tisch, machte ihn sauber und stellte die Lampe hin. Nun langte er sich vom Wandbrett das Neue Testament. Gestern hatte er ein Stück Saffian als Lesezeichen hineingelegt und wollte das Buch nun dort öffnen, wo er am Abend zuvor stehengeblieben war, doch tat sich das Buch an einer anderen Stelle auf. Da kommt Awdejitsch auch schon wieder der gestrige Traum in den Sinn, und er hört, wie sich jemand hinter seinem Rücken bewegt, hört Schritte hinter sich. Awdejitsch wendet sich um und sieht: In der dunklen Ecke des Zimmers stehen Menschen. Noch kann er nicht erkennen, wer es ist, doch flüstert ihm eine Stimme ins Ohr:

»Martyn, Martyn, hast du mich erkannt?«

»Wen erkannt?« murmelte Awdejitsch.

»Mich«, sagte die Stimme. »Ich bin es doch!«

Und es trat aus der dunklen Ecke der Stepanytsch hervor, lächelte Awdejitsch zu und zerging wie eine Wolke.

»Auch das bin ich«, fuhr die Stimme fort, und es kam aus der dunklen Ecke die Frau mit dem Kindlein auf dem Arm auf Awdejitsch zu, und ein Lächeln lag auf dem Gesicht der Frau, und es lachte auch das Kindlein. Und auch sie beide entschwanden seinen Blicken.

»Und das bin ich auch«, sagte die Stimme. Und es trat die Alte mit dem Knaben aus der Dunkelheit hervor. Der Knabe hielt den Apfel in seiner Hand, und auch sie beide lächelten – und auch sie verschwanden.

Da erfüllte reine Freude die Seele des Awdejitsch. Er schlug ein Kreuz, setzte seine Brille auf und begann dort zu lesen, wo sich das Buch geöffnet hatte. Und sein Blick fiel auf die Worte:

»Denn ich bin hungrig gewesen, und ihr habt mich gespeiset. Ich bin durstig gewesen, und ihr habt mich getränket. Ich bin ein Gast gewesen, und ihr habt mich beherberget.«

Und weiter unten las Awdejitsch die Worte:

»Was ihr getan habt einem unter diesen meinen geringsten Brüdern, das habt ihr mir getan.«

Und da erkannte Awdejitsch, daß ihn sein Traum nicht getäuscht habe, und er wurde dessen gewiß, daß es sein Heiland gewesen war, den er an diesem Tage aufgenommen und in seinem Hause empfangen hatte.

Wanka

Anton Tschechow

D er neunjährige Wanka Schukow, der vor drei Monaten zum Schuster Aljachin in die Lehre gegeben worden war, legte sich in der Weihnachtsnacht nicht schlafen. Er wartete, bis die Meistersleute und die Gesellen zur Mitternachtsmesse aufbrachen, dann holte er aus dem Schrank des Meisters ein Tintenfaß und einen Federhalter mit einer verrosteten Feder hervor, breitete ein zerknittertes Blatt Papier vor sich aus und begann zu schreiben. Doch bevor er den ersten Buchstaben hinsetzte, blickte er mehrmals ängstlich zur Tür und zum Fenster, schielte verstohlen zum dunklen Heiligenbild, zu dessen beiden Seiten die Regale mit den Leisten standen, und seufzte. Das Papier lag auf der Bank, er selbst aber kniete davor.

»Liebes Großväterchen Konstantin Makarytsch!« schrieb er. »Ich schreibe Dir einen Brief. Ich beglückwünsche Dich zum Weihnachtsfest und wünsche Dir Gottes Segen. Vater und Mutter hab' ich keine mehr, Du allein nur bist mir geblieben.«

Wanka richtete den Blick auf das dunkle Fenster, in welchem sich der Widerschein seiner Kerze schimmernd spiegelte, und stellte sich lebhaft seinen Großvater Konstantin Makarytsch vor, der als Nachtwächter bei den Herrschaften Schiwarjow in Diensten stand. Dieser war ein kleiner hagerer, doch ungemein flinker und behender Alter von etwa fünfundsechzig Jahren, mit einem ewig lachenden Gesicht und trunkenen Augen. Tagsüber schlief er in der Gesindeküche oder witzelte mit den Köchinnen, nachts aber schritt er, in einen weiten Pelzmantel gehüllt, um das Gehöft und schlug mit seiner Klapper. Hinter ihm trotteten mit hängendem Kopf die alte Kaschtanka und der Rüde Wjun, so genannt wegen seiner schwarzen Farbe und seinem langen Körper, der an den eines Wiesels gemahnte. Dieser Wjun war ungewöhnlich ehrerbietig und anhänglich, blickte die Seinen und die Fremden gleichermaßen schmeichlerisch an, genoß aber keinen Kredit. Hinter seiner Ehrerbietigkeit und Unterwürfigkeit verbarg sich jesuitische Tücke. Niemand verstand es so gut wie er, sich im richtigen Augenblick heranzuschleichen und einen am Bein zu packen, heimlich in den Eiskeller einzudringen oder dem Bauern ein Hühnchen zu stehlen. Schon mehrmals hatte man ihm die Hinterbeine gebrochen, schon zweimal hatte man ihn gehängt, jede Woche prügelte man ihn fast zu Tode, doch er lebte noch immer.

Jetzt steht der Großvater gewiß am Tor, kneift die Augen zusammen beim Anblick der leuchtendroten Fenster der Dorfkirche, stapft mit seinen Filzstiefeln und bringt das Gesinde zum Lachen. Die Klapper hat er am Gürtel befestigt. Nun klatscht er in die Hände, krümmt sich vor Kälte und kneift unter greisenhaftem Gekicher bald das Zimmermädchen, bald die Köchin.

»Wie wär's denn mit einer kleinen Prise Tabak?« fragt er die Weiber und streckt ihnen seine Tabaksdose hin.

Die Weiber schnupfen und niesen. Der Großvater gerät darüber in eine unbeschreibliche Begeisterung, lacht schallend und schreit:»Loslassen, es friert an!« Dann gibt er auch den Hunden zu schnupfen. Kaschtanka niest, verzieht das Schnäuzchen und geht beleidigt beiseite. Wjun aber wedelt vor lauter Ehrerbietigkeit nur mit dem Schwanz. Das Wetter ist prächtig. Die Luft ist still, klar und frisch. Und trotz der nächtlichen Finsternis sieht man das ganze Dorf mit seinen weißen Dächern und Rauchfäden über den Schornsteinen, sieht man die vom Reif versilberten Bäume und Schneewehen. Der Himmel ist mit fröhlich blinkenen Sternen dicht übersät, als hätte man sie vor den Festtagen gewaschen und mit Schnee abgerieben ...

Wanka seufzte, tauchte die Feder ins Tintenfaß und fuhr fort zu schreiben ...

»Gestern gab's Schelte. Der Meister zog mich an den Haaren auf den Hof hinaus und schlug mit dem Knieriemen auf mich ein, weil ich sein Kindchen in der Wiege hätte schaukeln müssen und dabei unversehens eingeschlafen war. Und letzte Woche hatte mir die Frau Meister befohlen, einen Hering zu putzen, und wie ich mit dem Schwanz anfing, nahm sie den Hering und begann mich mit seinem Maul in die Fresse zu hauen. Die Gesellen machen sich über mich lustig, schicken mich um Branntwein in die Kneipe und heißen mich bei den Meistersleuten Gurken stehlen. Der Meister aber schlägt mich dann kurz und klein. Und zu essen gibt's auch nichts. Am Morgen Brot, zu Mittag Grütze und am Abend wieder Brot. Kohlsuppe und Tee, das löffeln die Meistersleute schon selber. Schlafen muß ich im Flur, wenn aber denen ihr Kindchen weint, so schlaf' ich überhaupt nicht, weil ich es wiegen muß. Liebes Großväterchen, tu mir den Gefallen und hol mich von hier heim ins Dorf, ich kann mir selbst nicht helfen ... Ich küsse Dir die Füßchen und werde ewig bei Gott für Dich beten, nur bring mich von hier fort, sonst sterbe ich noch ...«

Wanka verzog den Mund, rieb sich mit seiner schwarzen Faust die Augen und schluchzte.

»Ich werde Dir den Tabak zerkleinern«, fuhr er fort, »werde beten für Dich, und sollte etwas vorfallen, so prügle mich wie die Ziege von Sidor. Hast Du aber keine Beschäftigung für mich, so werde ich beim Gutsverwalter um Christi willen bitten, seine Stiefel putzen zu dürfen, oder ich verding' mich statt Fedka als Hirtenjunge. Liebes Großväterchen, es bleibt mir kein Ausweg, nur der Tod allein. Gern wär ich zu Fuß heimgelaufen, doch hab' ich keine Stiefel und fürchte den Frost. Wenn ich einmal groß bin, werd' ich Dich ernähren und nicht zulassen, daß man Dich beleidigt. Und wenn Du stirbst, werde ich für Dein Seelenheil beten, wie für das vor Mütterchen Pelageja.

Moskau ist eine große Stadt. Da gibt es lauter Herrenhäuser und viele Pferde, Schafe aber gibt es keine, und die Hunde sind freundlich. Die Kinder ziehen hier nicht mit dem Weihnachtsstern herum, und im Kirchenchor lassen sie einen nicht singen. Und einmal sah ich in einem Laden am Fenster, da werden Angelhaken gleich mit der Angelschnur feilgeboten, für jeden Fisch und sehr brauchbar. Da war ein Angelhaken, mit dem man einen Wels von einem Pud halten könnte. Und ich sah auch Läden mit allerlei Gewehren, wie sie unser Gutsherr besitzt, ein jedes hundert Rubel wert ... In den Fleischerläden aber gibt es Birkhühner, Haselhühner und Hasen, doch wo sie geschossen werden, das sagt dir kein Verkäufer.

Liebes Großväterchen, wenn bei den Herrschaften der Weihnachtsbaum stehen wird mit dem Naschwerk, so nimm eine golde Nuß für mich und versteck sie in der grünen kleinen Truhe. Bitte unser Fräulein Olga Ignatjewna darum und sag, es sei für Wanka.«

Ein Schauer überfiel ihn, er seufzte und richtete den Blick erneut aufs Fenster. Er erinnerte sich, wie der Großvater jeweils den Tannenbaum für die Herrschaften im Walde holen gegangen war und den Enkel mitgenommen hatte. Eine fröhliche Zeit war das gewesen! Der Großvater ächzte, wenn er die beiden ansah. Bevor der Großvater die Tanne fällte, rauchte er in aller Ruhe seine Pfeife zu Ende, schnupfte ausgiebig Tabak und machte sich über den kleinen Wanka lustig, der ganz durchfroren war ... Die reifbedeckten jungen Tannen stehen reglos da und warten ab, welche von ihnen an die Reihe kommt. Da taucht, Gott weiß woher, ein Hase auf und flitzt wie ein Pfeil über die Schneewehen ... Der Großvater gerät außer sich und ruft: »Halt ihn, halt ihn ... so halt ihn doch! Ach, dieser gestutzte Teufel!«

Den gefällten Tannenbaum schleppte der Großvater ins Herrenhaus, und schon machten sich alle daran, ihn zu schmücken ... Am eifrigsten bemühte sich Fräulein Olga Ignatjewna, Wankas Liebling. Als Wankas Mutter Pelageja noch am Leben war und als Stubenmädchen bei den Herrschaften diente, pflegte Olga Ignatjewna Wanka mit Bonbons zu füttern.Und da sie sich langweilte, brachte sie ihm das Lesen und Schreiben bei und lehrte ihn bis hundert zählen und sogar Quadrille tanzen. Doch als Pelageja starb, steckte man Wanka zum Großvater in die Gesindeküche, und aus der Küche wurde er nach Moskau zum Schuster Aljachin geschafft ...

»Komm mich holen, liebes Großväterchen«, fuhr Wanka fort. »Bei Christus unserem Herrn bitt' ich Dich darum, bring mich weg von hier. Hab Erbarmen mit mir armem Waisenkind – sonst wird man mich weiter prügeln, und ich will doch so schrecklich gern essen, und es ist alles so traurig, daß es nicht zu beschreiben ist, ich weine immerfort. Und neulich hat mich der Meister mit dem Schuhleisten so auf den Kopf geschlagen, daß ich hingefallen bin und nur mit Mühe wieder zur Besinnung kam. Mein Leben ist dahin, schlimmer als das eines Hundes ... Richte Grüße aus an Aljona, an den einäugigen Jegorka und an den Kutscher, und meine Harmonika – gib sie keinem. Ich verbleibe Dein Enkel Iwan Schukow. Liebes Großväterchen, komm.«

Wanka faltete das vollgeschriebene Blatt viermal und steckte es in einen Briefumschlag, den er am Tag zuvor für eine Kopeke erstanden hatte ... Nach kurzem Überlegen tauchte er die Feder ein und schrieb die Adresse:»Ins Dorf zum Großväterchen.«

Dann kratzte er sich nachdenklich und fügte hinzu:»Konstantin Makarytsch.« Zufrieden, daß man ihn beim Schreiben nicht gestört hatte, stülpte er die Mütze auf und lief, ohne sich das Pelzmärtelchen umzuwerfen, im bloßen Hemd auf die Straße ...

Die Verkäufer im Fleischerladen, die er tags zuvor befragt hatte, hatten ihm gesagt, die Briefe würden in Briefkästen eingeworfen und von klingelnden Postpferden und betrunkenen Kutschern über die ganze Erde verteilt. Und so lief Wanka zum erstbesten Briefkasten und ließ den kostbaren Brief in den Spalt gleiten ...

Von süßen Hoffnungen gewiegt, lag er eine Stunde später bereits im tiefsten Schlaf ... Ihm träumte von einem Ofen. Auf dem Ofen sitzt der Großvater, läßt die nackten Beine baumeln und liest den Köchinnen Wankas Brief vor ... Um den Ofen streicht Wjun und wedelt mit dem Schwanz ...

Weihnachten

Shlomo Breznitz

Dank der sorgfältigen Vorbereitung schien meiner Eignung zum Katholizismus nichts im Wege zu stehen. Seit unserer Ankunft in Vrbove hatten Judith und ich privaten Katechismusunterricht erhalten. In den beiden Jahren nach unserer wundersamen Entlassung aus dem Lager hatten unsere Eltern dann noch größeren Wert auf regelmäßigen katholischen Religionsunterricht gelegt. Ich erinnere mich noch deutlich an meinen Lehrer, einen Franziskanermönch in brauner Kutte und mit ganz seltsamer Haartracht: Seinen glattrasierten Schädel umrahmte ein ordentlich gekämmter Haarkranz, der aussah wie ein Heiligenschein. Der Mönch war zunächst entsetzt über meine Unwissenheit, als sich aber herausstellte, daß der scheinbar hoffnungslose Fall bei entsprechender Unterweisung noch zu retten war, stürzte er sich mit großer Begeisterung auf seine Aufgabe.

Der Unterricht fand in einem schlecht beleuchteten, überheizten Raum statt. Es war zwar ein angenehmes Gefühl, nach dem Marsch durch Kälte und Schnee in die Wärme zu kommen, spätestens nach der Hälfte der Stunde begann die Hitze jedoch erdrückend zu wirken.

Am Anfang bestand der Mönch darauf, daß wir alle vier zu ihm kamen, aber nach ein, zwei Lehrstunden im Familienkreis ließ er es dabei bewenden, Judith und mir Einzelunterricht zu erteilen.

Anyuka erklärte uns, daß wir uns nach erfolgreichem Abschluß unserer Studien taufen lassen und offiziell zum Christentum konvertieren dürften. Wenn wir erst mal keine Juden mehr seien, drohe uns auch keine Gefahr mehr. Diese Worte waren Ansporn genug, um uns den Unterricht sehr ernst nehmen zu lassen. Mein außergewöhnlich gutes Gedächtnis war mir eine große Hilfe beim Lernen, und schon bald konnte ich alle wichtigen Gebete und sogar einige Abschnitte des Neuen Testaments auswendig aufsagen. Damals konnte ich natürlich nicht einmal ahnen, daß mein gutes Gedächtnis mich schon bald vor dem fast sicheren Tod bewahren würde.

Für unser erstes Weihnachtsfest kaufte Apuka einen Baum, den er mit bunten Lichtern schmückte. Wir wohnten in der Stadtmitte, direkt gegenüber der Kirche und des Pfarrhauses. Von unserer Wohnung im zweiten Stock konnten wir den riesigen städtischen Weihnachtsbaum sehen. Jeden Nachmittag wartete ich in der Dämmerung gespannt auf den Augenblick, wenn der Baum im Lichterglanz erstrahlte.

Apuka versprach, daß der Weihnachtsmann uns besuchen würde, und wir hingen unsere Socken ans Fenster, um ihm die Arbeit zu erleichtern. Ich erinnere mich, daß ich mitten in der Nacht von Schritten wach wurde und sah, wie Apuka auf Zehenspitzen zum Fenster schlich und in rotes Glanzpapier gewickelte Süßigkeiten in die Socken stopfte. Ich verriet niemandem etwas davon und tat am nächsten Morgen völlig überrascht.

Ich denke gerne an unser erstes Weihnachtsfest in Zilina zurück. Wir bekamen viele, wunderschön verpackte Geschenke. Überall waren Lichter. Sie erinnerten mich an das Chanukkafest von vor zwei Jahren, das wir in der Synagoge von Piestany gefeiert hatten. Apuka hatte eine kleine blau-weiße Fahne mit einem Davidsstern angefertigt, mit der ich, zusammen mit den anderen Jungs, durch die Synagoge marschierte. Als von der Frauenempore Bonbons heruntergeworfen wurden, stürzten wir uns alle gleichzeitig darauf, um so viele wie möglich zu ergattern. Die Erinnerung daran erfüllte mich mit Freude und Wärme.

Meine Eltern gaben sich viel Mühe, Judith und mir ein gelungenes erstes Weihnachtsfest zu bereiten. Als sie nicht mehr da waren, gingen meine Gedanken anfangs häufig zu jenem wunderschönen Tag zurück. Weil ich aber jedes Mal ganz traurig davon wurde, gewöhnte ich es mir allmählich ab, zu oft an die guten Zeiten zu denken. Dennoch gelang es jenen Bildern von Zeit zu Zeit, gegen meinen Willen in mein Bewußtsein vorzudringen.

Ein Weihnachtsfest allerdings hinterließ einen so nachhaltigen Eindruck bei mir, daß weder Willensakte noch der Lauf der Zeit die Erinnerung daran auszulöschen vermochten: Weihnachten 1944 im Waisenhaus.

Fast vier Monate waren seit dem Erdbeben vergangen. Meine Schwester Judith sah ich kaum noch. Da die Jungen und Mädchen im Waisenhaus darauf vorbereitet wurden, eines Tages Mönche und Nonnen zu werden, war jeglicher Kontakt zwischen den Geschlechtern strengstens verboten. Und obwohl Judith doch meine Schwester war, durfte ich sie nur selten sehen. Sie war eine umwerfende Schönheit, und ein älterer, kräftiger Junge namens Fero war schrecklich verliebt in sie. Er gab mir jedesmal eine Nachricht für sie mit und bat mich, ihm ihre Antwort zu übermitteln. Als Gegenleistung schützte er mich so gut wie möglich vor dem Rest der Bande.

Schon der Tagesbeginn verhieß etwas Besonderes; Schwester C's übliche Weckzeremonie klang heute etwas gutmütiger. Sie sprach ihr allmorgendliches Gebet (»Lang lebe unser Herr Jesus«) in viel ruhigerem Ton als sonst, und unsere verschlafene Antwort (»In Ewigkeit, Amen«) paßte sich dem mühelos an.

Während der Morgenandacht sahen wir, daß die Kapelle bereits mit frischen Tannenzweigen und Hunderten von Kerzen für die Mitternachtsmesse geschmückt war. Selbst die ewige Kümmelsuppe, unsere tägliche Hauptmahlzeit, schien an diesem Morgen besonders heiß und dick zu sein, und es gab sogar frisches Brot. Als man uns beim Frühstück dann noch versprach, Jungen und Mädchen dürften das Festessen am Abend gemeinsam einnehmen, kannte die

Begeisterung keine Grenzen mehr. Wir hatten schulfrei, und so herrschte den ganzen Tag über ein geschäftiges Treiben im Waisenhaus: es wurde geputzt, gebadet, und alle probierten die neuen weißen Hemden an, die wir extra für diesen Tag bekommen hatten. Ich freute mich schon darauf, endlich etwas länger mit meiner Schwester zusammensein zu können, selbst wenn keine Chance bestand sie alleine zu treffen.

Im ganzen Haus duftete es nach frischem Gebäck, und ich hoffte inständig, daß wenigstens ein Teil davon auf unserem Tisch landen würde. Jener Geruch, der aus einer längst vergangenen Zeit zu kommen schien, hatte etwas Verheißungsvolles an sich; genauso wie der frisch gefallene Schnee draußen. Es würde also weiße Weihnachten geben, und das würde die zur Mitternachtsmesse versammelte Gemeinde in umso feierlichere Stimmung versetzen. Vielleicht erhielten wir sogar die Erlaubnis, nach der Messe ein paar Minuten am Glück der Menschen vor der Kapelle teilzuhaben.

Die Vorfreude auf den Abend schien sich positiv auf unser Verhalten auszuwirken, denn für kurze Zeit ruhten all die Streitereien und Kämpfe, die sonst unser tägliches Leben regierten. Wir bekamen eine extra Ration Kohle geliefert und durften alle Räume des Waisenhauses heizen. Und als der Abend näher rückte, breitete sich ein Gefühl der Zugehörigkeit wie eine wärmende Decke über mich aus und ließ mich zum ersten Mal seit meiner Ankunft Trost und Behaglichkeit finden.

Das Abendessen wurde nicht im normalen Speisesaal, sondern in einem kleineren, hell erleuchteten Zimmer serviert. Ein großer Weihnachtsbaum schmückte den Raum, und wir durften zu beiden Seiten einer langen, festlich gedeckten Tafel Platz nehmen. Ich konnte Judith am entgegengesetzten Ende des Tisches unter all den anderen Mädchen zwar sehen, aber keinen direkten Kontakt mit ihr aufnehmen, da die Nonnen als eine Art Trennlinie zwischen Jungs und Mädchen saßen.

Neben dem Teller lag ein frisches Brötchen, das während des Betens meine Blicke magisch auf sich zog. Die Brötchen waren gut durchgebacken, was man an der dunklen, an mehreren Stellen gebrochenen Kruste erkennen konnte. Ich malte mir in allen Einzelheiten aus, wie ich das begehrte Stück in die Hand nehmen, zusammendrücken und die Kruste abbrechen würde. Brötchen waren nicht einfach Brot; Brötchen bedeuteten Familie und Sicherheit, die Eckpfeiler der Normalität.

Wir sangen Weihnachtslieder. Sie klangen irgendwie unwirklich; ihre einfachen, freundlichen Melodien paßten so gar nicht zu dem brutalen Krieg, der nun schon seit sechs Weihnachten in Europa wütete. Die Geburt des heiligen Kindes in Bethlehem, der Stern, der den Weg zur Krippe weist, die Wärme des kleinen, einfachen Stalles, die Nähe der Tiere (besonders der Lämmer, die in fast jedem Lied vorkamen) – das alles klang so wunderbar verheißungsvoll. Ich mochte diese Lieder sehr, und ich sang gerne. Matejcik hatte mir einmal gesagt, ich hätte eine schöne Stimme, und es kam häufig vor – besonders in der Kapelle –, daß ich mich selbst zu laut singen hörte. Manchmal legte ich auch extra eine individuelle Betonung auf eine Note, um meine Stimme aus der Masse herauszuhören. Nachdem der Gesang beendet war, durften wir endlich mit dem Essen beginnen. Mein Brötchen brach an einer ganz unerwarteten Stelle auseinander, und die Kruste fiel in lauter Krümeln auf meinen Teller. Mit feuchten Fingern pickte ich sie alle fein säuberlich auf. Das Essen schmeckte köstlich, und es war genug für alle da. Also gab es endlich einmal keinen Grund, alles so schnell wie möglich herunterzuschlingen, um nicht zu kurz zu kommen. In der Kartoffelsuppe war genau die richtige Menge Kümmel, wie zum Würzen nötig, aber zum Glück nicht so viel, um sie wie den üblichen Frühstücksfraß schmecken zu lassen. Aus purer Gewohnheit schlang ich die Suppe viel zu schnell runter und verbrannte mir dabei die Zunge. Ich war ganz verzweifelt, weil ich fürchtete, meinen Geschmackssinn verloren zu haben. Aber glücklicherweise ließ sich das Problem mit einem Schluck Wasser beheben, und als das Fleisch *(Fleisch!)* aufgetischt wurde, war ich schon wieder völlig in Ordnung.

Das angenehme Gefühl, etwas Warmes im Magen zu haben, löste unsere Zungen, und obwohl es normalerweise verboten war, während der Mahlzeiten zu sprechen, begannen überall am Tisch angeregte Unterhaltungen. Zu meiner Überraschung ließen uns die Nonnen gewähren, selbst Schwester C. schien ihre Freude an dem Fest zu haben. Judith und ich lächelten einander zu, aber der Abstand zwischen uns war zu groß, um miteinander sprechen zu können.

Ich hoffte, daß wir nach dem Essen unsere Chance bekommen würden. Judith sah blaß aus. Sie trug ihr kurz geschnittenes Haar an der Seite gescheitelt. Natürlich war sie das hübscheste Mädchen im Waisenhaus, und ich war mächtig stolz auf sie. Andererseits verwirrte mich ihre Anwesenheit auch wieder. In dieser neuen, christlichen Welt verkörperte sie das Bindeglied zur alten, verlorenen Welt und erinnerte mich schmerzlich daran, daß ich weder zur einen noch zur anderen gehörte.

Als der Tisch abgeräumt war, warteten wir gespannt auf den Kuchen oder die Plätzchen, oder was auch immer es war, dessen Duft uns den ganzen Tag über verrückt gemacht hatte.

Plötzlich öffnete sich die Tür, und herein kam die Schwester Oberin in Begleitung eines deutschen Offiziers. Mir blieb fast das Herz stehen. Beide lächelten. Der Offizier trug ein großes Paket unterm Arm, das in das gleiche rote Glanzpapier gewickelt war, das man jetzt überall in der Stadt sah und mit dem auch Apuka als Weihnachtsmann seine Geschenke verpackt hatte. Seiner Uniform nach mußte der deutsche Offizier ein General sein. Die Schwester Oberin geleitete ihn zum Weihnachtsbaum.

»Kinder, der Kommandant der deutschen Garnison in Zilina ist gläubiger Katholik und hat den Wunsch geäußert, den heutigen Abend bei euch verbringen zu dürfen. Er hat euch auch ein schönes Geschenk mitgebracht.«

Noch völlig verwirrt von der unerwarteten Wendung der Dinge sah ich ihm dabei zu, wie er das Paket auswickelte und einen riesigen Kuchen zum Vorschein brachte. Auf das kollektive »Oooh« beim Anblick des mit Schokoladenguß überzogenen Kuchens reagierte der Offizier mit einem zufriedenen Lachen.

»Bitte, Herr Kommandant, nehmen Sie Platz.« Die Schwester Oberin stellte zwei Stühle vor den Weihnachtsbaum, so daß man von dort den ganzen Raum überblicken konnte, und beide setzten sich. Eine der Schwestern schnitt den Kuchen an, wobei wir die Füllung am Messer kleben sehen konnten. Dann öffnete sich die Tür, und zwei weitere Kuchen – hauseigene ohne Füllung zwar, dafür aber mit dem herrlichen Duft von Frischgebackenem – wurden Wirklichkeit. Welch ein Glück! Jetzt war richtig Weihnachten!

Für mich allerdings kam der Kuchen zu spät; er konnte das bedrückende Gefühl, das mich beim Eintreten des Herrn Kommandanten befallen hatte, nicht verscheuchen. Mußten mir die Deutschen denn selbst diesen Abend auf meiner kleinen, brüchigen Insel des Friedens verderben? War mein Leben für alle Ewigkeit schicksalhaft an sie gebunden? Ich hatte mich doch so wohl gefühlt heute abend; ich hatte große Pläne, wie ich mich Judith nähern könnte. Während ich sie beim Kuchenessen beobachtete, fiel mir ihre große Anspannung auf. In ihren Augen lag tiefe Besorgnis über die Anwesenheit des hohen Offiziers. Ja, in Gedanken waren wir vereint.

Als der Kuchen aufgegessen war, folgte ein Gebet, dann wurde wieder gesungen. Wir kannten nicht so viele Weihnachtslieder, deshalb sangen wir manche jetzt zum zweiten Mal. Eine der Schwestern stimmte immer ein Lied an, und wir schlossen uns ihr einfach an. Es schien, als habe sich der Kommandant die Lieder gewünscht, und wir mußten demütig gehorchen. Wie er sich so in seinem Stuhl zurücklehnte, wirkte er entspannt und gut gelaunt. Vielleicht drohte ja doch keine Gefahr von ihm. Jemand begann »Stille Nacht« zu singen, und sogleich zog uns die Schönheit der ruhigen, an ein Gebet erinnernden Melodie in ihren Bann. Danach herrschte Stille. Es ist nicht leicht, nach diesem Lied mit irgendeinem anderen fortzufahren.

Der Kommandant beugte sich zur Schwester Oberin und flüsterte ihr etwas ins Ohr. Nach kurzem Zögern fragte sie, ob jemand »Stille Nacht« auf deutsch singen könne. Es würde unseren erlesenen Gast mit großer Freude erfüllen.

Mein Herz schlug schneller, natürlich kannte ich den deutschen Text, ich hatte ihn von Anyuka gelernt. Wie das zu jener Zeit in vielen jüdischen Familien in der Tschechoslowakei üblich war, sprachen auch Apuka und Anyuka hin und wieder Deutsch, wenn sie von andern nicht verstanden werden wollten oder deutsche Gäste hatten. Judith und ich hatten zu Hause viele deutsche Wörter aufgeschnappt und verstanden die Sprache ganz gut. Ich denke, wir kannten die deutsche Version von »Stille Nacht« früher als die slowakische. Gesungen aber hatte ich sie nur zu Hause, im Kreis der Familie. Sollte ich sie jetzt etwa für den Kommandanten der deutschen Garnison singen?

Ich sah, wie Judith aufstand und sich langsam dem Feind näherte. Die Entscheidung lag nicht mehr in meiner Hand, also ging ich nach vorn und leistete meiner Schwester Gesellschaft. Während wir unbeholfen vor den an der korrekt gebügelten grauen Uniform hängenden Orden herumstanden, faßten wir uns an den Händen und waren endlich zusammen. Es hatte einer Intervention von außen bedurft, um den wohl gehüteten Abstand zwischen den beiden Tischenden zu überbrücken. Meine Schwester schaute mich an und zählte bis drei, damit wir gleichzeitig anfingen.

»Stille Nacht, heilige Nacht ... «

Während wir weitersangen, erfüllte sich das Gesicht über den Orden, ganz versunken in unsere Darbietung, mit Leben. Ich vernahm deutlich einen tiefen Seufzer. Die Lippen begannen sich zu den Worten des Liedes zu bewegen, ich wartete darauf, daß seine Stimme einsetzte, aber das geschah nicht. Wir näherten uns der schönsten Zeile: »Schlaf in himmlischer Ruh'.« Bei dieser letzten Phrase stieg die Melodie in immer höhere Töne, und als wir gerade zur Wiederholung der Zeile mit dann tiefer Schlußnote ansetzten, rang Judith plötzlich nach Luft und hörte abrupt auf zu singen. Sie weinte nicht; in ihren weit aufgerissenen Augen lag ein Ausdruck blanken Entsetzens. Sie konnte vor Angst nicht mehr weitersingen. Während des ganzen Liedes war mir, als hörte ich Mutters Stimme im Hintergrund, und ich wette, meiner Schwester erging es ebenso. Wäre sie in einem Anfall von Traurigkeit zusammengebrochen, hätte auch ich mich nicht mehr beherrschen können. Es hätten sich so viele Gefühle in meiner Brust und Kehle angestaut, daß ein Ausbruch kurz bevor stand. An der Stelle, an der Judith das Lied abbrach, war ein Zwischenfall vorhersehbar; die Melodie forderte ihn geradezu heraus. Aber warum diese Furcht, dieser Ausdruck absoluten Schreckens in ihrem Gesicht? Welcher entsetzliche Gedanke war ihr durch den Kopf geschossen?

In der durch die unerwartete Pause entstandenen Stille durchzuckte es mich plötzlich wie ein Blitz: Wieso sollten wir beide als einzige die deutsche Version dieses Liedes kennen? Wo waren die anderen? Es gab keine anderen, weil in diesem Land nur Juden (Juden!) Deutsch verstanden. Der Mann über den Orden mußte das auch gewußt haben; schließlich hatte er uns in die Falle gelockt.

Ein tiefer Seufzer hob die Orden an, und zwei Hände forderten uns auf, näher zu kommen. Verraten! Verraten! In der Hoffnung, daß die Schwester Oberin vor dem nächsten Akt auf der Szene erscheinen würde, bewegten wir uns langsam vorwärts. Würde sie uns retten, nachdem wir uns selbst verraten hatten? Konnte sie uns überhaupt vor dem Herrn Kommandanten persönlich schützen? Die Lücke schloß sich allmählich, gleich würden uns die immer noch einladend ausgestreckten Hände berühren. Ich sah keine Möglichkeit, einen Kontakt mit ihnen zu vermeiden.

Im letzten Augenblick konzentrierten sich beide Hände auf meine Schwester. Er streichelte ihren Kopf, in seinen jetzt weichen Augen war die Spur einer Träne zu sehen.

»Hab keine Angst, deine Mutter und dein Vater werden zurückkommen.«

Diese Botschaft, und obendrein noch die zärtliche Art, in der sie uns mitgeteilt wurde, das war zu viel für uns; wir konnten unser Schluchzen nicht länger unterdrücken. Während der Kommandant Judiths Haar und Stirn streichelte, begann sie, mich zu trösten. Die Schwester Oberin versuchte, sich anzuschließen, als ihr aber klar wurde, daß alle Schlüsselstellen schon besetzt waren, zog sie sich zurück und setzte sich wieder hin. Dies fand zwar hinter meinem Rücken statt, aber in der Stille des Augenblicks erzählte mir das Rascheln ihrer Tracht alles.

Furcht und Trauer passen nicht gut zusammen, und was uns eigentlich Trost hätte spenden sollen, machte uns statt dessen auf die beängstigende Tatsache aufmerksam, daß der Kommandant der deutschen Garnison wußte, daß wir Juden waren. Absolute Verwundbarkeit! Heute abend hatte uns sein durch die Melodie des unvollendeten Liedes ausgelöstes Heimweh beschützt. Aber was würde morgen früh passieren? Welche Kräfte würden die Oberhand gewinnen, wenn der Zauber der Musik erloschen war? Für uns hatte sich plötzlich alles verändert, und wir konnten nichts weiter tun, als auf die Fortsetzung der Geschichte vom Heiligen Abend zu warten.

Dreißig Jahre lang war mein Bild von Weihnachten ganz von jenem Ereignis geprägt. In meiner Ignoranz nahm ich an, daß das Szenario für immer aus einer Komposition der folgenden Elemente bestünde: dem Waisenhaus, den angenehmen Gerüchen, meiner Schwester, dem deutschen Offizier, seinem Kuchen, dem Weihnachtslied und der daraus folgenden Mischung aus Furcht und Verwunderung.

Genau dreißig Jahre danach jedoch mußten Judith und ich am Weihnachtsabend plötzlich unsere Mutter ins Krankenhaus bringen, wo sie nur vier Wochen später starb. Seit diesem Tag haben Erinnerungen an ihren aussichtslosen und doch so würdevollen Kampf gegen den Krebs mein früheres Weihnachtsbild abgelöst. Gelegentlich kommt allerdings auch das alte noch zum Vorschein und läßt ein ganz seltsames Durcheinander entstehen.

Der Gang nach Bethlehem

István Szamosközi

s geschah zu jener Zeit, als es in Kleinkumanien, wie in vielen Gegenden Ungarns, um Weihnachten herum noch Brauch war, nach Bethlehem zu gehen. So nannte man die Sitte, daß die Burschen in der Weihnachtszeit als Hirten verkleidet mit einer selbstgeschnitzten Krippe von Haus zu Haus zogen und Weihnachtslieder sangen.

»Wohin des Weges?« klang von der anderen Seite der Gasse die Frage einer wohlklingenden Männerstimme herüber, und für einen Augenblick erlosch das Knirschen der Stiefel auf dem gefrorenen Schnee.

»Dem Kinde die Ehre erweisen«, klang die Antwort von dieser Seite, und schon ging man weiter.

Die Großväter der Szombatis, Fabiáns, Duzmaths und der anderen heute lebenden Kumanier schliefen zur Zeit unserer Geschichte noch im Ofenwinkel oder in den von den Kindern vieler Generationen abgenützten klapprigen Wiegen.

Die Mutter stillte den kleinen András Becze, dann sagte sie zu ihrem Mann: »Wir könnten gehen, András ...«

Aber András Becze hatte noch keine Lust dazu, besonders da er hörte, daß das kleine Tor ging. Vielleicht brauchte man gar nicht zu gehen, wenn etwa Besuch käme. Wenn sie kämen. Aber nicht der erhoffte Besuch kam. Schallende Kinderstimmen klangen draußen: »Der heilige Engel Gottes ...« So begann damals das Krippenspiel der Reformierten. Mit Kuchen und Kreuzern belohnt zogen die Kinder weiter. Undeutlich vernahm man schon aus dem nächsten Hof: »... und sprach zu ihnen ...«

»Wir wollen gehen!« drängte die blonde junge Frau mit dem hübschen Gesicht ihren Mann. Sie hatte das Umhängetuch vorn zugeknotet; es reichte ihr zweimal um die schlanke Taille.

Der Mann gab seine Zustimmung damit, daß er, sich kräftig auf beide Hände stützend, vom Tisch aufstand. Er war ein rotwangiger, kräftiger, brauner Mann, einer aus dem alten Reiterschlag, die im Kreuz lang sind und kurze Beine haben. Sie wirken klein, wenn sie aufstehen.

Kaum hatten sie sich auf den Weg begeben, so blieb der Mann stehen. Nicht als wollte er vielleicht etwas sagen, sondern nur, um nicht immer gehen zu müssen, besonders in die Richtung, in der sie voranstrebten.

»Ich soll ihn einen Bettler genannt haben?« fragte er, als wäre darüber bis jetzt nie ein Wort gefallen.

Die Frau antwortete auf der Stelle. Schließlich war Máté Borus ihr Bruder, und es war ihr nicht einerlei, wie alles kommen würde. Sie wandte sich ihrem Mann zu.

»Das habt Ihr ... Gewiß. Und daß er eine Schrift bringen soll, wenn er etwas haben will, denn nur so würdet Ihr ihm etwas geben. Aber auch dann noch wolltet Ihr es Euch zweimal überlegen. Auf Bettelworte jedoch würdet Ihr gar nichts geben ...«

Der Mann griff nach dem Strohhalm, der sich ihm bot.

»Bettelworte ... ja, aber daß er ein Bettler sei, habe ich nicht gesagt. Man redet halt allerlei, wenn man verärgert ist. Daß eine Schrift gebraucht wird? Eine Schrift braucht man, das sage ich auch heute noch.«

»Das brauchte man aber heute nicht gerade zu sagen«, widersprach die Frau, wie Frauen manchmal klug und gut zu widersprechen verstehen.

Der Mann sagte nichts, er ging weiter, und in seinem Innern mahlte still die Mühle der Vernunft. Erst fielen Kornrade und taube Körner durch das Sieb.

›Es stimmt‹, grübelte er, ›daß ich ihn einen Bettler genannt habe, obwohl er mein Schwager ist und ein ehrbarer Mann. Auch ist die Familie groß, recht groß. Er brauchte auch die Ziegelsteine. Das Haus der Schwiegermutter droht einzustürzen. Er brauchte sie ...‹

Nun fiel ihm das Mehl aus den Körnern in die Hände, rein und weiß.

›Man müßte sagen: Ich geb' sie dir! Ich geb' sie dir, und dann ist es in Ordnung. Ich geb' sie dir, dann ...‹

Das Sieb und der Mühlstein bleiben an irgendeinem harten Korn stecken. Die Frau und der Mann aber gingen weiter.

Wie lang manchmal ein so kurzer Weg auch ist, schließlich gelangt man doch ans Ziel.

»Da wären wir«, sagte still die Frau und schritt entgegen der Gewohnheit als erste durch das halb geöffnete Seitentor in den Hof ihres Bruders. Der Mann stampfte die Stiefelsohlen gegen den großen Stein vor dem Brunnen und hüstelte. Das war so Brauch. Innen hörte man es, und die Tür tat sich auf.

Der zehnjährige kleine Máté steckte den Kopf heraus und rief laut: »Da, Onkel András!«

Schon waren sie in der Stube. Der Hausherr saß am Tisch neben der Lampe vor einer Spiegelscherbe und rasierte sich. ›Auch das trifft sich gut‹, dachte András. ›Es geht doch nicht so plötzlich los.‹ Man reichte sich die Hand. Die Großmutter umarmte ihre Tochter. Man war lange nicht so beisammen gewesen. Das Gespräch bei den Frauen kam gleich in Gang. Die vier kleineren Kinder wurden lebhaft, sie quirlten herum, sie taten wichtig. Nach Art der Kinder spürten sie bald, daß die auf Ordnung sehende Aufmerksamkeit der Erwachsenen nachgelassen hatte.

Máté wurde mit dem Rasieren fertig, wusch sich das Gesicht und setzte sich wieder an den Tisch. Die Frauen waren nun schon ganz in ihr Gespräch vertieft, aber die Frau von András hörte deshalb doch, als ihr Mann begann:

»Die Nacht wird es wieder kalt, es hat sich aufgeklärt ...«

Máté nickte. »Ja. Auch gestern war es kalt. Aber es liegt reichlich Schnee. Er hat sogar das Schilfrohr auf dem Dach geknickt.«

›Jetzt sind wir bei der Sache‹, dachte András, ›jetzt muß man es sagen!‹ »Wir werden es im Frühjahr machen!« sprach er es aus. »Wir werden die Ziegel von dort herüberbringen, wenn sie hier gebraucht werden.«

Dies hörten alle drei Frauen. Ihre Worte stockten, aber nur für einen Augenblick. »Von dort!« Dieses »von dort« war der Hof von András, »diese Ziegel«, das waren die Ziegel des András, derentwegen man sich im Frühjahr verfeindet hatte. Das war ein Wort, ein Wort, wie es zum Gang nach Bethlehem, zu Weihnachten paßte. Auf ein solches Wort schickte es sich, im Namen des Herrn Jesus zu hören.

Und Máté antwortete mit klarer Stimme:

»Das wird recht sein, wenn du meinst!«

Und András sagte:

»Ja. Hier werden sie gebraucht.«

Die alte Frau wischte glücklich kleine Trinkgläser aus. Irgendwo mochte sie noch eine Flasche Wein haben. Der kleine Máté kümmerte sich nicht viel um das, was hier vorging. Er war ein sehr guter Schüler und saß auch jetzt und lernte. Aus dem Kleinen Heimatspiegel sagte er auf, was er auswendig gelernt hatte:

> »Die ebene Flur des Komitates Békés lohnt
> des Bauern Mühe reich mit Korn ...«

Dann stieß man an. Die Weihnacht strich sanft über das Dorf, damit aus guten Vorsätzen gute Werke werden; aus Steinen Brot, Obdach, Segen.

Der Herbergswirt

Piero Bargellini

Ich will versuchen, ob ich mich noch zurückerinnern kann. Man kann sich ja wirklich nicht alle Gäste merken. Und noch dazu in jenen Tagen, in denen alles drunter und drüber ging.

Meine Herberge stand an den Toren von Bethlehem, an der Straße, die nach Nazareth herüberführt.

Ich kann ohne Übertreibung sagen, daß es die erste Herberge der Stadt war. Sie war wie ein großer quadratischer Hof angelegt und von den Säulengängen umgeben.

Die Reisenden traten in den Hof ein und suchten sich ihren Platz unter dem Säulengang. Ihr Pferd oder ihren Esel banden sie an einem Eisenring fest.

Ich rief indessen nach den Knechten, die ein ordentliches Bündel duftendes Heu für die Tiere und ein Bund gut trockenes Stroh für die Menschen herbeibrachten. Erstklassiges, goldgelbes, noch nie benütztes Stroh!

Mitten im Hof stand ein Ziehbrunnen.

Die Diener schöpften daraus Wasser, damit die Reisenden sich die Füße waschen konnten.

Bei Nacht, vor allem im Winter, fehlte es im Hofe nie an einem schönen Feuer. Konnte man es wohl noch bequemer haben?

Ein Teil des Säulenganges, der durch Wände und Vorhänge abgeschlossen war, bildete einige »Einzelzimmer«. Aber die waren nur für besondere Gäste!

Bei den Mahlzeiten verzehrten die Reisenden ihre Vorräte, unter dem Säulendach im Kreise auf dem Stroh herumsitzend.

Ich lieferte guten Wein und vortreffliches Brot. Bethlehem wurde »das Haus des Brotes« genannt. Rings um das Städtchen breiteten sich Gerstenfelder, soweit das Auge reichte, und in meinem Backofen wurden ausgezeichnete Laibchen gebacken, Gerstenbrote von bester Beschaffenheit!

Ja, jetzt erinnere ich mich, aber wie gesagt, es ist nicht leicht, sich alle Gäste zu merken. Und obendrein die Gäste jener Tage!

Die Unruhe! Dieses Hin und Her! Augustus, der große römische Kaiser hatte ein Edikt über die Volkszählung erlassen. Er wollte wissen, wie viele Bürger sein riesengroßes Reich bevölkerten. Auch Palästina stand unter seiner Herrschaft.

Wir Juden hatten einen eigenen König, das ist schon richtig. Er hieß Herodes und hielt in Jerusalem, der Hauptstadt des Reiches, seinen Hof, Aber über ihm war der römische Kaiser, der mehr zu sagen hatte als er. Man mußte gehorchen. Darum kehrten alle an ihren Heimatort zurück, um sich in die Liste ihres Stammes eintragen zu lassen.

ITALIEN

Wie gesagt, das waren Tage, die einen großen Zulauf, viel Durcheinander und, das muß ich freilich zugeben, viel Gewinn brachten.

Der Hof war voll von Tieren und Menschen. Die Knechte konnten kaum alle bedienen. Schon waren wir bei den letzten Gabeln Heu, und was das Stroh anlangt, so muß ich zu meiner Schande gestehen, daß ich oft gezwungen war, das bereits gebrauchte wieder auszugeben. Das gehört sich nicht, ich weiß es, aber was hätte ich sonst tun sollen?

An einem Abend war es, als die Nacht schon hereinbrach. Die Knechte sagten, daß an der Tür zwei neue Gäste stünden. Ich schaute schnell herum. Unter dem Säulendach traten die Leute einander auf die Füße. Ich fragte die Knechte: »Was für Leute sind es? Personen von Stand?«

Sie schüttelten die Köpfe. »Arme«, erwiderten sie, »ein Arbeiter und eine Frau auf einem Esel!«

»Wenn sie sich in eine Ecke legen wollen«, sagte ich und deutete auf die von Menschen wimmelnden Säulengänge.

»Sie möchten eine eigene Kammer«, erhielt ich zur Antwort.

»Dann schickt sie mit Gott weiter. Eine schöne Zumutung, eine eigene Kammer zu solchen Zeiten und für arme Leute!«

»Die Frau ist müde und krank«, sagte ein alter Knecht.

»Da kann ich nicht helfen. Ich bin auch müde. Ich kann nicht mehr. Wenn es gute Gäste gewesen wären! Aber bei manchen Leuten büßt man oft noch das Stroh ein.«

Die Knechte waren unsicher. Da trat ich vor die Tür.

»Es tut mir leid«, sagte ich so freundlich als möglich. »Es tut mir leid, aber es ist kein Platz. Mit dieser verwünschten Volkszählung! Seid Ihr auch wegen diesem Edikt da?«

»Ja«, antwortete mir der Mann, der wie ein richtiger Arbeiter aussah.

»Aus was für einer Familie seid Ihr?«

»Aus der Familie Davids.«

Ich schaute ihn überrascht an. Die Familie des alten Propheten war eine königliche Familie.

»Und Ihr habt keine Verwandten in der Stadt?«

Der Mann schlug die Augen nieder. Ich blickte auf die Frau, die in sich versunken auf dem Esel saß. Was für ein bleiches, schönes Gesicht! Unter der Decke, die über ihre Schultern fiel, schien in der Dämmerung ein Licht von ihr auszugehen.

»Es tut mir leid«, sagte ich noch einmal, »aber es ist kein Platz. Nicht einmal im Hof, und an eine eigene Kammer ist gar nicht zu denken.«

»Meine Frau hier ist krank«, sagte der Mann bescheiden.

Ich schaute sie noch einmal an. Sie senkte die Wimpern.

»Hört«, sagte ich zu ihnen, »wenn Ihr allein bleiben und eine Nacht unter

Dach verbringen wollt, so gebe ich Euch einen Rat. Am Seitenhang des Hügels sind ein paar Grotten, die als Ställe gebraucht werden. In Ermangelung von etwas Besserem können sie als Schlafkammern gelten. Nichts für ungut! So könnt Ihr auch das bißchen Geld noch sparen.«

Die beiden sagten kein Wort. Der Mann zog den Esel am Halfter, der sich hinkend in Bewegung setzte. Der Lichtschein, der von dem leidenden Frauengesicht ausging, verschwand im Dunkel.

Ich blieb an der Tür stehen und lauschte auf das müde Getrappel des Esels, das immer ferner klang. Eine große Traurigkeit überfiel mich. Ich hätte sie am liebsten zurückgerufen. Aber wie hätte ich sie denn beherbergen sollen? Ich versichere euch, daß unter dem Säulendach kein Platz mehr war, und an eine eigene Kammer war nicht zu denken.

Bei alledem war ich traurig. Ich ging wieder hinein. Es lag mir wie ein Stein auf dem Herzen.

Die Nacht im Dom

Dino Buzzati

Wer klopft am Weihnachtsabend an die Domtür? fragte sich Don Valentino. »Haben die Leute noch nicht genug gebetet? Was für eine Sucht hat sie ergriffen?«

Mit diesen Worten ging er öffnen, und mit einem Windstoß trat ein zerlumpter Mann herein.

»Wieviel von Gott ist hier«, rief er lächelnd aus und sah sich um. »Wieviel Schönheit! Man spürt es sogar von draußen. Hochwürden, könnten Sie mir nicht ein wenig davon abgeben? Denken Sie, es ist der Heilige Abend.«

»Das gehört Seiner Exzellenz, dem Erzbischof«, antwortete der Priester. »Er braucht es in wenigen Stunden.«

»Und auch nicht ein kleines bißchen könnten Sie mir geben, Hochwürden? Es ist so viel davon da! Seine Exzellenz würde es gar nicht einmal merken!«

»Nein, habe ich gesagt ... du kannst gehen ... der Dom ist für die Allgemeinheit geschlossen«, und er geleitete den Armen mit einem Fünf-Lire-Schein hinaus. Aber als der Unglückliche aus der Kirche hinausging, verschwand im gleichen Augenblick auch Gott. Bestürzt schaute sich Don Valentino um und forschte in den dunklen Gewölben. Selbst da oben war Gott nicht mehr. Und in ein paar Stunden sollte der Erzbischof kommen. In höchster Erregung öffnete Don Valentino eine der äußeren Pforten und blickte auf den Platz. Nichts! Auch draußen keine Spur von Gott, wiewohl es Weihnachten war. Aus den tausend erleuchteten Fenstern kam das Echo von Gelächter, zerbrochenen Gläsern, Musik und sogar von Flüchen. Keine Glocken, keine Lieder. Don Valentino ging in die Nacht hinaus, schritt durch die unheiligen Straßen. Er wußte die rechte Anschrift. Als er in das Haus trat, setzte sich die befreundete Familie gerade zu Tisch. Alle sahen einander wohlwollend an, und um sie herum war ein wenig von Gott.

»Frohe Weihnachten, Hochwürden«, sagte der Vater. »Wollen Sie nicht unser Gast sein?«

»Ich habe Eile, ihr Freunde«, antwortete er. »Durch eine Unachtsamkeit meinerseits hat Gott den Dom verlassen, und Seine Exzellenz kommt gleich zum Gebet. Könnt ihr mir nicht euern Herrgott geben? Ihr seid ja in Gesellschaft und braucht ihn nicht so unbedingt.«

»Mein lieber Don Valentino«, sagte der Vater. »Sie vergessen, daß heute Weihnachten ist. Gerade heute sollten meine Kinder ohne Gott auskommen? Ich wundere mich, Don Valentino.«

Und in dem gleichen Augenblick, in dem der Mann so sprach, schlüpfte Gott aus dem Hause, das freundliche Lächeln erlosch, und der Truthahnbraten war wie Sand zwischen den Zähnen. Und wieder hinaus in die Nacht und durch die verlassenen Straßen. Don Valentino lief und lief und erblickte ihn schließlich von neuem. Er war bis an die Tore der Stadt gekommen, und vor ihm breitete sich, licht im Schneegewande schimmernd, das weite Land. Über den Wiesen und den Zeilen der Maulbeerbäume schwebte Gott, als wartete er. Don Valentino sank in die Knie.

»Aber was machen Sie, Hochwürden?« fragte ihn ein Bauer. »Wollen Sie sich in dieser Kälte eine Krankheit holen?«

»Schau, da unten, mein Sohn! Siehst du nicht?«

Der Bauer blickte ohne Erstaunen da hin.

»Das ist unser«, sagte er. »Jede Weihnacht kommt er, um unsere Felder zu segnen.«

»Höre«, sagte der Priester, »könntest du mir nicht ein wenig davon geben? Wir sind in der Stadt ohne Gott geblieben, sogar die Kirchen sind leer. Gib mir ein wenig davon ab, damit wenigstens der Erzbischof ein anständiges Weihnachten feiern kann.«

»Fällt mir nicht im Traume ein, Ihr lieben Hochwürden! Wer weiß, was für ekelhafte Sünde Ihr in der Stadt begangen habt. Das ist Eure Schuld. Seht allein zu.«

»Gewiß, es ist gesündigt worden. Und wer sündigt nicht? Aber du kannst viele Seelen retten, mein Sohn, wenn du mir nur ja sagst.«

»Ich habe genug mit der Rettung meiner eigenen zu tun!« sagte der Bauer mit höhnischem Lachen, und im gleichen Augenblick hob sich Gott von seinen Feldern und verschwand im Dunkel. Und Don Valentino ging weiter und suchte. Gott schien seltener zu werden, und wer ein bißchen davon besaß, wollte nichts hergeben (aber im gleichen Augenblick, da er mit »nein« antwortete, verschwand Gott und entfernte sich immer weiter). Endlich stand Don Valentino am Rande einer grenzenlosen Heide, und in der Ferne am Horizont leuchtete Gott sanft wie eine längliche Wolke. Der Priester warf sich in den Schnee auf die Knie.

»Warte auf mich, o Herr«, bat er, »durch meine Schuld ist der Erzbischof heute allein geblieben.«

Seine Füße waren zu Eis erstarrt, er lief im Schnee weiter und sank bis ans Knie ein, und alle Augenblicke fiel er der Länge nach hin. Wie lange konnte er es noch aushalten?

Endlich vernahm er einen großen, leidenschaftlichen Chor von Engelstimmen, ein Lichtstrahl brach durch den Nebel. Er öffnete ein hölzernes Türchen, es war eine riesige Kirche, und in ihrer Mitte betete ein Priester zwischen einigen Lichtern. Und die Kirche war voll des Paradieses. »Bruder«, seufzte Don Valentino, am Ende seiner Kräfte und mit Eisnadeln bedeckt, »habe Mitleid mit

ITALIEN

mir. Mein Erzbischof ist durch meine Schuld allein geblieben und braucht Gott. Gib mir ein bißchen von ihm, ich bitte dich.« – Langsam wandte sich der Betende um. Und Don Valentino wurde, als er ihn erkannte, fast noch bleicher, als er ohnedies war.

»Ein gesegnetes Weihnachten dir, Don Valentino«, rief der Erzbischof aus und kam ihm entgegen, ganz von Gott umgeben. »Aber Junge, wo bist du nur hingelaufen? Was hast du um Himmels willen in dieser bärenkalten Nacht draußen gesucht?«

Du
steigst
herab von
den Sternen,
König
des Himmels,
und kommst in
eine kalte Grotte.

Alfons von Liguori

Weihnacht

Juan Ramón Jimenez

Leis blökt das Lamm,
Der Esel, zärtlich, äußert seine Freude
In einem langen Schrei.
Es bellt der Hund
Und teilt es so den Sternen mit.

Ich wachte und stand auf. Da sah ich Spuren
Der Himmlischen am Boden
Aufgeblüht
Dem Himmel gleich,
Der sich im Spiegel sieht.

Ein weicher, zarter Nebel
Verhüllte das Gehölz;
Schon stieg der Mond herab
In einem Untergang von Gold und Seide.
Rund wie die Aura Gottes.
Und es klopft' mein Herz,
Als sei es schweren Weines voll.
Ich öffnete den Stall, zu sehen, ob er
Da sei.
Er war da.

Das Opfer
Henry Bordeaux

oktor Brunoy, der seine beiden Berufskollegen bis zur Tür begleitet hatte, blieb auf der Schwelle stehen und fragte mit müder Stimme: »Gibt es also kein Heilmittel mehr?«

Die beiden Ärzte blickten einander in die Augen, wie wenn einer
zum anderen sagen wollte, wie unnütz doch diese Frage sei. Dann erwiderte der ältere: »Die zwei Serumeinspritzungen sind leider ohne Erfolg geblieben – wir haben alles versucht, mehr können wir nicht tun.«

»Mehr nicht ... Denken Sie, daß das Kind noch lange leben wird?

»Lange?« wiederholte der jüngere überrascht, fast ironisch. »Noch einige
Stunden.«

»Einige Stunden, ja ... man weiß nie ...«, meinte dazu der ältere, den Erfahrung vorsichtiger gemacht hatte. »Auf jeden Fall hat das Kind nichts zu leiden.«

Die beiden Kollegen hüllten sich in Decken und stiegen in den Schlitten, der
vor dem Hause stand. Dr. Brunoy sagte: »Ich danke Ihnen, daß Sie den so weiten Weg gemacht haben.«

Der jüngere zog schon die Uhr, um auszurechnen, wann sie in der Stadt ankommen würden.

Die Pferde vor dem Schlitten scharrten ungeduldig, und als der Kutscher am
Zügel zog, reckten sie die Köpfe und setzten sich in flotten Trab. Dr. Brunoy
blieb unbeweglich auf der Schwelle seines Hauses stehen und starrte dem Schlitten nach, der auf dem schneebedeckten Weg entschwand, seine letzte Hoffnung
mit sich führend. Ferner und ferner tönte ihm das regelmäßige Gebimmel der
Pferdeglöcklein ins Ohr.

Dann kehrte er ins Haus zurück. Bevor er aber zu seiner Frau ging, die am
Bett des sterbenden Kindes saß, betrat er das Arbeitszimmer. Hastig begann er
in Büchern zu blättern, stieß sie ungeduldig weg, immer wieder versuchte er sich
zu sammeln – gab es denn keine Rettung?

Draußen geht der Tag zur Neige. Dr. Brunoy schaut durchs Eckfenster. Auf
der einen Seite erblickt er Beaufort, das Dorf mit seinen alten Häusern und engen Gassen und der schmalen Steinbrücke, die über den Bergbach Doron führt.
Auf der anderen Seite erhebt sich ein steiler Hang mit ernsten schneebedeckten
Tannen. Warum nur ist er als junger Mensch in diese abgelegene Gegend gekommen, in dieses enge Tal, wo die Berge einander so nahe rücken, daß man
von ihnen fast erdrückt wird? – In wenigen Sekunden, wie es in tragischen Mo-
menten unseres Lebens oft vorkommt, durchlaufen seine Gedanken die Erlebnisse der letzten Jahre. Die Notwendigkeit hatte sein Handeln bestimmt. Be-

herrscht sie nicht das Leben der meisten Menschen? Nach guten medizinischen Studien hatte er sich rasch verheiratet. Weil er kein Vermögen besaß, konnte er seine Tätigkeit nicht in einer Stadt beginnen, denn dort läßt am Anfang die Kundschaft oft lange auf sich warten und nimmt nur langsam zu. Diese einsame Berggegend mit ihrem langen, harten Winter, für den die allzu kurze Schönheit des Sommers nur schlecht entschädigt, dieses Tal mit seinen arbeitsamen, ehrlichen, aber herben und wenig kultivierten Einwohnern wurde seit Jahren von den Ärzten gemieden. Hier war keine Konkurrenz zu fürchten. Man hatte ihn wie einen Retter empfangen. Nach einem Jahr schon schätzte er das Land wie seine Heimat. Auch seiner Frau gefiel das Leben im stillen Bergtal; sie war zufrieden und glücklich. Ein Kind wurde ihr geschenkt, ein pausbackiger Bub.

Die Arbeit Dr. Brunoys zeigte bald schöne Erfolge. Im weiten Umkreis gab es kein Dorf, keinen Weiler mehr, wo er nicht schon irgendeine Krankheit geheilt oder nach einem Unglück geholfen hätte. An Kindern fehlte es nicht in dieser Talschaft. Aber manche starben schon im zartesten Alter, denn es mangelte ihnen die nötige Pflege. Mit besonderem Eifer machte sich Dr. Brunoy daran, die Mütter aufzuklären und zu belehren, um dem Tod seine jungen und allzu leichten Opfer zu entreißen.

Und nun – ein schlechter Dank für seine Mühen als Arzt – war sein eigener kleiner Sohn an Diphterie erkrankt. Doch – er hatte schon viele Kinder, die an derselben Krankheit gelitten, mit Serum-Einspritzungen oder mit Hilfe des Luftröhrenschnittes geheilt. Warum sollte er nicht auch seinem eigenen Kinde helfen können?

Aber während er seinem Berufe nachging und längere Zeit abwesend war, hatte sich die Krankheit rasch verschlimmert. Die Stimme des Kindes war heiser und rauh geworden, und die Erstickungsanfälle hatten sich immer häufiger eingestellt.

Was war das für eine Heimkehr gewesen! Nach langem, mühsamem Weg durch tiefen Schnee war er in einen Laden getreten, um seinem Kind zu Weihnachten Spielzeug zu kaufen. Mit einem kleinen Holzpferd und einer Trompete unter dem Arm hatte er den Heimweg fortgesetzt. Und wie er an Frau und Kind und an seine warme, vom Duft des Weihnachtsbaumes durchwürzte Stube dachte, an die behagliche Ruhe nach getaner Pflicht, ward sein Herz von stillem Glück erfüllt.

»Endlich bist du da!« hatte seine Frau fast geschrien, als er die Wohnung betrat. »Komm schnell zu Jean!«

Er hatte sofort den Ernst der Lage erkannt und dem Kind eine Einspritzung gemacht.

Weil sich aber trotzdem keine Besserung zeigte, schickte er am folgenden Morgen einen Nachbar in die nächste, vier Stunden entfernte Stadt, um zwei

FRANKREICH

Kollegen holen zu lassen. Die beiden Ärzte waren am Nachmittag eingetroffen. Aber auch sie waren ohnmächtig; Hilfe war nicht mehr möglich. Das einzige, was noch zu tun blieb, war warten ...

Dr. Brunoy ging in das Zimmer des kranken Kindes. Seine Frau saß über das Bettchen geneigt, hielt die Hand des Kleinen, sprach ihm in zärtlichen Worten zu. Das Holzpferdchen und die Trompete lagen unberührt auf der Bettdecke. Man hatte den kleinen Weihnachtsbaum mit der niedlichen Krippe, die darunter aufgebaut war, dem Bette nahe gerückt, aber der Kleine hatte keinen Blick für Baum und Krippe.

Als die Frau ihren Mann hereinkommen hörte, wandte sie sich nach ihm um und sagte, als ob sie seine Gedanken erraten hätte: »Er stirbt.«

Er wiederholte die Worte des alten Doktors: »Man weiß nie ...«

»Was können wir tun?«

»Nichts als warten ...«

Er setzte sich ihr gegenüber an die andere Seite des Bettes. Der kleine Jean lag regungslos da, fast ohne Fieber. Sein Atem war schwächer und schwächer. Manchmal hob er langsam die Lider, aber seine Augen konnten nicht mehr sehen.

Es war indessen dunkel geworden. Die Frau erhob sich mit großer Anstrengung.

»Wohin gehst du, Etiennette?

»Ich will eine Lampe anzünden.«

»Warum?«

»Um ihn noch lebend zu sehen.«

Um sechs Uhr öffnete das Mädchen Mariette vorsichtig die Tür und sagte: »Ein Mann aus Rodelande ist da, er möchte mit dem Herrn Doktor sprechen.«

»Ich will niemand sehen, Mariette.« Nach kurzer Zeit kam das Mädchen wieder zurück und sagte: »Er weigert sich zu gehen, er will Sie unbedingt sprechen.«

Da verließ Dr. Brunoy das Zimmer, um den aufdringlichen Besucher selbst fortzuschicken. Er traf ihn in der Küche, wo er sich wärmte. Der Schnee, der auf seinen Schultern gelegen hatte, war geschmolzen und rann nun in Bächlein über den rauhen Kittel. Der Bauer wandte sein mageres, ernstblickendes Gesicht dem Arzte zu.

»Ah, Ihr seid's, Rivaz, was wollt Ihr?« fragte Dr. Brunoy.

Der Bauer antwortete: »Mein Kleiner ist krank.«

»Ich werde morgen früh kommen«, beschied der Arzt.

Aber Rivaz schüttelte den Kopf. »Ohne Sie wird er die Nacht nicht überleben.«

»Auch mein Kleiner ist am Sterben. Ich kann diesen Abend nicht mehr kommen.« Die beiden Männer schwiegen, jeder stumm an seinem Unglück würgend. Dann fiel des Bauern schweres Wort in die Stille:

»Ihren Bub werden Sie heilen, aber meinen nicht.«

»Oh, mein Bub ist verloren.«

Wieder schwiegen sie, dann nahm der Bauer von neuem das Wort: »Mein Bub ist noch nicht verloren. Ich bekam ihn erst im Alter und ich werde keine Kinder mehr haben.«

»Morgen früh werde ich kommen, ich verspreche es Euch, Rivaz!«

»Dann wird es zu spät sein.«

»Laßt mich die Augen meines Kleinen schließen.«

»Aber wenn Sie doch hier nicht mehr helfen können ...«

Bei diesen Worten fuhr der Arzt erregt auf: »Wißt Ihr das? Solange mein Kind noch lebt, werde ich es nicht verlassen, versteht Ihr nicht?«

Der Bauer zerknüllte mit zitternden Fingern den Rand seines alten Filzhutes, zögerte noch einen Augenblick und schritt dann gegen die Tür.

»So werden also zwei sterben«, murmelte er vor sich hin, aber ohne Auflehnung, wie einer, der sich ins Unabänderliche schickt.

»Wartet«, rief der Doktor. »Hustet er stark?«

»Ja, zuerst, dann nur noch wenig. Ist das ein gutes Zeichen?«

»Nein. – Aber Ihr müßt doch einsehen, daß ich jetzt mein todkrankes Kind nicht verlassen kann! ... Wie geht sein Atem?«

»Der pfeift; und dann auf einmal ist es, wie wenn das Kind ersticken müßte.«

»Wie gestern abend bei Jean ... Und doch, es ist mir unmöglich, zu kommen. Ihr dürft das nicht von mir verlangen ... Hat er diese Erstickungsanfälle oft?«

»Ja.«

»Ich bedaure Euch ...«

»Ist er verloren?«

»Noch können wir hoffen, vielleicht haben wir Glück.«

Und mit einem Satz sagte der Bauer, was sein Herz bewegte: »Für Ihren Buben können Sie nichts mehr tun, aber noch etwas für den meinen.«

Dr. Brunoy sah dem Bauern in die Augen, sein Blick festigte sich, und mit entschlossener Stimme erwiderte er: »Ich komme mit Euch, Rivaz!«

Raschen Schrittes kehrte er ins Zimmer zurück. Das Kind atmete kaum noch, sein Gesicht war so blaß, als wäre der letzte Tropfen Blut aus seinem Körper gewichen.

»Etiennette, hier nimm dies Fläschchen, es wird ihm das Atmen erleichtern. Mehr können wir nicht tun ...«

»Warum sagst du mir das?«

»Weil ich fort muß.«

»Du, in dieser Nacht?«

»Der kleine Rivaz in Rodelande ist schwer krank, vielleicht kann ich noch helfen.«

»Und unser Jean?«

FRANREICH

»Sein Leben liegt nicht mehr in Menschenhand. Du kannst ihn so gut pflegen wie ich.«

»Geh nicht weg, ich bitte dich!«

»Ich muß!«

Jäh richtete sie sich neben dem Bettchen auf und warf ihm die Worte entgegen: »Du liebst dein Kind nicht! Du liebst deine Frau nicht!«

»Oh, meine Liebste!« Seine Stimme flehte schmerzlich. Aber die Frau konnte ihn nicht verstehen, sie wich vor ihm zurück.

Da neigte er sich über das Kind und strich zärtlich, Abschied nehmend, über seine Wange, die immer noch warm war, trotz der wächsernen Hautfarbe. Und kurz entschlossen, ohne zurückzuschauen, weil er fürchtete, sein Wille könne unsicher werden, entfloh er aus dem Zimmer.

Im Schlitten sprachen die beiden Männer nicht ein Wort. Rivaz mußte von Zeit zu Zeit am Leitriemen ziehen und »Hü!« rufen, denn das Pferd war müde, hatte es doch gerade erst einen Weg von zehn Kilometern hinter sich gebracht. Seine Hufe sanken im frischen Schnee ein.

Das schmale Sträßchen führte durch einen Hohlweg, auf dessen beiden Seiten ernste Tannen zum dunklen Winterhimmel aufragten. In der Ferne toste Doron, der Wildbach. Vorne am Schlitten waren zwei Laternen befestigt, die sanft hin und her schwankten und ihr Licht auf die Bäume und Felsen des Wegrandes warfen.

Nach einer guten Stunde hielt der Schlitten vor einem einsamen Haus. Man hatte ihn kommen hören, denn die Tür öffnete sich, und eine Frau, die Laterne in der Hand haltend, erschien auf der Schwelle.

»Ist der Doktor da?«

»Ja.«

Sie atmete auf und führte die beiden Männer ins Zimmer des kranken Kindes.

Drei Viertelstunden später packte der Arzt seine Instrumente wieder zusammen und schickte sich zum Fortgehen an.

»Ist er gerettet?« fragte die Frau.

»Ich glaube es; morgen werde ich wiederkommen.«

»Wollen Sie noch diese Nacht zurückkehren?« wandte Rivaz ein.

»Ja, sofort.«

Der Bauer schien seltsam ergriffen, er brachte ein Goldstück, das er als Geschenk seiner längst verstorbenen Mutter bisher aufbewahrt hatte, und wollte es dem Arzt geben. Aber zu seinem Erstaunen weigerte sich dieser, es anzunehmen.

»Nein, mein guter Rivaz, niemand könnte mir den Gang bezahlen, den ich in dieser Nacht getan habe.«

Auch auf der Rückfahrt sprachen die beiden Männer kein Wort miteinander. Unterwegs begegneten sie zahlreichen Gruppen von Leuten, die Laternen trugen. Zwischen den dunklen Tannenstämmen leuchtete da und dort ein kleines Licht auf. Die Bauern der umliegenden Höfe und Weiler begaben sich zur Mitternachtsmesse. Sie sangen ein altes Weihnachtslied:

>»Geboren ist das göttlich Kind,
>O freuet euch, ihr Menschen all ...«

Und wenn sie dem Schlitten begegneten, riefen sie mit frohen Stimmen: »Gesegnete Weihnacht!«

Dr. Brunoy vermochte diesen Glückwunsch nicht zu erwidern; auch Rivaz wagte es nicht, obwohl sein Herz festlich gestimmt war.

An einer Biegung des Sträßchens, schon nahe bei Beaufort, fiel der Schein der Laternen auf ein Wegkreuz. Sacht schwebten die Schneeflocken vom Himmel. Der Körper des schmerzensreichen Heilandes ragte hell und groß in die Nacht, und es war, als ob von seinem dornengekrönten Haupt ein tröstlich Licht ausginge. Dr. Brunoy erinnerte sich der Worte des alten Weihnachtsliedes: Geboren ist das göttliche Kind ... Und mit einem Mal erfüllte ihn Friede; kein Leid mehr, keine Auflehnung gegen das Schicksal. Er hatte seine Pflicht getan! – Er hatte Rivaz' Kind retten dürfen. Er wußte, daß er sein eigenes Kind nicht mehr lebend sehen würde, aber der Gedanke weckte keine Bitternis in seinem still gewordenen Herzen.

Als er zu Hause ankam und ins Zimmer trat, fand er seine Frau über das Bett des toten Kindes gebeugt. Gütig und sanft, doch mit fester Hand richtete er sie auf und sagte: »Meine liebe Etiennette ...«

»Du warst nicht dabei«, seufzte die Frau und sah ihm tief in die Augen. Welche Ruhe ging von ihm aus, welcher Friede ... Sie lehnte sich an ihn, und tröstlich stieg die Gewißheit in ihr auf, daß sie bei ihm die Kraft wieder finden würde, die ihr jetzt fehlte, daß sie den Mut haben würde, weiterzuleben und dieses Leben zu lieben.

FRANKREICH

Weihnacht

Théophile Gautier

Der Himmel schwarz, weiß das Gefilde –
Nun, Glocken, tönt und zögert nicht!
Jesus ist da! Die Jungfrau milde
Neigt über ihn ihr Angesicht.

Nicht zierliche Gardinen schweben,
Geborgenheit ihm zu verleihn,
Nichts als das Netz der Spinnenweben
Hängt grau vom Dachgebälk herein.

Wie es auf seinem Strohbett zittert,
Das liebe kleine Krippenkind!
Daß es ein warmer Hauch umgittert,
Blasen es Esel an und Rind.

Der Schnee am Dach stickt seine Borte,
Doch weißer als die weiße Pracht
Tritt oben aus der dunklen Pforte
Der Engelchor der Weihnacht.

Kalte Feiertage

Gerhard Johann

Nur für einen Augenblick hatte ich meine Loge verlassen, um den Kanarienvogel zuzudecken. Als ich zurückkam und durch die Scheiben schaute, sah ich ihn. Er stand in meinem Hausflur in der 37. Rue de Madeleine. Er stand da und blickte auf die Tafel mit den Namen der Hausbewohner. Er war ein kleiner Typ, dunkelhaarig, etwas gebeugt, und wirkte älter, als er war. Fünfundzwanzig, schätzte ich.

»Kann ich Ihnen behilflich sein?« sprach ich ihn mit lauter Stimme an. Doch es tat mir sogleich leid, denn ich hatte ihn offenbar erschreckt.

Er wackelte in sich selber, so, als sei er ein halbvoll mit Knochen angefüllter Sack. Dann wandte er mir das Gesicht zu. Beim Sprechen rutschte er über die Worte wie einer, der seine Vokabeln noch nie aufgeschrieben hat.

»Excusez ... Madame ... s'il vous plaît.«

Seine Augen erschienen mir wie große, kreisrunde Löcher. Er hat ein Kindergesicht, dachte ich, ein hungriges Kindergesicht. Oder hat er die Schwindsucht? Diese Typen stehen an den Straßen von Las Vegas oder sehen am La Plata die Parade der weißen Straßenkreuzer mit den glatten, sauberen und feisten Gesichtern über den Lenkrädern, die im Vorbeifahren die Seelen der Kleinen ermorden. Obwohl geschrieben steht: Wer aber Ärgernis gibt einem dieser Kleinen, die an mich glauben, dem wäre besser, daß ein Mühlstein an seinen Hals gehängt und er ersäuft würde im Meer, wo es am tiefsten ist. Doch diesen hängt niemand einen Mühlstein an den Hals, und wenn sie ersaufen, so nur deshalb, weil sie voll Gin und Whisky mit ihren Prunkschlitten über irgendein Brückengeländer von Long Island, Miami oder Monaco in irgendein Wasser fahren.

»Kommen Sie doch näher«, sagte ich und gab mir Mühe, ihn nicht noch einmal zu erschrecken. Meine Stimme gurrte so sanft wie die einer Taube.

Er machte ein, zwei Schritte und stand dann wie festgenagelt auf halber Strecke zwischen der gegenüberliegenden Hauswand und meinem aufgeschobenen Fenster. Jetzt sah ich, daß er etwas in der Hand trug.

»Nun kommen Sie schon«, lockte ich ihn wieder. Dann ging ich, um die Tür zu öffnen. Es dauerte noch einige Minuten, ehe er erschien. Gott sei Dank, dachte ich dann, er sieht bei Licht besser aus als vorher im Halbdunkel. Mitunter erlebt man auch das Umgekehrte. Vielleicht ist ihm das Geld gerade erst ausgegangen.

»Setzen Sie sich doch«, sagte ich und schob ihm eine Keksdose zu, stellte noch eine Tasse auf den Tisch und goß ihm Kaffee ein.

»Merci, Madame«, sagte er und schaute mich dabei an, als sei ich eine Heilige, die ihn in diesem Augenblick von langjährigen Zahnschmerzen erlöst hat. Er aß Biskuits und trank den Kaffee mit hastigen Schlucken.

»Hunger?« fragte ich.

Er nickte.

»Attendez!« sagte ich. »Ich werde uns was Gutes zur Nacht machen.« Während er mit der Rechten aß und trank, hielt er die Linke halb unter dem Tisch.

»Was haben Sie denn dort?« wollte ich wissen und bewegte meinen Kopf in Richtung auf seine Linke.

Er hob den Arm hoch. Es war eine kleine Fichte.

»Richtig«, sagte ich, »c'est la fête de noel – Weihnachten.« Noch bevor ich das Abendessen zubereiten ging, erzählte er mir die Sache mit der Fichte.

Es stimmte also, er war erst seit wenigen Wochen in Paris. Arbeit hatte er selten gefunden. Immer mal für einige Tage. Meist in der Markthalle, Gemüse abladen. Sein Geld nahm zu, und es nahm ab. Es nahm mehr ab als zu. Langsam kam das Weihnachtsgeschäft hoch wie eine steigende Flut. Er stand zwar mittendrin, aber er hatte keinen Anteil daran. Konnte die mit der Saison wachsenden Wasser nicht auf seine Mühle leiten. Die Menschen warfen ihre Francs hinaus wie Bonbons beim Kinderfest. Warum taten sie es?

Er fragte seinen Copain, mit dem er zusammen in der Mansarde hauste. Der knurrte: »Laß mich in Frieden. Alles Schwindel. Gewöhnst dich dran, wenn du länger hier bist. Oder auch nicht.«

Er fragte eine sympathisch aussehende alte Dame auf der Straße. Doch die schrie auf und wackelte schnell in der entgegengesetzten Richtung davon. Dabei hatte er ihr doch wirklich nichts getan.

Er fragte seinen Patron, der sagte: »Fest des Schenkens, des Friedens. Was weiß ich. Etwas für Kinder, manche gehen zur Kirche.«

Das leuchtete ihm ein. Es mußte mit Kirche zu tun haben. Natürlich! Wie konnte er den Zusammenhang vergessen. Eines Abends fiel es ihm ein, eine Kirche zu betreten. Sie war halbdunkel. Einige Kerzen flackerten gegen die Zugluft an, die sich bei jedem Öffnen der Tür mit den stillen Besuchern zusammen einschlich. Er besah sich alles, dann ging er wieder.

An diesem Morgen war er entlassen worden. Die Feiertage standen vor der Tür. Nach dem 6. Januar könne er wieder nach Arbeit fragen, hatte der Patron gemeint. Nach dem 6. Januar. Das waren fünfzehn Tage bis dahin. Bezahlte er die Miete, so reichte der Rest für eine Woche Frühstück. Entschloß er sich für fünfzehn Tage ohne Hunger, so setzte er seine kalte Mansarde aufs Spiel. So beschloß er, noch einmal zum Patron zu gehen. Er wußte, wo er wohnte. Draußen, wo sich die Stadtstraßen in Landstraßen wandeln und auf ihrem weiteren Weg Wälder und Felder zerschneiden.

Die Frau des Patrons klebte ihn mit ihrem Blick auf den Abtreter vor der Tür. Keinen Schritt weiter! Es ist alles saubergemacht! Er wollte gar nicht ins Haus. Nur eine Frage. Gibt es wirklich keine Arbeit für ihn vor dem 6. Januar? Die Frau ging nicht darauf ein. Sie langte in eine Ecke und drückte ihm die magere Fichte in die Hand.

»Da«, sagte sie, »feiern Sie doch erst einmal Weihnachten. Dann werden wir weitersehen.«

So lief er mit der Fichte in die Stadt zurück und bot sie hier und dort an. Vielleicht war sie ein Frühstück wert?

»Ach«, sagte ich und ging in die Küche, um das Abendessen zu machen. Als ich die Teller brachte, war er dabei die Fichte stückweise in den kleinen eisernen Ofen zu stecken. Das fast eingeschlafene Feuer stürzte sich auf das Grünzeug und sprang sogleich bis ins Ofenrohr. Während ich die Suppe aufkellte, wärmte er sich die Hände über dem Ofen.

»Die Nächte«, sagte ich, »werden nun langsam kalt in Paris. Sie sollten einstweilen bei mir bleiben. Sie können sich dann in Ruhe wieder Arbeit suchen. Denn nach Enttäuschungen sollte man nicht noch frieren.« Er löffelte seine Suppe und war, fand ich, gar nicht mehr so klein.

Provenzalische Weihnacht

Frédéric Mistral

Mein Vater hatte in seinem ganzen Leben bloß drei Bücher gelesen, nämlich das Neue Testament, Die Nachfolge Christi von Thomas a Kempis und den Don Quijote, der ihn an seinen Feldzug in Spanien erinnerte und ihm während der Regenzeit Zerstreuung bot. »Zu meiner Zeit gab es nur wenige Schulen«, erzählte er uns. »Mir hat ein armer Mann, der einmal in der Woche auf die Höfe kam, das Alphabet beigebracht.«

Nach Brauch und Sitte der Familienväter schrieb er sonntags nach der Vesper seine geschäftlichen Angelegenheiten, Rechnungen und Ausgaben, mitsamt seinen Anmerkungen in eine große Agenda, die Cartabèou genannt wurde.

Immer war er zufrieden, wie das Wetter auch sein mochte, und wenn er die Leute manchmal über den stürmischen Wind oder den sintflutartigen Regen klagen hörte, sagte er: »Ihr guten Leutchen, der da oben weiß recht gut, was er tut und was uns frommt. Wie wäre es denn, wenn der große Wind nicht käme, der die Provence aus der Erstarrung weckt... wer würde dann den Nebel und Dunst über unseren Mooren zerstreuen? Und hätten wir die heftigen Regengüsse nicht, wie würden dann die Zisternen, Brunnen und Bäche gespeist? Ein jedes Ding ist notwenig, meine lieben Kinder.«

Mochte er auch am Wegrand ein Stück Holz auflesen, um es zum Herd zu tragen, mochte er sich auch im bescheidenen Alltag mit Gemüse und Schwarzbrot begnügen und sogar beim Festmahl stets mäßig bleiben und seinen Wein mit Wasser mischen, immer war sein Tisch gedeckt, seine Hand und sein Beutel offen für jeden Armen, der des Weges kam. Wenn von einem Menschen gesprochen wurde, lautete seine erste Frage, ob er ein guter Arbeiter sei, und wurde sie bejaht, so sagte er: »Dann ist er ein braver Mann, und ich bin sein Freund.«

Für meinen Vater, der an den alten Bräuchen festhielt, war der Weihnachtsabend das große Fest. An diesem Tage spannten die Knechte die Ackergäule früher aus als sonst; meine Mutter gab jedem einen in Öl gebackenen, in eine Serviette geschlagenen schönen Fladen, eine Scheibe Mandelnougat, eine Handvoll Feigen, selbstgemachten Schafskäse, Sellerie für Salat und eine Flasche Wein, der im Herbst gekeltert worden war. Die Dienstleute begaben sich dahin und dorthin, ein jeder zu seinem Wohnort, um im eigenen Haus das Weihnachtsscheit anzuzünden. Auf unserem Hof blieben nur die armen Teufel zurück, die keine Familie hatten. Mitunter kamen gegen Abend noch Verwandte, etwa ein alter Junggeselle. »Fröhliche Weichnachten, Gevatter!« riefen sie. »Wir sind gekommen, um das Weihnachtsscheit mit euch zusammen anzuzünden.«

Dann zogen wir gemeinsam frohgemut aus, das Weihnachtsscheit zu holen; es mußte – so wollte es der Brauch – der Stamm eines Obstbaumes sein. Wir trugen es in einer Reihe zum Hof, der Älteste am einen Ende, ich, der Jüngste, am andern. Dreimal machten wir in der Küche mit dem Baumstamm die Runde. Hierauf goß mein Vater vor dem Kamin feierlich ein Glas Wein über das Weihnachtsscheit und sprach:

»Freuet euch, freuet euch,
meine Kinder!
Möge Gott uns Freude schenken!
Mit der Weihnacht wird alles gut:
Gott sei uns gnädig,
Auf daß wir das nächste Jahr erleben,
Und daß wir, wenn auch nicht mehr an Zahl,
So doch nicht weniger sein werden.«

Während wir alle riefen: »Freude, Freude, Freude ...« wurde der Baumstamm auf die großen Feuerböcke gelegt, und sobald die erste Flamme emporzüngelte, bekreuzigte sich mein Vater und sagte: »Heiliges Scheit, nähre das Feuer!« Danach setzten wir uns alle zu Tisch.

Oh, dieses heilige Mahl, wahrhaftig heilig, da die ganze Familie friedlich und glücklich um den Tisch saß. Statt der römischen Lampe, die an einem dicken Schilfrohr hing und uns das ganze Jahr hindurch mit ihrem Öl Helligkeit gab, strahlten an diesem Abend drei Kerzen auf dem Tisch; wenn ihr Docht sich zum einen oder anderen hinneigte, galt es als ein schlimmes Vorzeichen. An beiden Tischenden grünten in einem Teller die Weizenkörner, die wir am Tag der heiligen Barbara, am vierten Dezember, zum Keimen in Wasser gelegt hatten. Feierlich erschienen auf dem weißen Tischtuch nacheinander die Weihnachtsgerichte: Schnecken, die jeder mit einem langen Nagel aus dem Gehäuse hervorholte; gebackener Dorsch und Meeräsche mit Oliven; Artischocken und Sellerie mit Pfeffer; und danach alle die Süßigkeiten, die es nur an diesem Tage gab: in Öl gebackene, flache Kuchen, getrocknete Weinbeeren, Mandelnougat, Bratäpfel und vor allem das große Weihnachtsbrot, von dem nach frommem Brauch nicht gegessen wurde, bevor der erste Arme, der vorbeikam, ein Viertel erhalten hatte.

Bis zur Mitternachtsmesse war der Abend lang und man erzählte sich am Feuer viel von den Vorfahren und pries ihre Taten. Allmählich, doch wie gern, kam mein Vater dann auf seine Erlebnisse in Spanien zu sprechen und auf die Belagerung von Figueras.

Am Neujahrstag kamen viele Kinder, alte Leute, Frauen und Mädchen, die uns schon am frühen Morgen begrüßten:

>»Wir wünschen euch allen ein gutes Jahr,
Meister und Meisterin,
mit so viel Gutem, wie Gott es will.«

»Auch wir wünschen euch ein gutes Jahr«, antworteten meine Eltern und über-
reichten jedem als Neujahrsgeschenk zwei lange Brote und dicke, runde Laibe.
 Bei uns war es wie auch in manchen anderen Häusern Brauch, am Neujahrstag zwei Backöfen voll Brot an die Armen des Dorfes zu verteilen.

>»Und sollte ich hundert Jahre leben,
so will ich hundert Jahre backen,
will hundert Jahre Brot an die Armen verteilen.«

Diese Worte kehrten jeden Abend in dem Gebet wieder, das mein Vater vor dem
Schlafengehen sprach. Und bei seiner Beerdigung konnten die Trauergäste sagen:

>»So viele Brote er uns gab,
so viele Engel mögen ihn begleiten.
Amen.«

Merlusse

Marcel Pagnol

ewöhnlich wurde der fünfte Studiensaal für die Schüler der unteren Klassen reserviert. Jeden Tag von fünf bis sieben Uhr konnte man vierzig Schüler sehen, die alle gleich in ihren schwarzen Schürzen still ihre Aufgaben für den nächsten Tag machten. Aber heute war der 24. Dezember. Seit vier Uhr hatte ein großer Teil der Pensionäre mit den Externen die Schule verlassen, und der Herr Aufseher hatte in diesem langen Saale die verbliebenen versammelt: diejenigen, deren Vormünder nicht gekommen waren, dann jene, welche mit den Abendzügen fortfahren, und schließlich die andern, welche überhaupt nicht fortgehen durften.

Auf den hintersten Bänken saßen »die Großen«, die es mit ihrer Verachtung der Schulgesetze so weit trieben, daß sie im WC Zigaretten rauchten. Unter ihnen reckte Galubert, der Captain der Fußballmannschaft und ewiger Letzter der Klasse, seine breiten Schultern. Neben ihm saß Carusse, schmal und zart unter seiner riesigen, gelockten Mähne, der er – mit Hilfe eines Kammes und eines Taschenspiegels – alle Mathematikstunden opferte. Dann kam Godard, der das Geld, das sein arbeitsamer Vater in Rufisque, dem Land der spanischen Nüßchen, hart verdiente, für Schokolade und Süßigkeiten vergeudete. Schließlich Agassin, Pic, Ledru und mehrere andere noch, die durch die Eleganz ihrer Kleidung auffielen. Sie trugen einen Straßenanzug und verachteten die Uniform, die sie gehindert hätte, sonntags für »Studenten« zu gelten, wenn sie auf ihren Spaziergängen mit sentimentalen Nähmädchen sprachen.

Die Mehrzahl der anderen trug die Uniform aus dunkelblauem Tuch mit großen Goldknöpfen, und ihre Hände spielten unter dem Tisch mit der goldbestickten Mütze, deren lackiertes Visier, der Sitte gemäß, in der Mitte sorgfältig gebrochen war.

Niemand arbeitete. Die Aufgaben und Schulstunden schienen ihnen weit weg und unbegreiflich. Schon träumten die Schüler, unter dem Zischen der Gaslampen, vom Profil der Cousinen, dem freundschaftlichen Gesicht der Schwestern und dem immer neuen Lächeln der Mutter.

Die an den faden Geruch des Refektoriums gewöhnten Nasen weiteten sich vor Verlangen nach Glühwein, Nougat und Bonbons. Nein, ihre Augen sahen den nüchternen Studiensaal nicht. Kein Lachen, kein Flüstern. Niemand wagte es, den Kopf zu heben, denn da oben auf dem dunklen Katheder saß Merlusse. Dieser Merlusse, der den Titel eines Aufsehers trug, war ein einäugiger Koloß. Wie er eigentlich hieß, wußte niemand. Man nannte ihn Merlusse und hatte ihm diesen Namen eines Fischers gegeben, einfach, weil er nach Fisch roch.

FRANKREICH

Immer hatte man ihn in einem weiten, schwarzgrünlichen Gehrock gesehen. Dem Band seines alten Filzhutes entlang lief ein durch Schweiß und Staub gezeichneter Mäander. Im Winter trug er ein abgeschabtes Halstuch, und wenn er es im Klassenzimmer auszog, um es am Kleiderhaken aufzuhängen, sah man auf seinem Hals die schwärzliche Spur des Zelluloidkragens. Gewöhnlich überwachte er den ersten Studiensaal, den der Rhetoriker und Philosophen. Er übte da eine tyrannische Autorität aus. Still und rasch führte man die Befehle aus, die er in seinen Bart murmelte. Merlusse hatte die Gewohnheit, sehr leise zu sprechen: Es war ein kaltes, fettiges Flüstern, das zuweilen seiner Donnerstimme Platz machte, und der ironische Glanz seines Auges erweckte Furcht bei denen, die ihn kannten. Den andern, den Großen, die ihn nur von weitem in den Gängen sahen, machte er den Eindruck eines unerbittlichen Kinderschrecks.

An diesem Abend überwachte er, wie wir schon sagten, den Saal der Zurückgebliebenen. Die Fäuste an den Schläfen, las er einen Roman. Man sah von ihm nur eine Mähne, deren Unordentlichkeit an ein verlassenes Vogelnest erinnerte. Beiderseits davon, wie zwei braune Massen, sah man seine riesigen behaarten Hände am Ende der aufgestützten Arme und auf seiner Brust einen schrecklich schwarzen und verfilzten Bart.

Plötzlich öffnete sich die Tür und einen Meter über dem Boden erblickte man die violette Nase des Hauswartes. Mit einer vom Trinken heiseren Stimme, die aber vielen wie liebliche Musik ertönte, sagte er: »Der Zug von fünf Uhr zehn!« Bücher schlossen sich lautlos. Ein großer Teil der Schüler erhob sich und begab sich auf Zehenspitzen zur Tür. Einer nach dem andern verließ den Saal, und erst draußen auf dem kalten Korridor erfaßte sie eine herrliche und laute Freude. Der letzte schloß die Tür leise wie die eines Krankenzimmers.

Merlusse hatte sich nicht gerührt. Fünf Minuten vergingen. Wieder öffnete sich die Tür. Der Hauswart erschien. Er rief: »Lechâtre! Durou! Barbet! Dumoulin ...« Die Genannten gingen freudestrahlend hinaus. Dann, nach einer weiteren Viertelstunde, öffnete sich die Tür von neuem: »Der Sechsuhrzug!« Fast alle erhoben sich, und im großen Studiensaal blieben nur noch sechs Schüler.

Fünf davon hatten ihre schwarzen Schürzen an, aber die fünf waren so klein, daß der Saal leer sein mußte, damit man ihre Gegenwart überhaupt bemerkte. Der sechste, keine zwölf Jahre alt, war in Uniform und hatte eine schwarze Armbinde. Er hieß Villepontoux, war in der sechsten Klasse, wo er höchstwahrscheinlich dieses Jahr viele Preise erhalten würde. Sein Vater war als Kapitän letztes Jahr in China gestorben. Die Mutter hatte sich vor drei Monaten wieder verheiratet, und man hatte ihn auf Rat seines Stiefvaters seit Schulbeginn im Oktober in Pension gegeben. Während des Trimesters hatte seine Mutter, die in der Nähe der Schule wohnte, ihn dreimal besucht. Bei ihrem letzten Besuch hatte sie ihm versprochen, ihn zu den Weihnachtsferien heimzuholen. Deshalb hatte er sich schon lange im voraus einen Ausgangsschein besorgt, dieses gelbe Papier, das man dem Hauswart vorzeigen muß. Heute morgen hatte er seine neue Uniform angezogen. Die Tuchhosen kratzten seine Beine. Der ungewohnte Kragen erwürgte ihn beinahe. Er wartete mit wachsender Unruhe auf das wunderbare Knurren des Hauswartes, der ihn rufen mußte ... Unter seinen Augen hatte er einen Geographieatlas irgendwo zufällig geöffnet. Das Grün Österreichs erinnerte ihn an Pistazien und das zarte Rosa Belgiens an das süße Rahatlukum, das sein Vater ihm einmal in kleinen Kartonschachteln aus Algier gebracht hatte. Schritte ertönten im Korridor. Er wollte sich erheben. Die Schritte näherten sich, entfernten sich aber wieder, und Villepontoux wartete noch immer, verzehrt von Ungeduld, unter dem festlichen Zischen der Gaslampe.

Vor ihm saßen zwei kleine Annamiten, mit Namen voller Bindestriche. Einer, sieben Jahre alt, hatte ein grünes, im Rücken geknöpftes Halstuch. Er war so klein, daß die beiden großen Wollenden ihn ganz versteckten. Man sah nur seinen gelben Schädel mit abstehenden Ohren auf einem mageren Vogelhals. Er las aufmerksam in einem Mathematikbuch und klapperte mit den Zähnen.

Dort am Ende des Saales, ganz allein zwischen den Bänken, saß Makombo, der Senegalneger. Er war zehn Jahre alt. Seine Augen waren klug und sanft. Und die Zunge zeigte sich zwischen den Lippen, während er schrieb. In der ersten Bank vor der Tafel saß der kleine Perret.

Mit sechs Jahren war er in der Kinderklasse, der elften, und seit Oktober Pensionär. Anfangs weinte er fast immer in irgendeiner Ecke; alles erschreckte ihn; und die Aufseher sprachen sanft mit ihm ... Er spielte gerne in den Pausen und arbeitete gut in der Schule. Er begriff rasch und sprach über alles fast wie ein Erwachsener. Letzthin hatte die Lehrerin in der Schule ein sonderbares Gedicht vorgelesen über die wunderbare Liebe der Mutter. Er war ehrlich erstaunt, er weiß sehr gut, was eine Mutter ist. Das ist eine Frau, schön wie ein Bild, die wunderbar duftet und einen bisweilen im Besuchszimmer erwartet. Sie gibt einem Fünffrancsstücke. Immer wird sie von einem Herrn begleitet. Dieser Herr ist nie derselbe. Aber er ist immer alt und nett. Der Kleine überlegt, das Kinn auf dem Tisch, der zu hoch ist für ihn.

Hinter ihm sitzt schließlich Garcia, der Spanier, der weder Vater noch Mutter hat.

Plötzlich steht Merlusse auf. Er erhebt sich zu seiner vollen Größe. Er breitet die Arme aus. Er reckt den Hals. Er gähnt schrecklich und streckt sich, daß es in den Gelenken kracht. Dann steckt er die Hände in die Taschen und kommt vom Katheder herunter. Die Stufen knarren. Er nähert sich Villepontoux, der so tut, als lese er. Merlusse stellt sich vor ihm auf. Er schaut ihn eine Weile an, dann murmelt er: »Du heißest?« »Villepontoux, m' sieu.« »Wo sind deine Eltern?« »Hier, m'sieu. Sie wohnen in der Nähe der Schule, sie werden mich abholen kommen.« »Ah!« sagt Merlusse. »Was macht dein Vater?« »Er ist tot, m'sieu.

Mein Stiefvater wird mich holen.«»Ah!« wiederholt Merlusse und entfernt sich. Merlusse schaut lange Makombo an.»Du gehst nicht heim?«»Es ist zu weit, m'sieu«, sagt das Negerlein.»Hast du keinen Vormund?«»Mein Vater gibt Geld für einen Vormund, der Vormund kommt mich nicht holen.«»Ah!« sagt Merlusse. Er geht auf Perret, den ganz Kleinen, zu, der sehr erschreckt scheint. Er betrachtet ihn eine Weile. Aber er sagt ihm kein Wort. Er ist im Bild. Er hat seine Mutter im Besuchszimmer gesehen. Dann schaut er Garcia an, der ganz schwarz angezogen ist.»Wer läßt dich ausgehen?«»Meine Tante, m'sieu.«»Du bleibst in der Schule während der Ferien?«»M'sieu, sie sagt, ich mache zuviel Lärm im Haus ...« Merlusse geht hinten ins Schulzimmer. Die Gaslampen zischen immer noch. Die Kleinen wagen es nicht, sich umzudrehen, um ihm nachzuschauen. Aber man hört ihn ein ganz schreckliches und wie empörtes Knurren ausstoßen.

Die Tür öffnet sich. Villepontoux zittert. Es ist nicht der Hauswart, es ist Herr Cernin, der Aufseher des Internats, der heute nacht den Schlafsaal überwachen soll. Er ist groß, jung, mager und hat gerötete Augen. Er geht höflich auf Merlusse zu und zeigt ihm ein Telegramm. Der Vater von Herrn Cernin ist sehr krank. Er wird vielleicht sterben. Herr Cernin muß unbedingt nach Hause. Dann ist niemand da, der den Schlafsaal überwacht, denn alle Aufseher sind in die Ferien gefahren. Wenn Merlusse ihn nicht vertreten will, wird Herr Cernin doch fortfahren, aber dann wird er seine Stelle verlieren. Wenn aber Merlusse ihn diese Nacht ablösen würde, könnte Herr Cernin das Refektorium überwachen, während Merlusse essen geht. Morgen wird ein anderer Aufseher zurückkommen ... Nicht wahr ... Vielleicht weint Herr Cernin. Da murmelt Merlusse:»Ist in Ordnung!« Und als Herr Cernin sich überschwenglich bedankt, brüllt Merlusse:»Machen Sie, daß Sie fortkommen!« Und Herr Cernin geht.

Da wendet sich Merlusse an die sechs Verlassenen und schreit:»Ah, ihr geht nicht in Ferien, ihr ... ihr geht nicht heim ... hum! Sehr gut, meine Jungens ... es ist ausgezeichnet, meine Jungens ... Oh! Oh! Ausgezeichnet. Ich bin es, der den Schlafsaal überwacht diese Nacht ...« Er lacht, und eine Flamme tanzt in seinem furchtbaren Auge. Um sieben Uhr holt der Aufseher die sechs Schüler, die dableiben. Er heißt sie, sich in Zweierkolonne aufzustellen, und führt sie ins Refektorium, während Merlusse ins Städtchen geht, um zu essen. In jeder Ecke der Gänge erwartet Villepontoux, daß seine Mutter auftauchen würde. Das Refektorium scheint riesig groß. Wegen des Lampenschirms der einzigen Gaslampe liegen die Wände im Schatten. Außerhalb des Lichtkreises, den der Tisch umschließt, an dem die Kleinen sitzen, sieht man nichts. Ein dichter und kalter Schatten umgibt die stille Gruppe. Ein einziger Diener ist dageblieben, um zu servieren. Er ist im Sonntagsgewand, einem steifen Konfektionskleid, und sein Gesicht ist ganz rot vom engen Kragen. Er trägt, aus Angst sich zu beflecken, mit weit ausgestreckten Armen die Suppe herein. Sie ist kalt und hinterläßt einen fettigen Geschmack im Munde. Man sieht den Aufseher nicht. Man hört ihn nur mit regelmäßigem Schritte hin und her gehen, und von Zeit zu Zeit tritt er plötzlich in den Lichtkreis mit seinem schwarzen Mantel und seinem Goldzwicker. Der Diener ist ungeduldig. Er wird sicher erwartet draußen. Deshalb bringt er plötzlich, während der Aufseher im Schatten ist, alle Platten auf einmal herein und verschwindet leise, mit seinem großen Filzhut in der Hand. Die ganze Mahlzeit steht auf dem Tisch, und die Kleinen essen traurig den Spinat und das kalte rosarote Fleisch und auch den Kuchen und das Zuckerplätzchen – ihr ganzes Weihnachtsmahl.

Später werden sie vom Aufseher in den Schlafsaal geführt. Er ist riesig groß. Mit fünfzig Betten. Die meisten wurden abgezogen, so daß man die blaugestreiften Matratzen sieht und den Eindruck eines Umzuges erhält. Die sechs Betten der Kleinen hat man an ihrem Platz gelassen, weshalb sie im ganzen Schlafsaal verstreut sind.

Während der Aufseher mit den Händen auf dem Rücken umherspaziert, ziehen die Kleinen sich still aus und gleiten fröstelnd zwischen die Leintücher, die vor Kälte feucht scheinen.

Gegen halb neun ertönt der Schritt von Merlusse auf der Treppe. Der Aufseher verläßt den Saal. Man hört sie draußen ein paar Worte wechseln, und der schreckliche Einäugige tritt ein. Er ist bis zu den Ohren in sein Halstuch gewickelt und hat wohl noch eine Weste angezogen, denn er sieht noch breiter und furchtbarer aus als sonst. Er geht direkt auf sein Bett zu, das rings von vier an der Decke befestigten weißen Vorhängen umgeben ist. In dieser Tuchkabine verschwindet er, und man hört ihn laut atmen.

Villepontoux zittert vor Kälte und Angst in seinem Bett. Die kleinen Annamiten haben die Decke über den Kopf gezogen und sind unsichtbar. Makombo, den Kopf mit einem Halstuch umwickelt, betrachtet mit seinen großen Augen starr die Zimmerdecke. Der kleine Perret aber schaut der Reihe nach seine Kameraden und dann das Bett von Merlusse an: Eine unbestimmte Furcht bedrückt ihn. Plötzlich teilt Merlusse die Vorhänge. Er hat seinen Mantel, seine Jacke, seine Weste, seinen Kragen und seinen Hut abgelegt, und seine Hemdsärmel sind zurückgeschoben. In der einen Hand hält er eine Zahnbürste, in der andern ein Handtuch. Er geht zum Wasserbecken und putzt sich die Zähne. Welch einen Lärm vollführt er dabei! Er knurrt, spuckt und gurgelt ganz entsetzlich. Dann kommt er in die Mitte des Saales und sagt mit harter Stimme: »Und jetzt versucht zu schlafen, gelt!« Und er löscht das Licht. Nicht einmal die kleine, blaue Lampe läßt er brennen, deren scheues Licht im Dunkeln leuchtet wie ein Stern, dessen Glanz den Alpdruck vertreibt, wenn man plötzlich aufwacht. Tastend kehrt Merlusse zu seinem Bett zurück. Er reibt sich kräftig die Hände, und während die Bettfedern unter dem Gewicht seines großen Körpers knarren, hört man ihn leise lachen.

Es ist halb sieben Uhr morgens. Ein bleiches Licht scheint durch die verschneiten Fenster. Im Schlafsaal ist es still. Der Schlaf kam erst spät, er will sie nicht mehr verlassen.

Halb sieben Uhr, die vorgeschriebene Stunde. Die Trommel wird gleich schlagen.

Merlusse ist schon bereit in seiner Tuchkabine. Ohne Lärm hat er seinen grünlichen Gehrock angezogen und ist jetzt bei einer sonderbaren Beschäftigung: Mit seinem Taschenmesser schneidet er ein kleines Loch in den Vorhang auf der rechten Seite. Dann kommt die linke dran. Auf beiden Seiten macht er in Augenhöhe ein schönes, rundes Loch, dann schließt er sein Messer und setzt sich auf sein Bett. Plötzlich rollt die Trommel am Ende der dunklen Gänge. Merlusse schreit mit schrecklicher Stimme: »Auf!« Seine harte Stimme widerhallt drohend. Der kleine Perret schlägt die Decke zurück. Er setzt sich auf und gleitet auf den Teppich. Er ist mitleiderweckend mit seinem großen blonden Kopf, dem kurzen Hemd und den mageren Beinen. Jetzt öffnet er die Augen richtig, und wie er sich bücken will, um seine Socken anzuziehen, bleibt er wie versteinert. In seinen Schuhen sieht er erstaunliche Dinge: einen bärtigen Teufel, der aus einer Schachtel springt, einen rot- und schwarzgeringelten Kreisel, einen Sack mit einer blauen Masche und Bonbons in allen Farben. Der kleine Perret bückt sich; entzückt berührt er alles. Er richtet sich auf, seine Schuhe in der Hand. Er will sie von weitem Makombo zeigen. Aber die anderen sind ebenso beschenkt wie er. Makombo betrachtet starr vor Staunen Mandarinen und eine Schachtel Schokolade. Villepontoux findet ein Buch mit Goldschnitt und eine Schachtel verzuckerter Kastanien; Garcia hat Kandiszucker, einen Lederball und zwei Bilderbücher, und die kleinen Annamiten zeigen von weitem mit einem Lächeln, bei dem ihre Augen ganz verschwinden, Holztiere, zwei Kreisel mit Peitschen und einen Sack Murmeln.

Und Merlusse, was macht er? Er ist sehr beschäftigt. Er schaut durch die Löcher seiner Vorhänge. Er betrachtet den kleinen Perret und die kleinen Annamiten. Dann wendet er sich rasch und beobachtet durch das andere Loch Villepontoux, Garcia und Makombo. Er sagt kein Wort. Aber er lächelt leise. – Er lacht mit seinen riesigen Schultern, er lacht in seinen Bart.

Er lacht so, daß schließlich etwas Sonderbares geschieht: Eine große, schöne Träne, klar und glänzend, eine wirklich wunderbare Träne fällt von seinem einzigen Auge und läuft über seinen schwarzen Bart.

Sein gutes Herz

Marcel Pobé

ie Alten hatten sich wie allabendlich in der Backstube zusammengefunden. Anfang Dezember wird's auch in Dörfern des Südens auf die Nacht spürbar kalt. Schön im Warmen saßen sie beieinander und redeten drauflos, manchmal zwei, drei zugleich. Die einen hockten auf den untersten Stufen der Treppe, die in den Oberstock führt, die anderen hatten es sich auf den Säcken bequem gemacht, die der Bäcker in einer Ecke aufgestapelt; zwar bekam man davon mehlweiße Hosen, aber das nahm man gern mit in Kauf. Sie erzählten sich dies und das aus der guten alten Zeit, immer dieselben Geschichten, zu denen jeder irgend etwas hinzuberichtete, so daß man vom Hundertsten ins Tausendste kam. Stets von neuem freuten sich die Alten dran, und die paar Jungen, die dabeistanden, lachten heimlich mit. Das köstliche Gemisch von Brotduft und Reisigrauch kriegten sie obendrein umsonst. Es wäre schwer zu sagen, wie sie auf den langen Martin von Viremont zu sprechen kamen. Das war noch einer: ein Taugenichts, ein Tagedieb, der es fertigbrachte, von seinen Schulden zu leben. Dick wurde er nicht davon; vielleicht nannte man ihn deshalb auch Spindel-Martin. Auf alle Fälle trieb er's schon lange.

Zu Dominique, dem Vater des Bäckers, gewandt, fragte einer, den der Schalk stupfte:

»Wie steht's denn bei Euch, Gevatter?« Dominique galt im Dorf als eine Art Allerweltsgötti, die meisten nannten ihn Gevatter. »Ist er Euch immer noch die fünfzig Francs schuldig?«

Die Sache schien dem Befragten nicht sonderlich zu gefallen; der Gevatter wollte nämlich von der Geschichte, die schon ein paar Jahre zurücklag, nichts mehr hören.

»Meinst du etwa, wir wissen es nicht?« warf ein anderer trotzdem ein. »Du gehst doch nur deshalb nicht mehr nach Viremont, weil du mit dem langen Martin nicht zusammentreffen willst. Stimmt's?« Kopfschüttelnd erklärte er den Jungen: »Dem Gläubiger ist die Sache ungemütlicher als dem Schuldner, es ist fast nicht zum Glauben. Aber so ist er sein Lebtag gewesen, der Gevatter; er hat ein zu gutes Herz.«

Sie hätten sich wahrscheinlich noch länger über diese Geschichte unterhalten, wenn nicht Julie, die Bäckersfrau, aus dem Laden herübergekommen wäre und in die rauchige Stube gerufen hätte:

»Eben ist der Vetter Louis angefahren. Er hatte etwas in Vaubrague zu besorgen, und da wollte er auf dem Rückweg nicht vorbeigehen, ohne der Familie einen kleinen Besuch zu machen.«

Ja, die Familie! Ist das nicht großartig, wie die mit den Jahren wächst? Erst ein kleines Korn, hier im Bäckerhaus, und von da breitet sie sich aus, daß man bald in allen Dörfern der Gegend einen Onkel, eine Tante oder ein paar Vettern und Basen hat. Nie versäumt man die Gelegenheit, den und jenen unterwegs rasch zu grüßen. Meistens trifft man sich zwar in Viremont, wo jeden ersten Monatsmontag der große Markt abgehalten wird. Doch, wie gesagt, der alte Dominique hatte sich seit Jahren nicht mehr dort blicken lassen.

»Guten Abend, die Gesellschaft!« wünschte der Vetter, der hinter Julie herübergekommen war, um sich ein Weilchen zu den Alten zu setzen. Er schlug auch das Glas nicht aus, das ihm der Gevatter anbot.

»Es ist vom eigenen. Da weißt du auch, was du trinkst.«

Während er den ersten Zug schlürfte, schaute sich der Vetter Louis ein bißchen um.

»Wie die Kleinen groß werden, man kennt sie kaum mehr.«

Es brauchte ihn keiner erst zu lehren, daß es den Eltern Freude macht, wenn man ihre Kinder lobt. Am meisten fühlte sich natürlich Dominique, der Großvater, geschmeichelt. Julie stieß die zwei Mädchen und den Jüngsten ein wenig vor.

»So – sagt dem Vetter Louis einen schönen guten Abend!«

Die Älteste wischte sich erst die Hand an der Schürze sauber, die beiden anderen machten es ihr nach, dann tönte es im Chor:

»Schönen guten Abend, Vetter Louis.«

Gleich wurden Erinnerungen hervorgekramt aus den Jahren, da Louis bei seinem Onkel in die Lehre gegangen war. Eine strenge Zeit, aber dafür hatte er es später auch zu etwas gebracht und in der Stadt eine eigene Getreidehandlung gegründet. Jetzt wollte er es noch mit Kunstdünger versuchen. Aber davon hielt der Gevatter nicht viel. Während sie derart plauderten, gesellte sich auch der Bäcker zu ihnen. Louis brachte sofort ein altes Anliegen vor:

»Sag einmal, Cousin Paul, wann kommst du denn endlich zu uns nach Viremont? Gewiß zehnmal hast du mir's versprochen. Das ist nicht nett von dir, die Familie so zu vergessen. Wir haben doch hier jahrelang zusammen gelebt und gearbeitet. Komm am Vierundzwanzigsten, da haben wir unseren Mandelmarkt.«

Der Bäcker brachte die üblichen Entschuldigungen vor. Wenn einer das Brot für ein ganzes Dorf und all die umliegenden Höfe backen muß, hat er keine übrige Zeit.

»Und gar am Heiligen Abend! Stell dir vor, was wir an dem Tag zu tun haben. Da bringt noch jeder ein Kuchenblech mit selbstgemachtem Gebäck. Du mußt begreifen...«

Louis begriff es schon. Auch daß Julie das Haus keine Stunde im Stich lassen durfte, leuchtete ihm ein. Da drehte er sich dem alten Onkel zu, und keiner wußte recht, ob er von der Sache mit dem Spindel-Martin nie etwas gehört hatte oder ob er sich einen kleinen Spaß leisten wollte.

»Und Ihr, Gevatter? Ist's Euch nicht drum, uns am Vorabend von Weihnachten einen Besuch zu machen? Man sah Euch doch früher auch auf unserem Markt. Das Stündlein werdet Ihr doch noch gehen können.«

Dominique entgegnete vorerst nichts, sondern versenkte sich in tiefes Nachdenken. Er ließ sich die Sache durch den Kopf und mehr noch durchs Herz gehen. Zum Donner! Er hatte recht, der Louis: man darf die Familie nicht vernachlässigen. Dieser Neffe ist doch kein Fremder. Ist er nicht der Sohn seines leibhaftigen Bruders selig? Louis' Frau könnte ja am Ende meinen, wir wollen nichts mehr mit ihr zu tun haben. Das fehlte gerade noch.

»Zum Donner!« murmelte er halb und halb vernehmlich, richtete sich auf, nahm die Pfeife aus dem Mund und sah Louis in die schwarzglänzenden Augen. »Du hast recht, Louis. Ich werde euch besuchen. Es ist mir wegen der Familie. Nicht, daß ihr glaubt ...«

Der plötzliche Entschluß des Großvaters wurde mit Erstaunen aufgenommen. Dachte er denn nicht mehr an die Geschichte mit dem langen Martin, den er in Viremont nicht zu vermeiden vermöchte, da der Weg zu Louis über den Marktplatz führte? Die Pumpbrüder zieht's ja bekanntlich zu den Orten, wo das Geld aus den Säcken springt. Der Sohn nickte beifällig ins Schweigen. Erst nach einer Weile bemerkte er: »Recht so, Vater, das ist eine gute Idee. Das bringt Euch wieder einmal unter die Leute. Das ewige Herumhocken bekommt Euch auf die Dauer nicht besonders, am End' rosten Euch die Beine noch ein.«

Der Vetter Louis leerte sein Glas, und hierauf begleiteten ihn alle bis auf die Straße und riefen und winkten ihm nach, während er sich auf den Bock schwang, die Peitsche knallen ließ und im Nu bei der Kirche um die Ecke bog.

Die kurzen Dezembertage flogen mit aller Beschäftigung nur so vorüber, bis man unversehens vor der Weihnacht stand.

Am 23. ließ sich Dominique rasieren. Julie legte ihm ein schneeweißes Hemd bereit und bürstete sein Sonntagsgewand. Am Abend ging er früh zu Bett, aber dann hörten ihn Sohn und Schwiegertochter bis tief in die Nacht rumoren. Weshalb er wohl nicht schlafen konnte? Er war überhaupt so sonderbar still und unruhig die letzten Tage.

Alles lag noch im Finstern, als der Gevatter vor die Türe trat und den sternglitzernden Himmel betrachtete. Er würde prächtiges Wetter haben. Beim Morgenkaffee sagte er wiederum nicht viel. Doch huschte ihm ein heimliches Lächeln zwischen Schnauz und Bart durch, als er seinen verstaubten Hut ausklopfte und sich wegbereit machte. Auf die Ermahnungen der Jungen hörte er kaum.

»Ihr dürft dann nicht zu rasch gehen«, legte ihm sein Sohn ans Herz, »sonst erhitzt Ihr Euch, und nachher erkältet man sich leicht.«

Julie gab ihm eine riesige Tüte mit Mandelkipfeln für die Vettern mit. Im letzten Augenblick fiel ihr noch ein:

»Ihr könntet Euch in der Stadt einen neuen Hut kaufen.«

Aber schon war der Gevatter aus dem Haus.

Rüstig schritt Dominique in die kleine Senke, über der das Dorf am Hang liegt, und nahm drüben, ein wenig bedächtiger allerdings, den ersten Hügel in Angriff. Dieweil blickte er rings um sich, als habe er das Sehen verlernt. Er wußte schon gar nicht mehr, wie gefällig doch die heimatliche Gegend anzuschauen war, wenn sich auch an jenem Wintermorgen die Felder eintönig grau bis ans kahlästige Gehölz dehnten. Er nahm sich vor, im nächsten Frühling diese kleine, vertraute Welt noch einmal in der Blüte zu durchwandern. »Unsereiner kann nie wissen, ob's nicht das letzte Mal ist«, fuhr es ihm durchs Gemüt, aber der Gedanke bedrückte ihn nicht allzusehr. »Eigentlich hat man vom Leben längst genug gehabt.« Als er aber beim Hof von Rizerolles auf Maxime Boyer stieß, hatte er trotzdem seine helle Lust am verdutzten Gesicht seines ehemaligen Dienstkameraden.

»Ja, das wird nicht sein, der Gevatter! Wie hat's denn dich bis hier verschlagen?«

»Ich mache bloß einen Sprung nach Viremont zu meinem Neffen Louis. Man muß sich hie und da der Familie zeigen.«

»Hie und da«, dachte der andre, »alle fünf Jahre einmal.«

Und laut bemerkte er: »Die werden Augen machen, wenn der alte Onkel am Heiligen Abend bei ihnen erscheint. Du spielst ja den Weihnachtsmann.«

Dominique mußte zu einem Gläschen ins Haus des Kameraden. Aber gleich trieb es ihn weiter.

»Ich komme sonst nicht mehr zu meinen Leuten; es ist ja schon über neun Uhr.«

Wieder wand sich die Landstraße durch die Tälchen, dann sprang sie über die Jougne, die unter der Brücke ein bißchen gluckste. Nachher ging es noch eine halbe Stunde geradeaus durchs ebene Land, über dem der Kirchturm von Viremont aufbolzte wie ein Gendarm. Als der Gevatter dem Städtchen näher kam, befiel ihn auf einmal wieder die Unruhe, die ihn in den letzten Tagen hatte einsilbig werden lassen und derentwegen er am Vorabend so lange nicht hatte einschlafen können. »Erst melde ich mich beim Louis«, überlegte er und verlangsamte den Schritt. »Dann treibe ich mich ein wenig im Ort herum. Dabei komme ich natürlich auf den Markt. Und schließlich ...« Ja, schließlich – das war eben das Schlimme. Schließlich würde ihn der Zufall doch mit dem Nichtsnutz zusammenführen. Der Zufall ist ja so abgefeimt, daß man ihm nie trauen kann; immer macht er's falsch. Der Schweiß perlte dem Gevatter auf der Stirn, während er sich so vorstellte, er könnte plötzlich vor dem Spindel-Martin stehen. Dann müßte er wohl dem armen Teufel die Hand drücken und mit ansehen, wie der sich so erbärmlich schämte, daß ihm die fünfzig Francs noch immer nicht zurückbezahlt hatte. Er würde diesem Menschen an einer heiligen Weihnacht ins bekümmerte Gesicht lächeln, als ob nichts dabei wäre, wie er es bereits ein paarmal getan hatte. Aber der andre merkte es ja doch und senkte gedemütigt den Kopf. Also durfte er nicht lächeln. Wenn er aber streng dreinschaute, dann glaubte der ärmste Tropf sicherlich, er sei ihm gram wegen der alten Schuld. Dabei hatte er, Dominique, die ganze Sache ja schon längst vergessen. Ach nein, das war gerade der Jammer, daß er sie nicht vergessen hatte, wie sehr er sich auch seit Jahren drum bemühte. Ein sauberer Christ, bei Gott! Er wischte sich mit dem Taschentuch den Schweiß von der Stirn. Vielleicht war es das ehrlichste und das beste, er würde diesmal die Angelegenheit endgültig regeln. »Mein braver Mann ...« Keine schlechte Anrede. Und dann sogleich zum Ziel: »Was da zwischen uns noch hängig ist ...« Auch keine üble Formel, vag und höflich, trotzdem weiß der andere, was damit gemeint ist. »...Wir wollen es als geregelt betrachten.« Strich darunter. Fertig. Mit kräftiger Gebärde strich Dominique von links nach rechts, quer durch die Landschaft, und dabei merkte er, daß er in Viremont angekommen war. »Ach was«, sagte er ganz laut, »heute bin ich der Familie wegen hier. Und das andere ... der Hergott wird's schon richten.«

Etwa zur selben Stunde wurde die Begegnung, die Dominique einem kühnen Vorsatz zum Trotz um alles in der Welt hätte vermeiden wollen, gehörig vorbereitet, genau nach dem Plan, den die Vettern Paul und Louis ausgeheckt hatten.

»Hier hast du die fünfzig Francs«, sagte Louis zum langen Martin, den er sich hatte kommen lassen, und händigte ihm das Geld aus. »Wenn also der Gevatter auf dem Markt erscheint, dann näherst du dich ihm unauffällig, grüßt ihn höflich und zahlst ihm deine Schuld zurück.« Bitterernst fügte er bei: »Du weißt gar nicht, wieviel Sorgen ihm diese leidige Geschichte gemacht hat.«

»Aber der Herr Dominique braucht doch die fünfzig Francs gar nicht.«

»Deshalb macht er sich auch die Sorgen nicht.«

»Ja, aber warum denn sonst?«

»Weil du so ein liederlicher Kerl bist«, schimpfte Louis los, »ein Lump, der alle anständigen Leute anpumpt und nachher das geborgte Geld versäuft. Verstanden?«

Der Spindel-Martin verstand bloß, daß er fünfzig Francs in der Tasche hatte und daß er sie gleich wieder hergeben müßte. So ein Mißgeschick! Doch da ließ sich nichts machen; Herr Louis würde schon aufpassen, ob er sie dem Gevatter wirklich zurückgäbe oder nicht. Und mit dem mächtigen Herrn Louis durfte er es auf keinen Fall verderben; als Pumpbruder muß man auf die Zukunft bedacht sein.

»Also gut, wenn's halt so sein muß.«

Die Zeiger rückten gegen acht Uhr. Die Bäckersleute wurden nachgerade etwas besorgt. Wenn dem Gevatter nur nichts passiert war! Er hatte doch ausdrücklich gesagt, er werde aufs Nachtessen zurück sein. Seit Stunden war es stockfinster, und es blies ein eisiger Wind. So ein alter Mann seelenallein auf der dunklen

Landstraße ... Man weiß ja nie, ob er nicht ... Der Sohn und die Schwiegertochter machten sich bereits Vorwürfe, daß sie den Gevatter allein hatten ziehen lassen, und malten sich die schlimmsten Dinge aus. Da riefen sie den Bäckerburschen:

»He, Jean-Pierre, nimm's Rad und fahr dem Gevatter auf der Straße nach Viremont entgegen!«

Anderntags erzählte der Junge dann, wie er den Herrn Gevatter auf der Hügelhöhe von weitem singen hörte.

»Mit dem Stock schlug er dazu den Takt.«

»Ja, was sang er denn?«

»Ein Soldatenlied. Ich mußte mitsingen. Und nachher hat er allerlei Witze erzählt, daß wir gar nicht mehr aus dem Lachen herauskamen. Und zwischendurch wieder das Lied mit dem Reim, ›vorwärts Marsch!‹ im Refrain. War das fidel!«

Als die beiden endlich angekommen waren, schlug es gerade halb neun an der Turmuhr. Die Bäckersleute, ein paar neugierige Nachbarn und sogar der Herr Pfarrer erwarteten den Gevatter vor dem Haus. Von der Kirchenecke her rief er ihnen zu:

»Das war ein Tag! So flott habe ich mich schon lange nicht mehr amüsiert.«

Sein Sohn empfing ihn halb erzürnt, halb erleichtert.

»Wir waren schon in Sorgen Euretwegen.«

»Meinetwegen?« fragte Dominique ganz erstaunt. Dann aber fiel er über die Suppe und die Tomaten her, die ihm Julie warm gehalten hatte. Solange er aß, sagte er kein weiteres Wort. Dafür wurde er nachher um so gesprächiger, als man's sich in der Backstube bequem machte.

»Wie geht es den Vettern?« fragte Julie gleich.

»Den Vettern ...« Dominique lächelte, als ob er an etwas ganz Anderes dächte. »Ja, den Vettern, denen geht es ausgezeichnet. Die haben mich empfangen, als wär ich einer der Heiligen Drei Könige.«

»Man merkt's«, sagte der Sohn. »Deswegen seid Ihr wohl so lang geblieben?«

Immer mehr Fältlein gruben sich um die Augen- und Mundwinkel des Alten. Gewiß steckte etwas Besonderes hinter seinem Reisetag. Ach, plötzlich konnte es der gute Gevatter nicht mehr für sich behalten.

»Das mit der Verspätung, das ist eine andere Geschichte.« Er blickte verschmitzt in die Runde und bemerkte nach einem letzten, wunderbar gespielten Zögern leichthin: »Ich habe den Spindel-Martin getroffen, und der hat mich auf seine Pintenkehr mitgenommen.«

Halb und halb waren sie zwar darauf gefaßt, aber was sie da vernahmen, überstieg alle ihre Erwartungen. »Ja, was du nicht sagst!« rief einer von den allabendlichen Stiegensitzern ungläubig herüber.

»Doch, doch. Ich will euch erzählen, wie es dazu gekommen ist. Es war bald nach dem Essen. Ich hatte zum Louis gesagt, ich wolle ein bißchen an die frische Luft und mir das Städtchen wieder einmal ansehen. Und wie ich da so gemächlich auf den Marktplatz trete, ja, wer kommt denn da geradewegs auf mich zugeschritten? Der lange Martin, wie er leibt und lebt, ein wenig eingeschüchtert – ihr kennt ihn ja. Ich will auch gar nicht verschweigen, daß mir's eher ungemütlich wurde, wie ich den armen Kerl so vor mir sah. Ihr wißt: die alte Geschichte. Doch da bleibt er stehen, zieht den Hut ...« Bei dem Wort warf Julie, die Schwiegertochter, ein:»Ihr habt natürlich vergessen, Euch einen neuen Hut zu kaufen.«

Nach einer wegwerfenden Gebärde fuhr der Alte seelenruhig in seinem Bericht weiter:

»Da zieht also der Martin höflich seinen Hut ab und den Geldbeutel aus der Tasche, daß mir elend schwül wird. Aber dann kommt erst das Unglaubliche. ›Herr Gevatter Dominique‹, sagt er mir, ›ich bin Euch immer noch die fünfzig Francs von damals schuldig.‹ – ›Schon gut‹, will ich ihm antworten; denn ich war längst entschlossen, endlich einen Strich darunter zu setzen. Doch da macht der arme Mann wahrhaftig seinen Beutel auf und streckt mir zwei Louisdor und zwei Fünfliber her, daß ich mir erst die Augen ausreiben muß, ob ich nicht gar träume. Aber es ist die pure Wirklichkeit. Ja, ja, meine Lieben«, dabei schaute er einen jeden eindringlich an, als wolle er es ihm ins Herz prägen, »es ist doch etwas Großartiges um die Ehrlichkeit.«

Wahrscheinlich legte er das fast betroffene Schweigen, mit dem sein Bericht aufgenommen wurde, falsch aus. »Die glauben mir nicht«, mußte er sich innerlich sagen. »Denen werde ich's beweisen.« Und schon zog er selber seine Lederbörse aus dem Hosensack, löste die Nesteln, mit denen sie verschnürt war, und ließ zuerst ein Goldstück und hierauf einen Silberling auf den Tisch fallen, daß es prächtig klang.

»Ja und ...?« fragte die vorwitzige Julie nach einer erwartungsvollen Pause. »Das sind ja bloß fünfundzwanzig Francs.«

Und da wurde der liebe Großvater in seinen alten Tagen noch einmal rot, als habe man ihn bei etwas Unrechtem ertappt.

»Ach ja, wie ich sein gutes Herz sah, habe ich ihm die Hälfte seiner Schuld geschenkt.«

Die an jenem Abend in der Backstube saßen, erinnern sich noch heute an des Gevatters halb verschämtes, halb freudestrahlendes Gesicht. Doch sobald Dominique bemerkte, daß der Pfarrer etwas von »frommer Mensch« sagte und gleich noch ein fertiges Lob dranhängte, stand er auf und winkte barsch ab. Beim Weggehen erklärte er bloß:

»An Eurer Stelle, Herr Pfarrer, würde ich doch einmal nachsehen, wie die Jungen die Krippe hergerichtet haben und ob die Heilige Familie auch richtig beisammen ist. Nicht daß die Lausbuben wie voriges Jahr wieder den Esel vergessen.«

Das Haus der Weihnacht
G. K. Chesterton

Eine Mutter zog vertrieben fort
Von Dach und Lagerstatt;
Dort, wo sie heimlos irreging,
Die Welt nun Heimat hat.
Verfallener Stall, der sich dort fand
Mit wackligem Holz und sickerndem Sand,
Wuchs größer aus, hielt länger stand
Als die Quadern der Ewigen Stadt.

Denn Menschen sind heimwehkrank daheim
Und im Lichte wie im Bann,
Und sie legen ihr Haupt in ein fremdes Land,
Wann immer der Tag vertan.
Wir haben hier Kampf und flammenden Blick
Und hohes Staunen und Ehre und Glück,
Doch reicht unser Heim in das Wunder zurück,
Wo die Weihnachtsage begann.

Ein Kind in einem dumpfen Stall,
Von kauendem Vieh umstellt;
Doch dort nur, wo Er heimlos war,
Ist nun daheim die Welt.
Wir haben Geschick und Kunst und Geist,
Doch liegt unser Herz, wo kein Schiff hinreist,
Verloren, wohin keine Karte weist,
Unter dem Himmelszelt.

Diese Welt ist wirr wie Altweibergeschwätz
Wir werden daraus nicht klug,
Für unser Verwundern und unsern Krieg
Ist Erd und Himmel genug;
Doch ist wie der Feuerdrache so fern
Unsre Ruh, dort, wo um den Wunderstern
Voreinst gewaltiger Donnerlärm
mit undenkbaren Flügeln schlug.

Am Abend soll'n in ein offen Haus
Heimkommen die Menschen einmal,
Ein Ort, der älter als Eden, und Stadt,
Die größer als Rom vor dem Fall.
Wo der Wanderstern seinen Weg beschließt,
Wo das Unmögliche Wirklichkeit ist –
Der Ort, wo Gott einst heimlos war,
Und daheim sind die Menschen all.

Schuhe am Nikolaustag

Adrian Plass

s brach Eva das Herz, den armen Harry so stumpf und teilnahmslos zu sehen, und das am Nikolausabend, an dem noch andere Kinder vor Aufregung kaum stillsitzen konnten.

Zum ersten Mal verstand sie, in welchem Maße der fröhliche Optimismus des dunkelhaarigen kleinen Jungen für sie, seit er vor beinahe sechs Jahren zur Welt kam, ein kleines Kissen des Trostes gewesen war, auf das sie ihren Kopf gelegt hatte, wenn das Leben schwierig wurde. Und Eva hatte allerhand trübe Zeiten erlebt. Seit Beginn ihrer Ehe hatte die grimmige, streng disziplinierte Entschlossenheit ihres Mannes Thomas, eines Tischlers, einen Betrieb aufzubauen und für sie drei einen guten Lebensunterhalt zu erwirtschaften, ihr ständig das Gefühl gegeben, überlastet und alleingelassen zu sein. Meistens kam er erst spätabends nach Hause in ihre ordentliche kleine Wohnung am Stadtrand, und wenn er dann endlich da war, war er schlapp und müde und hatte keine Energie mehr.

»Das tue ich nur für dich und Harry«, hatte er wiederholt gesagt, als wäre das alles, was gesagt werden mußte. Und Eva hatte geseufzt und genickt. Im Lauf der Jahre hatten die Worte zwischen ihnen als Mann und Frau sogar so etwas wie den Klang und Tonfall einer heiligen Schrift angenommen. Wie konnte eine gute, loyale Frau überhaupt etwas gegen einen Mann sagen, der sich auf so selbstlos verschwenderische Weise für seine Familie aufopferte?

Diese unhandliche, frustrierend unbewegliche Frage hatte im Haus der Fischers, wie die Familie hieß, eine Menge Raum eingenommen, bis zu einem noch nicht lange zurückliegenden, denkwürdigen Tag, an dem Eva endlich der Kragen geplatzt war und der gesunde Menschenverstand in ihr sich Bahn gebrochen hatte. An einem späten Donnerstagabend hatte sie sich vor der erschöpften Gestalt aufgebaut, die wie üblich zusammengesunken in dem alten Ledersessel ihres Vaters in der Zimmerecke lag.

»Ich habe eine Frage«, hatte sie ihn beschworen, mit längst überfälligen Tränen auf den Wangen, die im Licht der Lampe wie kleine Diamanten funkelten. »Erkläre mir, was für einen Sinn es ergibt, daß du dich für uns abrackerst, wo wir doch gar nicht existieren? Harry und ich – wir sind wir, aber, Thomas, mein Liebling, eigentlich sind wir zu dritt. Wenn du, was Gott verhüten möge, morgen auf dem Heimweg von einem Auto oder einer Straßenbahn überfahren wirst, was nützt uns dann noch all deine harte Arbeit? Harry braucht einen richtigen Vater, keinen – keinen unsichtbaren Wohltäter, und ich hätte liebend gern meinen Ehemann wieder.«

Ähnlich wie die Holzarten, mit denen er am liebsten arbeitete, war Thomas fest, aber durchaus formbar, solange die Veränderung sauber mit der Maserung verlief. Er reagierte nicht sofort auf den Ausbruch seiner Frau, und auch während der ganzen Nacht und des Tages danach nicht. Dann, am Samstagmorgen, als sie zusammen frühstückten, verkündete er, daß er an diesem Tag nicht arbeiten würde, und auch an keinem Samstag oder Sonntag in der Zukunft. Außerdem würde er von der nächsten Woche an mindestens drei von fünf Arbeitstagen spätestens um fünf Uhr nach Hause kommen.

Eva war außer sich vor Freude und weinte wieder, diesmal vor Freude. Sie kannte ihren Mann. Er würde sein Versprechen halten. Und er tat es, auf seine gewohnte, eindeutige Weise. Aus einer Art Mythos oder Legende in Harrys kleinem Universum verwandelte sich Thomas in überraschend kurzer Zeit in eine warme, wichtige Wirklichkeit im Leben seines Sohnes. Zwar war das Geld nun nicht mehr so reichlich vorhanden in der Welt der Fischers, doch dafür gab es für sie alle drei viel mehr Zufriedenheit.

Dann, eines furchtbaren, beängstigenden Abends, war Thomas von einer schweren Erkrankung seiner seit jeher angegriffenen Atemwege überfallen worden und hatte mit dem Krankenwagen in die nächste Klinik gebracht werden müssen. Die Ärzte schafften es mit knapper Not, sein Leben zu retten, doch er mußte lange Zeit im Krankenhaus zubringen.

Harry verstand es nicht – er konnte es nicht, und er wollte es nicht. Mit sechs Jahren kann man ebensogut logisch denken wie jeder Erwachsene, aber man ist nicht so gut informiert. Erst vor ein paar Monaten war sein Papa in sein Leben zurückgekehrt und hatte ihn sehr glücklich gemacht. Und nun war er schon wieder weggegangen, und offenbar war er überhaupt nicht daran interessiert, wieder zurückzukommen, sonst wäre er doch längst aus seinem Bett in diesem großen, weißen Gebäude aufgestanden und nach Hause gegangen. So einfach stellte sich das für Harry dar, so oft er seinen Vater auch in der Klinik besuchte und so sehr sich die Erwachsenen auch abmühten, ihm die Situation zu erklären. Ein trauriger kleiner Junge wurde aus ihm, der still in der Ecke spielte und nicht mehr auf Dinge reagierte, die ihn sonst immer zum Lächeln oder Lachen gebracht hatten. Eine Expertin, die der Hausarzt der Fischers empfohlen hatte, meinte, Harry würde sich sicher schnell erholen, sobald Thomas wieder nach Hause kam, doch das Datum seiner Rückkehr war bereits dreimal verschoben worden. Zweifellos würde es bald soweit sein, doch für Eva war der Anblick der klagend zusammengezogenen Augenbrauen ihres Sohnes eine tägliche Last.

Nun war der Nikolausabend da, und der Junge zeigte keinerlei Interesse oder Begeisterung. Thomas hatte Harry immer dazu angestiftet, sich ein paar von seinen Schuhen auszuleihen, um sie vor sein Zimmer zu stellen, weil sie größer waren und mehr Geschenke hineinpaßten. Das war stets ein Anlaß für Gelächter und Gekicher zwischen Vater und Sohn gewesen. Heute jedoch nickte Harry nur trübe, als seine Mutter ihn auf die abgetragenen alten Pantoffeln hinwies, die säuberlich nebeneinander auf dem Treppenabsatz standen. Als Eva ihm den Gutenachtkuß gab und seine Zimmertür hinter sich schloß, betete sie ohne viel Glauben und Hoffnung, daß die Gaben des Nikolaus, die unten bereits hübsch eingepackt warteten, die Augen ihres Sohnes am Morgen zum Leuchten bringen würden.

Eine ganze Weile später, gegen neun Uhr, als Harry schon tief in seinen Träumen versunken war, klingelte das Telefon. Anderthalb Stunden später hielt vor der Tür der Fischers ein Fahrzeug, und fuhr nach einigem Türengeknalle etwa eine Minute später wieder ab. Und gegen acht Uhr am folgenden Morgen wurde Harry von einem ganz leisen Klopfen an seiner Zimmertür aus seinem Halbschlaf gelockt. Als er aufstand und die Tür öffnete, entdeckte er, daß Sankt Nikolaus nicht nur dagewesen war, sondern sich selbst übertroffen hatte. Vor ihm in den bequemen alten Pantoffeln, mit herzerwärmender Fugenlosigkeit eingepaßt, steckte das einzige Geschenk auf der ganzen Welt, bei dem absolut sicher war, daß es das Leuchten in Harrys Augen zurückbringen würde.

Unter euch ist ein Kind

Wystan Hugh Auden

Unter euch ist ein Kind,
ein Sohn geboren.
Wir preisen verkündend
den Einzug der Liebe.
Aus dem Dunkel der Erde
hebt sich
himmlischer Glanz,
aus frostigem Schweigen
hebt sich Gesang.
Denn große Freude
erfüllt
die Kleinen,
die Betrübten,
selbst die Laune
der Großen und Mächtigen,
die dauernde Klippe,
die wandernde Woge
ist voller Nachsicht.
Singt: Ehre sei Gott
und Friede den Menschen,
allen Menschen.
Eilt nach Bethlehem.

Zum König geboren

Dorothy L. Sayers

Weib: Tretet ein, edle Herren, tretet ein ... und bitte, seht Euch vor an der Türe ... wir haben nur eine armselige niedrige Hütte ...

Kaspar: Kein Ort ist zu niedrig, darin zu knien. Heiliger ist es hier als im Tempel des Herodes.

Melchior: Größere Schönheit ist hier als im Palast des Königs Herodes.

Balthasar: Größere Güte wohnt hier als im Herzen des Königs Herodes.

Kaspar: O Madonna, leuchtend wie die Sonne und lieblich wie der Mond! Die Völker der Erde grüßen deinen Sohn, den Mann, der zum König geboren ward. Gegrüßet seist du, Jesus! König der Juden!

Melchior: Gegrüßet seist du, Jesus! König der Welt!

Balthasar: Gegrüßet seist du, Jesus! König des Himmels!

Die Drei Könige: Heil dir, heil dir!

Maria: Gott segne euch, dich, den weisen Greis, dich, den stolzen Krieger und dich, du dunkler Fremdling aus der Wüste. Seltsam ist die Art eures Kommens und seltsam ist eure Botschaft. Aber daß Gott euch sandte, das weiß ich gewiß, denn ihr und seine Engel sprecht die gleiche Sprache.
König der Juden ... ja. Sie haben mir's verkündet, daß mein Sohn der Messias der Juden sein würde. – König der Welt ... das ist ein großes Wort, doch bei seiner Geburt verkündeten sie große Freude allen Völkern der Erde. König des Himmels? Das verstehe ich nicht ganz – aber sie sagten auch, daß er Gottes Sohn heißen würde ... Ihr seid große und weise Männer, und ich bin nur eine einfache Frau. Was kann ich euch sagen ... bis die Zeit kommt, in der mein Sohn für sich selbst euch antworten kann?

Kaspar: Wehe! Je mehr wir wissen, um so weniger verstehen wir das Leben. Zweifel lassen uns zögern zu handeln, und viel kaltes Wissen vertrocknet unsere Herzen. Dieses aber ist die Frage, die uns quält: Werden *Weisheit und Liebe* endlich zusammen leben können, wenn das verheißene Königreich kommt?

Melchior: Herrscher sind wir. Wir wissen, daß der Menschheit eine gute Regierung am meisten nottut, eine Regierung, die Ordnung bringt und Freiheit gewährt. Aber die Ordnung beschränkt die Freiheit, und die Freiheit empört sich gegen die Ordnung, so daß Liebe und Macht in ewigem Streit liegen. Dies aber ist die Frage, die uns quält: Werden *Macht und Liebe* endlich zusammen wohnen können, wenn das verheißene Königreich kommt?

Balthasar: Ich spreche für ein Volk voller Sorge und Kummer um die Unwissenden und die Armen. Wir erheben uns zur täglichen Last und legen uns nie-

ENGLAND

der zum Schlaf, und die Nacht ist nur eine Pause zwischen unsrer alten Last und der neuen. Die Furcht ist unser täglicher Gefährte: Furcht vor der Not, Furcht vor Krieg, Furcht vor einem grausamen Tode und Furcht vor einem noch grausameren Leben. Doch alles dies könnten wir ertragen, wenn wir nur wüßten, daß unsere Leiden nicht umsonst sind; wenn wir nur wüßten, daß Gott uns beisteht in unserem Kampf, mit uns leidet unter der Not seiner eigenen Welt. Dies aber ist die Frage, die uns quält: Werden *Sorge und Liebe* sich endlich in Einklang bringen lassen, wenn das verheißene Königreich kommt?

Maria: Das sind gar schwierige Fragen ... aber mit mir, seht Ihr, steht es so: Als ich des Engels Botschaft erhielt, hat Gott eine Melodie in mein Herz gesenkt. Und da verstand ich, daß Reichtum und Klugheit nichts sind vor Gott: Niemand ist zu unbedeutend, sein Freund zu sein. Das hab ich mir so gedacht, – weil gerade mir das alles geschehen war. Ich bin von bescheidener Herkunft – doch Gottes Allmacht kam zu mir. Dumm bin ich und ohne Wissen – doch Gottes Wort wurde zu mir gesprochen! In tiefer Not und Sorge war ich, als mein Kind geboren wurde und mein Leben mit Liebe erfüllte. Darum weiß ich, daß Weisheit, Macht und Not wohl sein können neben und mit der Liebe – und für mich, seht, für mich ist dies Kind in meinen Armen die Antwort auf alle Fragen.

Kaspar: Weise sind deine Worte, Maria. Gesegnet bist du unter den Weibern, und gesegnet ist Jesus, dein Sohn. Kaspar, König von Chaldäa, huldigt dem *König der Juden* mit einer Gabe Weihrauch.

Melchior: O Maria! Ein gewaltiges Wort hast du gesprochen! Gesegnet bist du unter den Weibern, und gesegnet ist Jesus, dein Sohn. Melchior, König von Pamphylien, huldigt dem *König der Welt* mit goldenem Geschenk.

Balthasar: Ein Wort der Liebe hast du gesprochen. Maria, Mutter Gottes! Gesegnet bist du unter den Weibern, und gesegnet ist Jesus, dein Sohn. Balthasar, König von Äthiopien, huldigt dem *König des himmlischen Reiches* mit Myrrhen und edlem Gewürz ...

Maria: Ihr edlen Herren, wir sind Euch sehr dankbar für alle Eure Gaben ... und was Eure Worte angeht, seid gewiß, daß ich sie wahren und sie in meinem Herzen bewegen werde.

Die Reise der drei Könige

T. S. Eliot

Einen kalten Weg hatten wir hin,
Just des Jahres schlechteste Zeit
Für eine Reise, und eine so lange Reise:
Die Wege tief und das Wetter schneidend,
Mitten im strengsten Winter.
Und die Kamele sattelwund, huflahm, störrisch
Sich in den schmelzenden Schnee werfend.
Stunden gab es, da bangten wir uns
Nach den Sommerpalästen am Berghang, den Terrassen
Und seidenen Mägden, den Sorbet bringenden.
Dann die Kameltreiber fluchend und polternd,
Die fortliefen, auf ihren Schnaps und Weiber bedacht.
Und Nachtfeuer wieder ausgehend, und rings kein Obdach,
Und Festen feindlich und Städte unfreundlich
Und Dörfer schmutzig und die Zölle hoch:
Eine schwere Zeit hatten wir hin.
Schließlich dünkte es besser die Nacht zu reisen,
Stundenweis' schlafend,
Immer im Ohr die Stimmen singend, sagend
Dies alles wär' Wahnsinn.

Dann eines Dämmerns ging es hinab in ein mildes Tal,
Feucht, unter der Schneegrenze, Fruchbarkeit duftend,
Wo ein Strom zog und eine Wassermühle das Dunkel schlug,
Und drei Bäume gegen den nied'ren Himmel standen
Und ein alter Schimmel über die Wiesen trabte.
Und dann eine Schenke mit Weinlaub über dem Pfosten,
sechs Hände bei off'ner Tür um Silberlinge würfelnd
Und Füße, nach leeren Weinschläuchen tretend.
Doch keinerlei Auskunft und so ritten wir fürbaß
Und abends kamen wir an, nicht einen Augenblick zu früh,
Und fanden den Ort; es war (man kann sagen) befriedigend.

All dies war vor langer Zeit, ich erinnere mich,
Und ich würd' es noch einmal tun, doch schreibe dir auf,
Dies schreib auf,
Dies: »Führte uns all dieser Weg zu
Geburt oder Tod? Da war Geburt, gewiß, uns wurde
Augenschein, zweifelsohne. Ich hatte Geburt gesehen und Tod,
Doch immer geglaubt, sie seien verschieden; diese Geburt war
Harter und bitterer Schmerz für uns, wie Tod, unser Tod.
Wir kehrten nach Hause, in diese Königreiche,
Doch hier war uns nicht mehr wohl, in der alten Ordnung,
Bei einem fremden Volk, das sich an seine Götter klammert.
Ich wäre froh um einen andern Tod.«

ENGLAND ✳ 99

Die Erbschaft

Jane Barlow

s war ein harter Winter.

Seit ihres Mannes Tod hatte die Witwe MacGurk das kleine Gehöft alleine bewirtschaftet. Im kommenden Frühling wurden es drei Jahre, daß er gestorben war – gerade als es Zeit war, die Kartoffeln zu setzen. Während seiner letzten Stunden lagen ihm die Saatkartoffeln schwer auf der Seele, denn er hegte Befürchtungen, ob seine Frau auch alles richtig machen würde, wenn sie nicht unter seiner Oberaufsicht und Anleitung arbeitete, und wie wollte sie überhaupt bestehen, wenn ihr die Kartoffeln mißrieten?

Gegen Abend erschien dann endlich Vater Rooney auf seinem alten sandfarbenen Pony, und er vermochte den Kranken ein wenig zu trösten. »Sie hat ja treue Nachbarn, mein Alter«, sagte er, »und mit Gottes Hilfe wird sie schon mit allem fertig werden. Als ich eben ins Dorf ritt, war's mir doch ganz so, als hätte ich einen von den jungen Burschen gesehen, wie er übers Mäuerchen auf dein Stück Land stieg, die Kiepe auf dem Rücken – als hätte er euch etwas Gutes antun wollen.«

Der alte MacGurk wollte aus dem Fenster spähen, um festzustellen, ob das wohl der Wahrheit entspräche. Da die einzige Scheibe aber mit dem Deckel einer Blechbüchse geflickt worden war, konnte er nichts sehen und mußte des Priesters Worten Glauben schenken. Immerhin sagte er: »Gelobt sei Gott!«, und danach schien es ihm leichter zu werden, wenigstens bis zu den Morgenstunden, wo es ihm dann für immer leicht wurde.

Der weitere Lebenslauf der Witwe MacGurk, wenn er auch nicht gerade großartig war, bestätigte in gewissem Maße doch die Prophezeihungen Vater Rooneys. Die Leute waren bereit, einer Nachbarin zu helfen, die als ›arme Witfrau‹ einen hohen gesellschaftlichen Rang behauptete, um so mehr, da sie ›kein Kind hatte, die arme Seele‹. Doch manchmal liefen die guten Absichten der Nachbarn den Eigentümlichkeiten der Witwe MacGurk zuwider. Sie war nämlich nicht aus dieser Gegend und hatte bessere Tage gesehen. Und da sie stolzen und unabhängigen Geistes blieb, war ihr Pfad mit tausend spitzigen Dornen besät. Es ging zum Beispiel keineswegs, daß man so hereingestürzt kam, wie es Judy Ryan eines Abends tat. Sie brachte einen Eimer Kartoffeln an und rief dazu: »Mrs. MacGurk, ich habe gehört, Sie haben keine Kartoffeln mehr! Sie Arme, da müssen Sie ja halb verhungert sein! Hier hab' ich einen Eimer voll gebracht.«

Mit einem bedauerlichen Aufwand an Lügen wurde Judy Ryan sofort belehrt, daß Mrs. MacGurk mehr Kartoffeln habe, als sie allein aufessen könne, und gleichzeitig wurde es Judy recht deutlich und unverblümt klargemacht, daß sie sich mitsamt ihrem Eimer voll Kartoffeln je eher, je lieber trollen könne. Solche und ähnliche Vorfälle brachten die Nachbarn im Dorfe Lisconnel zu der Ansicht, die Witwe MacGurk sei so widerborstig wie die Widerhaken an einer Angel. Doch verscherzte sie sich die Freundschaft der guten Leutchen nie gänzlich, und immer waren einige bereit, ihr beizustehen und auch ein bißchen von ihrer schlechten Laune mit in Kauf zu nehmen.

Am besten gelang das entschieden der alten Mrs. Kilfoyle. Die Methode, die sie bei solchen diplomatischen Unternehmungen meistens anwandte, war taktvoll genug. Zuerst lieh sie sich von der Witwe MacGurk eine Tasse oder einen Becher. Was sie damit eigentlich wollte, war nicht zu ersehen, denn sie selbst besaß eine bunte Sammlung von Geschirr, das allen nur erdenklichen Zwecken dienen konnte. Grobe Töpferwaren dieser Art waren das einzige, das in Lisconnel reichlich vorhanden war – viel reichlicher als Eßwaren. Trotzdem geschah es aber von Zeit zu Zeit, daß Mrs. Kilfoyle durch das von Binsenbüscheln überwucherte Weideland zu Mrs. MacGurks Behausung auf dem Hügelhang stolperte, was sie bestimmt nie getan haben würde, um einen lächerlichen Becher oder Topf zu borgen, denn das Steigen fiel ihr sauer, da sie alt und wenn auch gut bei Verstand, doch nicht mehr gut zu Fuß war.

Bei solchen Besuchen schien ihr immer kurz vor dem Weggehen etwas einzufallen.

»Also dann auch vielen Dank, Mrs. MacGurk, vielen Dank für den Becher! Hoffentlich sind Sie nicht böse, daß ich Sie so oft störe?«

»Aber nein, woher denn!« sagte Mrs. MacGurk und trug ihr hageres Haupt noch höher und noch stolzer, weil sie jemanden einen Gefallen hatte erweisen können.

»Ach, wenn ich Sie noch etwas fragen darf: Sie könnten uns wohl nicht ein paar Kartoffeln abnehmen? Dies Jahr halten sich unsere Kartoffeln so schlecht, daß wir sie gar nicht schnell genug essen können! Sie könnten sie uns ja später bei der neuen Ernte wiedergeben, wenn's Ihnen dann paßt. Wenn es Ihnen recht wäre, könnte ich eins von den Kindern mit einem Eimer voll zu Ihnen schicken? Wenn Sie nichts dagegen haben? Und vielen Dank auch, und recht schönen guten Abend!«

Durch eine Kriegslist dieser Art hat sich die Witwe MacGurk meines Wissens nie beleidigt gefühlt. Doch bin ich nicht so sicher, ob sie nicht hin und wieder etwas geahnt hat.

Auch die andern Nachbarn brachten es manchmal zustande, daß ihre Gaben huldvoll angenommen wurden, wenn es auch einige Zeit brauchte, bis sie gelernt hatten, rücksichtsvoll zu sein. Trotzdem mußte die arme Witwe manch Wort hören und hinunterschlucken, das verletzend wirkte, wenn es auch noch so gut gemeint war.

Eines Tages aber sollte sie für all diese kleinen Kränkungen durch einen großen Glücksfall getröstet werden. Es war ein stiller Dezembertag kurz vor Weihnachten. Der Himmel war bleiern grau, und die Luft ›schmeckte nach Schnee‹. Das war alles, was der Himmel zu versprechen schien – nichts Ungewöhnliches lag sonst in der Luft. Und doch geschah es, daß die Witwe MacGurk einen Brief erhielt. Ein Brief ist in Lisconnel ein so ungewöhnliches Ereignis wie in einem weniger armen Dorf ein Einbruch.

Doch noch erstaunlicher als das Erscheinen des Briefes war sein Inhalt. Der blaue Umschlag enthielt eine Postanweisung und ein Dokument, aus dem hervorging, daß diese Geldsumme den Anteil der Witwe MacGurk an der aufgeteilten Hinterlassenschaft einer unbekannten Verwandten darstellte, die anscheinend in Connecticut in den USA gestorben war. Die Postanweisung lautete auf ganze fünfzehn Shilling.

Nun darf man ja nicht glauben, daß die Witwe MacGurk diese Tatsache auf den ersten Blick begriff – so wie wir etwa einen Artikel in der Zeitung. Das Entziffern des teils gedruckten, teils geschriebenen Textes erwies sich als eine äußerst schwierige Aufgabe. Der erste Eindruck war infolgedessen, sie habe eine schlimme Nachricht wegen ihrer rückständigen Miete erhalten, was bedeuten konnte, daß sie aus ihrer Hütte vertrieben würde. Und das war eine Befürchtung, die manchen Bewohner Lisconnels bis in seine Träume verfolgte. Beflügelt von dieser düsteren Furcht, eilte sie zu ihren nächsten Nachbarn, den Kilfoyles, um sich die vermeintliche Unglücksbotschaft deuten zu lassen. So groß war ihre Eile, daß die junge Mrs. Kilfoyle, die gerade vor der Haustür einen Topf ausschwenkte, zu ihrer Schwiegermutter im Innern der Hütte sagte:

»Die Witwe MacGurk kommt den Berg hinuntergehüpft wie eine erschrockene alte Geiß. Beinah war sie noch hingefallen, so rennt sie! Vielleicht hat sie sich am Teekessel die Hand verbrannt, denn sie hat etwas Weißes um die Finger!«

Da weder die junge noch die alte Mrs. Kilfoyle die Witwe beruhigen oder aufklären konnten, riefen sie Brian Kilfoyle herbei, der beim Torfstechen war. Lange Zeit saß er auf dem Rain und studierte das weiße Papier zwischen seinen dicken, braunen Daumen. Der Wind spielte in seinem roten Bart, und endlich hatte er das Rätsel gelöst. Mittlerweile hatte sich eine kleine Versammlung eingefunden, die auf das Ergebnis gespannt war. Alle waren höchlichst beeindruckt von dem überwältigenden Vermögen, das nach Lisconnel strömen sollte. Im allgemeinen mögen die Leute es gar nicht gern, wenn ihnen eine große Sensation geschmälert werden soll. Als drum die Witwe Sheridan nach langem Gemurmel und Gerechne bemerkte: »Fünfzehn Shilling, das ist weniger als ein Goldstück, nicht?« –, da war jeder unwillig über diese Bemerkung, obwohl sie gar nicht im Sinne gehabt hatte, geringschätzig zu sprechen, sondern nur aus alter Gewohnheit, die Dinge negativ anzusehen.

IRLAND

Brian Kilfoyle erklärte sachlich:»Jedenfalls ist es mehr als ihre Halbjahres-miete, und alles ›weniger‹ geht uns nichts an!«

»Der Kuckuck soll die Miete holen«, lachte sein Bruder Tim,»und ich wün-sche Ihnen erst mal viel Glück zu Ihrem Erbschaftsanteil, Mrs. MacGurk!«

Die Gefühle der Zuhörer waren auf Tims Seite.

Leider gab es außer den sehr großen Optimisten auch einige Mißgünstige. Mrs. Quigley zum Beispiel konnte es sich nicht verkneifen, ihrem Neid die Zü-gel schießen zu lassen und der armen Witwe die Freude zu vergällen. Sie be-trachtete sich das Fetzchen Papier und sagte:»Ich hätte lieber gleich das Geld oder wenigstens so einen blauweißen Streifen Papier, auf dem die Summe schon vorgedruckt ist. Ich habe gehört, daß es manchmal viel Lauferei kostet, bis man zu seinem Geld kommt – falls man's bekommt.«

Mrs. MacGurks Kinn sank so schnell wie ein Barometer bei Sturm. Doch da rief Brian schon dazwischen:»Unsinn, Lauferei! In der Stadt wirft die in der Post Ihnen das Geld im Handumdrehen aus dem kleinen Guckfensterchen hin – als ob's für einen Cent Zucker über den Ladentisch wäre! Vielleicht müssen Sie Ihren Namen irgendwo hinsetzen, aber da genügt ein Krakel oder ein Kreuz, und das andere erledigt die hinter dem Guckfenster. Weiter haben Sie gar keine Lau-ferei!«

Die Witwe MacGurk, deren Glaube an die Postanweisung nicht allzusehr er-schüttert war, lauschte geduldig den Ratschlägen ihrer Nachbarn. Sie wurden ihr angesichts der Dringlichkeit der Kapitalanlage reichlich zuteil. Vier Shilling, darüber waren sich alle einig, mußten »bis auf den letzten Knopf« zum Krämer gehen, um eine uralte Schuld abzuzahlen. Doch was die Verwendung der restli-chen Summe betraf, so gab es darüber so viele verschiedene Ansichten wie Frau-en in Lisconnel, oder vielleicht sogar noch mehr. Die Witfrau war eigentlich ge-neigt, auf die alte Mrs. Kilfoyle zu hören.

»Wenn ich in Ihrer Haut steckte, Mrs. MacGurk«, sagte sie, »dann würde ich bestimmt alles Geld in Mehl anlegen, Hafermehl mein' ich natürlich, nicht das gelbe Indianermehl, das man wirklich bloß den Schweinen geben sollte, Gott verzeih mir die Sünde. Natürlich ist Hafermehl teuer, ich weiß, aber da haben Sie was für den ganzen Winter, und was Gutes obendrein! Gibt's etwa an einem grausig kalten Winterabend etwas Besseres als einen Teller Haferbrei mit einem Schuß Sauermilch?«

Wie sich die Ratschläge auch widersprechen mochten, die Witwe MacGurk plante auf alle Fälle für den nächsten Tag eine Einkaufsreise in die Stadt. Es wur-de so besprochen, daß Stacey Doyne sie begleiten solle. Sie konnte ihr tragen helfen – den Beutel mit Hafermehl, wie man allgemein annahm.

Es war nötig, früh aufzubrechen, denn es wurde früh dunkel, wie es sich für die kürzesten Tage des Jahres gehört. Die Stadt liegt ein gut Stück Wegs über Duffclane hinaus, das doch auch schon reichlich weit von Lisconnel entfernt ist.

Aber Duffclane, das kaum größer als Lisconnel ist, hatte nur einen einzigen Laden in einer kümmerlichen Hütte, und im ›Schaufenster‹ war nur Platz für zwei Laibe Brot, ein paar verschrumpelte Äpfel und ein Glas mit Lutschbonbons – wahrlich nicht der richtige Ort für die Operationen einer Kapitalistin!

Über den östlichen Himmel zitterten noch ein paar feine, feurige Streifen, und im Westen hing ein dunkler Schatten düster-drohend über dem Moor, als die Witwe MacGurk bereits reisefertig vor ihr Häuschen trat. Sie trug einen weißen Wollumhang mit Kapuze, den Mrs. Sheridan ihr geliehen hatte, und in der Hand hielt sie einen windschiefen alten Weidenkorb, der von der dicken Anna stammte.

Ehe sie sich jedoch auf den Weg machen konnte, mußte sie bei ihren Freunden von Tür zu Tür die Runde machen und sich erkundigen, ob sie in der Stadt etwas für sie besorgen könne. Das war ein uralter Brauch, und es wäre ein gröblicher Verstoß gewesen, hätte sie es unterlassen. Doch diesmal wirkte die höfliche Anfrage fast ironisch. Es war so vielerlei, das sie ihnen hätte besorgen können, wenn ... Die Ernte war nicht gut ausgefallen, und ein strenger Winter hatte es den Leuten in Lisconnel klar gemacht, daß sie noch mehr als sonst haushalten mußten mit dem wenigen, das sie besaßen.

Die Witwe MacGurk erhielt also nur ein paar belanglose Aufträge für etwas Zwirn, Streichhölzer oder dergleichen. Mrs. Quigley war drauf und dran, etwas Hafergrütze zu bestellen, doch im letzten Augenblick widerrief sie ihre Bestellung und fand, Kartoffeln täten es auch – obwohl ihr Mann, der sich schon auf den Haferbrei zum Frühstück gefreut hatte, enttäuscht den Kopf hängen ließ.

Die letzte Hütte, bei der Mrs. MacGurk vorsprach, gehörte den Ryans. Der alte Mick Ryan, der schon längst nicht mehr arbeitsfähig war, und überhaupt lebensuntauglich, wie seine Nachbarn fanden, saß neben der Haustür auf dem Steinmäuerchen und wartete, daß sie drinnen das Feuer in Gang bringen sollten. Er dachte, daß es eigentlich sehr kalt sei, und in seinem zerfurchten, vom Torfrauch ausgetrockneten Gesicht lag nicht viel mehr Ausdruck als in dem Stückchen Kartoffelland, das hinter ihm hügelan stieg. Doch plötzlich kam Leben in ihn. Seine Augen leuchteten auf, und er fragte eifrig:

»Gehen Sie zur Stadt, Ma'am?«

»Ach, Vater, laß doch Mrs. MacGurk in Ruhe«, rief seine Schwiegertochter besorgt, denn er wühlte in seinen Taschen herum, in denen er früher manchmal ein paar Kupferstücke gehabt hatte. »Was kannst du denn auch aus der Stadt haben wollen?«

»Tobak«, gab er zur Antwort und kramte weiter.

»Aber Vater, was willst du denn Tobak haben bei diesen schlechten Zeiten! Mrs. MacGurk holt sich ihren Sack Hafermehl, und an einem Tabakladen kommt sie überhaupt nicht vorbei. Kannst du denn nicht bis Himmelfahrt warten, wenn Pat dir eine Rolle aus der Stadt mitbringt?«

Der alte Mann gab das Suchen auf, teils entmutigt, weil er nichts fand, teils voll einer schwachen Vorfreude auf den in so weiter Ferne liegenden versprochen Genuß ›am Himmelfahrtstag‹. Sein Gesicht wurde wieder so leer wie zuvor, nur nistete vielleicht in den Falten ein noch tieferer Schatten.

Vor Einbruch der Dunkelheit konnte man die Witwe MacGurk und Stacey kaum zurückerwarten. Also spähte auch niemand nach ihnen aus. Als aber der Nachmittag vorrückte, nahmen die Mienen einen düsteren Ausdruck an, denn nun hätte man das Paar schon in der Ferne erblicken sollen. Daß sie so spät wiederkamen, konnte nur ein Mißgeschick bedeuten. Vielleicht hatte sie die Postanweisung verloren? Zu dieser Vermutung neigten die meisten. Oder vielleicht wollten die Leute in der Post kein Geld herausrücken? Gerade hatte Mrs. Doyne erklärt, wie leicht man im Dunkeln auf dem schlechten Moorweg in ein Loch treten und sich den Fuß brechen und bis zum andern Morgen hilflos in der Kälte liegen könnte – da klangen Rufe durch das blasse Mondlicht und machten allen wilden Vermutungen ein Ende.

Mrs. MacGurk hatte ihre Einkäufe in größtem Maßstabe getätigt, das sah man sofort an dem großen Weidenkorb, der sich nach allen Seiten bauchig vorwölbte und den sie nun auf dem Steinmäuerchen absetzte, um zu rasten.

Das erste Päckchen, das hervorgeholt wurde, war schuld gewesen an der Verspätung, denn es war aus Versehen auf dem Ladentisch liegengeblieben, und erst, als die beiden ein gut Stück auf dem Heimweg waren, hatten sie sich daran erinnert. Doch die Witwe MacGurk hätte trotz ihrer Müdigkeit den Weg gern zwei- und dreimal gemacht, ehe sie das Päckchen in der Stadt gelassen haben würde, und nun flüsterte ihr auch Biddy, die Tochter des alten Mick Ryan, ins Ohr:

»Den ganzen Tag war er so unruhig, als ob er auf jemand wartete, und von Larry Sheridan hat er sich heut früh ein paar Streichhölzer geborgt – wenn ich auch nicht weiß, wozu ...!«

»Oh!« rief Micks Schwiegertochter, »sieh dir das mal an, Vater! So ein großes Stück Tabak, Ma'am! Das ist doch nicht recht. Er hätte Sie gar nicht danach fragen sollen!« »Scht! Dummes Ding!« schalt Mrs. MacGurk, »verdirb ihm doch nicht die Freude!« Denn der alte Mick saß da wie einer, der in verzückte Träume versunken ist, fühlte das Stück Tabak in der Hand und betrachtete von Zeit zu Zeit die feuchte, dunkle Schnittstelle. Als seine Tochter Biddy sich anbot, die Pfeife zu holen, protestierte er:

»Nein, noch nicht! Heute abend will ich ihn bloß fühlen!« Und das tat er denn auch. Doch im Korb steckten noch mehr Freuden. Ein Bündel wohlbeleibter braunweißer Zuckerstangen ließ manchen Erwachsenen im stillen wünschen, er könne gleich den Kindern die Hand aufhalten für die pfefferminzduftenden Gaben aus dem Bonbonhimmel. Bei dieser Gelegenheit fand übrigens zwischen Mrs. MacGurk und Judy Ryan, die, wie erinnerlich, auf verletzende Art Kartoffeln hatte spenden wollen, eine endgültige Aussöhnung statt, und zwar eine sehr zähe und dauerhafte, wie man aus der Zahl und Klebrigkeit der Zuckerstangen schließen konnte, die Judys Söhnchen erhielt.

Dann kam eine blaue Flasche ›Medizin‹ zutage, deren rotweißes Schildchen die Heilung auch des schlimmsten Rheumatismus versprach. Den Inhalt sollten sich Peter Sheridan und Mrs. Quigley teilen, die schon jetzt den köstlichen Duft von Terpentin und Kampfer genossen und es nur bedauerten, daß solch ›starker Stoff‹ eindeutig als Gift bezeichnet war, um jeden abzuschrecken, der auf den Gedanken kommen konnte, ihn auch ›innenwärts‹ zu probieren.

Und in einem Paket befand sich ein grobes, warmwollenes Hemd für Stacey, die den ganzen Weg über in ihren dünnen Baumwoll-Lumpen gezittert hatte. Ein Strang Wolle quoll aus einem andern Papier hervor, denn danach hatte sich Peg Sheridan, die lahmte und immer ›etwas Arbeit zwischen den Fingern‹ haben wollte, schon seit ewigen Zeiten gesehnt.

Die größte Freude hatte Mrs. MacGurk jedoch an den beiden dunkelvioletten Paketen, die sie bei Mrs. Kilfoyle auf dem Küchentisch stehenließ, ehe sie den Pfad zu ihrem eigenen Häuschen hinaufstieg. Es waren keine mageren, schornsteindünnen Tüten, sondern behäbige Dinger, die sich, ohne umzufallen, auf dem Küchentisch breitmachten und in ihren dicken Bäuchen ein Pfund Tee und vier Pfund Zucker bargen.

Das war natürlich wunderbar, und man sollte meinen, Mrs. Kilfoyle hätte etwas Besseres zu sagen gewußt als nur ein zittriges Gestammel:

»Lieber Himmel ... ach du mein Gottchen ... nein so was, Mrs. MacGurk ... aber wie können Sie denn bloß ...«, so daß die Witwe MacGurk energisch dazwischenfuhr:

»Ach, Mrs. Kilfoyle, nun sagen Sie aber rein gar nichts! Ich hab' doch alles nur mir zuliebe getan, Sie Gute, damit ich mich nicht länger ärgern muß, weil Ihre hübsche Teekanne schon all die Zeit so einsam und trocken da oben auf dem Bord sitzt, und der ... soll mich holen, wenn ich lüge!«

Mit fast vorwurfsvoller Betonung rief Mrs. Kilfoyles Tochter: »Es ist sehr freundlich von Ihnen, Mrs. MacGurk, daß Sie so an Mutter gedacht haben!«

Und dabei fielen auch der kleinen, weißhaarigen Alten ihre guten Manieren wieder ein, und hastig sagte sie: »Ja, alles was wahr ist! Nichts habe ich so gern wie eine Tasse Tee, und daran haben Sie gedacht. Norah muß uns sofort Tee aufbrühen, in dieser Minute!« »Aber Mrs. MacGurk!« rief aufgeregt eine von den Nachbarinnen, die sie nach Hause begleitete, »was ist denn mit Ihrem Sack Hafermehl? Wo haben Sie den nur gelassen? Barmherziger Gott, er wird doch nicht irgendwo liegengeblieben sein?«

»Ach Gott, die arme Kreatur, daß ihr das passieren mußte!«

Doch die Witwe MacGurk drehte sich ruhig zu ihnen um.

»Hafermehl? Was sollten die kleine Stacey oder ich uns den Rücken an Hafermehl müde schleppen? Einer von den jungen Burschen kann mir leicht das nächste Mal ein paar Pfund aus der Stadt mitbringen – falls ich überhaupt welches haben will und das Geld nicht lieber auf die Seite legen möchte«, fügte sie schnell hinzu, denn es fiel ihr ein, daß drei Kupfermünzen ihr ganzes Vermögen waren. »Ich halte nicht so viel von Hafermehl. 's ist die reinste Spreu! Da lob' ich mir eine gute heiße Kartoffel, die schmeckt mir noch allemal besser und kräftiger!«

Als Mrs. MacGurk dann allein war und in ihrer stillen Hütte den letzten Rest aus dem zerbeulten Weidenkorb holte, da zeigte es sich, daß sie für sich selbst nichts weiter gekauft hatte als für einen Cent Salz. Die kleine, braune Papiertüte machte keinen überwältigen Eindruck, wie sie da so verloren auf dem kahlen, großen Tisch lag. Mit abwesenden Blicken sah Mrs. MacGurk darüber hin und aus dem dunklen Fenster in die Nacht hinaus. Dann sagte sie:

»Wenn sie einen halbwegs vernünftigen Preis für die roten Fäustlinge verlangt hätten, dann hätte ich sie für Mrs Sheridans kleinen Joe kaufen können. Das arme Kerlchen sieht mir so verfroren aus. Aber einen Shilling – nein, wer soll denn das bezahlen?«

Doch ein ungetrübtes Glück gibt's leider nicht auf Erden, und im großen ganzen war wohl kaum je eine Frau so zufrieden mit den Einkäufen eines Nachmittags wie die Witwe MacGurk, als sie auf ihr seltsames, aus Schilf und alten Lumpen gebautes Lager sank. Träume von Tabak, Wolle und Bäckerei-Auslagen mischten sich in die letzten Worte ihres ›Gelobt seist du, Maria‹ –, und dann begann die Heilige Nacht.

Krippe und Kerze

K. F. Purdon

Draußen im Moor von Ardenoe, ein gutes Stück von der Landstraße entfernt, lebte der alte Michael mit seiner Frau, und ein schmuckeres Plätzchen konnte man so leicht nicht finden. Ein steiniger Heckenweg führte hin, und plötzlich stand man vor dem kleinen, uralten Haus. Denn daß es alt war, sah man sofort an den vielen Schichten Schilf, die das Dach bildeten, oder an den mächtigen, unbehauenen Balken in der Küche, über die der Schimmer des Herdfeuers spielte. So war es nämlich stets bei Moloneys: immer brannte ein tüchtiges Feuer im Kamin, wie sich's für einen ordentlichen Haushalt gehört. Der Herd ist das Herz des Hauses: Wärme und Behagen strahlt das Herdfeuer aus, Liebe und Güte das Menschenherz.

Und nun war wieder einmal Weihnachten da, wo jeder sich von seiner besten Seite zeigt. Die Dunkelheit war hereingebrochen, und draußen regnete es. Doch um so heller und verlockender leuchtete das Feuer und warf seinen Schein über die Halbtüre und durch die blinkenden, kleinen Bullaugenfenster, als wollte es sagen: »Kommt nur herein, kommt alle herein! Hier ist heute jeder willkommen!«

Und trotzdem ...

Wer sich auch nur mit einem halben Auge umsah, der hätte entdeckt, daß bei Moloneys etwas nicht stimmte, und wenn's tausendmal Heiliger Abend war. Der lange Michael stand verlegen in der Küche, ließ seine nassen, roten Finger knacken und blickte äußerst betreten drein. Das Wasser tropfte an seiner dicken Friesjacke herunter und auf den Fußboden, wo ein großer Marktkorb mit allen möglichen braunen und blauen Paketen stand, die er heute in Frau Mallys Laden gekauft hatte. Und davor stand sie, Mutter Moloney – ein winziges Persönchen, das man mit einem einzigen Atemzug hätte fortblasen können. Mit rotem Gesicht blickte sie zu dem langen Michael auf, und ihre Augen waren stürmisch wie die See.

»Kein Brief?« rief sie. »Du hast mir keinen Brief gebracht, wo du selber auf der Poststelle warst? Sie werden doch wohl geschrieben haben und sagen, ob sie kommen oder nicht, wenn wir sie zu Weihnachten einladen! Ich hatte schon gehofft, sie würden mit dir kommen. Aber der Eselskarren wäre sicher nicht fein genug für die junge Frau! – Ach, Pat, mein Pat – warum hat er mir denn keinen Brief geschickt?«

»Warte, ich schaue noch einmal nach!« sagte der alte Michael.

Aber seine Frau lachte ärgerlich: »Wenn Frau Mally ihn dir nicht gegeben hat, ist auch keiner da. Und sieh, wie du meine frisch geputzte Diele schmutzig gemacht hast!«

»Es regnet, was vom Himmel herunter mag«, entschuldigte sich Michael. »War's nicht ein Glück, daß ich, solange es noch trocken war, den Efeu und die Stechpalmzweige abgeschnitten habe?«

»Stechpalmzweige?« rief Mutter Moloney. »Daß mir hier keine Zweige und Efeuranken auf die Wände kommen, wenn ich überhaupt etwas zu sagen habe. Und auch die Krippe kann bleiben, wo sie ist!«

Damit ging sie zu ihrem Schemel neben dem Kamin, wo sie immer kerzengerade saß, und nahm ihr Strickzeug wieder auf, als wäre vom Heiligabend keine Rede mehr. Aber die Hände zitterten ihr, daß die Maschen nur so von der Nadel fielen. Doch sie strickte weiter. Der lange Michael sah sie ein Weilchen voller Mitleid an. Er wollte sprechen; aber dann besann er sich anders, schüttelte nur den Graukopf, drehte sich um und ging aus der Tür und hinaus in das wilde Wetter und die Dunkelheit. Der Sturm brauste übers Moor.

Kaum war er fort, da warf die Frau ihr Strickzeug hin, legte den Kopf auf die Knie und weinte.

»Ach, Pat«, jammerte sie, »genau heute vor fünfundzwanzig Jahren bist du zu uns gekommen, schön wie ein kleiner Engel, mit blauen Augen, und unser Einziger! Hat's uns nicht fast das Herz gebrochen, als du groß warst und weg wolltest in die Stadt? Und nun schreibst du uns nicht! Kann doch nur die junge Frau schuld sein, daß du uns vergißt! Dabei soll sie ein kümmerliches, kleines Ding sein, das sagt jeder, der sie gesehen hat! Ach, Pat, hätt' ich mir das träumen lassen heut vor fünfundzwanzig Jahren!«

Während sie sich also kränkte und grämte, ging der alte Michael zum Stall hinüber. Es war stockdunkel, und er konnte kaum die Hand vor den Augen sehen. Aber er hatte zum Glück die Laterne bei sich. Denn an dem Stall hätte man sogar am hellen, lichten Tag vorübergehen können, ohne ihn zu finden, so niedrig war er, und hatte lauter Heidekraut als Dach, so daß er nur wie ein Buckel im Moorland erschien.

Doch so armselig und klein er auch war, Michael war sehr stolz auf diesen Stall. Er und Pat hatten ihn selber gebaut, damit er ihnen das bißchen Heu und Stroh vor Regen schützte, und bei schlimmem Wetter konnte man wohl auch einmal die Kuh einstellen.

Seit nun Pat nach Dublin gegangen war – ach, aus keinem anderen Grund als lauter Unrast, wie's jungen Herzen manchmal geschieht –, seither schlich Michael oft zum Stall und setzte sich, rauchte sein Pfeifchen und wünschte sich seinen munteren, lieben Pat zurück. Er fehlte ihm genau wie der Mutter, oder gar mehr.

Ja, es war ihm schon recht zur Gewohnheit geworden, in den Stall zu gehen. Er hatte wirklich eine gute Frau; doch kam es vor, daß er für sich sein wollte, ganz still und gemütlich, und wo er ihr nicht im Wege war.

Als er nun heute abend in den Stall kam, kümmerte er sich zuerst um die Kuh, sah, daß sie mit allem versorgt war, viel Futter in der Raufe hatte und schöne

Streu, auf der sie liegen konnte. Danach fiel ihm der Esel ein, der noch draußen vor dem Karren angespannt war.

»Ich werde ihn auch hereinholen!« dachte er, und als er die beiden Tiere vor Sturm und Regen geborgen wußte, blickte er sich zufrieden um und schwenkte die Laterne, so daß er alles sehen konnte, was im Stall war. Auf der einen Seite lagen Heu und Stroh. Der Lichtschein blinkte hierhin und dorthin und beleuchtete etwas, das glänzte grün und stachlig und froh.

»Die Zweige!« dachte Michael. »Ach, hätte ich sie überhaupt nicht abgeschnitten!« Trübselig stand er da, denn für ihn war das Schönste am Weihnachtsfest nicht das gute Mahl, das Mutter Moloney auftischte, sondern Efeuranken und Stechpalmen, Krippe und Kerzen, mit denen er das Häuschen schmückte. Und nun wollte sie das alles nicht haben! So war's keine Weihnacht, dachte er seufzend.

Plötzlich fuhr ihm ein Gedanke durch den Kopf: »Warum soll ich's mir nicht hier im Stalle weihnachtlich machen?« Und schon stellte er die Laterne hin und hängte von den glänzend blanken Stechpalmen Zweige in die Raufe und über die Tür. Dachsparren und Gebälk umwand er mit Efeuranken, daß sie schön niederfielen und alles in eine lieblich grüne Laube verwandelten. Gerade hatte er die letzten Zweige aufgesteckt, da flackerte die Laterne und erlosch.

»Ach je, ach je«, murmelte der Alte. »Nun habe ich kein Licht, mir's richtig anzuschauen!« Und er stand und sann, denn es dauerte immer eine gute Weile, wenn Michael über etwas nachdachte. »Oho!« rief er dann und knöpfte sich den Überrock auf, und darunter die Jacke, und noch ein Wams darunter und eine gestrickte Jacke und noch eine, als ob er einer Zwiebel alle sieben Häute abschälte. Und endlich fand er etwas, das er ganz vorsichtig hervorholte: etwas Langes, Schlankes, und es strahlte weiß auf, als er ein Zündhölzchen an der Wand abstrich.

»Wenn das nicht eine herrliche Weihnachtskerze ist!« meinte er zufrieden und bewundernd. »Eine so lange habe ich noch nie gesehen. Frau Mally ist doch gut. ›Für Pat und seine junge Frau‹, hat sie gesagt. Aber weiß der liebe Gott, wo unser Pat jetzt ist?« seufzte er.

Langsam und ungeschickt zündete Michael die Kerze an, stellte sie in einen Eimer und klebte sie mit geschmolzenem Wachs fest, damit es kein Unglück und Feuer gäbe. Und als er das getan, ging er aus dem Stall, drehte sich aber noch einmal um und sah, wie die hohe Kerze ihren Lichtschimmer in die Dunkelheit sandte.

»Ja«, brummte er, »eine prächtige Kerze! Und bestimmt wäre es so ganz ohne Weihnachtskerze nicht recht gewesen, wo doch jedes Haus in Ardenoe eine ins Fenster stellt, damit sie der Heiligen Jungfrau leuchtet, wenn sie den Weg nicht finden kann. Aber eine solche Kerze brennt die ganze Nacht hindurch und scheint weit übers Moor. – Ich wünschte nur, Frau Mally hätte mir auch einen Brief gegeben!«

Es war aber ein Brief geschrieben worden. Er war sogar bis zur Poststelle von Ardenoe gelangt. Doch was dann aus ihm wurde, das wußte niemand außer einem kleinen Terrier, der Frau Mally gehörte. Das Hündchen war noch so jung, daß es gern etwas zwischen die Zähne nahm. Es lag unter der Theke, auf der die Briefe sortiert wurden; und als Pats Brief aus dem großen Berg von Weihnachtskarten herausglitt und herunterfiel, da machte sich das Hündchen darüber her. Im Nu hatte es ihn in tausend Fetzen zerrissen, und nichts blieb übrig als ein, zwei feuchte Stückchen, die wurden am andern Morgen beim Putzen fortgefegt.

Die Weihnachtseinladung war also beantwortet worden, und Delia hatte den Brief geschrieben. Zuerst hatte sie es zwar nicht gewollt. Sie war glücklich in dem kleinen Zimmer in Dublin, zu dem man viele Treppen hinaufsteigen mußte. Ihr erschien alles schön: die paar Möbel, die sie sich nach und nach gekauft hatten, und dann neben dem Kamin die Wiege mit dem Kind. Pat saß oft davor und träumte, wenn er nicht den vornehmen Doktor, bei dem er angestellt war, durch die Stadt fuhr. Und als nun der Brief kam, der die Weihnachtseinladung brachte, da wurde Pat ganz wild vor Freude und dachte an das Haus im weiten schweigenden Moor, an den Wind, der leise darüber hinfährt, und an den Duft des Torffeuers. Denn er hatte Heimweh und wußte es nicht.

Die sanfte Delia aber sah mit ihren großen Augen zu ihm auf und dachte, ob sie sich freuen solle. »Ich kann doch nicht wissen, ob sie mich leiden mögen, Pat?« sagte sie. »Und mein Mantel ist so abgetragen, und das Kind hat weder Kapuze noch Jäckchen!«

»Ach, Mädchen, geliebtes«, rief Pat, »wie sollten sie dich wohl nicht leiden mögen. Was denn sonst? Und das Kind erst! Wie gut, daß wir's ihnen noch nicht geschrieben haben – was wird das für eine Überraschung geben! Wo es solch ein feines, strammes Bürschlein ist! Es ist die reinste Sünde, ihm Sachen anzuziehen und seine tüchtigen Beinchen zu verstecken!«

Doch als dann der Doktor ihm Geld fürs Fest geschenkt hatte, da kaufte er dem Kind die weichste weiße Hülle, die man sich nur denken kann, und zog ihm die Kapuze über den Kopf. Delia hielt das Kind im Arm. »Wird die Mutter nun nicht finden, daß er schrecklich klein ist?« Und sie sah mit so flehenden Augen zu ihm auf, daß er alle beide lachend hochhob und küßte. Dann öffnete er des Kindes winzige Hände, die zart und weich wie Rosenblättchen waren, und küßte sie auch und sagte: »Unser kleiner Bursch' ist noch nicht einmal einen Monat alt, und bald wird er groß werden, und seine kleinen Hände ...«

Doch da klopfte es an die Tür und ein Telegramm wurde ihm gebracht. Pat las es still für sich und sein Gesicht wurde immer länger. »Der Herr muß aufs Land zu einem Kranken, und ich muß ihn hinfahren!«

»Aber Pat, soll ich denn allein reisen? Wie kann ich das nur?« ängstigte sich Delia.

»Willst du denn Mutter enttäuschen, die uns schon erwartet? Und du hast selbst geschrieben, mit welchem Zug wir ankommen. In Ardenoe steht dann der Eselskarren, falls ich nicht überhaupt vor dir dort bin, denn es ist ja die gleiche Gegend, in die der Doktor gerufen wird.«

Da trocknete Delia sich die feuchten Augen und sagte nichts mehr. Doch ist's eine lange, lange Strecke bis nach Ardenoe. Stundenlang fuhr der Zug durch den nassen, stürmischen Tag, und Delia war das Reisen nicht gewöhnt. Als der Zug gegen Abend endlich in Ardenoe ankam, war sie so müde und schwindlig, daß sie kaum wußte, was sie tat und wo sie war.

So stand sie einen Augenblick auf dem Bahnsteig; der Wind zauste an ihr, und der Regen fiel grau hernieder. Die Laternen waren noch nicht angezündet; aber schließlich fand sie einen Mann und fragte ihn nach Moloneys Eselskarren.

»Ja«, sagte der Mann, »der lange Michael war heute in der Stadt, aber schon vor einem kleinen Weilchen. Doch können Sie ihn nicht verfehlen. Gehen Sie nur immer der Landstraße nach, dann holen Sie ihn noch ein.« Und er deutete auf einen Weg, der sich im Dunkel verlor.

Der armen Delia blieb weiter nichts übrig, als dem Rat des törichten Alten zu folgen. Wußte sie denn, daß es fast fünf Meilen über Land waren? Doch war sie froh, daß sie nicht mehr im Zug saß. Sie nahm das kleine Kind auf den andern Arm und hüllte es gut ein, und dann ging sie in Wind und Regen hinaus.

Das bißchen Licht, das noch am Himmel stand, erlosch bald zwischen den schwer herabhängenden Wolken. Delia wurde es einsam ums Herz. Aber sie ging tapfer weiter. Das Kind lag warm und weich an ihrer Brust. Manchmal blieb sie stehen, beugte sich darüber und spürte den Atem auf ihrer Wange.

Dann schritt sie wieder aus, aber müder als vorher. Die Füße taten ihr weh. Wenn sie nur den Eselskarren einholen, sich ausruhen und zu jemand sprechen könnte, der den Weg wußte! Denn nun fiel der Wind immer wilder über sie her, so daß sie sich ganz verwirrt und verloren vorkam. In scharfen Stößen blies er übers offene Moor, fing sich in ihren Kleidern, blähte sie auf und riß ihr den Hut vom Kopf. Sie weinte und schluckte ein wenig, als er fortrollte und sie so ganz vergeblich nach ihm ausspähte.

Auf einmal sah sie in der Ferne ein Licht schimmern und hielt darauf zu. Von einem Weg aber war nichts mehr zu spüren. Sie glitt aus und fiel, stand wieder auf und ging immer dem Lichtschein nach. Es war die Weihnachtskerze in Michaels Stall, die dort milde und wachsam leuchtete.

Michael saß unterdessen warm und gemütlich vor dem Herdfeuer neben Mutter Moloney, die immer noch strickte und strickte. Kein Wort wurde gesprochen. Michael hatte nicht essen können, denn ihm war's nicht froh zumute. Wie konnte es auch? Er wußte ja, daß sie geweint hatte, als er im Stall gewesen war. Wenn sie's nur zuließe, daß er die Krippe hervorholte und die Küche schmückte! Aber er bat sie nicht darum, und nach einer Weile stand er auf und sagte: »Ich glaube, ich muß nach den Tieren sehen!« Wollte aber nur fort aus der traurigen Küche und sich lieber an seinem weihnachtlich geschmückten Stall freuen und Esel und Kuh zuhören, wie sie sich das duftende Heu aus der Raufe zupften und bedächtig zermahlten.

Als er nun aus der Tür ging, sah Mutter Moloney ihm nach und Mitleid überkam sie. Der arme Michael, er war ein richtiges Kind, wie alle Männer, wenn überhaupt etwas Gutes in ihnen steckte. Mutter Moloney war flink – so flink, wie Michael langsam war. Sie schob einen Schemel vor das Küchenspind, stellte sich darauf und tastete nach der Krippe, die wohlverwahrt auf dem obersten Bord stand. Sie holte das Paket herunter, öffnete es und stellte die Krippe in eines der kleinen Fenster. Aber so sah es nach gar nichts aus. Wo waren die Kerzen, die die Krippe beleuchten mußten? Sie nahm keine gewöhnlichen Lichter, sondern die zu Lichtmeß geweihten. Vier waren nötig – für die vier Evangelisten. Gerade hatte sie sie angezündet, da flog die Tür auf und herein stürzte Pat, lachte und rief: »Mutter!« und hielt sie in den Armen und küßte sie.

»O Pat, bist du also doch noch gekommen?« sagte sie freudestrahlend.

»Warum sollt' ich denn nicht gekommen sein? Ach, da ist ja die Krippe, genau wie früher! Und wie herrlich das Torffeuer riecht! Aber Delia – wo ist Delia?

Die Mutter wurde ganz blaß. Wie ein böser Traum fiel ihr alles wieder ein. Pat hatte jetzt eine junge Frau. »Wie kann ich das wissen, wo Delia ist?« rief sie.

»Sie muß doch längst hier sein!«

»Wir haben nichts gehört und gesehen!«

»Hat sie denn niemand von der Bahn abgeholt? O mein Gott, allein in der Nacht!«

Er wollte aus der Tür stürzen; aber da stand Michael, stumm und still, und vertrat ihm den Weg. Der Ausdruck auf des alten Mannes Gesicht jagte ihnen fast Furcht ein. Es leuchtete, als komme er aus einer andern Welt. Dann winkte er ihnen und ging voran.

Der Wind hatte sich plötzlich gelegt, und es regnete auch nicht mehr. Der Mond mußte aufgegangen sein, doch war er nicht zu sehen. Nur sein Licht fiel aus weichen, weißen Nebeln hernieder, die feierlich übers Moor zogen und den Raum zwischen Himmel und Erde füllten, als müßten sie das Wunder der Heiligen Nacht vor sterblichen Augen verhüllen.

Die Kerze im Stall brannte friedlich weiter und sandte ihr warmes Licht über die Halbtür. Michael streckte den Arm aus, als bäte er sie, behutsam zu sein. Ängstlich flüsterte er:»Vielleicht sind sie schon wieder fort, und niemand hat das Wunder gesehen als ich allein!«

Sie spähten über die Halbtür in den Stall. Da lag schmal und fein die Mutter mit dem Kind. Ganz still lag sie da.

Schlief sie? Sie sah so zart und blaß aus. Das dunkle Haar hatte sich gelöst und war halb über sie und das schlummernde Kind gefallen.

»Delia? Delia?« flüsterte Pat.

»Das Kind ...« staunte Mutter Moloney.

Delia schlug die Augen auf und lächelte. »Er hat es schön warm«, sagte sie leise.

Michael konnte es gar nicht so schnell begreifen. Er sank auf die Knie und verbarg die hervorbrechenden Tränen.

Weihnachtswunsch

Nicht, daß jedes Leid dich verschonen möge,
noch daß dein zukünftiger Weg stets Rosen trage,
keine bittere Träne über deine Wange komme
und kein Schmerz dich quäle –
dies alles wünsche ich dir nicht.

Sondern:
Daß dankbar du allzeit bewahrst
die Erinnerung an gute Tage.
Daß du mutig gehst durch Prüfungen,
auch wenn das Kreuz auf deinen Schultern lastet,
auch wenn das Licht der Hoffnung schwindet.

Was ich dir wünsche:
Daß jede Gabe Gottes in dir wachse,
daß einen Freund du hast,
der deiner Freundschaft wert.

Und daß in Freud und Leid
das Lächeln des menschgewordenen Gotteskindes
dich begleiten möge.

IRLAND

Darf ich dir Malachy vorstellen?

Val Mulkerns

Natürlich war es jedes Jahr dasselbe. Jedes Jahr im November lächle ich voll milder Verachtung über meine Nachbarinnen, die sich (anstelle der üblichen Bemerkungen über das Wetter) verpflichtet fühlen, mich beim Arm zu packen und forschend zu fragen:»Haben Sie auch schon mit Ihrer Weihnachtsbäckerei begonnen?« Im Grunde wollen sie sich ja nur rühmen, daß sie ihre Vorbereitungen längst hinter sich haben: den ewig gleichen Plumpudding, das ewig gleiche Weihnachtsgebäck, die ewig gleiche Genugtuung darüber, daß sie alles schön ordentlich in Blechbüchsen verstaut und ihre Geschenke und Geschenklein in buntes Papier verpackt und versteckt haben. In mir aber regt sich jedes Jahr der gleiche bockbeinige Widerstand gegen Weihnachtsvorbereitungen, der regelmäßig in der ersten Dezemberwoche verschwindet. Dann werde ich genauso wie die andern, nur noch mit einem Schuß Panik obendrein, weil mir kaum noch genug Zeit bleibt.

Letzte Weihnachten hatte ich mir vorgenommen, meinem Mann etwas besonders Interessantes zu schenken. Er schwärmt für kunstgewerbliches Handwerk und sammelt auch Bilder, besonders von unbekannten jungen Künstlern. Damit ist ein großes Risiko verbunden, das ihn natürlich reizt, denn manchmal hat er Glück und erwirbt das Werk eines Unbekannten, der dann eine Berühmtheit wird. Wir besitzen zum Beispiel ein Bild von Patrick Harding, das Edward vor unsrer Heirat für sieben Pfund gekauft hatte und das jetzt zweihundert Pfund wert ist.

Mit einem eleganten Pullover kann man zwar nie danebenschießen, und er wäre auch billiger, aber unsre echte Kerry-blue-Hündin hatte Junge geworfen, gerade rechtzeitig, um durch deren Verkauf weihnachtliche Extravaganzen zu gestatten, und da wir noch keine Kinder haben, brauchen wir kein Geld für teures Spielzeug auszugeben. In der ersten Dezemberwoche zog ich also los, um auf dem Weihnachtsmarkt»Jung-Dublin« etwas für Edward zu erstehen.»Jung-Dublin« ist eine Gruppe von jungen Töpfern, Malern und Webern, die, um Kosten zu sparen, ihre Weihnachtsausstellung in einem Privathaus aufbauen.

Das Haus bot an jenem bitterkalten Nebelabend ein freundliches Willkommen. Zu beiden Seiten der offenstehenden Haustür flackerten Kerzen in antiken Kutschlampen, und in einer Nische in der Halle prasselten Scheite im Kamin. Alle Wände der Halle waren mit Gemälden bedeckt, die sich auch noch in einem kleinen Zimmer im Halbsouterrain vorfanden, zu dem ein paar Stufen hinunterführten. Dort loderte ebenfalls ein Kaminfeuer; ganze Berge leuchtender, handgemachter Tonwaren begrüßten den Besucher, und zudem der Duft guten Kaffees – gerade das Richtige, um die Kälte des Dezembernebels vergessen zu machen, dem ich entronnen war. Ich wärmte mir die Hand an dem dampfenden Becher und trug ihn zur Kaminwand hinüber, die aus schönen, rötlichen Ziegelsteinen bestand. Auf ihr hing in vornehmer Isoliertheit das Weihnachtsgeschenk für meinen Mann! Allerdings hatte ich mir noch gar nichts anderes angesehen – und das wollte ich bestimmt tun, ehe ich etwas kaufte –, aber ich wußte es schon jetzt mit schlafwandlerischer Sicherheit, genau wie ein Bücherfreund instinktiv weiß, welches Buch in einem Haufen verstaubten Trödelkrams ein echter Fund ist: ich wußte, daß ich Edwards Weihnachtsgeschenk gefunden hatte!

Es war ein kleines Ölgemälde in einem altgoldenen Ahornrahmen, und es zeigte vorwiegend senkrechte schwarze Striche vor einem warm glühenden, rosigen Hintergrund. Ich mußte sofort an eine nach Zimt und Nelken duftende Küche mit einem altmodischen Kochherd denken. Und siehe da, als ich in den Katalog schaute, fand ich es unter dem Namen »Herd III«. Es sollte fünfzehn Pfund kosten, und zu meiner Erleichterung war es noch nicht durch ein rotes »Verkauft«-Schildchen verunziert. Es würde mir gehören!

Als ich das beschlossen hatte, stellte ich in aller Ruhe meinen Kaffeebecher hin und arbeitete mich gewissenhaft durch die Unzahl der ausgestellten Sachen hindurch. Auch die anderen Besucher, die nach Weihnachtsgeschenken Ausschau hielten, ließen sich Zeit. Nachdenklich schlenderten sie von Bild zu Bild, in Gruppen, aber doch stumm, und jeder nur mit sich selber Rat pflegend, ob er kaufen oder nicht kaufen sollte. Jeder – bis auf eine unsympathische rothaarige Dame unbestimmten Alters, in schwarzer Hose und mit schriller Stimme, die sich wie auf dem Supermarkt benahm, Bilder vom Haken herunterholte und sie blinzelnd musterte, ehe sie sie wieder aufhängte oder sich unter den Arm klemmte. Sie hatte, wie ich aus ihren Jubelschreien schloß, die feste Absicht, mindestens vier Bilder zu kaufen. Ich entfernte mich von ihr, damit sich andere Besucher über sie ärgern konnten, und begann mit meinem Gang durch die Ausstellung. In der Halle hingen die üblichen abstrakten Landschaften, die üblichen Linolschnitte von den alten Schleusen am Ufer des Grand Canals oder von zerfallenen Burgen, die üblichen, von einem Ferienaufenthalt in Spanien heimgebrachten sienabraunen Trophäen und die üblichen Kinderbildnisse – doch nichts hatte den warmen, ansprechenden Charme von »Herd III«, dem Bild, das Edward bestimmt ebenso begeistern würde wie mich. Glücklich machte ich mich auf die Suche nach der Sekretärin der Gruppe »Jung-Dublin«.

Sie begleitete mich zu meinem schönen Bild – nur, um mit anzusehen, wie es aus den Händen eines braunäugigen jungen Mannes in die Krallen der rothaarigen Dame hinüberwechselte. Sie krähte:»Natürlich lasse ich's hier, bis die Ausstellung schließt! Ich wollte es nur mal fühlen! Solange man ein Bild nicht gefühlt hat, ist es unmöglich, eine Beziehung zu ihm zu bekommen! Meinen

Namen und meine Adresse habe ich übrigens schon auf die Rückseite geschrieben, damit ja kein Versehen passiert!« Der junge Mann lächelte höflich und hängte das Bild wieder an die Wand, während die gräßliche Dame weiterstelzte. Bekümmert sah ich, daß auf dem altgoldenen Ahornrahmen jetzt das rote »Verkauft«-Schildchen klebte.

»Oh, wie leid mir das tut«, sagte die Sekretärin zu mir. »Sie sind buchstäblich um Sekunden zu spät gekommen!« Ich war dem Weinen nahe, und sie machte mich mitleidig mit dem braunäugigen jungen Mann bekannt.

»Die Dame hier wollte ebenfalls Ihren ›Herd III‹ kaufen, Malachy«, sagte sie, und der junge Mann verbeugte sich und seufzte: »Ein paar Sekunden früher, und Sie hätten's gehabt!«

»Aber ich war ja vorhin schon hier«, jammerte ich, »und hatte mich ganz fest dafür entschieden!«

Seine hübschen braunen Augen unter dem wilden Haarschopf sahen mich teilnahmsvoll an, und er trat ratlos von einem Fuß auf den andern. »Ich habe noch andere zu Hause«, tröstete er mich mit seiner angenehmen Stimme, »falls Sie vielleicht mal irgendwann vorbeikommen wollen?« Er sprach so freundlich, daß ich es nicht abschlagen konnte. Ich schrieb mir seine Adresse auf und ging niedergeschlagen nach Hause.

Eine Woche drauf – also nur noch zwei Wochen bis Weihnachten – war ich zufällig in dem Stadtteil, in dem Malachy wohnte. Es war der berühmte Platz mit den schönen georgischen Häusern, die sämtlich dem Einsturz nahe waren und um deren Erhaltung von den Freunden Alt-Dublins gekämpft wird. Viele dieser Stadtwohnungen längst verblichener Adelsgeschlechter waren bereits von Bulldozern dem Erdboden gleichgemacht worden, und viele waren noch nicht gewichen, wurden aber von wuchtigen Balken gestützt. Manche standen leer, nur noch von Ratten bewohnt, und in manchen hausten verarmte Familien, die es immer wieder abgelehnt hatten, sich in die neuen Siedlungen der Anti-Slum-Corporation am Außenrand der Stadt verpflanzen zu lassen. Das Haus, in dem Malachy wohnte, ragte hoch und einsam, fast wie ein Turm, zwischen den Trümmern auf. Früher einmal hatte hier eine ganze Reihe ähnlicher Häuser gestanden, doch die Nachbarhäuser waren schon abgebrochen worden, darum wirkte dieses hier um so schmaler und höher und gefährdeter. Auf beiden Giebelseiten wurde es durch Stützpfeiler gehalten.

Ich brachte meinen Wagen zum Stehen und blickte an der gespenstisch schönen Ruine empor. Jedes Fenster im Erdgeschoß und das zierliche Schnitzwerk des Oberlichts über der Haustür waren mit Brettern vernagelt, doch oben glommen ein paar matt erleuchtete Fenster. Vielleicht hatten Bettler hier vorübergehend Unterkunft gefunden, oder es waren Künstler wie Malachy Ambrose, die den weiten Blick über die Dächer der Stadt liebten oder sich nichts Wohnlicheres leisten konnten.

Denn wohnlich war das Haus bestimmt nicht mehr. Ich stieß die knarrende Haustür auf, die wegen der kühlen Abenddämmerung geschlossen war, doch in der hochgewölbten Halle war es noch dunkler als draußen und genauso kalt. Irgendwo im Hintergrund, auf halber Treppe zum Kellergeschoß, wo einst die Küchenräume der feinen Leute gewesen waren, kreischte und klapperte eine Hoftür und jagte eisige Zugluft durch die Halle. Ein paar zerlumpte Kinder spähten um den ersten Treppenabsatz. Im ersten Stock baumelte eine trübselig gelbe Birne von der Decke herunter. Ich stieg vorsichtig treppauf und dachte bei jedem Schritt, die morschen Stufen könnten unter meinem Gewicht nachgeben: im Geiste sah ich mich zwischen die Ratten im Keller stürzen. Aber die Treppe hielt, obwohl die Stufen quietschten, und ich lächelte der dicken, jungen Mutter zu, die aus ihrer Korridortür schaute und mich mitsamt ihrer Kinderschar besorgt anstarrte.

»Geht es hier zu Mr. Ambroses Atelier?« fragte ich friedfertig.

»Ja, immer weiter rauf, bis unters Dach«, lächelte sie wie befreit.

»Danke!« grüßte ich, und die Kinder kicherten hinter mir drein, während ich mich mühsam an dem handgeschnitzten Mahagoni-Geländer emporzog, das trotz der großen Vernachlässigung noch immer schön war – nach zweihundert Jahren!

Malachy Ambrose war überrascht, als er mich sah, aber seine Höflichkeit brach sofort wieder durch. Er ließ mir den Vortritt in die weiträumige Mansarde, die nach der Kälte im Treppenhaus köstlich warm war. Ich hatte noch nie ein Atelier in ordentlichem Zustand gesehen, aber das hier war musterhaft aufgeräumt. Die Bilder lehnten in Stapeln an der Wand, und ein großes Torffeuer brannte im offenen Kamin. Auf einem Kartentisch mit rotweiß kariertem Tischtuch standen die Reste seiner Mahlzeit, vor der er gerade gesessen hatte. Es wäre gemütlich gewesen, wenn nicht die dunkle Nacht durch die kleinen, ovalen Fenster hereingeglotzt hätte, die – wie in allen georgischen Häusern – wegen der niedrigen Stubendecke in Kniehöhe angebracht waren.

»Nehmen Sie Platz!« bat der junge Maler. »Darf ich Ihnen etwas Tee anbieten?« Er erinnerte mich an unsere gastfreundlichen Landleute im Süden und Westen, wo er wohl auch herstammte.

»Ja, gern, wenn noch ein Rest in der Kanne ist!«

Er goß den Tee aus einer zerbeulten Blechkanne in einen blauweißen Keramikbecher und reichte ihn mir. Als ich es ausschlug, von seinem Brot und Käse zu essen, war er enttäuscht.

Ich dagegen war enttäuscht über die Bilder, die er mir zeigte. Manche waren zu groß, als daß ich sie hätte kaufen können, und ich konnte mich für keins von den kleineren erwärmen. Er mußte mir meine Enttäuschung angemerkt haben.

»Sie haben wohl nicht noch irgendwo ›Herd I‹ und ›Herd II‹ herumstehen?« fragte ich.

»Nein«, lächelte er. »Sie haben ganz recht mit Ihrer Vermutung, daß I und II einmal vorhanden waren, aber beide habe ich im vorigen Jahr verkauft.«

»Warum versteifen Sie sich so auf Herde?« Es war eine dumme Frage, doch er überlegte sich seine Antwort.

»Es ist bloß der eine Herd«, sagte er, »der bei uns zu Hause, in unsrer Küche in Listowel. Wahrscheinlich werde ich ihn von Zeit zu Zeit immer wieder malen müssen, bis ich siebzig bin!«.

»Und gerade jetzt haben Sie wohl nicht Lust, noch einen zu malen?« fragte ich diplomatisch.

Daraufhin sah er mich ernst an. »Wenn ich jetzt noch einen malte, würde er nicht gut gelingen«, sagte er sehr bestimmt.

»Aber Sie könnten's doch versuchen? Wissen Sie was? Ich gebe Ihnen einen Auftrag, für mich ›Herd IV‹ zu malen! Bitte, ja? Wieviel würde er kosten?«

»Ebensoviel wie ›Herd III‹«, antwortete er. »Aber Sie werden enttäuscht sein! Natürlich könnte ich's versuchen ...« Er war so betrübt, daß ich's bereute, streng gesprochen zu haben.

»Tut mir leid, daß ich Sie so bedrängt habe«, sagte ich. »Es ist nicht nötig ...«

»Doch, ich will's versuchen«, erklärte er fest. »Und Sie brauchen es nicht zu nehmen, wenn es Ihnen nicht gefällt.«

»Ich weiß aber, daß es mir gefallen wird! Darf ich Ihnen zehn Pfund als Vorauszahlung geben?«

»Ja, danke«, antwortete er rasch und nahm die Scheine entgegen. Ich hatte den Eindruck, daß sie nötig und willkommen waren, und kehrte, erfreut über den Abschluß, nach Hause zurück.

Während der folgenden vierzehn Tage sollte ich den Mountjoy Square sehr gründlich kennenlernen. Malachy hatte mich gebeten, ihm drei Tage Frist zu geben, und am vierten, fünften und sechsten Tag sprach ich wieder vor. »Tut mir leid, daß ich nicht viel mehr daran gearbeitet habe, als intensiv darüber nachzudenken«, sagte er. Es war mittlerweile kälter geworden, und ich bemerkte, daß er drei Pullover mit drei verschiedenen Halsausschnitten übereinander trug. Sein dichtes braunes Haar schien frisch gewaschen, und er nieste und schnupfte auf, während er sich die Farbe an seinen Fingern auf die Blue Jeans wischte. Am sechsten Tag brannte nur sein Petroleumöfchen, und ich fragte mich, ob er die zehn Pfund bereits ausgegeben hatte, oder ob er sie vorher schon schuldig geblieben war. Ich spielte mit dem Gedanken, ihm den Rest der Summe für das Bild zuzustecken, selbst auf die Gefahr hin, kein Weihnachtsgeschenk für Edward zu haben, wenn Malachy mich im Stich ließe. Das Geld für die verkauften jungen Hündchen hatten wir fast ganz in Eßwaren und Getränken für die bevorstehenden Feiertage angelegt.

»Wahrscheinlich ist es schwierig, eine alte Idee mit frischer Begeisterung anzupacken«, sagte ich traurig.

»Oh, das ist es gar nicht«, erwiderte er sehr entschieden. »Seit ich ein Dreikäsehoch war, spukt mir immer der alte Herd im Kopf herum! Er bedeutet mir – ach, einfach alles, was mein Zuhause ist! Als ich ihn zum erstenmal zeichnete, war ich etwa fünf oder sechs. War gerade in die Schule gekommen. Da bedeutete er die erste Wärme nach einem drei Meilen langen Schulweg durch Regen und Wind, von Bruder und Schwester weitergezerrt! Und jetzt bedeutet er mir all das, was ich aufgeben mußte, um hier in Dublin studieren zu können – alles, was die zu Hause noch immer haben, verstehen Sie? Ach, zum Kuckuck, selbst wenn Sie mich nicht aufgefordert hätten, wäre ich früher oder später nochmal drangegangen! Aber jetzt kommt's mir so vor, als kennte ich ihn nicht gründlich genug und müßte ihn erst nochmal wiedersehen! Obwohl das lächerlich ist ...«

Zwei Tage darauf hatte er immer noch nicht angefangen, zeigte mir aber ein Skizzenbuch mit Entwürfen. Während wir es durchblätterten, kam ein Mädchen mit langen schwarzen Haaren und langen geraden Beinen in schwarzen Strümpfen ins Atelier: ihr kleines Kinn verschwand in der roten Balaclava-Mütze. Er winkte ihr zu und lächelte, sagte aber nichts; sie setzte sich auf die Couch, zog die Beine hoch und betrachtete eine Zeitschrift. Kurz bevor ich ging, und nachdem er mir mein Bild fest versprochen hatte, »auch wenn er die halbe Nacht aufsitzen müsse«, stellte er mir das Mädchen als Fidelma Connor vor. Sie konnte reizend lächeln, und jetzt war sie also gekommen, um sich ihren schwarzen Rollkragenpulli zu holen, weil sie ihn am Abend für eine Tanzerei brauchte. Er zog sich drei Pullis vom Leibe und gab ihr den untersten, und ich nahm sie in meinem Wagen mit in die Stadt.

»Der gute Malachy«, seufzte sie zutraulich, als hätte sie mich ein Leben lang gekannt, »immer hat er Heimweh, und all seine Angehörigen sind so weit weg! Ich glaube, er kann sich's nicht mal leisten, Weihnachten nach Hause zu fahren! Da sitzt er nun in seiner Rattenburg und hungert und friert, bloß weil er an sein Talent glaubt!«

»Tun Sie das denn nicht?« fragte ich überrascht.

»Oh, bei mir ist das etwas anderes – ich liebe ihn ja! In der Akademie sagen sie, er hätte nicht genug Feuer! Wenn er nur mal auf andere Gedanken käme, dann hätte er auch andre Einfälle!«

»Glauben Sie, daß er mein Bild innerhalb der drei nächsten Tage schaffen kann?« erkundigte ich mich vorsichtig.

»Oh, selbstverständlich! Malachy läßt Sie nicht im Stich. Dafür ist er viel zu anständig. Das ist vielleicht sein Pech!« Und damit bat sie mich, zu halten und sie aussteigen zu lassen. Langbeinig wie ein Kranich stakste sie davon, ihr roter Mantel ein knalliges Signal! Ich fuhr einigermaßen beruhigt nach Hause.

Edward hatte sich schon wiederholt nach dem Wagen erkundigt. Da er wegen der Parkprobleme im Stadtzentrum lieber mit der Bahn ins Büro fuhr, war er daran gewöhnt, daß der Wagen täglich zu meiner Verfügung stand, ausgenommen am Wochenende. Manchmal, wenn ich gerade bei Büroschluß in der Stadt war, holte ich ihn ab, und es war auch schon passiert, daß ich ihn, wenn ich Besorgungen machte und den Wagen irgendwo geparkt hatte, bei meiner Rückkehr im Wagen sitzen sah, wo er ganz in seine Abendzeitung vertieft war. Aber manchmal hatte er den Wagenschlüssel nicht bei sich, und dann sah ich ihn schon von weitem, wie er ein bißchen gereizt vor dem Citroen auf und ab ging und wartete, daß ich, lachend und mit Paketen beladen, von irgendwoher auftauchen sollte.

An einem der letzten Abende vor Weihnachten, als wir mit dem Abendessen fast fertig waren, blickte er mich plötzlich sehr merkwürdig an. »Hast du's nett gehabt, heute?« fragte er gleichgültig. Zu gleichgültig, fand ich.

»Doch ja. Aber ich hab' nicht alles gefunden, was ich noch brauche.«

»Nicht mal im Museum?«

Sein Tonfall war so ungewöhnlich, daß ich rot wurde und nur mühsam ein Lächeln zustandebrachte. Seine Miene verriet nichts. Er pfiff nur leise und wartete auf meine Antwort. Ich bekam Herzklopfen und wunderte mich, wieso eigentlich. Ich hatte an jenem Nachmittag – und schon ein paar Tage vorher – Lust gehabt, ein Stückchen zu Fuß zu gehen, und deshalb den Wagen irgendwo geparkt.

»Natürlich hab' ich im Museum nichts einkaufen wollen. Ich hab' mich am Mountjoy Square auf die Kinderschaukel gesetzt«, scherzte ich. Aber er lachte nicht.

»Ich habe heute in der elenden Kälte fast eine Stunde vor dem Wagen gewartet – nachdem ich im Museum sämtliche Säle nach dir abgesucht hatte.«

»Das tut mir aber leid, Edward! Ich habe dort geparkt, weil zufällig ein Parkplatz frei war.«

»Und wohin bist du dann gegangen?«

»Ich habe ganz in der Nähe einen Besuch gemacht – bei jemand, den ich geschäftlich sprechen mußte.«

»Geschäftlich?« fragte Edward und zog die Brauen hoch.

»Weihnachtsgeschäftlich«, lachte ich und war fest entschlossen, mich nicht weiter aushorchen zu lassen.

»Ach so!« sagte Edward kalt. Und dann ließ er seine Bombe platzen: »Wohl die gleichen Geschäfte, die dich in der gleichen Woche schon dreimal dort hingeführt hatten?«

»Ja«, erwiderte ich und ärgerte mich, wie lahm das eine kleine Wörtchen klang. Ich wünschte, mir wäre eine glaubwürdige Lüge eingefallen. Die Wahrheit hätte ihm bestimmt Spaß gemacht, aber die durfte er erst am Heiligen Abend erfahren.

Ich war am Nachmittag bei Malachy gewesen und hatte die Lage hoffnungsloser denn je gefunden. Draußen war es unter Null, und in dem baufälligen Haus herrschte eine Grabeskälte. Malachy lag mit dem Gesicht zur Wand auf der Couch und hustete sich die Seele aus dem Leibe – genau wie das arme Würmchen in *La Bohème!* Es sei aber nicht Tb, versicherte er mir, bloß eine schwere Erkältung, und wenn er geahnt hätte, daß ich käme, hätte er sich nicht hingelegt. Aber er habe einen Plan, und bis zum Abend müsse er wieder auf dem Damm sein, denn da wolle er das Bild malen. Ob ich es morgen nachmittag abholen könne.

»Morgen? Also am Heiligen Abend? Fahren Sie denn nicht nach Hause?« fragte ich betroffen.

»Dies Jahr nicht«, krächzte er. »Kann's mir nicht leisten, zu lange wegzubleiben. Ostern sind die Examen, und ich muß noch viel arbeiten.«

»Und die Arbeit an meinem Bild? Schaffen Sie das wirklich?« Ich fand es scheußlich von mir, ihm diese Frage zu stellen, aber ich mußte *wissen*, ob ich am Heiligen Abend nicht auch wieder vergebens herkommen würde.

Er richtete sich auf, stützte sich auf einen Ellbogen und schaute mich stumm an: die braunen Augen wirkten in dem bleichen Gesicht unter der dichten Haarmähne noch viel größer als sonst. Bestürzung und Staunen spielten in seiner Miene, und dann mußte er doch lachen. Er brach in ein krampfhaftes Gekicher aus: »Selbst ein Bischof müßte Ihnen diese Frage vergeben!« stieß er heiser hervor. »Morgen bekommen Sie Ihr Bild! Gönnen Sie mir Zeit bis um fünf!«

»Meinetwegen also«, entgegnete ich. »Mir scheint nur, daß Sie überhaupt nicht in einem Zustand sind, aufzustehen und zu malen. Sie brauchen jemand, der sich um Sie kümmert. Haben Sie Aspirin hier?«

»Ja, es liegt drüben auf dem Fenstersims!«

»Dann warten Sie!« rief ich und rannte die wackligen Treppenstufen hinunter. In der Seitentasche des Wagens fand ich, was ich haben wollte: eine Reiseflasche mit Kognak! Edward bestand darauf, daß sie für »Notfälle« immer dort war. Was der Kognak bei Notfällen helfen sollte, weiß ich nicht – doch jetzt hatte ich Verwendung für ihn. Ich stieg wieder die Treppen hinauf und kochte Wasser auf dem Gasring, ohne den Protest zu beachten, der vom Bett her ertönte. In einem seiner blauen Becher übergoß ich den Zucker mit dem heißen Wasser und füllte mit Kognak auf, und zwar nicht zu knapp. Dann brachte ich ihm den Becher ans Bett und gab ihm zwei Aspirin.

»Besser als zu Hause!« griente Malachy und schluckte die Tabletten brav hinunter. Daß er Weihnachten nicht zu Hause sein würde, machte mich ganz traurig. Kaum hatte er ausgetrunken, da sank sein Kopf schon schwer aufs Kissen, und wie ein kleiner Junge schloß er sofort die Augen. Ich begriff, daß Malachy überhaupt nicht an starken Alkohol gewöhnt war!

Nachdem ich mich überzeugt hatte, daß genügend Petroleum im Öfchen war, um seine Mansarde bis zum nächsten Morgen halbwegs zu erwärmen, stahl ich mich leise aus dem Zimmer. Dann kehrte ich nochmal um und stopfte ihm die Decken fest um Hals und Schultern, ohne zu merken, ob er noch wach war oder schon schlief.

Am Heiligen Abend verlief der Vormittag genau so hektisch wie immer. Weil ich am Nachmittag zum Mountjoy Square fahren wollte, mußte ich alles schon jetzt vorbereiten. Ich schmückte das Haus mit Tannenzweigen, Misteln und Stechpalmen, stellte den Weihnachtsbaum im Wohnzimmer auf und legte die bunt eingewickelten Geschenke darunter. Edwards Eltern waren, wie üblich, zum Weihnachtsmahl am ersten Feiertag eingeladen, es würde also sehr nett werden.

Ich hatte gerade die große Weihnachtskerze mit Efeu und Lametta bekränzt, als Edward ins Haus kam – wie immer mit Sachen beladen, die er in letzter Minute eingekauft hatte. »Kann ich heut nachmittag den Wagen haben?« rief ich ihm in der Halle nach, während er die Treppe hinaufging – sicher, um mein Geschenk zu verstecken.

»Was? Heute am Heiligen Abend willst du einkaufen gehen?« fragte er entgeistert.

»Warum denn nicht? Mir fehlt noch immer das ideale Geschenk für meinen liebsten Angehörigen!«

»Wer ist denn das?« brummte Edward gedankenlos. Dann stampfte er wieder treppab, und die Pakete auf seinem Arm entzogen mir fast sein Gesicht. »Ist es dir wirklich ernst damit, daß du heute nachmittag noch in die Stadt fahren willst? Ausgerechnet heute?«

»Ausgerechnet heute! Wenn ich's nämlich nicht tue, würde ich es sehr bedauern. Und jemand anders auch noch!«

»Okay«, erwiderte er scheinbar gleichgültig. »Ich brauche den Wagen jedenfalls nicht mehr.«

Und damit stampfte er über den Flur und die Treppe hinauf.

Als ich zu Malachy wollte, öffnete sich im ersten Stock seines Hauses die Tür. Kinder purzelten aus dem übervollen Zimmer, das von Wand zu Wand mit grünen, roten und gelben Papiergirlanden behangen war. Die Mutter der Kinder erschien und sagte mit verschwörerisch leiser Stimme zu mir: »Das hat er mir für Sie gegeben, Herzchen! Er weiß nicht genau, wann er zurück sein wird!« Dabei stieß sie mich mit dem Ellbogen an und lächelte so vielsagend, daß es mich heiß und kalt überlief. Natürlich! Sie mußte Malachy und mich für ein Liebespaar halten! Auf Außenstehende konnte es so wirken! Beklommen dankte ich ihr, nahm den Schlüssel zu Malachys Atelier in Empfang und wünschte ihr ein fröhliches Fest. Dann kletterte ich die letzte wacklige Treppe hinauf und schloß die Tür auf.

Auch Malachys Mansarde sah weihnachtlich aus. Der kleinste Weihnachtsbaum, den ich je gesehen hatte, stand in einem Blumentopf auf dem Fenstersims und war mit bunten Kugeln geschmückt. Weihnachtskarten waren auf dem Kamin aufgebaut. Ein phantastisch schöner Weihnachtsengel, den er selbst aus Silberfolie ausgeschnitten hatte, schwebte mit ausgebreiteten Flügeln über seinem Bett. Am rührendsten fand ich die hohe Weihnachtskerze, die nach ländlichem Brauch in einem mit Erde gefüllten Marmeladetopf auf dem Fensterbrett stand. Sicher würde er sie in der Dämmerstunde anzünden, damit sie die ganze Weihnachtszeit hindurch brannte, wie es in Tausenden von Hütten und Häusern allüberall in Irland geschah – ein Willkommensgruß für die Heilige Familie!

Trotz all der festlichen Vorbereitungen sprach manches für einen überstürzten Aufbruch Malachys. Der Kartentisch mit dem karierten Tuch war nicht abgeräumt worden: die Reste seines Mittagessens standen noch darauf, und auf dem Gasring sah ich einen Kochtopf mit einem Rest Milch. Was mich jedoch am meisten aufregte: von meinem Bild konnte ich keine Spur entdecken! Auf der Staffelei stand eine Leinwand mit einem Bild in den allerersten Anfängen, das konnte es bestimmt nicht sein, und herumliegen sah ich es auch nirgends. Wäre es möglich, daß er es beendet hatte und dann ausgegangen war, um einen passenden Rahmen zu besorgen? Der Gedanke, er könne mich im Stich gelassen haben, drängte sich immer wieder an die Oberfläche, obwohl es unlogisch war. Denn weshalb hätte er mir dann den Schlüssel zu seinem Atelier aushändigen lassen? Warum war er dann nicht sang- und klanglos verduftet?

Um die Wartezeit auszufüllen, räumte ich die Sachen vom Tisch und verwahrte die Reste seiner Mahlzeit, schüttelte die Krümel auf dem Tischtuch in den Kamin und hatte gerade angefangen, in einer Schüssel mit reinem Wasser das Geschirr abzuspülen, als ich draußen auf der Treppe Schritte hörte. Er war also wieder da!

»Hallo, Malachy!« rief ich. Ich lief an die Tür, um ihm zu öffnen, und hielt in der Hand noch den Becher und das Trockentuch. Auf der Schwelle stand Edward, mit rotem Gesicht, schnaufend vom Treppensteigen, und voll kalter Empörung.

»So treibst du's also?« rief er theatralisch. »Abwechselnd Hausfrau in Sandymount und Geliebte eines Slum-Bewohners am Mountjoy Square?« Er stieß sich den Hut in den Nacken, trat ein und zog über alles her, was er sah. Obwohl mir die Knie zitterten, kehrte ich in meine Ecke zurück und wusch fertig ab.

»Sehr nett!« rief Edward. »Er ist also ein Maler! Weiß Gott, sehr gemütlich! Alles weihnachtlich geschmückt! Sag mir doch, in welcher von beiden Wohnungen willst du die Feiertage verbringen? Es interessiert mich immerhin! Ich bin nämlich neugierig!«

»Ich auch! Erzähl mir erst mal, wie du überhaupt hergekommen bist!« Ich brachte es fertig, ruhig und sachlich zu sprechen, obwohl es mich große Mühe kostete. Ich stellte das Geschirr weg und hängte das Handtuch an seinen Haken, und dann ließ ich mich unter dem silbernen Engel auf die Couch fallen und zog frech die Beine hoch. »Setz dich doch, Edward!« forderte ich ihn auf.

»Ich denke nicht dran, mich zu setzen«, brüllte er los, »aber wenn du schon so neugierig bist, kann ich dir gern erzählen, wie ich hergekommen bin! Mit dem Taxi, liebes Kind! Hab' dem Fahrer gesagt, dir auf echte Hollywood-Manier zu folgen, er bekäme ein gutes Trinkgeld. Mein Gott, was für ein Esel bin ich gewesen!«

Alles, was er sagte, klang wie das banalste Gerede in den schlechtesten Filmen, so daß ich ihn einfach nicht ernstnehmen konnte. Ich konnte nicht glauben, daß er an sein Theater glaubte, und sowie der erste Schock vorbei war, fand ich die Situation immer komischer

Ich wollte ihn auslachen und ihm gehörig die Meinung sagen, da hörte ich Schritte auf der Treppe: jemand sprang, zwei Stufen auf einmal nehmend, zur Mansarde hinauf. Und dann platzte Malachy ins Atelier, triumphierend, mit wildem Haarschopf, und unter dem Arm ein eingerahmtes Bild!

»Aha, das ist also der Geliebte!« höhnte Edward. »Lieber Himmel, das ist ja das reinste Baby!«

»Sei nicht so albern, Edward«, schrie ich ihn an. »Er bringt dein Weihnachtsgeschenk!« Ich riß Malachy das Bild aus dem Arm und gab es Edward, der es verwirrt festhielt und anstarrte. Die Pause, die nun folgte, war lang und unangenehm.

»Mein Gott, das ist ja ausgezeichnet!« rief Edward endlich und blinzelte überrascht. »Da wird einem ja warm ums Herz, wenn man's nur ansieht! Hören Sie, junger Mann, wenn Sie erstmal reich und berühmt sind, werde ich trotzdem die höchsten Angebote hierfür ausschlagen, das kann ich Ihnen versichern!«

»Darf ich dir Malachy vorstellen?« fragte ich mit affektierter Förmlichkeit. Malachy verneigte sich so höflich wie an jenem Abend anfangs Dezember, der schon so weit zurückzuliegen schien. Mir war's, als kennte ich ihn seit Jahren. Edward, der noch immer das Bild festhielt, küßte mich stürmisch, und ich küßte Malachy, der strahlte und rot wurde. Und dann sah ich das Bild!

»Aber Malachy«, rief ich erschrocken, »das ist ja Herd III. Wie haben Sie denn das geschafft?«

»Ich hab's eben nicht geschafft«, erwiderte Malachy betrübt. »Alles, was ich malte, war nicht gut genug, deshalb blieb nur ein Ausweg: ich mußte mir ›Herd III‹ holen!«

»Aber wie? Sie haben's doch nicht gestohlen?«

»Nein, nein! Ich erinnerte mich an den Namen und die Adresse der Dame – sie hatte ja beides auf die Rückseite des Bildes gekritzelt – sehen Sie, da steht's noch! Ich brachte ihr ein viel grösseres Bild in einem dicken Rahmen und fragte sie, ob sie nicht tauschen wolle.«

»Aber sie wird doch nicht ...« Ich war plötzlich besorgt.

»Hören Sie nur! Sie war begeistert! Rein aus dem Häuschen vor Freude! Erzählte mir, sie hätte ihr Wohnzimmer für Weihnachten neu tapezieren lassen, und der alte ›Herd III‹ hätte gar nicht recht auf die neue Tapete gepaßt ...«

Edward unterbrach ihn: »Was essen Sie zu Weihnachten, Malachy?«

Malachy wurde schüchtern. »Ich wollte mir ein Hühnchen braten«, gestand er und bekam danach einen Hustenanfall, daß ihm die Augen tränten.

»Das Hühnchen können Sie auch noch im Laufe der Woche essen«, entschied Edward. »Kommen Sie doch bitte zu uns und helfen Sie uns, das Truthahn-Ungestüm aufzuessen, das meine Mutter uns geschenkt hat! Und dann erzählen Sie mir alles über ›Herd III‹, ja? Bitte kommen Sie! Sie tun uns einen Gefallen! Ich komme morgen mittag hier vorbei, wenn ich meine Eltern abhole.«

»Was meinen *Sie* dazu?« wandte sich Malachy an mich.

»Ich hätte Ihnen diesen Vorschlag furchtbar gern selber gemacht, und natürlich wäre ich riesig froh, wenn Sie kämen!«

»Abgemacht!« sagte Malachy, und seine großen braunen Augen strahlten in jungenhafter Vorfreude ...

Vielleicht, dachte ich auf der Heimfahrt, findet er bei uns ein neues Symbol, das den alten Herd ein für allemal verdrängt. Etwas, das ihn nicht mehr an Heimweh und Vergangenheit kranken läßt, sondern ihm auf den Weg hilft zu einer erfolgreichen Zukunft. Vielleicht! Manchmal genügt schon ein kleiner Anstoß. Selbst wenn's nur ein Truthahn ist – nebst der dazugehörigen wärmenden Umgebung!

IRLAND

Der Weihnachtsmorgen
Frank O'Connor

Wir wohnten damals am oberen Ende der Blarney-Gasse, in einem der weißgetünchten Häuschen, die ans freie Feld grenzen. Wir waren vier: mein Vater, meine Mutter, Sonny und ich. Ich glaube, zu der Zeit, von der ich spreche, war Sonny sieben und ich ein paar Jahre älter. Ich konnte den Burschen nicht recht leiden. Er war Mutters Liebling, und immer rannte er gleich zu ihr und klatschte, was für Unheil ich wieder angerichtet hatte. Ich glaube wahrhaftig, er saß, nur um mich zu ärgern, so eifrig hinter seinen Schulbüchern. Er wußte anscheinend, daß das ihr ganzer Stolz war. Man konnte wohl sagen, er buchstabierte sich in ihr Herz.

»Mammi«, rief er zum Beispiel, »Soll ich Larry zum T-e-e rufen?« oder: »Mammi, das W-a-s-s-e-r kocht«, und natürlich verbesserte sie ihn, wenn er's falsch machte, und das nächste Mal wußte er's, und das war erst recht nicht zum Aushalten. »Mammi«, rief er dann, »kann ich nicht fein buchstabieren?« Herrje, wir würden alle fein buchstabieren, wenn wir's so anstellten!

Ich war aber nicht etwa dumm oder so – bewahre! Ich war bloß unruhig und konnte mich nicht lange auf eine Sache konzentrieren. Ich machte die Aufgaben aus dem Buch vom vorigen Jahr oder aus dem Buch vom nächsten Jahr – aber ich konnte es nicht ausstehen, das zu lernen, was wir gerade aufhatten. Abends ging ich nach draußen und spielte mit der Doherty-Bande – doch nicht, weil ich wild war, sondern ich wollte etwas erleben und konnte nicht um die Welt begreifen, was Mutter immer mit dem Lernen hatte.

»Kannst du nicht erst die Aufgaben machen und nachher spielen?« sagte sie meistens und wurde vor Ärger ganz rot. »Du solltest dich schämen, daß dein kleiner Bruder besser lesen kann als du!«

»Ach«, rief ich, »ich mache sie, wenn ich wiederkomme!«

»Der Himmel mag wissen, was aus dir noch mal werden soll«, sagte sie. »Wenn du dich mehr um deine Bücher bekümmern würdest, könntest du etwas Feines werden – Buchhalter oder Ingenieur.«

»Ich will Buchhalter werden, Mammi«, rief Sonny dann.

»Kein Mensch will 'n langweiliger Buchhalter werden«, sagte ich, bloß um ihn zu ärgern. »Ich, ich werd' Soldat!«

»Weiß der Himmel, zu etwas anderem wird's bei dir auch wohl nie reichen«, seufzte meine Mutter. Manchmal kam's mir fast vor, als ob die gute Frau ein bißchen einfältig sei: was konnte es denn für einen Mann Besseres geben, als Soldat zu werden?

Weihnachten kam näher, die Tage wurden kürzer, und die Straßen waren voller Leute. Ich dachte an die Sachen, die ich vom Weihnachtsmann bekommen würde. Die Dohertys sagten, es gäbe keinen Weihnachtsmann, und nur Vater und Mutter schenkten einem was. Aber die Dohertys waren eine wilde Bande, zu denen würde der Weihnachtsmann sowieso nicht kommen. Ich horchte herum, wo ich nur etwas über ihn aufschnappen konnte, aber es war nicht viel. Mit der Schreibfeder war ich kein großer Held – doch wenn ein Brief nützen würde, ich würde mich schon dahintersetzen.

»Ach«, sagte meine Mutter mit betrübter Miene, »ich weiß nicht, ob er dies Jahr überhaupt kommen wird. Er hat genug Arbeit, für all die kleinen Jungen zu sorgen, die ihre Aufgaben gut lernen – er kann sich nicht auch um die andern kümmern.«

»Er kommt nur zu Kindern, die gut buchstabieren können, nicht wahr, Mammi?« fragte Sonny.

»Er kommt zu allen Kindern, die sich Mühe geben«, antwortete meine Mutter, »auch wenn sie nicht so gut buchstabieren können.«

Wahrhaftiger Gott – Mühe gab ich mir bestimmt! Und es war nicht meine Schuld, daß uns der ›Prügler‹ vier Tage vor den Ferien Rechenaufgaben stellte, die wir nicht lösen konnten, und Peter Doherty und ich uns drücken mußten. Wir taten's nicht mit Begeisterung, das kann mir jeder glauben, denn Dezember ist nicht der geeignetste Monat zum Schuleschwänzen, und die meiste Zeit verbrachten wir in einem Schuppen am Quai, wo wir uns vor dem Regen verkrochen. Unser Fehler bestand einzig darin, daß wir uns einbildeten, wir könnten es bis zu den Ferien durchhalten, ohne entdeckt zu werden. Das war ein kläglicher Mangel an Voraussicht.

Der ›Prügler‹ merkte es natürlich und fragte zu Hause an, warum wir nicht in die Schule kämen. Als ich am dritten Tag heimkam, warf mir meine Mutter einen Blick zu, den ich nie vergessen werde, und sagte bloß: »Da steht dein Essen!« Sie war zu aufgebracht, um zu sprechen. Als ich es ihr mit den Rechenaufgaben vom ›Prügler‹ erklären wollte, ging sie darüber weg, wie man eine Fliege wegscheucht, und sagte: »Von dir will ich kein Wort hören!« Da merkte ich, daß sie nicht wegen des Schwänzens böse war, sondern wegen der Lügen. Mehrere Tage sprach sie überhaupt nicht mit mir. Und selbst da konnte ich immer noch nicht begreifen, warum sie so viel vom Lernen hielt und mich nicht so einfach und natürlich wie die andern aufwachsen ließ.

Doch was das Schlimmste war: Sonny schwoll der Kamm mehr denn je. Er stelzte mit einer Miene umher wie einer, der denkt: »Möcht' mal wissen, was sie ohne mich in dieser alten Bude machen würden!« Er ging an die Haustür, lehnte sich mit den Händen in den Hosentaschen gegen den Pfosten, versuchte wie mein Papa auszusehen und schrie den andern Kindern zu, daß man's in der ganzen Stadt hören konnte: »Larry darf nicht kommen. Er hat mit Peter Doherty die Schule geschwänzt, und meine Mutter spricht nicht mit ihm!« Und abends, wenn wir im Bett waren, machte er so weiter:»Der Weihnachtsmann bringt dir dieses Jahr nichts – ha, nein!«

»Wohl!«'sagte ich.

»Woher weißt du's denn?«

»Warum denn nicht?«

»Weil du mit Doherty geschwänzt hast. Ich möchte nicht mit den Doherty-Bengeln spielen. Was das für Leute sind! Hatten die Polizei im Haus!«

»Und woher soll der Weihnachtsmann wissen, daß ich die Schule geschwänzt habe?« brummte ich böse, denn mir riß die Geduld mit dem kleinen Affen.

»Natürlich weiß er's. Mammi sagt's ihm.«

»Wie kann's Mammi ihm sagen, wenn er am Nordpol ist? Da kann man's mal wieder sehen, was du für ein Baby bist!«

»Ich bin kein Baby – ich kann besser als du buchstabieren, und der Weihnachtsmann bringt dir dies Jahr nichts!«

»Werden wir ja bald sehen, ob er mir was bringt«, sagte ich und tat sehr weise.

Aber ich tat nur so. Denn wer kann sagen, was für geheime Kräfte diesen himmlischen Burschen zur Verfügung stehen, so daß sie wissen, was man im Schilde führt, selbst wenn sie einem den Rücken kehren? Und ich hatte wegen des Schulschwänzens ein schlechtes Gewissen, weil ich meine Mutter noch nie so aufgebracht gesehen hatte. In der Nacht überlegte ich mir, daß es für mich nur einen Ausweg gab: den Weihnachtsmann zu sprechen und ihm alles zu erklären. Von Mann zu Mann würde er mich wohl verstehen. Ich war damals ein hübscher Junge, und wenn ich wollte, konnte ich sehr nett sein. Alte Herren brauchte ich nur freundlich anzulächeln, und schon gaben sie mir einen Fünfer. Ich war überzeugt, daß ich's ebenso mit dem Weihnachtsmann machen könnte, wenn ich ihn nur allein erwischte. Vielleicht würde ich etwas Feines von ihm bekommen – eine Eisenbahn oder so –, denn Ludo und Schnippschnapp und ähnliche Spiele hingen mir zum Halse heraus.

Ich fing an, mich im Wachbleiben zu trainieren, zählte bis fünfhundert, dann bis tausend, und lauschte, ob ich's vom Shandon elf Uhr und Mitternacht schlagen hörte. Ich glaubte fest, daß der Weihnachtsmann um zwölf Uhr erscheinen würde, da er ja vom Norden her kam und bis zum Morgen die ganze südliche Hälfte erledigen mußte. Über manche Dinge dachte ich wirklich sehr gründlich nach. Leider nur über manche.

Ich war so in meine eigenen Pläne versunken, daß ich kaum merkte, was für Sorgen meine Mutter hatte. Sonny und ich gingen meistens mit ihr in die Stadt, und während sie einkaufte, standen wir unterdessen vor einem Spielzeugladen in der Hauptstraße und besprachen, was wir gern zu Weihnachten haben wollten.

Als mein Vater am Heiligabend von der Arbeit heimkam und meiner Mutter das Haushaltsgeld gab, blickte sie es ungewiß an und stand da und war ganz blaß.

»He?« fuhr er sie ärgerlich an, »stimmt's nicht?«

»Ob's stimmt?« flüsterte sie leise. »Am Heiligabend?«

»Ja, denkst du etwa, ich bekomme mehr, weil's Heiliger Abend ist?« fragte er und steckte die Hände in die Hosentaschen, als wollte er beschützen, was er für sich zurückbehalten hatte.

»Gott im Himmel!« stammelte sie bestürzt. »Und kein bißchen Kuchen im Haus, keine Kerze und gar nichts!«

»Meinetwegen!« schrie er und stampfte auf. »Wieviel kostet die Kerze?«

»Ach, um Himmelswillen«, rief sie, »Gib mir doch das Geld und rede nicht so vor den Kindern. Glaubst du, ich will sie ohne alles lassen an diesem einen Tag im Jahr?«

»Zum Kuckuck mit dir und den Kindern!« murrte er. »Soll ich mich das ganze Jahr abschuften, damit du Geld für Spielzeug aus dem Fenster wirfst? Da!« sagte er und schleuderte zwei Geldstücke auf den Tisch. »Richte dich damit ein! Das ist alles, was ich dir geben kann!«

Verbittert entgegnete sie: »Der Rest wird wohl ins Wirtshaus wandern!«

Später ging sie in die Stadt, nahm uns aber nicht mit, und kehrte mit vielen Paketen zurück; auch eine Weihnachtskerze hatte sie. Wir warteten mit dem Tee auf Vater, aber er kam nicht. So tranken wir Tee und aßen jeder eine Scheibe von dem Weihnachtskuchen. Dann hob Mutter Sonny auf den Küchenstuhl, damit er Weihwasser auf die Kerze sprenge. Er mußte sie anzünden und dabei sagen: »Himmlisch' Licht, erhelle unsre Herzen!« Ich merkte wohl, wie meine Mutter sich grämte, weil Vater nicht da war. Der Älteste und der Jüngste hätten es tun sollen. Als wir vor dem Zubettgehen unsere Strümpfe aufhängten, war er immer noch nicht da.

Und dann begann für mich die schlimmste Nacht meines Lebens. Ich war hundemüde, aber ich hatte Angst, die Eisenbahn könnte mir entgehen, darum überlegte ich, was ich dem Weihnachtsmann sagen wollte. Ich mußte mir verschiedenerlei ausdenken – je nachdem, was für einer er war. Manche alten Herren haben gern artige, bescheiden sprechende Jungen; andre sind mehr für ein fixes Mundwerk. Als ich mir alles vorgebetet hatte, wollte ich Sonny wecken, um Gesellschaft zu haben, aber der Bursche schlief wie eine Toter. Vom Shandon schlug's elf Uhr. Bald danach hörte ich die Tür gehen, aber es war nur mein Vater, der nach Hause kam.

»Hallo, mein Schätzchen!« sagte er und tat überrascht, weil meine Mutter auf ihn gewartet hatte. Dann wurde er unsicher und fing an zu kichern: »Was bist'n noch so spät auf?«

»Willst du dein Nachtessen?« fragte sie kurz.

»Nein, nicht nötig«, sagte er. »Ich habe auf dem Heimweg bei Daneen ein bißchen Schweinebacke bekommen.« (Daneen war mein Onkel.) »Schweinebacke ess' ich schrecklich gern! – Meine Güte!« rief er und tat noch überraschter, »ist's denn schon so spät? Wenn ich das gewußt hätte, wär ich zur Mitternachtsmesse in die Kapelle gegangen. Das *Adeste* würde ich gern wieder hören. Das ist ein Choral, den ich sehr gern habe. Ein ergreifender Choral!« Und er begann, ihn mit Fistelstimme zu summen:

> *»Adeste fideles,*
> *Solus domus dagus.«*

Lateinische Hymnen liebte mein Vater sehr, besonders wenn er einen Schluck getrunken hatte, aber da er nie mit den Worten zurechtkam, erfand er sich welche, während er sang, und das machte meine Mutter immer wild.

»Ach, du bist ekelhaft!« rief sie mit erstickter Stimme und zog die Tür hinter sich zu. Mein Vater mußte darüber lachen, als wenn es ein großartiger Witz wäre. Dann zündete er ein Streichholz an, um sich eine Pfeife anzustecken, und eine Weile paffte er geräuschvoll vor sich hin. Das Licht unter der Tür wurde blasser und erlosch, aber noch immer sang er gefühlvoll weiter:

> *»Dixie medearo,*
> *Tutum tonum tantum,*
> *Venite adoremus.«*

Er sang laut und ganz falsch, aber die Melodie kam mir wie ein Wiegenlied vor. Und hätt's mein Leben gekostet, ich konnte mich nicht länger wachhalten.

Gegen Morgen erwachte ich mit dem Gefühl, daß etwas Schreckliches passiert sein mußte. Alles im Haus war still, und im kleinen Schlafzimmer, das auf den Hof blickte, war es pechrabenschwarz. Erst als ich aufs Fenster schaute, konnte ich sehen, wie schon das ganze Silber erloschen war. Ich sprang aus dem Bette und fühlte nach meinem Strumpf, aber ich wußte von vornherein, daß das Schlimmste eingetroffen war. Der Weihnachtsmann war dagewesen, während ich schlief, und er war mit einem vollkommen falschen Eindruck von mir wieder weggegangen, denn alles, was er dagelassen hatte, war eine Art gefaltetes Buch, eine Feder, ein Bleistift und eine Zehnertüte mit Bonbons. – Nicht mal ein Schnippschnapp-Spiel! Eine Weile war ich so vor den Kopf geschlagen, daß ich nicht denken konnte. Ein Bursche, der über die Dächer reiten und die Kamine hinunterklettern konnte, ohne steckenzubleiben – nein, wahrhaftig –, sollte man nicht annehmen, er wäre gescheiter?

Dann dachte ich, was wohl der hinterlistige Kerl, der Sonny, bekommen hätte. Ich ging zu seiner Bettstelle hinüber und befühlte den Strumpf. Trotz aller Buchstabiererei und Kriecherei hatte er nicht so viel besser abgeschnitten, denn außer der Tüte Bonbons hatte der Weihnachtsmann ihm bloß eine Knallbüchse gegeben – eine, mit der man einen festgebundenen Korken abschießen kann und die in jedem Kramladen für ein paar Fünfer zu haben war. Immerhin, deshalb blieb es doch eine Pistole, und eine Pistole war mehr wert als ein Buch, das war so sicher wie etwas. Die Doherty-Bande kämpfte gegen die Jungen aus der Feldgasse, die immer in unsrer Straße Fußball spielen wollten. Darum kam mir der Gedanke, daß ich die Pistole verteufelt gut gebrauchen könnte, während sie Sonny überhaupt nichts nützte, denn die Dohertys würden ihn nie mitspielen lassen, selbst wenn er's gewollt hätte.

Dann hatte ich eine, wie mir schien, geradezu göttliche Eingebung: wenn ich mir die Pistole nähme und Sonny das Buch gäbe? Für die Doherty-Bande war Sonny absolut unbrauchbar – aber er buchstabierte gern, und ein so fleißiges Kind konnte aus meinem dicken Buch da tüchtig buchstabieren lernen. Den Weihnachtsmann hatte er ebensowenig wie ich gesehen, und was er nicht wußte, tat ihm nicht weh. Ich fügte ihm nichts Böses zu, im Gegenteil (schade, daß Sonny es nicht wußte), ich erwies ihm einen Gefallen. Das war von jeher meine starke Seite gewesen: andern Leuten einen Gefallen zu tun. Vielleicht war es überhaupt ursprünglich die Absicht des Weihnachtsmannes gewesen, und er hatte uns bloß beide verwechselt? Ich steckte also Buch, Bleistift und Feder in Sonnys Strumpf und die Knallbüchse in meinen und sprang wieder ins Bett und schlief weiter. Wie gesagt, damals war ich sehr unternehmend.

Sonny weckte mich auf, schüttelte mich und sagte, daß der Weihnachtsmann dagewesen sei und mir eine Pistole gebracht habe. Ich tat überrascht und ein bißchen enttäuscht wegen der Pistole und, um ihn auf andere Gedanken zu bringen, ließ ich mir sein Bilderbuch zeigen und sagte ihm, daß es ein viel schöneres Geschenk sei als meines.

Es war, wie ich's mir gedacht hatte: der Junge glaubte einfach alles, und nichts konnte ihn nun abhalten, die Geschenke zu nehmen und Vater und Mutter zu zeigen. Das war ein böser Augenblick für mich. Weil Mutter wegen des Schwänzens so böse mit mir gewesen war, getraute ich mich nicht, ihr noch einmal etwas vorzulügen. Immerhin hatte ich den einen Trost, daß der einzige, der mich hätte Lügen strafen können, mittlerweile wieder irgendwo am Nordpol war. Das gab mir ein bißchen Selbstvertrauen, und Sonny und ich stürzten ins andere Schlafzimmer, schwenkten die Geschenke und schrien aus Leibeskräften: »Seht mal, was mir der Weihnachtsmann gebracht hat!«

Meine Mutter wachte auf und lächelte. Dann erblickte sie mich und sah auf einmal ganz anders aus. Das Gesicht kannte ich. Nur zu gut kannte ich's. So hatte sie ausgesehen, als ich vom Schwänzen nach Hause kam und sie mir sagte, daß sie kein Wort von mir hören wollte. »Larry«, fragte sie leise, »wo hast du die Pistole her?«

»Der Weihnachtsmann hat sie in meinen Strumpf gesteckt, Mammi«, antwortete ich und versuchte, eine gekränkte Miene aufzusetzen,. »Bestimmt, 's ist die reine Wahrheit!«

»Du hast sie deinem armen Bruder aus seinem Strumpf gestohlen, während er schlief«, sagte sie, und ihre Stimmte bebte vor Entrüstung. »Larry, Larry, wie kannst du nur so gemein sein?«

»Aber, aber!« warf mein Vater ärgerlich ein, »am Weihnachtsmorgen!«

»Oh«, erwiderte sie nun ganz wütend, »dir macht's ja gar nichts aus! Aber glaubst du, *ich* will einen Lügner und Dieb als Sohn haben?«

»Ach, was heißt hier Dieb, Frau!« schimpfte er. »Sei doch vernünftig!« Er wurde immer böse, wenn man ihm seine Stimmung verdarb, mochte sie nun gut oder schlecht sein, und diesmal war er besonders erbittert, weil er wegen des Abends vorher ein schlechtes Gewissen hatte. »Hier, Larry«, rief er und nahm Geld vom Nachttisch, »hier habt ihr jeder einen halben Schilling, du und Sonny. Paßt aber auf und verliert ihn nicht!«

Doch ich sah meine Mutter an und las die Verzweiflung in ihren Augen. Ich brach in Tränen aus, warf die Knallbüchse auf die Erde und stürzte aus der Haustür, ehe jemand auf der Straße zu sehen war. Ich rannte die Gasse hinter dem Haus entlang und ins Feld. Als die Sonne aufging, warf ich mich ins nasse Gras. Jetzt verstand ich alles, und es war mehr, als ich ertragen konnte: daß die Dohertys recht hatten, daß es keinen Weihnachtsmann gab, sondern daß meine Mutter ein paar Münzen vom Haushaltsgeld zusammenkratzte, daß mein Vater gemein und schlecht und ein Trunkenbold war und daß meine Mutter darauf gerechnet hatte, ich solle meinen Weg machen und sie aus dem elenden Leben erlösen, das sie jetzt führte. Und ich begriff, daß die Verzweiflung in ihren Augen Angst war – Angst, daß ich wie mein Vater ein Lügner, Dieb und Trunkenbold würde.

Von dem Tage an war meine Kinderzeit zu Ende.

Das Schiff in der Kirche

Holger Drachmann

D a saßen die drei Männer, der alte Ole Bertelsen und seine zwei Söhne Karl und Kristian, und unterhielten sich mit gedämpfter Stimme. Hin und wieder warfen sie verstohlene Blicke auf Sören, den dritten Bruder, der mit seinen großen Fingern ganz feine Gebilde an Bord des »Schiffes« zurechtrückte.

Sie waren sehr stolz auf dieses Schiff, so stolz, daß sie nur im Flüsterton davon sprechen konnten. Hätte sie jedoch jemand danach gefragt, so hätten sie gewiß ins Blaue hinein geantwortet, als wäre das Schiff für sie das gleichgültigste Ding von der Welt.

Sören saß da, indem er sein Holzbein im rechten Winkel von seinem richtigen Bein abgespreizt hielt. Diese Stellung war etwas unbequem, aber eine andere Möglichkeit gab es nicht; und während sein »Notmast« zur Seite geneigt lag und sein mageres, bärtiges, von Leiden gezeichnetes Gesicht sich vorsichtig zwischen Rahnocken[1] und Stengenpardunen[2] hinabbeugte, fuhren seine groben, schwieligen Hände mit den feinfühligen, einer Puppennäherin eigenen Fingern auf dem Deck und in der Takelung herum, wobei die großen, ruhigen Augen in ihrer Tiefe eine Seelenfreude verbargen, die auch nur mit einem Zwinkern zu verraten sie sich peinlich hüteten.

»Nun ist es wohl bald soweit mit ihr?« fragte der alte Ole Bertelsen vorsichtig und ehrerbietig.

Sören war einer Antwort füglich enthoben. Er saß da mit zwei Tauenden zwischen den Zähnen, in den Fingern hielt er einen winzig kleinen, aus Holz geschnitzten Block, und in dem rasch schwindenden Licht des Dezembertages suchte er die Scheibengatts[3] zu entdecken, durch die die dünne Leine gezogen werden sollte.

Dann ließen seine Zähne die Tauenden los, und er antwortete auf eine andere Frage, die ihm fünf Minuten zuvor gestellt worden war: »Ich hab' nur ein einziges Wurmloch in ihrem Boden gefunden. Sie hat, wenn man's so nennen darf, ihre zwanzigjährige Reise gut überstanden.«

»Das hat sie!« bestätigte Karl nachdrücklich.

»Ja, aber, Sören«, bemerkte Kristian, »du hast ihrem Leib auch eine Dreiviertelliterflasche Öl und Terpentin eingeflößt.«

»Und jetzt kippen wir noch eine rein«, sagte Sören. »Wenn das Schiff dann

1 Enden, der quer am Mast hängenden Segelstangen.
2 Starke seitliche und achtere Stützleine an dem beweglichen Oberteil eines Mastes.
3 Mit Rollscheiben versehene Öffnung in einem Block.

DÄNEMARK

in zwanzig Jahren wieder auf die Helling[4] muß, wenn wir selber vielleicht von Würmern zernagt sind und andere Leute unsere Arbeit in die Hände kriegen, dann sollen sie doch sehen, daß wir es gut mit ihr gemeint haben!«

»Oh«, sagte der alte Ole, »wir können bis dahin noch feste am Leben sein. Das liegt doch in der Familie!«

Ole war in den Siebzigern, und die Söhne hatten die Vierzig überschritten.

Sie waren sich vor zwanzig Jahren – zusammen mit anderen Leuten aus dem Fischerdorf – über die Sache einig geworden: Alle anderen Dörfer an der Küste hatten ihr Schiff in der Kirche hängen. Warum sollte da Vangaa zurückstehen?

Zu jener Zeit war Sören gerade von einer langen Reise heimgekommen: mit einem Bein aus Holz – statt aus »Fleisch und Knochen« wie bei seiner Abreise. Die Leiden draußen in dem fremden Hospital waren ungeheuer gewesen, und der standhafte Seemann hatte schließlich das Spiel verloren geben müssen. Das Sektenwesen blühte um die Krankenbetten, die verschiedenen »Abgesandten« rissen sich um die Patienten, und Sören war einem fanatischen Mann mit kurzgeschorenem Haar und zusammengepreßten Lippen als Beute anheimgefallen. Feuer und Schwefel, Pech und anderes Brennmaterial hatte es auf den entkräfteten Krüppel herabgeregnet, und Sören war, als er nach Hause zurückkehrte, nicht nur seines natürlichen Beines, sondern auch seines natürlichen Frohsinns beraubt. Er, der er von frühester Jugend an stets sittenstreng gelebt hatte, lief nun herum und bereute die Sünden der übrigen Welt. Mit den Schmerzen im Beinstumpf und den peinigenden Gedanken, im besten Mannesalter anderen zur Last zu fallen, verbanden sich die im Hospital geweckten Skrupel. Er sollte und mußte ein Sünder sein, und nun ergriff er eifrig die Gelegenheit, mit der Arbeit an dem »Schiff« etwas von seiner großen Sündenschuld abzutragen, und zwar dort, wo selbst über Kleinigkeiten Buch geführt wurde.

Die anderen hatten Geld für das Rohmaterial zusammengeschossen. Sören nahm den Löwenanteil an Mühewaltung auf sich: ein halbes Jahr unermüdlicher, beharrlicher Arbeit daran, den Rumpf der Fregatte zu umkleiden und sie aufzutakeln. Das Schiff wurde auf den Namen »Seemannsdenkmal« getauft und maß vom Heck bis zum Nock[5] des Klüverbaums seine guten sieben Fuß. Als es fertig war, wurde es mit großer Feierlichkeit zur Kirche getragen und dort aufgehängt. Der alte Pfarrer weihte es mit einer Ansprache ein, die jedenfalls die Länge für sich hatte. Sören putzte sich ununterbrochen die Nase mit seinem baumwollenen Taschentuch, auf dem der Fall von Sewastopol abgebildet war, und als die anderen nach dem feierlichen Akt ins Wirtshaus gingen, humpelte er an seiner Krücke und seinem Stock die halbe Meile nach Hause. Unterwegs schlug er sich mit dem ihm innewohnenden alten Feind herum: den Gedanken,

---

4 Schräge Bau- und Ablaufstelle für Schiffe auf der Werft.
5 Ende eines Rundholzes an Bord eines Schiffes.

die sich gegenseitig anklagten und verteidigten. Hatte er nicht vielleicht allzuoft zu dem schönen Schiff hinaufgeschaut, aus Furcht, es könnte anfangen, sich an der Kette um die eigene Achse zu drehen? Und hatte er es in dieser eitlen Angst nicht versäumt, dem alten Pfarrer zuzuhören, so wie es sich geziemte, einen Verkünder des Wortes anzuhören – wenn es sich dabei auch nur um ein Schiff handelte?

Dann kam die schlimme Geschichte mit dem alten Pfarrer heraus, und Sörens Gedanken wurden dadurch nicht heiterer. Wenn sich ein Beamter der Kassenunterschlagung schuldig macht, so bietet das ein schlechtes Beispiel, wenn jedoch ein Pfarrer seiner Gemeinde Ärgernis bereitet, dann ist das noch schlimmer. Denn zwar ist die Mehrheit der Einwohner eines Kirchspiels dickfellig, aber es gibt auch empfindsame Gemüter wie Sören, die unter der angeborenen Unzulänglichkeit leiden, die ewiggültige Moral nicht durch die Untiefen der menschlichen Schwächen und Leidenschaften steuern zu können. Sören wurde mit jedem Tag mißmutiger, und er konnte ja nicht wie seine Brüder die Gedanken einfach mit den Netzen draußen ins tiefe Meer versenken und sie in Form silbrigglänzender Fische wieder heraufziehen.

Und dann fiel eine zufällige Äußerung des Vaters, die ihn zur Tat aufrief. Solange man noch ein richtiges Bein und zwei Fäuste am Leibe habe, laufe man nicht herum und »speckeliere« und zehre von der Mühe der anderen! Da schämte sich Sören und machte sich an die Arbeit. Den Anstoß hatte das »Schiff« gegeben. Sören takelte eine neue Fregatte auf; die kam auf eine Ausstellung und wurde gekauft – von keinem Geringeren als einem Admiral, der sie seiner Modellsammlung einverleibte. Weitere Schiffe liefen vom Stapel; einige landeten in Kirchen, andere in Spielwarengeschäften. Einige segelten in den Gewässern der Erbauung, andere in denen des Vergnügens und der Zerstreuung. Sörens Gedanken segelten mit; sie lagen nicht mehr daheim und zehrten an seiner Kraft. Sie zeigten ihm die Welt in all ihren widersprüchlichen Erscheinungen, zeigten ihm ein großes, gemeinsames menschliches Gesetz, das hinter dem Ganzen stand, das Gesetz des Lebens und das der Moral. Von einem Pietisten wurde Sören zu einem Philosophen, und als die erste Beklommenheit angesichts dieser Entdeckung vorüber war, fand er, daß er bei dem Tausch gewonnen habe.

So glitten die zwanzig Jahre dahin. Die Brüder hatten sich jeder seine Frau und längst auch Sprößlinge dazu angeschafft. Sören hatte sich ein neues »Bein« gefertigt, viel besser als das alte englische, das sieben Pfund Sterling gekostet hatte; er philosophierte und er takelte, er legte sich etwas Geld beiseite und half den Brüdern. Er war nun beinahe der angesehenste Mann im Dorf – und das will etwas heißen bei einem Mann, der nicht auf Fischfang geht.

Seit den Tagen des »alten« Pfarrers hatte es eine ganze Reihe von Seelsorgern an der Kirche gegeben, der das Fischerdorf zugehörte. Es war wohl eine Art »Durchgangspfarre«. Der letzte, ein jüngerer Mann, hatte sein Amt seit einem oder zwei Jahren inne. Die Pfarrer stehen heutzutage sehr im Kreuzfeuer der Meinungen. Von der einen Seite tönt es »Wahrheitszeuge«und »prächtiger Kerl«, von der entgegengesetzten Seite heißt es »Heuchler« und »Schwachkopf«! Dieser junge Pfarrer war weder das eine noch das andere. Er war ein Kind – in seinem Glauben wie in seinen Taten –, ein kränklicher Gelehrtensohn, der sich eine große, durchgreifende Liebe aus seiner Schulzeit bewahrt hatte: er liebte die See, und er wäre gern zur See gegangen. Seine Gesundheit aber hatte dies vereitelt, und er war Theologe geworden. Er war ein ehrlicher Idealist, zerstreut, verlegen, mit einem mädchenhaften Äußeren. Seine geistliche Berufung schloß für ihn keine aufreibenden Widersprüche ein. Das Leben kannte er nicht und wollte es auch gar nicht kennenlernen. Hätte er ihm eines Tages von Angesicht zu Angesicht gegenübergestanden, so wäre er ihm ausgewichen und hätte sich in sein Studierzimmer geflüchtet. Dort hatte er auf seinem Bücherregal ein – Spielzeugschiff stehen. Das war ihm von seinen Schultagen an überallhin gefolgt. Außerdem hatte er eine stille Frau und einen kleinen Jungen. Auf dem Gelände hinter dem Pfarrhaus lag ein Torfmoor mit klarem Wasser. Hier verbrachte der Pfarrer zusammen mit seinem kleinen Sohn und seinem Schiff viele Stunden, und es ließ sich schwer feststellen, wer am meisten Vergnügen daran hatte, das Schiff segeln zu sehen, der Vater oder der Sohn. Ja, es war durchaus möglich, daß der Vater den Jungen nur mitnahm, um nicht allein bei dieser Beschäftigung überrascht zu werden.

Jeden Tag unternahm er einen Fußmarsch von einer halben Meile zum Fischerdorf. Dort stand er dann und träumte sich auf die See hinaus, und er schaute wie gebannt zu den Fischern und ihren Booten. Eines Tages war er drauf und dran gewesen, sein Schiff unter den Arm zu nehmen, um es im »richtigen« Wasser segeln zu sehen. Im letzten Augenblick hatte er sich beherrscht, es dann im Grunde aber bereut. Er kannte sich theoretisch in der ganzen Seefahrerei, in der ganzen Schiffsbau- wie auch in der Schiffstakelungskunst aus. Er hatte Werke darüber studiert, und ein Onkel von ihm, ein alter Seemann, hatte sich einen Spaß daraus gemacht, ihm die maritime Terminologie einzuimpfen. Wenn er aber mit den Fischern reden wollte, dann überkamen ihn Verlegenheit und Zerfahrenheit. Er war dem Leben aus dem Wege gegangen, nun ging das Leben ihm aus dem Wege.

Es waren nicht viele Fischer, die in der kleinen Kirche erschienen. Nicht weil man in Vangaa einen besonderen Mangel an Gottesfurcht gehabt hätte; aber es war der Schlendrian eingerissen, daß man sich nur zu den allerfeierlichsten – und den wirklich unumgänglichen – Gelegenheiten dort zeigte. Die wenigen Fischer, die aus alter Überlieferung kamen, blieben nach und nach auch noch weg. Man verstand den Pfarrer nicht. Man hatte nichts gegen ihn, ganz im Gegenteil: es stellte sich bald heraus, daß er mit seinen bescheidenen Mitteln viel Wohltätigkeit übte. Ja, er ließ sich leicht etwas vormachen, und die Schamloseren unter den Fischern plünderten ihn geradezu aus. In die Kirche aber kamen sie nicht.

Er selbst konnte das nicht begreifen. Er arbeitete seine Predigten mit der größten Sorgfalt aus; als einziges Kind eines Gelehrten war er an Gründlichkeit gewöhnt. Bisweilen – und besonders am Anfang – hatten sich seine Augen, nachdem sie vergebens nach Fischern im Kirchenraum Ausschau gehalten hatten, von der Kanzel aus an das »Schiff« geheftet, das dort an seiner Kette vor ihm von der Decke herabhing. Mit der Freude eines Kindes hatte er dort verweilt, war dabei in seiner Textauslegung abgelenkt worden und hatte sich ernsthaft zusammennehmen müssen, um nicht ganz den sehr fein und sinnreich gesponnenen Faden zu verlieren. Das Schiff war einfach zu schön.

Aber im letzten halben Jahr hatte er einen Zustand der Gebrechlichkeit an den Spieren[6], den Rundhölzern und dem Tauwerk des Schiffes entdeckt. Er sprach darüber mit dem Schullehrer, dem Kirchenältesten und auch anderen Leuten in dem kleinen Dorf. Sie konnten ihm jedoch keinen Rat geben, ja, sie ahnten kaum etwas von der Existenz des Schiffes – obwohl es doch, augenfällig für die ganze Gemeinde, dort hing, gut sieben Fuß lang, mit kleinen staubigen Matrosen in der Takelage, mit einer Flagge unter der Gaffel[7] und einem Stander im Topp.

Dann, im letzten Herbst, ließ sich eine Abordnung aus Vangaa beim Pfarrer melden.

Sören, der Wortführer dieser Abordnung, schob sich mit Stock und Krücke in die Tür des Studierzimmers. Karl, sein Bruder, und ein anderer Fischer folgten ihm.

Der Pfarrer war sehr verlegen, er errötete und stotterte, als er nach dem Grund des Besuches fragte. Und da der Pfarrer so verlegen war, wurde Sören gleichfalls verlegen. Auch er stammelte und stotterte so, daß ihm Karl das Wort abschneiden wollte; aber er wurde zurückgewiesen. Und schließlich kam der Anlaß ihres Besuches zutage: Am Sonntag vor Weihnachten werde es zwanzig Jahre her sein, daß das Schiff in der Kirche aufgehängt worden war, und nun wolle man gern die letzten paar Monate dazu benutzen, es herunterzunehmen und sowohl das stehende[8] als auch das laufende Gut[9] zu überholen; dann wolle man es – am Sonntag vor Weihnachten – wieder aufhängen, und dazu wolle man den Herrn Pastor bitten, seinen Segen zu geben und eine kleine Ansprache zu halten, wenn der Gottesdienst beendet sei.

»Sehen Sie, Herr Pastor«, so schloß der Wortführer, »mit den Schiffen ist es doch genauso wie mit lebendigen Menschen: wenn Jahr und Tag hingegangen sind – von zwanzig Jahren und soundsoviel Tagen gar nicht zu reden –, dann

---

6 Stangen bzw. Rundhölzer an Bord eines Schiffes.
7 Stütztaue der Masten und Stengen nach der Seite nach achtern und nach vorn.
8 Alle Taue in der Takelage, die zum Manövrieren der Segel und Rahen sowie der oberen Teile der Masten und Stengen dienen.
9 ebd.

werden sie schlaff im Tauwerk, krumm in den Rundhölzern und staubig in den Fugen. Die Kunst, einen Menschen außenbords wie innenbords frisch aufzumöbeln, die beherrschen wir Fischer zwar nicht – eine ganz andere Sache aber ist es mit einem Schiff, für das wir alle zusammengelegt haben und das ich, Sören Olsen, ohne mich zu rühmen, selber aufgetakelt habe.«

Der junge Pfarrer errötete nochmals, er schaute Sören an und sagte:»Ich – ich habe allerdings selber schon bemerkt, daß das Schiff eine Überholung vertragen könnte. Das Vorstegensalingshorn[10] an Backbord ist gebrochen, und – ja, es sind allerhand Schäden dran ...«

Sören blickte den schmächtigen Pfarrer erstaunt an, dann wandte er sich zu den beiden anderen, als wollte er sagen: Habt ihr das gehört – Vorstegensalingshorn!

Das klang in den Ohren der guten Leute wirklich genauso seltsam, wie es in den Ohren des Pfarrers geklungen hätte, wenn die Fischer plötzlich hebräisch gesprochen hätten.

Sören räusperte sich jedoch nur und sagte:»Na ja, wenn dann also der Herr Pastor ...« Der Pfarrer nickte.

»Tun Sie nur das Ihre, ich werde schon das Meine tun!«

Und dann streckten sich drei große Hände vor, alle nacheinander, und die kleine Hand des Pfarrers verschwand dreimal. Alle drei Fischer sagten:»Dann möchten wir dem Herrn Pastor vielmals danken!«

Daraufhin entfernte sich die Abordnung. An der Tür aber drehte sich Sören noch einmal um und zeigte auf das Spielzeugschiff des Pfarrers.

»Entschuldigen Sie meine Dreistigkeit, aber die da ist mir sofort in die Augen gesprungen. Ich glaube, sie könnte es auch vertragen, mal auf die Helling zu kommen. Wenn der Herr Pastor nichts dagegen hat, würde ich sie gern – in der Woche nach Weihnachten ...«

Wollen Sie das wirklich tun?« fragte der Pfarrer erfreut.

»Sie sind ein richtig guter Mensch.«

»O nein«, erwiderte Sören bedächtig,»Ich bin nur dreiviertel von einem richtigen Menschen – und gut ist nur einer gewesen.«

»Das ist christlich gesprochen!« sagte der Pfarrer.

»Das ist menschlich gesprochen«, sagte Sören, jedoch ganz leise.

Und dann kam der Sonntag vor Weihnachten. Es wurde erst gegen die neunte Morgenstunde hell, aber in dem schwachen Tagesschimmer betrachtete Sören sein Werk. Da stand die Fregatte auf ihrem großen Schemel, unter dem sich Tragstangen anbringen ließen; die Segel waren beschlagen, und auf dem Deck glänzten zwölf erzene Kanonen. Kleine Matrosen in blauen Hemden kletterten in der Takelage umher, und der reizendste Kapitän stand mit goldbetreßter Müt-

10 Vorspringender Teil der Holz- und Eisenvorrichtung zur Stützung der Stengen und Spreizung der Wanten zu dem beweglichen Teil des Vordermastes.

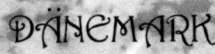

ze achtern auf der Schanze; über ihm wehte unter der Gaffel die Flagge, und im Großtopp leuchtete ein weißer Stander mit der deutlichen Inschrift »Seemannsdenkmal«. Draußen aber standen die Halbwüchsigen des Dorfes vollzählig versammelt, drückten sich die Nasen an den Fensterscheiben platt und konnten dennoch nicht hindurchschauen.

Dann wurde es elf Uhr, und da trugen die Männer das Schiff so behutsam, als wäre es aus Glas, aus ihrer Behausung hinaus auf den Weg zur Kirche. Das ganze Fischerdorf hatte sich eingefunden, die Männer teils in Zylindern, teils in niedrigen Hüten, und an ihrer Spitze sah man ein Klapphorn, zwei Klarinetten und eine Ziehharmonika. Die Frauen und Mädchen beschlossen den Zug, und die Kinder liefen ein weites Stück voraus und riefen »Hurra!« – machten dann aber sogleich wieder kehrt, um das Schiff nochmals zu betrachten.

Als der eigentliche Gottesdienst beendet war, blieben die Dorfbewohner in ihrem Gestühl sitzen, und es kamen aus der Umgebung ständig noch mehr dazu. Die Kirche war um die Kanzel herum mit jungen Fichten und anderem Wintergrün geschmückt. Es herrschte vollkommene Weihnachtsstimmung. Und dann kamen die Männer in taktfester Prozession mit dem Schiff durch den Kirchenraum gezogen. Von der Decke wurde die Kette bis zum Fußboden gefiert[11], woraufhin Sören und sein alter Vater sie mittschiffs an einer Öse festmachten, die im Deck der Fregatte angeschraubt war. »Es hätte eigentlich eine Eisenstange sein müssen!« flüsterte Sören dem Alten zu.

»Ist ein Törn[12] in der Kette?« fragte Ole.

»Nein, das glaube ich nicht«, antwortete Sören, »aber gesetzt den Fall, daß sie sich trotzdem dreht!«

»Na, sie wird schon wieder aufhören«, meinte Ole.

Und dann hing das Schiff dort oben an seiner Deckenverankerung, und alle konnten den Kupferbeschlag und die Kanonen sehen, die ihre Hälse durch die Schießscharten reckten. Es fand sich kein Auge in der Kirche, das nicht all das wahrgenommen hätte.

Der Pfarrer stand auf der Kanzel. Er war sehr bleich; er hatte die halbe Nacht darauf verwandt, seine Ansprache durchzuarbeiten. Jetzt aber, da er hier stand, erschien ihm all das, was er in der Nacht mit Gelehrsamkeit und Gründlichkeit vorbereitet hatte, irgendwie fremd. Dort hing das schöne Schiff – und er wagte es kaum anzuschauen, um nicht zuviel zu sehen. Und zugleich starrten all diese neuen Gesichter zu ihm herauf, all die Fischer, ihre Frauen und Kinder. Die Kirche war niemals zuvor so voll gewesen, und er wurde ganz verlegen bei dem Gedanken, daß er zu disesen Menschen reden sollte, die vordem nie hier gewesen waren – und vielleicht nie wiederkämen.

11 friesen = herunterlassen.
12 Verdrehung.

DÄNEMARK

Dann schlug ihm der Duft der Fichten entgegen. Das war weihnachtlicher Duft, und dabei fühlt sich ein Pfarrer stets heimisch. Er faltete die Hände, blickte vor sich hinunter, blickte wieder auf und begann.

Er sprach über die Gnade, über die Gnade von oben, über die Gnadenmittel der Kirche und über unsere Sündhaftigkeit, er sprach von einer festen Obrigkeit, von einem König, der das Ruder des Staates halte, und von einem höheren König, der das Ruder der Welt halte. Und als er nun dieses Ruder mit dem des Schiffes verknüpfen wollte, ging ihm der Faden verloren, und er begann von vorn und kam auf die Gnade zurück.

In der Kirche entstand jene charakteristische leichte Unruhe. Der Pfarrer blickte hinunter, und er blickte zum Schiff hinauf – das drehte sich ganz langsam. Es kam zum Stillstand und drehte zurück. Der Pfarrer hielt inne und gebrauchte sein Taschentuch. Und dann griff er einen anderen Faden auf.

Er sprach davon, was die Baukunst unter dem Schiff einer Kirche verstehe. Über diesen Ausdruck seien sich die Gelehrten nicht einig. Vermutlich habe man das griechische Wort »Naos« mißdeutet – es möglicherweise mit »Naus« verwechselt. Und er ließ sich eingehend darüber aus – und wieder drehte sich das Schiff dort oben an seiner Kette.

Da geriet der Pfarrer ganz aus dem Konzept, und in der Kirche wuchs die Unruhe. Der Pfarrer starrte das Schiff an, das wieder in Ruhestellung gekommen war, und an dem Stander im Großtopp las er: »Seemannsdenkmal«.

Und dann war es plötzlich, als ginge ihm ein Lichtlein auf – vielleicht so recht eigentlich ein Weihnachtslicht. Siehe, da saßen alle diese Leute und schauten mit einem eigentümlichen Fragen in den Augen zu ihm herauf. Sie waren ja gar nicht gekommen, um von den Gnadenmitteln der Kirche oder von ihrer eigenen Sündhaftigkeit oder von griechischen Wörtern und Redensarten zu hören. Es waren bedauernswerte, arme Leute, die sich auf dem Meer und am Strand abrackerten, es waren allesamt große Kinder, junge und alte. Sie waren mit ihrer kindlichen Gabe gekommen; sie hingen an diesem Schiff – es war ja ihr eigenes Leben, ihre Seefahrten bei der Flotte und ihre Fischzüge, meerauf und -ab, in Sturm und Flaute, in windstarken Nächten und an frostharten Tagen. Es war ein treuherziges Geschenk, das sie der Kirche hier darbrachten. Wie konnte nun die Kirche ihren Dank anders ausdrücken, als ihnen die besten Worte der Kirche einprägen: gegenseitige Liebe, brüderliches Zusammenstehen im harten Kampf des Lebens und unter dem unergründlichen Gesetz der Vorsehung?

Und solche Worte formten sich unwillkürlich auf den Lippen des Pfarrers. Die ganze gelehrte Auseinandersetzung, die ganze auswendig gelernte Ansprache war vergessen. Zum erstenmal improvisierte der Pfarrer. Und er gebrauchte Wörter wie »Stromkanterung«[13] und »Ankergrund«, und er endete mit dem Satz:

13 Gezeitenwechsel.

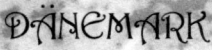

»... wenn der große Kapitän ruft: Alle Mann an Deck!« Dann schloß er mit »Amen«. Und als er vor sich hinunterschaute, gewahrte er in allen Augen ein feuchtes Schimmern; und als er wieder aufblickte, sah er das Schiff so unerschütterlich ruhig dort hängen, als wäre in seiner Kette niemals ein Törn gewesen.

Draußen wartete Sören auf den Pfarrer.

»Danke, Herr Pastor – danke!« sagte der Philosoph.

»Sind Sie zufrieden?« fragte der Pfarrer ganz ruhig.

»Doch, ja – als Sie endlich an den Wind kamen! Am Anfang haperte es ein bißchen, aber bei uns hapert es so oft! Jetzt verstehen wir Sie – unten bei uns!«

Am Weihnachtstag war das ganze Fischerdorf wieder in der Kirche versammelt. Es hieß zwar, man sei nur gekommen, um das Schiff zu sehen; aber die Fischer sind nun einmal ein schelmisches Völkchen.

Am zweiten Weihnachtstag ließ Sören das Spielzeugschiff des Pfarrers zur Ausbesserung abholen.

Die Geschichte von einem Weihnachtsbaum

Elias Mar

In Reykjavik treffen sich die Hauptstraße und die Weststraße an der Ecke bei der Ingolfsapotheke. Dort begegnete ich im vorigen Jahr Kaufmann Stefan am Tag vor Heiligabend. Aber wieso ich es geahnt hatte, daß ich einem meiner Bekannten auf der anderen Seite der Ecke in die Arme laufen würde ...! Und wie das dann auch in Erfüllung ging ...! Da kam er mit seiner roten Nase an. Er steckte in einem gelben Mantel und in Galoschen, denn auf den Straßen lag Schneematsch. Ich dagegen trug keine Galoschen, weil ich mein Lebtag nicht dazu getaugt hatte, mir Geld zu verdienen, und mir niemals Galoschen hatte leisten können.

»Ah, guten Tag!« sagte ich.

»Oh, 'n Tag!«

Stefan streckte mir seine warme Hand hin, die er aus seinem pelzgefütterten Handschuh herausgezogen hatte. Ich ergriff sie mit meiner vor Kälte gefühllos gewordenen Hand, die nicht in einem Handschuh steckte, weil ich mir mein Leben lang auch nie Handschuhe hatte leisten können.

»Gibt's was Neues?« fragte der Kaufmann und schaute mehr nach links und rechts als auf mich. Ich hatte kaum etwas zu antworten und murmelte irgendwelche Belanglosigkeiten. Und so gingen wir die Hauptstraße entlang nach Süden.

Dann sagte ich: »Bemerkst du nicht zu Weihnachten immer so einen besonderen Duft, Stefan?«

Er beachtete die Frage nicht.

»Findest du nicht, daß es zu Weihnachten irgendwie anders riecht als sonst?« fragte ich noch einmal, und zwar etwas lauter als vorher.

Er erwachte aus seiner Abwesenheit und sagte: »Duft? Was meinst du eigentlich damit? Ich bemerke keinen Duft.«

»Nun ja, ich meine doch bloß so im allgemeinen«, antwortete ich. »Ich finde, es riecht jetzt ganz anders als vor einer Woche.«

»Duft, wonach?« fragte Stefan und sah mich so mißtrauisch an, daß ich mich schon richtig eingeschüchtert fühlte. Er war bestimmt drauf und dran, mich für etwas konfus zu halten.

»Ich will dir sagen, was es damit auf sich hat«, erwiderte ich. »Also, wenn man an diesen Geschäften kurz vor Weihnachten, in den Tagen, wo es Obst gibt, vorbeigeht, dann sind alle Sinne des Menschen von diesem Duft umgeben – dem Duft dieser Luxusware, die man sonst nie bekommt. Und ich meine, daß dieser göttliche Duft (wenn ich mich so poetisch ausdrücken darf) – ich meine, er verbreitet sich besonders gut bei Frostwetter. Die ganze Luft ist von ihm erfüllt und vermischt sich mit dem Geruch von frischgeröstetem Weihnachtskaffee, von Schokolade und anderen Getränken. Ich nenne das Weihnachtsduft. Verstehst du mich, Stefan?«

»O ja. Ich verstehe jetzt schon, worauf du hinauswillst«, antwortete der Kaufmann und war ernst geworden. »Aber unsereinem fehlt wohl nicht so sehr dieses Obst. Es wäre besser, man hätte etwas weniger davon und entbehrte etwas anderes nicht.«

Ich sagte nichts darauf, denn mir fiel keine Antwort ein. Wir wurden beide verlegen und schwiegen.

Dann standen wir an der Uppsala-Ecke.

»Sieh dir diese verdammte Staude an!« sagte er voller Verachtung, schaute auf den Weihnachtsbaum, der vor der »Festung« der Heilsarmee stand, und runzelte die Brauen. Ich schaute den Baum an, wie er dort stand, hoch und lichtergeschmückt, mit roten, gelben und grünen Kerzen. Auf seinen Nadeln lag Schnee, und auf den untersten Zweig hatte jemand eine Pelzmütze gehängt.

»Das ist ein mächtig stattliches Bäumchen«, sagte ich.

Dann gingen wir weiter.

Ziemlich weit oben in der Hauswiesenstraße meinte Stefan: »Glaubst du wohl, daß ich mir nie im Leben einen Weihnachtsbaum besorgt habe?«

Ich antwortete, daß ich keinen Grund hätte, seine Behauptung zu bezweifeln, selbst wenn sie mir etwas sonderbar vorkäme – immerhin sei er ja einmal Kind gewesen wie andere auch und habe mit anderen Kindern gespielt.

»Hast du denn wirklich keinen Weihnachtsbaum zu Hause?« fragte ich.

»Nein. Ich ... Meine Jungen müssen zusehen, wie sie sich in dieser lieben Weihnachtszeit mit etwas anderem unterhalten, als um eine kümmerliche Fichte herumzuhopsen. Es wird also bestimmt kein Weihnachtsbaum angeschafft ...«

Ein wenig später fuhr er fort: »Es ist eigentlich eine kleine Begebenheit der Grund für meinen Widerwillen gegen Weihnachtsbäume. Nicht etwa wegen der Brandgefahr, das mußt du nicht glauben! Ich könnte dir ja den Vorfall erzählen, wenn du magst ...«

Ich nahm das Angebot an. Aber er schwieg eine ganze Weile, bevor er – langsam und etwas verlegen – begann: »Es ist wirklich keine bemerkenswerte Geschichte. Sogar eine völlig bedeutungslose Geschichte – außer für mich selbst. Für mich hat sie nämlich einen besonderen Wert, vielleicht einen so entscheidenden, daß ich es lieber lassen sollte, sie zu erzählen. Ich habe mein Leben lang mich selbst so gut studiert, daß ich ziemlich genau über meine Gefühlswelt Bescheid weiß, über all diese Details, die die Leute kaum beachten. Und was meinen Charakter betrifft, so kann ich das meiste auf folgenschwere Ereignisse in der Kinderzeit zurückführen. Ich muß ein recht sensibler Junge gewesen sein –

sogar noch bis in mein zwanzigstes Lebensjahr hinein – und hing sehr an den Schürzenzipfeln meiner Mutter. Mutter war arm und rackerte sich ab. Es ist immer wieder die gleiche Geschichte von den Müttern, die für ihre Kinder arbeiten müssen. Sie sorgte gut für meine und meiner Schwester Erziehung und lehrte uns arbeiten und die Zeit nutzen. ›Morgenstunde hat Gold im Munde‹, pflegte sie zu sagen. Ja, ich war, wie gesagt, sehr empfindsam, es war beinahe schon krankhaft. Die Kinder, mit denen ich spielte, machten sich oft einen Spaß daraus, mich zum Narren zu halten, ohne daß ich es gemerkt hätte. Sie fielen vielleicht alle über mich her, weil ich kränklich und feige war, und schlugen mich. Ich beklagte mich auf der Stelle bei Mutter. Andererseits konnte mich irgendeine alltägliche Kleinigkeit begeistern und etwas ganz Unbedeutendes in beste Laune bringen. Ein einziges Zuckerstück reichte lange, um mich vom Weinen abzuhalten. Nun ja, ich habe dich bestimmt mit diesem Bericht schon gelangweilt. Es ist eine ganz unbedeutende Geschichte, ich wiederhole es. Eigentlich sollte ich sie niemandem erzählen. Vielleicht gereicht sie mir auch nicht zur Ehre. Aber sie zeigt, wie leicht ich zu beeindrucken war. Es war einmal zu Weihnachten – ich mochte wohl elf oder zwölf Jahre alt gewesen sein –, da stand ich mit meinem Spielgefährten im Garten, der das Haus seines Vaters umgab. Dieser war ein reicher Mann und sehr von sich eingenommen. Es war am zweiten oder dritten Feiertag, und wir hatten beide unsere guten Sachen an. Draußen lag Schnee, der gerade richtig zum Kneten und Bauen war, aber Mutter hatte mir streng verboten, solange es schneite, hinauszugehen und im Schnee zu spielen, denn ich war in meinem besten Zeug. Und das zog man ja nicht oft an. Diese Sonntagssachen waren aber nicht viel wert. Es war ein Matrosenanzug, alt und ziemlich klein, jedenfalls galt das für die Hose. In die Bluse war ein neuer Ärmel eingesetzt, und der Stoff dazu war viel hübscher und dunkler als die Bluse selbst und die Hose. Aber ich war mächtig stolz darauf. Um sich etwas auf seinen Sonntagsanzug einzubilden, braucht man kein Junge vom Lande zu sein. Auch in der Stadt kann ein armer Junge über dem Besten, was er anzuziehen hat, eitel wachen. Ja. Da standen wir also vor seinem Haus, und es war Abend geworden. Wir hatten uns auf der Straße getroffen, etwas miteinander geredet, aber kein Spiel begonnen. Ich brauche nicht ausdrücklich zu erwähnen, daß sein Anzug viel feiner war als meiner und daß es ihm besser ging als mir, offensichtlich nicht nur jetzt, sondern immer. Dennoch kam er mir nie überheblich vor. Er war mächtig erstaunt, wie fein ich auf einmal geworden war. Gewöhnlich ging ich nicht sehr gut angezogen, aber jetzt glaubte ich, er freue sich mit mir darüber, daß ich meinen guten Anzug anhatte. Da fiel mein Blick auf den Stern.«

»Den Stern?«

»Ja, den Stern auf dem Weihnachtsbaum bei ihm zu Hause in der Stube. Ich sah ihn über die Scheibengardinen gucken, die nur den unteren Teil des Fensters verdeckten. Ich erinnere mich daran, wie ich ihn aufmerksam anschaute. Ein fünfzackiger, großer Stern, über und über vergoldet. Im ersten Augenblick wußte ich nicht, weshalb dieser Stern so gut zu sehen war, und nahm an, daß er als Lampe an der Decke hing. Aber als ich den Jungen fragte, erzählte er mir, daß der Stern auf der Spitze ihres Weihnachtsbaums befestigt sei. ›Das muß ein schöner Weihnachtsbaum sein‹, hatte ich gesagt, bevor ich es recht wußte. Er bestritt es nicht und war furchtbar stolz. ›Er steht mitten im Zimmer‹, sagte er. ›Mitten im Zimmer? Und dann so hoch?‹ fragte ich und war mißtrauisch. ›Ja, er ist viel größer als Vater, viel, viel größer‹, antwortete er. Aber ich glaubte ihm nicht, und wir waren drauf und dran, uns deswegen zu zanken. Da sagte er: ›Wenn du mir nicht glaubst, kann ich dir's ja zeigen.‹ Er forderte mich auf, am Abend zu ihm nach Hause zu kommen. Dann kämen auch die anderen Kinder. Da würden die Kerzen angezündet und Süßigkeiten gegessen, die in Tütchen am Baum hingen. Ich brauche dir wohl nicht zu erklären, wie mir zumute war. Ich äußerte kein Wort mehr gegen die Größe seines Baumes. Selbstverständlich war er mächtig groß, sogar noch größer, als er gesagt hatte. Wahrscheinlich reichte er ganz bis an die Decke. Und nun stand mir so viel Schönes und Lustiges rund um diesen herrlichen Baum bevor. Die Kinder sollten kommen. Natürlich nicht wir armen Kinder. Außer mir. Jetzt war ich eingeladen – allein aus der großen Jungenschar, die nicht fein genug war, diesen reichen Knaben gerade zu Weihnachten besuchen zu dürfen. Die anderen waren sicher seine Verwandten und vornehmer Leute Kinder aus der Sonntagsschule. Ich sah sie vor mir. Ich bedankte mich überschwenglich bei ihm für sein Angebot und wurde darüber fast verlegen, denn mir schien, er vollbrachte eine gute Tat, mich in die Wohnung seiner Eltern einzuladen. Wenn du glaubst, ich hätte Angst gehabt, daß ich schüchtern werden könnte, wenn es soweit wäre, dann stimmt das nicht ganz. Ich hatte immer gemeint, ich sei eine so unbedeutende Person, daß niemand mich bemerkte, selbst wenn ich noch jämmerlicher angezogen wäre als die meisten anderen und auch schlechter ernährt. Ich hatte mich völlig mit dem Los zufriedengegeben, unbemerkt zu bleiben. Dann trennten wir uns, mein Freund und ich. Ich ging nach Hause. Es war verabredet, daß ich nach neun Uhr zu ihm käme und nach ihm fragte. So vergingen die Stunden. Vor lauter Spannung schlug mir die ganze Zeit das Herz bis zum Hals. So eine Freude! Was konnte einen traurig machen? Nichts auf der Welt. Mutter war nicht wenig erstaunt, als ich ihr davon erzählte. Sie befahl mir, Gesicht und Hände zu waschen, und verlangte, daß ich die Strümpfe wechselte, denn sie erwartete, man werde mich die Schuhe ausziehen lassen, damit ich keine Tappen auf den Fußboden machte. Nun wurde es neun Uhr, und ich machte mich auf den Weg. Mir ist noch gut in Erinnerung, daß mir, als ich an der Tür auf den Klingelknopf drücken wollte, plötzlich einfiel, ich müßte mir eigentlich noch einmal den Stern vom Garten aus durch das Fenster ansehen, bevor ich mich bemerkbar machte. Es wäre fein, die oberste Spitze eines so großen Weihnachtsbaums, den vergoldeten Stern, anschauen und in der

Erwartung leben zu können, nach ganz kurzer Zeit im Wohnzimmer unmittelbar vor dem Weihnachtsbaum selbst zu stehen. Ich lief die Treppenstufen wieder hinunter, stellte mich unter die Wohnzimmerfenster und betrachtete den Stern eine Weile. Jetzt war er noch schöner als beim ersten Anblick einige Stunden zuvor. Und nun sollte ich den Weihnachtsbaum ganz und gar zu Gesicht bekommen, mit den anderen Kindern und den Erwachsenen rund um ihn herumgehen und aus hübschen Papiertüten, die überall an den Zweigen hingen, Süßigkeiten essen. Als ich aufs neue die Treppenstufen hinauflief und den Klingelknopf drückte, war mir leicht ums Herz. Ich stand kerzengerade und war bereit, meine Mütze abzunehmen, wenn jemand an die Tür käme. Doch diese Vorbereitung war nicht nötig, denn mein Freund kam selbst an die Tür, und auf einmal stand ich im feinsten Haus, das ich je betreten hatte. Mein Freund ließ mich vor sich an die Wohnzimmertür treten. Dann ging er voraus und öffnete die Tür mit einem Ruck. Ich weiß noch, wie ich bei der Herrlichkeit rot wurde: überwältigend war der Weihnachtsbaum, wie er jetzt aussah; es stimmte vollkommen, was mir mein Freund berichtet hatte. Trotzdem bemerkte ich auch die Anwesenden. Viele Erwachsene und Kinder waren dort versammelt. Einige Gesichter erkannte ich wieder, andere waren mir fremd. Aber wie die Leute alle starrten! Ich bezweifle, daß du dir vorstellen kannst, wie mir zumute war. Du bist nie so arm und hilflos gewesen wie ich in meiner Jugend, nie so voller Minderwertigkeitskomplexe und so empfindlich. Und deshalb kannst du dich auch nicht in meine Lage versetzen, das weiß ich. Nun – jedenfalls stand ich ganz entgeistert auf der Schwelle und hatte bestimmt nicht einmal guten Abend gesagt. Ich hörte Flüstern und Kichern in der Menge. Es war, als tuschelten und lachten sie über mich. Und alle starrten zur Tür, dorthin, wo ich stand. Mein Freund versuchte mich hineinzuziehen, aber ich stand still, als ob es einfach nicht ginge. Ich wollte nicht hinein. Es verstrichen nur wenige Augenblicke, dann traten die Eltern des Jungen zu mir. Ich blickte sie mit offenem Munde an. Der Vater trug eine Lorgnette, und die Mutter war fett. Abwechselnd betrachteten sie uns beide. Was war das für ein Kind, daß es einen ungebetenen Gast ausgerechnet zu Weihnachten mit in die Stube brachte? Ich weiß nicht mehr, was sie sagten, aber ich erinnere mich, daß die Frau die Hand ihres Sohnes in die ihre nahm, als ob sie ihn verteidigen müßte, und mir entgegentrat. Der Weihnachtsbaum, mein Freund, sein Vater, die Leute – all das verschwand vor dem Blick dieser fetten Frau. Und ich sah nichts anderes. Sie sagte, ich solle gehen, es sei ein Mißverständnis des Jungen. Er sei ein Kind, und auf das, was Kinder sagten, dürfe man nichts geben – ich könnte, vielleicht, später einmal kommen. Sie betrachtete mich von oben bis unten, nicht nur das Gesicht, sondern auch das, was ich anhatte. Und meine Sachen wurden im Nu so schlecht, daß man gar nicht mehr von einem Sonntagsanzug sprechen durfte. Ich schämte mich in Grund und Boden. Da stand ich nun, als sei ich nackt und auf frischer Tat ertappt worden. Ich hatte mich zum Narren halten lassen – ja, mich selbst zum Narren gemacht. Und ich ging. Ohne Gruß. Ich rannte beinahe. Nach Hause.«

Hier machte Kaufmann Stefan eine Pause und sah mich mit einem Blick an, der mir bei ihm ganz ungewohnt erschien. Er war ernst, zwar ohne Trauer, aber kalt wie Weihnachtsschnee.

»Na ja«, sagte ich, nur um irgend etwas zu sagen.

»Du kannst dir denken, wie es mir hinterher erging. Ich brauche dir das wohl nicht auszumalen. Es spielt vielleicht auch keine Rolle – bis auf die Weihnachtsbäume, wie gesagt: sie erinnern mich immer an meine freudearme, elende Kindheit, die ich am liebsten vergessen würde.«

Dann trat eine lange Stille ein, und wir gingen wieder zum Stadtzentrum zurück. Ich wollte gerade sprechen, da faßte Stefan meine Hand, offensichtlich in der Absicht, sich zu verabschieden, und sagte: »Jetzt habe ich diese Sache längst hinter mir gelassen. Ich habe gelernt zu arbeiten, zu siegen, auf eigenen Füßen zu stehen. Ich habe die Karten gemischt und wieder gegeben. Wer wollte jetzt nicht an meiner Stelle sein, das besitzen, was ich besitze, das können, was ich kann? Wenn es möglich ist, sich gegen die Kräfte zu erheben, die das Herz eines Menschen in seiner Kindheit erdrücken, dann habe ich es getan.«

Seine Stimme klang leise und ironisch – jedenfalls schien es mir so.

Wir verabschiedeten uns an der gleiche Ecke, an der wir uns getroffen hatten. Er ging die Hauptstraße hinunter, ich die Weststraße. Und noch lange, nachdem wir uns getrennt hatten, konnte ich mich an viele seiner Worte erinnern, unter anderem daran: »Unsereinem fehlt wohl nicht so sehr dieses Obst. Es wäre besser, man hätte etwas weniger davon und entbehrte etwas anderes nicht.«

Was konnte denn diesem reichen Mann fehlen, der die Karten gemischt und dann wieder gegeben hatte? dachte ich.

Lars Stua

Kristian Elster d. J.

in paarmal jährlich, jeden Herbst und jedes Frühjahr, kam Lars Stua ins besiedelte Land herunter, zu dem Dorf, wo die Kirche stand und wo der Pfarrer und der Doktor wohnten. Sobald es ruchbar wurde, daß seine mächtige Gestalt, schwerfällig und gebückt, den Kasten mit den Holzschnitzarbeiten in der Hand und den Ranzen auf dem Rücken, die Brücke überschritten hatte, rannten die Kinder wie besessen in die Häuser, wo sie dann hinter den Fenstern standen, ihre Nasen gegen die Scheiben drückten und mit den Blicken verfolgten, wie er vorüberschlurfte. Und wo er auch ging, drehten sich die Leute langsam um und sahen ihm nach. Lars Stua hatte immerhin einen Menschen getötet; vor vielen Jahren hatte er in einer Winternacht einen verirrten Hausierer erschlagen und beraubt, dann hatte er zehn Jahre im Gefängnis gesessen und war schließlich auf Bewährung freigelassen worden. Nun fragten sich die Leute, ob er die Bewährungsprobe bestehen würde; wenn es auch schon lange her war, so konnte man doch niemals wissen ... Er kam von einer kleinen Hütte, die weit im unwegsamen Gebirge lag. Wenn die ersten Sonnenstrahlen hervorsickerten, brach er von dort auf, und um die Mittagszeit erreichte er das Hauptdorf. Dann ging er gleich zum Anwesen des Doktors. Dieser pflegte die Holzwaren, die Lars gefertigt hatte, in die Stadt zu schicken; er war für ihn eine Art Mittelsmann, und das Heim des Doktors war das einzige, das Lars besuchte. Von dem Augenblick, da er kam, bis zu dem, da er wieder ging, sprach er niemals ein Wort. Er saß abseits an der Tür, vornübergebeugt, wobei ihm das graue Haar in die Stirn niederhing, und hielt die Hände, die großen braunen Wurzeln ähnelten, zwischen den Knien gefaltet. Redete ihn jemand an, so nickte er nur, schüttelte den Kopf oder zuckte mit den breiten Schultern.

»Er ist ebenso gut wie irgendeiner von uns anderen, die wir nicht in Versuchung geführt werden«, sagte der Doktor. »Er ist ein braver und friedfertiger Mann. Aber ich würde ihn, potz Blitz, so gern einmal sprechen hören; mit allen Kniffen, die ich anwende, locke ich nichts anderes als ein Ja oder Nein aus ihm heraus.«

Wenn er mit seinen Angelegenheiten im Haus des Doktors fertig war, gegessen und abgerechnet hatte, ging er wieder. Das Anwesen des Dorfkrämers betrat er durch die Hintertür; Andersen hatte gesagt, er wolle ihn drinnen zwischen den anderen Kunden nicht haben. Dann bekam er seine paar Waren, und gegen Abend trollte er sich wieder heimwärts. Wer ihm begegnete, wich für gewöhnlich ein kleines Stück aus und sah ihm nach, wie er dahin ging, stämmig wie ein wandernder Berg, gebückt und mit langen, schwerfälligen Schritten, mit seltsamen weißen Augen vor sich hin blickend, die eine Schulter schief vom Tragen des schweren Ranzens, der jetzt bis oben hin mit eingekauften Sachen gefüllt war. So schritt er einher, gleichmäßig, ein grauer Schatten in dem dämmerigen Abend. Man konnte ihm mit den Blicken folgen, bis er vom Gemeindeweg ins Gebirge abbog. Die Hütte, in der er ganz allein hauste, erreichte er dann erst spät in der Nacht.

Es war gerade in der Weihnachtszeit, zwei Tage vor Heiligabend, als der Doktor zu einem Kranken gerufen wurde, der in dem höchstgelegenen Bergweiler wohnte. Um mit Sicherheit am Weihnachtsabend zur rechten Zeit nach Hause zu kommen, fuhr er mit dem Pferdeschlitten bis zu einem anderen, größeren Berghof und lief von dort aus auf den Skiern weiter übers Gebirge zu dem kleinen Weiler. So sparte er vier Stunden, die er mehr gebraucht hätte, wenn er den ganzen Weg mit dem Gespann gefahren wäre. Dennoch mußte er dort übernachten.

Am Vormittag des Kleinen Heiligen Abends[14] machte er sich auf den Heimweg; wieder lief er mit den Skiern übers Gebirge, das Arzneikästchen in der Hand. Das Pferd erwartete ihn auf jenem Berghof.

Das Wetter war grau, die Luft milder, aber es ging leicht vorwärts. Der Doktor kannte die Piste von früheren Krankenbesuchen, und heute konnte er sich außerdem nach der Spur vom Vortag richten.

Als er schon ein paar Stunden wieder von dem Weiler entfernt war und gerade einen riesigen Stein passierte, der einem toten Großtier ähnelte, fing es an zu schneien. Es war ein so plötzlicher, massiger Schneefall, als wolle der Himmel einstürzen. Während der Doktor so lange einen ungehinderten Ausblick über die öde Gebirgswelt gehabt hatte, konnte er auf einmal nicht mehr die Hand vor Augen sehen, und er selbst glich alsbald einem wandernden Schneemann. Unablässig mußte er sich den schweren Schnee abschütteln, der sich auch in den Augen festsetzte und ihn blendete. Tags zuvor hatte der Schnee sicher und leicht getragen, nun sackten die Skier ständig durch, und der Neuschnee blieb daran haften. Jegliche Spur war verschwunden, jedes Kennzeichen verwischt, alles ein einziges Grauweiß. Eine Weile dachte er daran umzukehren, dann aber meinte er bald so weit gekommen zu sein, daß es bergab, auf den Wald zu ginge, und da wäre er auch wieder in der Nähe von Menschen. Ruhig und besonnen setzte er deshalb seinen Weg fort, kantete etwas, wenn die Skier zu tief durchsackten, und hielt gleichmäßiges Tempo; schließlich war er ja mit den Gebirgsverhältnissen vertraut. Als er wieder eine beträchtliche Strecke zurückgelegt hatte, merkte er, daß der Berg stark anstieg. Er glaubte, er sei zu weit ins Gebirge

---

14 Kleiner Heiliger Abend ist die in Norwegen und Dänemark übliche Bezeichnung für den Tag vor Heiligabend.

zurückgeraten, änderte die Richtung, gewann dann abfallendes Gelände, sauste in Schußfahrt dahin und landete auf einer großen weißen Fläche. Das mußte ein Gewässer sein. Aber er brauchte eigentlich gar kein Gewässer zu überqueren. Auf den Skistock gestützt, nahm er den Kompaß zur Hand, und rasch glaubte er die rechte Richtung wiedergefunden zu haben. Ja, er war etwas zu weit ins Gebirge abgekommen. Nun brach er erneut auf und folgte, wie er meinte, dem Lauf eines Baches von dem Gewässer aus bergab.

Dann aber begann sich das Weiße zu bewegen. Zuerst ging es wie ein frostiges Seufzen oder Hauchen übers Gebirge, der Schnee verlor sein Leuchten, wurde statt dessen eisig. Und dann geriet alles in Bewegung; der Schnee, der gefallen war, blieb nicht länger liegen, er erhob sich vom Erdboden, anfangs wie feiner Rauch, und traf mit dem Schnee aus der Luft zusammen, es bildete sich ein Strom, ein reißender weißer Strom, der dem einsamen Bergfahrer unmittelbar entgegenstand. Es war Sturm aufgekommen.

Der Doktor war ein großer, kräftiger Mann, unerschrocken und ruhig, und er wußte, worauf es jetzt ankam. Er mußte die Richtung ändern, er konnte nicht geradewegs gegen den Sturm angehen, der ihm sofort den Atem benahm; er mußte innehalten und auf den irgendwo unterhalb gelegenen Wald zusteuern, wo er Schutz finden würde. Aber er ging nicht bergab. Entweder lief er im Kreis, oder er geriet weiter ins Gebirge hinein; und allmählich spürte er, wie ihn bleierne Müdigkeit überkam. Er suchte Schutz hinter einem großen Stein und holte abermals den Kompaß hervor, doch vermochte er nicht festzustellen, wo er sich befand – und da wußte er, daß es das Leben galt.

Der Schnee war, als der Sturm einsetzte, naß gewesen; jetzt war er zu Eis gefroren. Die Kleidungsstücke des Doktors hatten unnachgiebige Steife angenommen, selbst die Fausthandschuhe waren spröde wie Glas. Der Kragen schnitt ihm in den Hals, und sein Gesicht war wund und schmerzte. Noch immer hielt er das Arzneikästchen fest, er konnte die Finger auch fast nicht zurückbiegen. Eine Weile erwog er, sich im Schutze des Steins im Schnee einzugraben, aber dann fiel ihm ein, daß ein solcher Gebirgssturm sehr wohl einige Tage und Nächte andauern konnte. Lieber wollte er umfallen und liegenbleiben, als sich von selbst hinlegen.

Er aß etwas Schokolade, entschloß sich dann, so zu laufen, daß er den Sturm im Rücken hatte, und setzte sich erneut in Bewegung. Aber er war noch keine halbe Stunde wieder gelaufen, als er merkte, daß er nun nicht mehr weiter konnte. Er blieb stehen und lehnte sich, um zu verschnaufen, über einen Stein, der, ganz von Schnee bedeckt, dort lag. Da erblickte er plötzlich in unmittelbarer Nähe ein Haus. Oder richtiger gesagt: er erblickte es nicht, sondern eine Sturmbö, die ihm, als er sich einmal aufrichtete, gerade ins Gesicht fuhr, ließ ihn für einen Augenblick lediglich einen Hauch oder eine Ahnung von Schornsteinrauch wahrnehmen – so nahe war er dem Haus.

Nachdem er sich wieder aufgerafft und ein Stück vorwärts geschleppt hatte, gewahrte er einen grauweißen Schatten, den er zuerst für einen schneebedeckten Berg gehalten hatte. Er erkannte die Stelle: das war Lars Stuas Hütte.

Der Doktor mußte mehrmals heftig gegen die Tür pochen, ehe Lars kam und aufmachte – und auch dann zunächst nur einen Spalt breit. Ein bärtiges Gesicht lugte heraus, dann wurde die Tür etwas weiter geöffnet, und der Doktor schlüpfte, nachdem er sich mit Mühe der Skier entledigt hatte, hinein.

Die ganze Hütte bestand nur aus einem einzigen Raum, aber er war warm, er bedeutete die Rettung – ein schwarzes Loch mit niedriger Decke, darin ein Kochherd, ein Bett und ein Tisch, der nahe dem winzigen Fenster stand. Es war wunderbar, hier hereinzukommen. Der Doktor taumelte durch den Raum und warf sich aufs Bett, wo er keuchend liegenblieb. Diesmal bist du mit dem Leben davongekommen! dachte er.

Lars hatte sich ans Fenster gesetzt; dort saß er in seiner gewöhnlichen Stellung, die Hände zwischen den Knien. Er sagte nichts, fragte auch nichts, starrte ihn nur unablässig mit seinem seltsam gebrochenen Blick an. Wenn der Doktor zu ihm hinsah, wandte er den Blick sofort ab, sobald der Doktor jedoch zur Decke schaute, waren Lars' Augen wieder auf ihn gerichtet.

Mit einem Ruck erhob sich der Doktor und fing an, sich die halb nassen, halb noch gefrorenen Kleidungsstücke vom Leib zu zerren. Kälteschauer durchschüttelten seinen Körper, und er fragte Lars, ob er nicht etwas Warmes für ihn zu trinken habe.

Lars stand auf und ging an den Herd; der stämmige Mann bewegte sich ganz geräuschlos. Er öffnete die Herdtür und fachte die Glut an. Dann ergriff er eine Pelzmütze, zog sie sich gut über die Ohren und ging hinaus.

Der Doktor war wieder allein, er hörte den Sturm über die kleine Hütte jagen, in gewaltigen Stößen, nicht mehr in gleichbleibendem Tosen; demnach hatte sich wohl nun das Schlimmste doch ausgetobt. Der Sturm scheint von Norden zu kommen, dachte der Doktor, da bin ich also die ganze Zeit weiter ins Gebirge gelaufen statt zum besiedelten Gebiet hinunter! Er zog seine Uhr hervor; sie zeigte die neunte Abendstunde. So war er sieben Stunden herumgelaufen. Das machen mir in meinem Alter jedenfalls nicht so viele nach! dachte er weiter, streckte sich behaglich, ging dann ans Fenster und blickte hinaus.

Nun sah er, daß da noch ein Häuschen stand, ein kleiner, halb umgewehter Schuppen, aus dem in diesem Augenblick Lars Stua zum Vorschein kam. Er trug eine Axt unter dem Arm, blieb unversehens stehen und hielt witternd die Nase in den Sturm; sein Bart bewegte sich und sein Mund murmelte vor sich hin. Er redete! Der Doktor konnte sehen, wie er mit sich selbst redete. Und während er den Hünen betrachtete, wie er da mit der Axt unter dem Arm stand und vor sich hin murmelte, fiel ihm plötzlich ein, daß dieser Mann, bei dem er Zuflucht gesucht hatte, wegen Mordes verurteilt worden war: er hatte einen verirrten Reisenden erschlagen und beraubt!

Der Doktor hätte wohl sonst den Gedanken von sich gewiesen, daß ihn die Tatsache, ausgerechnet bei Lars Stua Obdach gefunden zu haben, ängstigen könnte; jetzt aber war er übermüdet und erschöpft, zudem vergrößerte der Sturm, der wirbelnde weiße Schrecken, der über das Gebirge brauste, sein Unbehagen, und der Anblick des Mannes, des Mörders, der dort draußen mit der Axt unter dem Arm im Sturm stand und mit sich selber sprach, machte sein Herz klopfen und trieb ihm das Blut in den Hals, und sein ganzer Körper wurde von Lähmung befallen. Unsinn, sagte er sich, so etwas tut ein Mensch einmal und nicht wieder! Aber im selben Augenblick mußte er denken: Die Versuchung ist dieselbe wie damals, was er einmal getan hat, kann er auch jetzt wieder tun, vielleicht ist er wahnsinnig, vielleicht muß er töten, wenn der Mordrausch über ihn kommt, und vielleicht ist das gerade heute nacht der Fall.

Verworrene Gedanken durchfuhren seinen Kopf, Überlegungen, was er tun solle; wieder hinausflüchten konnte er nicht, das bedeutete auf jeden Fall den Tod; er dachte daran, die Tür zu versperren, aber es war nichts da, womit er sie hätte verriegeln können, nichts, das den Kräften des anderen widerstanden hätte. Er suchte nach einer Waffe, fand aber keine, und da klopfte sich Lars draußen auf der Steinplatte auch schon den Schnee ab.

Der Doktor stand reglos da und starrte auf die Tür, und dann hörte er Lars mit sich selbst reden, Worte murmeln, die nicht zu verstehen waren; es war nur ein heiseres, kummervolles Gurgeln in der Tiefe seine Kehle, aber es bestand kein Zweifel: er sprach mit sich selbst. Vielleicht versucht er sich zu diesem oder jenem, zu irgend etwas Furchtbarem zu überreden! dachte der Doktor.

Lars kam herein, er hatte den Arm voll Brennholz, kauerte sich vor dem Herd hin und fing an, das Holz in Späne zu spalten. Deshalb hatte er die Axt mit hereingebracht! Aber dazu hätte er auch ein Messer benutzen können, fand der Doktor und ließ den anderen nicht aus den Augen.

Lars bekam den Herd gut warm und setzte den Kaffeekessel auf. Eine Weile blieb er dabei stehen und lauschte dem ersten feinen Summen, dann setzte er sich die Mütze wieder auf. Wenn er die Axt aus der Hand legt, verstecke ich sie! dachte der Doktor. Lars aber legte sie nicht weg, er nahm sie unter den Arm und ging wieder hinaus.

Der Doktor hängte seine Kleidungstücke zum Trocknen auf, wickelte sich eine Decke um, setzte sich an den Herd und wärmte sich. Mit der Wärme beschlich ihn Müdigkeit; er hüpfte auf und nieder. Du darfst nicht schlafen! sagte er sich. Und wieder hüpfte er.

Dann hörte er Lars zurückkommen, hörte den Mann draußen murmeln, bevor er eintrat, ein betrübtes Knurren, das Mitleid und Schrecken erregte. Er stellt sich die Frage, ob er mich totschlagen soll – er will nicht, aber er kann nicht anders! durchfuhr es den Doktor, und er fühlte sich am ganzen Körper kältestarr.

Lars warf einen weiteren Armvoll Holz vor den Herd; schwer fiel es auf den

Fußboden. Auch eine gesalzene Keule hatte er mit. Er tappte in der Hütte herum, brachte das Wasser im Kessel rasch zum Kochen und deckte den Tisch: Brot, Butter, Pökelfleisch und Zucker. Dann schenkte er Kaffee ein und nickte stumm; er sprach nicht, nickte dem Doktor nur zu.

Der Doktor war hungrig, aber er mochte nicht essen, denn da hätte er Lars den Rücken zuwenden müssen – andererseits konnte er nicht umhin. So trank er einen Schluck Kaffee und nahm einen Bissen Brot zu sich. Die ganze Zeit waren die Augen des anderen auf ihn gerichtet; es machte Lars gewiß böse, wenn sein Gast nicht aß: es war etwas Furchtbares in den weißen Augen, etwas Leidvolles und Erschreckendes.

»Ich bin zu müde, als daß ich etwas essen könnte«, sagte der Doktor und drehte sich ganz zu Lars hin.

Lars erhob sich, schlug die Decken vom Bett zurück und bedeutete seinem Gast mit einem Nicken, sich hinzulegen.

»Wo willst du dann liegen?« fragte der Doktor und gab sich Mühe, munter zu erscheinen. »In deinem Bett mußt du doch selber liegen!«

Lars aber schüttelte den Kopf und setzte sich an den Tisch neben dem Fenster. Die Axt hatte er hinten an die Wand gestellt, nur eine Armlänge von sich entfernt.

Mit einem Ruck stand der Doktor auf. Ich lege mich hin, dachte er, ich kann mich ebensogut hinstürzen – ist es der Tod, so ist es eben der Tod! Es wird das letzte Bett sein, in dem du liegst, alter Junge! sagte er zu sich selbst und ließ sich niederfallen. Er hatte seine Stummelpfeife mitgenommen, die zündete er nun an, um sich wach zu halten; schlafen würde er ganz sicher nicht.

Er legte sich so hin, daß er Lars ständig im Auge behalten konnte. Dann versuchte er ein Gespräch anzufangen.

»Hast du seit dem letzten Mal viele Holzlöffel gefertigt?« fragte er.

Lars nickte.

»Du wohnst hier allein, nicht?« fuhr der Doktor fort, aber er brach von selbst wieder ab. Das war ein gefährliches Thema. Er spürte solche Müdigkeit; und sosehr er von Angst erfüllt war, konnte er doch dem Schlaf nicht widerstehen. Lars entrückte ihm, wurde übermäßig groß, ein furchtbarer, unförmiger Schrecken, der die Hütte erfüllte.

Der Doktor schlief beinahe, da wurde er mit einem Mal hellwach; es fiel ihm ein, daß er vergessen hatte, seine Uhr aufzuziehen.

Er richtete sich im Bett auf und zog die Uhr aus der von dort erreichbaren Westentasche. Es war halb eins.

»Es ist Heiligabend«, sagte er laut.

Da stand Lars auf und kam ein paar Schritte auf das Bett zu. Er sah den anderen mit einem sonderbaren Blick an, einem wunden, kranken Blick; es war, als wolle er etwas sagen, aber das äußerte sich nur in Zuckungen um den Mund.

Dann setzte er sich wieder, und der Doktor ließ sich mit einem langen Aufatmen aufs Bett zurückfallen.

Während er dort lag, spähte er vorsichtig zu Lars hinüber. Es war Heiligabend, und seine Gedanken wanderten zu den Seinen daheim. Welche Angst sie jetzt seinetwegen ausstehen mochten! Er dachte an die Kinder; einen der Jungen hatte er, kurz bevor er losfuhr, ausgescholten. Würden sie nun nicht wieder Freunde werden? Würde er sie alle niemals wiedersehen? Er gehörte nicht zu den Empfindsamen, aber bei diesen Gedanken durchlief ihn ein Zittern. Du kommst nie wieder nach Hause! sagte er zu sich selbst. Er lag da, horchte auf das Unwetter und starrte zu dem Mann am Fenster. Bückte er sich nicht, streckte er nicht die Hand nach der Axt aus?

Der Doktor wollte nicht schlafen, aber er nickte bereits ein. Man kann sich nicht nach siebenstündigem Kampf im Schneesturm, auf Tode erschöpft, in einer warmen Hütte niederlegen und dann wach halten, selbst wenn man fürchtet, erschlagen zu werden. Er sah Lars' massigen schwarzen Schatten immer weiter abrücken, der Schemen bewegte sich langsam in dem ruhigen Schein des Herdfeuers, dabei wurde er größer und größer, schließlich unermeßlich groß, ein Berg, der über ihm niederzustürzen drohte. Und er, der Bedrohte, wühlte sich in eine Schneewehe hinein, um dort zu sterben, aber er wollte nicht sterben, er wollte sich wieder aufrappeln, er fuchtelte mit Armen und Beinen, um aus dem tiefen Schnee wieder herauszukommen, er schlug in ihn hinein, so daß es schmerzte – er schlug gegen die Bettkante und erwachte.

Es war dunkel in der Hütte. Lars saß noch am Tisch, doch er schien jetzt mit etwas beschäftigt. Nun sah der Doktor, was es war. Lars hatte eine Kerze angezündet und irgend etwas davorgestellt, als Lichtschutz für den Schlafenden. Seine Aufmerksamkeit galt einem Buch, das er zur Hand genommen hatte. Der Doktor starrte ihn verwundert an. Ob der Mann dort las? Hielt er sich durch Lesen wach? Plötzlich durchfuhr den Beobachter ein kalter Schauer. Der Mann dort fing an zu murmeln. Dann las er hörbar, mit gedämpfter Stimme, traurig und langsam:

»Es begab sich aber zu der Zeit, daß ein Gebot von dem Kaiser Augustus ausging, daß alle Welt geschätzt würde.« Das war das Weihnachtsevangelium!

Der Doktor war kein frommer Mann, das Weihnachtsevangelium aber liebte er wegen des Friedens, der in seinen Worten ist. Man sollte meinen, sie hätten ihm nun Ruhe gegeben: ein Mann, der das Weihnachtsevangelium liest, tötet nicht – nicht in der Nacht zum Heiligen Abend. So aber verhielt es sich nicht. Der Doktor vernahm mit Schrecken, daß der Mann das Evangelium las. Es lag etwas Beklemmendes über diesem düsteren Mann, der da für sich selbst las, eine Drohung in der ungewohnten Stimme, die im Evangelium des Friedens buchstabierte. Er kämpft mit sich! Doch wenn er erst kämpft, wird er sich nicht überwinden, da ist er verloren – und ich ebenfalls! Der Tod ist in der Hütte, der Mann liest das Evangelium, ehe er tötet! All dies fuhr dem Doktor durch den Kopf, und der Schreck schüttelte ihn, so daß das Bett erzitterte. Aber er wollte nicht sterben, er machte sich bereit zum Kämpfen. Auf dem Fußboden nahe dem Bett entdeckte er einen großen Holzklotz; er wollte sich nicht verraten, indem er aufsprang und den Kloben ergriff, aber er streckte den Arm aus dem Bett und versuchte, das Holzstück zu sich heranzufingern: Sein Arm schmerzte, so reckte er sich aus, aber es gelang: das Holzstück kam näher; bald konnte er es mit der Hand fassen. Ein solcher Kloben war eine furchtbare Waffe in der Hand eines kräftigen Mannes. Nun konnten sie miteinander kämpfen!

Der Holzklotz kippte und stieß leicht an den Boden. Lars blickte auf. Der Doktor lag still da und bewegte sich nicht, nur den Arm zog er an sich; er tat, als schlafe er. Die Decke war ihm hinuntergeglitten, und er wagte nicht, sie wieder heraufzuziehen. Durch die halbgeschlossenen Augen sah er, wie Lars aufstand und sich vorsichtig dem Bett näherte. Brachte er die Axt mit? Nein, er ließ sie stehen. Jetzt war er ganz dicht am Bett und beugte sich darüber, und behutsam wie eine Frau nahm er die Decke und rückte sie vorsichtig, ja geradezu sanft zurecht, legte sie um den Schläfer wie um ein Kind und bereitete auch einen Fußsack, und als er fertig war, blieb er noch eine Weile stehen, blickte seinen Gast mit einem seltsam verlorenen Ausdruck an und ging dann leise zu seinem Platz am Fenster zurück.

Der Doktor lag reglos und demütigen Sinnes da. Und mit einem Mal begriff er: Der Mann war der Feierlichkeit, die in der Hütte herrschte, des großen Festes innegeworden; ein Verirrter hatte unter seinem Dach Zuflucht gesucht, war sein Weihnachtsgast geworden.Das war eine Gnade, ein Zeichen des Himmels, daß dessen Zorn von ihm genommen sei. In ein düsteres, verworrenes Gemüt war ein fahler Schimmer gedrungen. Und er, der Gast, hatte hier gelegen, sich vor einem Mörder gefürchtet und sich bereit gemacht, mit ihm zu kämpfen!

Der Mann am Fenster beugte sich wieder über das Buch; das seltene Fest sollte doch auf die seltene Art gefeiert werden – mit dem Buch. Er wollte seinen Dank erweisen. Er las wieder, murmelte mit heiseren Gurgellauten vor sich hin, während ein riesiger brauner Finger auf die Buchstaben deutete; und der Doktor lag still und voller Verwunderung dabei und lauschte.

Am Morgen – der Sturm hatte sich gelegt, und über dem Gebirge lag eine ruhige weiße Schneedecke – geleitete Lars seinen Weihnachtsgast bis zum ersten Hof, und am späten Nachmittag des Heiligen Abends kehrte der Doktor ins Dorf zurück.

Weihnachten in der Berghütte

Knut Hamsun

s war sehr viel Schnee zu Weihnachten gekommen, das kleine Haus droben in den Bergen steckte nicht mit viel mehr heraus als mit dem Dach und den beiden obersten Balken. Es war übrigens auch nur eine Hütte, ein Häuslerplatz für eine Kuh, ein Schwein und ein Lamm.

Hier wohnte die Familie Sommer und Winter für sich allein. Der Mann hieß Tor und die Frau Kirsti; und sie hatten fünf Kinder, die Timian bis Kaldäa hießen. Die Kaldäa war im Dienst unten im Dorf, und Timian hatte es durchgesetzt, nach Amerika zu gehen. Die drei Kinder, die noch zu Hause waren, waren zwei Jungen und ein Mädchen: Rinaldus, Didrik und Tomelena. Tomelena nannte man für gewöhnlich nur Lena.

Es war, wie gesagt, zu Weihnachten unmäßig viel Schnee gefallen, und der alte Tor hatte den ganzen Tag Schnee geschaufelt, so daß er ganz müde und abgearbeitet war. Nun hatte er alles gelesen, was für den Weihnachtsabend im Gesangbuch stand, und sich danach mit der Pfeife im Munde aufs Bett gelegt. Die Frau kochte und wirtschaftete am Herd, indem sie die ganze Zeit in der Stube hin und her ging und immer noch etwas zu ordnen fand.

Hat das Vieh schon was zum Abend bekommen? fragte Tor.

Ja, freilich, erwiderte die Frau.

Tor rauchte wieder ein Weilchen und sagte dann, indem er in seinen Bart lächelte:

Was kochst und brätst du da den ganzen Abend, Frau? Ich begreife gar nicht, wo du das alles hernimmst.

Oh, ich bin reicher, als ihr glaubt, erwiderte Kirsti, und sie lachte selbst über den Scherz.

Beim Abendessen sollte die Familie auch einen Schnaps haben, das war alter Brauch, und Rinaldus war derjenige, der in die Gläser einschenken sollte. Das war für ihn ein feierlicher Augenblick: er sollte die Karaffe mit den großen gemalten Rosen in seinen Händen halten. Aller Augen beobachteten ihn.

Halte die Rosenkaraffe in der linken Hand, wenn du Leuten eingießt, die älter sind als du, sagte der Vater, du bist alt genug, etwas anzunehmen und etwas zu lernen.

Und Rinaldus nahm die Rosenkaraffe in die linke Hand. Er goß so vorsichtig ein, daß es ein förmliches Schauspiel war, streckte dabei die Zunge heraus, legte den Kopf auf die Seite und goß.

Die Abendmahlzeit war das reinste Festessen, es gab Fladenbrot, Sirup und ein Ei für jeden. Außerdem konnte man sehen, daß es Weihnachten war, denn es gab noch Butter zum Brote.

Tor sprach laut Luthers Tischgebet.

Aber nach der Mahlzeit irrte sich der kleine Didrik im Tage, ging zum Vater und zur Mutter und gab ihnen die Hand zum Dank fürs Essen. Der Vater ließ es ihn tun, bevor er etwas sagte, als er aber fertig war, sagte Tor doch:

Du solltest uns heute abend nicht für das Essen danken, Didrik. Es ist gerade nichts Verkehrtes dabei; aber du weißt, am Neujahrsabend sollst du für das Essen danken.

Didrik war nun so beschämt, daß er sich ganz zusammenduckte, und er brüllte beinahe los, als die Geschwister über ihn zu lachen begannen.

Tor hatte sich wieder mit der Pfeife im Munde auf das Bett gelegt, und die Frau wusch die Tassen ab.

Ja, das war ein tüchtiger Schneefall, den wir hatten, sagte sie.

Er ist wohl auch noch nicht zu Ende, erwiderte Tor. Der Mond hat einen Hof, und die Elstern fliegen dicht am Boden.

An einen Kirchgang ist für morgen wohl nicht zu denken, was?

Ach, Gott behüte. Du hast wohl nicht im Kalender nachgesehen, wenn du morgen auf Kirchgangswetter hoffst.

Wie ist denn da der Aspekt?

Er sieht wohl nicht besser aus als ein Kalb ohne Beine. Ich würde sonst nicht so schlecht davon reden.

Nein, wirklich!

Gib meine Brille her, Rinaldus, aber laß sie nicht auf den Boden fallen, fuhr Tor fort. Und er untersuchte noch einmal den gefährlichen Aspekt. Ja, da siehst du, sagte er zu der Frau. Es ist nicht besser, als ich sage.

Jesus behüte uns alle! meinte Kirsti und faltete ihre Hände. Bedeutet das da Unwetter?

Ja, das bedeutet Unwetter. Aber das hier ist doch wohl noch nicht der schlimmste Aspekt. Wenn du einen von der richtigen Sorte sehen willst, dann sieh dir hier den fünften Februar an. Das ist wohl kein geringerer als der Antichrist selbst, mit zwei Hörnern.

Jesus, Gott behüte uns alle! Und Timian, der in Amerika ist!

Nach diesem Ausruf trat für ein Weilchen Stille in der kleinen Stube ein. Draußen begann es zu stürmen und der Schnee zu fegen. Die Kinder unterhielten sich miteinander und vergnügten sich mit verschiedenen Dingen; die Katze ging von einem zum andern und ließ sich streicheln.

Ich möchte wohl wissen, was der König am Weihnachtsabend ißt? brachte Didrik hervor.

Haha, da gibt es wohl feine Butter und süße Kuchen, rief die kleine Lena, die erst acht Jahre alt war und es nicht besser wußte.

Denke, süßen Kuchen! Und dann auch noch Butter darauf, sagte Didrik. Und der König trinkt wohl eine ganze Rosenkaraffe allein aus?

Aber Rinaldus, der der Älteste war und bereits weit in der ›Auslegung‹ gekommen, lachte über dieses Gerede laut auf: Nur eine Rosenkaraffe! Haha, der König trinkt mindestens zwanzig!

Zwanzig, sagst du?

Ja, die trinkt er mindestens.

Nein, bist du verrückt, Rinaldus! Es ist unmöglich, mehr als zwei zu trinken, sagte die Mutter, die am Herde stand.

Aber nun mischte sich auch Tor hinein.

Was faselt ihr da? sagte er. Glaubt ihr denn etwa der König trinkt solchen gewöhnlichen Schnaps? Der König trinkt etwas, was Schampanertrunk heißt, will ich euch sagen. Davon kostet eine einzige Flasche fünf bis sechs Kronen, je nachdem wie die Preise in England sind. Und den trinkt der König von früh morgens bis spät am Abend, nichts als Schampanertrunk. Und jedesmal, wenn er ein Glas ausgetrunken hat, stößt er so hart auf das Tablett, daß es zersplittert, und sagt zur Prinzessin: Nimm es fort! sagt er!

Aber in Jesu Namen, warum zersplittert er denn die Gläser? fragt Kirsti.

He, solch eine Frage! Glaubst du, daß er sich herabläßt, die ganze Zeit aus ein und demselben Glase zu trinken, so ein Mann, wie der ist?

Pause.

Ich begreife nicht, Tor, woher du immer alles weißt, sagt die Frau ganz still.

Ach, erwidert Tor, bei mir hapert's auch manchmal; es war zwar nicht so leicht zu meiner Zeit, vor dem Pfarrer zu bestehen. Damals mußte man seine Dinge können.

Dann erhob sich Tor, legte die Pfeife fort und fragte nach dem Pulver. Er wußte wohl, wo es versteckt war, denn er hatte es selbst am Fußende des Bettes vergraben, als er das letzte Mal vom Krämer kam; aber er fragte doch danach und rief dadurch eine feierliche Stimmung in der Stube hervor.

Als das Pulver hervorgeholt war, teilte er es in drei gleiche Teile und packte es in dreieckige Papierstücke ein. Dann setzte er die Mütze auf. Die Kinder versammelten sich neugierig um ihn und baten, mit ihm gehen zu dürfen, denn sie wußten, was bevorstand. Und bald saß Kirsti allein in der Stube.

Tor und die Kinder arbeiteten sich bis zum Kuhstall durch, sie wollten das Pulver verbrennen. Der Schnee fegte wild um sie herum. Tor machte das Zeichen des Kreuzes, dann öffnete er die Stalltür und machte abermals das Zeichen des Kreuzes, nachdem er eingetreten war. Der Stall lag im Halbdunkel, alles war still, man hörte das Wiederkäuen der Kuh. Tor zündete ein Lichtstümpfchen an und steckte dann die Pulverpäckchen an, eins für die Kuh, eins für das Schwein und eins für das Lamm; die Kinder sahen mit heimlichem Beben zu, keines von ihnen sagte ein Wort. Dann machte Tor wieder das Zeichen des Kreuzes und ging. Er rief nach Lena, die zurückgeblieben war, um das Lamm zu streicheln, daß sie sich sputen möchte und kommen. Und Tor und die Kinder kehrten wieder in die Stube zurück. Das ist ein richtiges Wetter draußen, sagte er, der ganze Berg steht wie in Rauch.

Er legte sich wieder aufs Bett, bis der Kaffee fertig war, während die Kinder mit Kleinigkeiten sich am Tisch zu beschäftigen begannen. Sie wurden immer lauter und lachten dazu bisweilen über die geringfügigsten Dinge. Tor sprach durch das Zimmer hin zu seiner Frau.

Ja, ich möchte wirklich wissen, was ... Nein, Kinder, ihr lärmt so, daß man sein eigenes Wort nicht versteht ... ich möchte wirklich wissen, wo ich hin soll und mich wieder nach ein bißchen Arbeit umsehen, sagte er.

Die Frau goß Kaffee ein.

Ach, da findet sich schon Rat mit Gottes Hilfe, erwiderte sie. Vielleicht gibt es unten im Dorf ein wenig Drescharbeit.

Ach ja, da findet sich schon was ... Komm, trink nun Kaffee.

Als Tor seinen Kaffee getrunken hatte, zündete er wieder seine Pfeife an. Er zog die Frau zur Türe hin und flüsterte dort ein Weilchen mit ihr, so daß die Kinder sich fast verrückt lauschten, um zu hören, was da gesagt wurde. Als aber die kleine Lena ihren naseweisen Kopf zwischen die Eltern stecken wollte, wurde sie schnell fortgeschoben, und die Brüder riefen ihr schadenfroh zu:

Siehst du, da hast du's!

Aber Klein-Lena war doch so nett und lieb, daß niemand das Herz hatte, sich über sie lustig zu machen. Darum gab Rinaldus ihr auch gleich darauf einen großen, blanken Knopf und erfreute sie mit dem wenigen, was er hatte.

Der Vater ging zum Schrank hin und nahm dort ein Paket herab. Dieses Paket enthielt eine Sendung von Timian in Amerika, eine Boa aus weichem, schwarzem Fell und mit Quasten. Timian hatte wohl daran gedacht, wie kalt es dort oben in den Bergen im Winter war, und dann hatte er diese Boa heimgesandt, die die wärmste Halsbinde war, die er je gesehen hatte. Sie war wohl auch nicht so billig gewesen.

Aber wer sollte nun die Boa haben? Tor wie auch seine Frau hatten über die Frage des langen und breiten nachgedacht, und endlich bestimmt, daß Rinaldus sie haben sollte; denn Rinaldus wäre der Ältere, außerdem hatte er oft Gänge ins Dorf zu machen, so daß er wohl etwas Warmes brauchen konnte.

Rinaldus, komm her! sagte Tor. Hier ist eine Halsbinde von Bruder Timian für dich. Und das ist eine gehörige Halsbinde! Aber du mußt vorsichtig damit sein, damit du noch etwas Feines um den Hals hast, wenn du vor dem Pfarrer stehst. Da, verbrauch sie mit Gesundheit!

Nun entstand eine Verwunderung und Freude, an der alle teilnahmen. Die weiche Boa wurde eine halbe Stunde lang beschaut und befühlt, und die kleine Lena ward nicht müde, mit ihren kleinen blauen Händen darüber hin zu streichen.

NORWEGEN

Aber sie durfte sie nicht fest umlegen, nein, ja nicht umlegen, sie wäre noch zu klein dazu. Dagegen bekam Lena ein kleines Licht, und dieses Licht zündete sie fortwährend an und löschte es wieder aus, denn sie konnte es sich nicht leisten, es brennen zu lassen. Didrik war der einzige, der nichts bekam; aber der Vater versprach ihm eine ganz neue biblische Geschichte, sobald er mit Drescharbeit im Dorfe unten ein wenig Geld verdienen könnte.

Der Schnee trieb immer dichter gegen die Scheiben herab, bis ins Feuer auf dem Herde. Es war schon spät und Zeit, zu Bett zu gehen, morgen gab es wohl wieder dieselbe Arbeit mit dem Schneeschaufeln.

Ja, geht nun auf den Hängeboden hinauf und legt euch zu Bett, Kinder! sagte Tor. Betet zu Jesus, bevor ihr einschlaft, und macht das Zeichen des Kreuzes über Gesicht und Brust.

Und die Kinder krochen dann, eines nach dem andern, die Leiter hinauf. Rinaldus durfte seine Boa, in Papier eingewickelt, mitnehmen, und Lena kam mit ihrem Licht in der Hand nach ... Um zwölf Uhr, als alle schliefen, hörte die Mutter in der Stube oben etwas rascheln. Sie rief hinauf, ob jemand oben wach wäre. Keine Antwort. Alles blieb still. Ein Weilchen später trippelten kleine Füße über den Boden, die vorsichtigsten Schritte, die man kaum noch hören konnte – das war die kleine Lena, die sich doch im Dunkeln zu der Boa hingeschlichen hatte, um sie umzulegen, und nun schreckliche Angst hatte, dabei ertappt zu werden.

Die feine Boa! Es war der weichste Gegenstand, der je in der Berghütte gewesen war, und Rinaldus benutzte sie nur zweimal mit größter Vorsicht beim Kirchgang. Aber trotzdem begannen im Sommer jämmerlich die Haare auszufallen, und in die Quasten kamen wahrhaftig die Motten.

Feiertag auf Brötöy

Lars Hansen

Draußen am offenen Meer, weitab von allem übrigen Land, liegt die Insel Brötöy. Ihre grauen Küstenhänge fallen jäh zur See ab, außer an der Südwestseite, wo sich Steinlawinen mit ohrenbetäubendem Getöse zwischen den hohen, steilen Felswänden ins Meer stürzen. Auf dieser Seite der Insel, oben in einer engen Bergspalte, wohnt Petter Mikal, und man braucht schon ein scharfes Auge, um das Häuschen zu entdecken, denn das alte Treibholz, aus dem es gebaut ist, hat im Laufe der Zeit ganz die Farbe des Felsens angenommen.

Auf Brötöy gibt es nur dieses eine Haus. Niemals sind es mehr gewesen, und niemals werden welche dazukommen, denn dort, wo Petter Mikals Hütte steht, ist der einzige Fleck, der überhaupt Platz bietet – aber eben nur für dieses Häuschen und einen winzigen Schuppen, dessen Wände von drei Steinblöcken gebildet werden; hier bewahrt Petter Mikal sein Boot und seine Gerätschaften auf.

Das Haus, das vor langer, langer Zeit gebaut wurde, hat Petter Mikal von seinen Vätern ererbt.

An Sommertagen scheint die Mittagssonne ins Fenster, die Mitternachtssonne aber kann dort niemals etwas ausrichten – der Brötöy-Gipfel steht im Wege und nimmt das Licht weg.

Es war Winter, das Nördliche Eismeer schickte seine gewaltigen Dünungen gegen die Felswände und schleuderte sie an ihnen hoch, so daß Brecher und Gischt den Schnee in halber Höhe der Felsen wegwuschen, die deshalb selbst an Wintertagen schwarz und nackt dastanden. Bei ruhigem Wetter aber hingen meterlange Eiszapfen und schwere Eisklumpen über sie hinab.

Petter Mikal war Witwer und hatte drei Kinder. Die Tochter Petra war vierzehn Jahre alt und führte ihrem Vater und ihren beiden Brüdern, dem achtjährigen Olaf und dem vierjährigen Haakon, den Haushalt.

In der Brötöy-Schlucht, wo das Häuschen stand, konnten ein paar Schafe recht und schlecht ihr Leben fristen. Sechs Schafe bildeten den größten Viehbestand, der sich auf Brötöy halten ließ. Oft genug aber war er kleiner gewesen, denn so manches Jahr fielen ein oder mehrere Tiere die Felswand hinunter ins Meer.

Zur Zeit der Eltern war es zweimal geschehen, daß sich im Frühjahr auf Brötöy kein einziges Tier fand – alle waren sie im Laufe des Winters abgestürzt. Das aber war nicht mehr vorgekommen, seit Petter Mikal das Haus verlängert hatte, so daß es am Nordende zwei Schafen und zwei Ziegen Platz bot. Und wenn es ganz schwerhielt, etwas zum Beißen zu finden, kamen sie in den Wohnraum hinein.

Es war früh am Morgen des Heiligen Abends, zwischen sechs und sieben Uhr. Der Sturm heulte, und Schnee drang durch jede einzelne Ritze herein.

Drinnen brannte eine Zehn-Linien-Petroleumlampe, die mitten in der Wohnstube an einem Seilhaken hing. Der Herd nahm einen wesentlichen Teil des Fußbodens ein, so daß gerade noch für einen Tisch, zwei Stühle und ein paar Schemel Platz blieb. In einem der Schemel klaffte ein rundes Loch, das zum Hochheben diente; jetzt aber steckten darin einige Zweige von einem Reisigbesen, an denen kleine, aus Zeitungspapier geschnittene Figuren aufgehängt waren – das war der einzige Schmuck des Weihnachtsbaums, und um ihn herum wanderten Petra, Olaf und Haakon und sangen:

>»Frohe Nacht, heilige Nacht,
>nieder schweben Engel sacht ...«

Von der Herdplatte stieg ein Geruch von verbranntem Teig auf. Petra ließ ihre Geschwister los, und mit einem Tischmesser schob sie die kleinen Kuchen hin und her. Obwohl sie die Plätzchen aus gewöhnlichem Schwarzbrotteig gebacken hatte, waren sie doch für die Brötöy-Kinder das übliche Weihnachtsgebäck. Sonst gab es während des Jahres nur grobes Schrotbrot.

Olaf und Haakon konnte man schon ansehen, daß Heiliger Abend war, Petras mageres, graubleiches Gesicht aber zeigte keine Weihnachtsfreude.

Auf einmal lag ihr Gesicht plattgedrückt an der Fensterscheibe, während ihre großen blauen Augen durch das kleine Loch in der eisbedeckten Scheibe hinauszuspähen suchten. Dieses Loch in der Eisschicht hatte sie zustande gebracht, indem sie den Mund dicht an das Glas hielt und beharrlich auf dieselbe Stelle hauchte. Doch wenn sie nicht achtgab, fror es in wenigen Minuten wieder zu. Deshalb lief sie ständig zwischen Kuchen, Weihnachtsbaum und Fenster hin und her. Und dabei sagte sie: »Bald wird Vater wohl kommen.«

Dann nahm sie die Lampe und hängte sie an einen Nagel nahe dem Fenster. »Nun kann Vater das Licht von weitem sehen.«

Ein schwerer Stoß traf die Tür – noch einer – und dann folgte Stoß auf Stoß. Petra lief hin und öffnete die Tür.

Als sie die Haspe abgehoben hatte, riß der mächtige Schneesturm die Tür sperrangelweit auf, und herein stapften zwei Schafe und zwei Ziegen, über und über beschneit und vereist. Petras magere Arme versuchten die Tür gegen den Sturm zu stemmen und sie wieder zu schließen, aber die Tür stand da wie an die Wand genagelt – der Sturm hielt sie fest. Olaf und Haakon kamen zu Hilfe geeilt, und im Nu waren die drei Kinder ganz von dem Schnee überschüttet, der durch die offene Tür hereinfegte.

Aber die sechs Kinderhände hielten krampfhaft fest, und die kleinen Körper preßten ihre Füße mit beachtlicher Stemmkraft gegen die Torfkiste. Plötzlich sprang der Stoßwind um, und die Tür schlug zu – doch nicht ganz, denn Schnee lag dazwischen.

Es war nicht das erste Mal, daß die Kinder in eine solche Lage gerieten. Petra ergriff einen abgebrochenen Bootsriemen und drückte ihn blitzschnell mit dem einen Ende gegen die Tür und mit dem anderen an die gegenüberliegende Wand, während Olaf und Haakon den Schnee aus der Türspalte kratzten. Nach mühsamer Arbeit bekamen sie die Haspe schließlich wieder eingerastet, und dann gaben sie sich erneut der Weihnachtsfreude hin.

Petra nahm eine gedörrte Hammelkeule von der Decke, schnitt einige Stücke ab und steckte sie auf zurechtgeschnitzte Hölzchen.

Olaf und Haakon vergnügten sich damit, die Fleischstücke an den Hölzchen in die Glut des Herdes zu halten, und verspeisten sie dann warm und zum Teil angebrannt. Danach holte Petra zwei alte Gesangbücher hervor, und um den Schemel mit den geschmückten dürren Zweigen herum sitzend, sangen die Kinder mit hellen Stimmen:

>»Ein Kind erschien zu Bethlehem, zu Bethlehem,
> des freuet sich Jerusalem.
> Halleluja – halleluja.«

Draußen aber brüllten der Schneesturm und das Meer um die Wette.

Von Brötöy bis nach Mikkelsvik sind es ungefähr drei norwegische Meilen.

Im Laden des Kaufmanns Nilsen stand Petter Mikal. Es war am Morgen des Kleinen Heiligen Abend. Petter Mikal war in Eile – er hatte früher in Mikkelsvik sein wollen, aber der Sturm hatte ihn daran gehindert, von Brötöy wegzukommen.

Nilsen sagte zu den anderen Kunden:»Ihr müßt noch warten, Petter Mikal muß zuerst bedient werden. Ihr wißt ja selbst, daß er den weitesten und beschwerlichsten Weg hat, bis nach Brötöy hinaus, und dort sitzen die Kinder allein zu Hause.«

Alle Kunden wußten das, und mit der Geduld der Schärenbewohner warteten sie, bis sie an die Reihe kamen. Alle hatten sie größere oder kleinere Meeresstrecken zurückzulegen, Brötöy aber – o weh – nein, Petter Mikal mußte schon zuerst drankommen. Brötöy – eine scheußliche Ecke! Nilsen riet Petter Mikal, doch etwas zu verschnaufen, denn bei diesem Wetter sei es ja im ganzen Skagesund kaum möglich, auch nur den kleinsten Fetzen von Segel zu führen. Petter Mikal aber hißte sein Segel, und los ging es – hinaus, der offenen See zu, bei Schneetreiben, mit zwei Reffen an dem kleinen, leichten Bindalsboot. Einige Minuten später war er den Blicken derer, die in Mikkelsvik zurückgeblieben waren, entschwunden.

Jaja, Petter Mikal bewältigte das tatsächlich schon länger als sein Vater, aber nun könnte man ihn auch beinahe für ein Seegespenst halten!

Das kleine, leichte Nordlandboot durchschnitt die schäumenden Wellen über den Baaresund hinaus. Der Wind wehte von Westen her und trug feine, trockene Schneeflocken heran; als Petter Mikal aber nach Adamsöya kam, wo das offene Meer voll zu drücken begann, nahmen Sturm und Seen derart zu, daß er das dritte Reff am Segel, das jetzt wie ein bloßer Lappen war, einlegen mußte.

Dennoch schäumte, sooft eine Quersee kam, der Gischt über Petter mitsamt seinem Boot herein. Während er mit der Rechten die Ruderspinne hielt, handhabte er mit der Linken das Ösfaß. Petter Mikals Augen hingen wie gebannt an der dunklen Wand, die sich im Westen erhob.

Da kam ein Stoßwind, der das Boot um ein Haar zum Kentern gebracht hätte, während er bebend über den Kamm eines Wellenberges hinjagte.

Petter luvte dicht an den Wind und gelangte so bis nach Andammen. Dort übernachtete er im Hause von Bekannten. Auch sie waren mit den Vorbereitungen für das Weihnachtsfest beschäftigt – mit acht Kindern in einer kleinen, torfbedachten Hütte; diese Kinder aber hatten Vater und Mutter. Zwei Gesangbücher lagen schon ganz früh am Morgen auf dem Tisch bereit, der mit einem sauberen Wergsack bedeckt war.

Petter Mikal blickte nach Brötöy hinüber. Ob er wohl nach Hause käme? Zwischen Andammen und Brötöy lag eine offene Meeresstrecke von etwa einer Meile.

Der Sturm nahm zu, Petter Mikal aber hatte keine Ruhe mehr – immerzu wanderte er zwischen der Nehrung und dem Haus in Andammen hin und her. Alle rieten ihm ab. In Andammen wie auch anderswo wußten sie ja, was es hieß, an einem Wintertag bei Unwetter im Kleinboot nach Brötöy zu segeln.

Soviel aber stand fest: sollte es etwas werden, so mußte es bei Tageslicht geschehen. Und das hielt sich ja nicht viel länger als eine Stunde.

Gegen elf Uhr sickerte das spärliche Tageslicht über die Schären herein. Es zeigte das aufgewühlte Meer Weiß in Weiß, soweit das Auge reichte, wenn sich zwischen den Schneeschauern ein kleiner Durchblick öffnete. Petter Mikal stand unten an seinem Boot. Langsam steckte er erst den einen und dann den anderen Seestiefel in die gefrorene Ölzeughose, zog diese hoch und schob sich ihre Träger über die Schultern. Die Ölzeugjacke schlug er zunächst gegen den Vordersteven des Bootes, um sie vom Schnee zu befreien. Dann schlüpfte er auch in sie hinein und knöpfte sie gut und fest zu. Schließlich schnallte er sich den Gürtel mit dem Scheidemesser um und zog die dicken, selbstgestrickten Fausthandschuhe an.

Die Leute von Andammen standen unten an dem tiefverschneiten Landungsplatz. Der rasende Schneesturm hinderte auch die Kinder nicht daran, Petter Mikal zum Boot hinunterzugleiten. Barhäuptig und blaugefroren wateten sie durch den Schnee, der ihnen bis an die Knie reichte. Das war Weihnachten am Nördlichen Eismeer. Frohe Nacht – heilige Nacht!

Petter Mikal lag auf den Knien – nicht um zu beten, sondern um seine eng angewinkelten Beine unter die Ducht zu pressen, so daß er beide Hände frei bekam. Er befand sich nun außerhalb der Nehrung. Da fing es an. Er mußte voraus und achteraus sehen – meistens achteraus, denn jede einzelne Welle mußte abgeschätzt werden, ehe sie das Boot erreichte. Wenn sie mit allzu großer Schaumkrone herankam, mußte er etwas Tran ausgießen.

Er war wieder einen Blick voraus – es galt, den richtigen Kurs zu halten. Verfehlte er Brötöy, so ging es ins offene Meer – ins Eismeer hinaus. Seine scharfen Augen spähten angespannt aus, und alle halbe Minute drehte er den Kopf herum. Blickte er voraus, hörte er von achtern das Brüllen einer turmhohen See – da kam sie –, doch ein Ösfaß voll Tran dämpfte ihre Wucht und glättete ihren Kamm. Es entstand eine Öffnung in dem brüllenden Ungetüm, ein blanker, ruhiger, schmaler Streifen, so breit wie das kleine Boot.

Und mit dem Transtreifen obenauf brausten die brüllenden Schaumkämme vorüber, so daß das Boot an beiden Seiten mit brodelndem Gischt überschüttet wurde.

Oben von der Spitze der großen Sturzsee, auf der das Boot ‚von der Hubkraft des Sturmes an dem kleinen Segelfetzen getragen, bebend durch den Gischt glitt, gewahrte er Brötöy. Für einen flüchtigen Augenblick erhaschte er einen Schimmer vom Haus. Sein Kurs war ziemlich genau auf die Felsschlucht gerichtet, aber schon mußte Petter wieder nach achtern sehen – eine furchtbare Woge kam heran, höher als die anderen; sie war noch weit achtern, ihr aber mußte er folgen, sie würde ihn und das Boot bis an die Schuppenwand tragen. Jetzt steckte er mitten im Unwetter, und Trotz leuchtete ihm aus den Augen.

Petra stand am Fenster und sah auf das aufgewühlte Meer hinaus. Plötzlich schrie sie:»Vater kommt!« Und alle drei Kinder stürzten zur Tür. Als die Haspe abgehoben war, schlug die Tür gegen die Wand, während der Sturm Schneemassen hereinpeitschte, die die ganze Öffnung füllten. Die Kinder rannten hinaus; dünn bekleidet, ja halbnackt wateten sie durch den lockeren Schnee, der ihnen bis an die Hüften reichte. Aber sie gelangten nach unten.

Dort kam das Boot mit dem Vater – auf einer riesigen Woge, deren schaumbedeckter Kamm sich gegen den schon dunklen Himmel abzeichnete. Dort kam er, wie ein gejagter Vogel, hoch oben auf der Schaumkrone, so hoch, daß die Kinder den Kiel des Bootes sehen konnten, das ganz von Gischt umbrodelt war.

Als die Welle zwanzig Faden vom Land entfernt war, traf sie auf den Rückschwall, der ihr entgegenkam, und die gewaltige See, die das Boot trug, nahm mehr und mehr die Form einer sich vornüberneigenden, vorwärts wälzenden Lawine an. Auf ihrem Scheitel stand das Boot.

Da stürzte sie senkrecht nieder. Das Boot und Petter Mikal wurden unter dem ungeheuren Wasserberg begraben.

Die Angstschreie der drei Kinder übertönten das Brüllen des Brechers, der das Boot verschlang.

Alles war verschwunden. Die Kinder standen zitternd draußen im Schneesturm, die angsterfüllten Augen weit aufgerissen, den Blick auf die Stelle geheftet, wo das Boot verschwunden war.

Da kam die nächste schwere Sturzsee mit weißem Kamm, ihr Gischt reichte fast bis zu den Kindern hinauf. Als sie zurückströmte, lag Petter Mikals entstellter Körper zu Petras Füßen.

Unter Aufbietung all ihrer Kräfte gelang es den Kindern, die Leiche des Vaters so weit auf die Schneewehe heraufzuziehen, daß sie keine Welle mehr erreichen konnte.

Eine Stunde später hatte Petra den Weihnachtstisch gedeckt, mit Fladenbrot, Salzhering und Hafersuppe.

Als die Kinder gegessen hatten, sangen sie weinend einen Vers aus dem Gesangbuch:

»Ich bin so froh zur Heil'gen Nacht,
da Jesus kam zur Welt.
Der Engel Sang ward hold gemacht.
der Sterne Licht erhellt ...«

Die Ewigkeitsmaschine

Dan Anderson

Er wurde nur »Herr Martin« genannt, weil sein anderer Name zu beschwerlich auszusprechen war. Er hieß Beilitz, und das ging den Bauern gegen den Strich. Weshalb er auf dem Lande wohnte, in einem Dachstübchen über dem halbnärrischen Pächter, der auch der Uhrmacher des Kirchsprengels war und sich besonders auf Mora-Seiger[15] und Dreschgöpel[16] verstand, die nicht mehr gehen wollten – das war lange Zeit Gegenstand von Mutmaßungen gewesen. Ein junger Künstler, der sogar in Stockholm ausgestellt hatte, sollte doch wohl tunlichst dort auch wohnen, unter seinen Kumpanen und Berufsgenossen. Aber so allmählich war es den Bauern von Toraas klargeworden, daß Herr Martin trotz seines Künstlernamens, trotz der Ausstellung in Stockholm und trotz des Bildes, das sie in der Stockholmer Zeitung von ihm gesehen hatten, so arm war und über so jämmerlich kleine Einkünfte verfügte, daß er einfach so wohnen mußte. Diese Entdeckung bewirkte, daß ihm statt Bewunderung teils Mitleid und teils Geringschätzung entgegengebracht wurde – aber das schien Herrn Martin nicht weiter zu berühren. Er streifte draußen im Wald umher, im Sommer, im Herbst und im Frühling, ja sogar im Winter, wenn die Kälte nicht gar zu streng war. Und diejenigen, die sich in seine Dachstube hinaufgewagt hatten, konnten bezeugen, daß er sehr wohl auch arbeitete. Ob er freilich so ganz bei Verstand war, das erschien fraglich, denn wie sie fanden, malte er nichts, was Bäumen, Menschen oder Tieren ähnlich sah.

Nun war der Heilige Abend gekommen, mit einem eisigen, schneidenden, herrischen Wind, der sich wie ein Räuber und Übeltäter gebärdete, den Schnee hoch zu den Wolken aufwirbelte und in Schornsteinen und an Hausecken Orchester spielte. Die zum Dorf führenden Wege waren schon am Vormittag zugeschneit, als Herr Martin durch die Schneewehen watete, um sich beim Kaufmann nach Post zu erkundigen. Sein Weihnachtsabend, ja fast sein Leben hing davon ab, ob Post für ihn da war. Sein Leben – o nein, dachte er, ich werde Weihnachten schon überleben, auch wenn jene hundert Kronen nicht gekommen sein sollten; aber Weihnachten ohne etwas zu essen ... Er ballte die Fäuste in den Hosentaschen, um sie nicht erfrieren zu lassen. Der Kaufmann gibt mir nichts mehr auf Borg, wenn ich nichts abbezahle! Kaum zu glauben, daß ich schon zweiunddreißig Jahre alt bin – und mich nicht versorgen kann! Er verzog das Gesicht

---

15 Standuhren aus Mora (Mittelschweden).
16 Maschine, deren Welle durch lange Hebel bewegt wird.

zu einer Grimasse. Wenn er nun doch versuchen würde, wenigstens Tabak ankreiden zu lassen, falls kein Geld gekommen wäre. Könnte der Kaufmann das am heiligen Weihnachtsabend abschlagen? Aber nein, jetzt wieder um Kredit fragen – ha ha! Es fehlte wirklich noch, daß er jetzt kein Geld vorfand ... Und dann käme dieser sonderbare Uhrmacher, der unter ihm wohnte, wie gewöhnlich zu ihm herauf, um etwas Tabak zu erbitten. Und er sähe sich gezwungen, zu gestehen, daß er nichts habe – am Heiligen Abend! Und dann wäre es dem ganzen Dorf klar, wie es um ihn stand! Aber das Geld mußte ja kommen....

Der Wirbelschnee tanzte gegen die in lichtem Gelb glänzenden Glasscheiben der Tür des Kaufladens, in dem sich die Leute drängten. Herr Martin mußte lange warten; er war müde, mochte sich jedoch nicht auf den derzeit unbenutzten Teil des Ladentisches setzen. Alte Frauen und Männer mit Taschen, Bütten, Birkenrinden- und Bastkörben drehten sich um und spähten in den Dunst von Stockfischgeruch und Menschenatem. Auf dem Fußboden rannen Bäche von schmutzigem Wasser zu einer Pfütze an der Tür; die öffnete sich von Zeit zu Zeit, so daß immer wieder eine kleine Schneewolke hereintanzte und die Wasseransammlung vergrößerte, die von dem Gestübbe der Köhlerstiefel schon tintenschwarz gefärbt war. Über dem Ladentisch blinkten zwei Petroleumlampen mit mattem Schein, so als wäre ihr Glas aus Horn, und dahinter lief der Kaufmann zusammen mit seiner dicken, rotbäckigen Frau zwischen aufgeschlagenen Säcken und Fäßchen hin und her; beide hatten Bindfadenenden im Mund und Papiertüten in den Händen. Die Leute sprachen vom Wetter, vom Schnee, vom Stockfisch. Herr Martin drängte sich langsam und schüchtern nach vorn, um nach Post zu fragen. Sollte er Mut fassen und gleich um Kredit auf Tabak bitten? Sein Herz stand fast still. Die Kaufmannsfrau bohrte ein Paar barsche, geldgierige Augen in ihn, einen Blick, der deutlich sagte: Hier werden keine Sperenzchen gemacht!

Er wolle nur nach Post fragen ...

Der Kaufmann hielt inne, ging an einen Kasten, der in der Ecke stand, und holte ein paar Zeitungen, einige Streifbandsendungen von Aahlén & Holm[17], etliche Briefe in fettigen blauen »Dienstmädchen-Kuverts« und ein Dutzend Weihnachtskarten hervor, deren Flitter Herrn Martins Augen so reizte, daß er sie schloß.

»Nein – nein, heute scheint nichts dabeizusein ...«

Langsam bewegte sich Herr Martin zur Tür, bleich wie eine Leiche und beinahe zitternd. Schon hatte er die Türklinke ergriffen. Aber auch nicht einmal etwas Tabak ankreiden zu lassen, jetzt, zu Weihnachten, zu Weihnachten, für drei lange Feiertage in der Einsamkeit – das war doch Wahnsinn! Was war ihm nur eingefallen, als er sich entschloß, über das Fest hierzubleiben? Bah – er hatte ja gar kein Geld für eine Fahrkarte gehabt – und für ein Zimmer in der Stadt – und und ...

17 Seinerzeit größtes Versandhaus in Schweden.

Er brachte seinen Mund nicht auf, um wegen des Tabaks zu fragen. Er spuckte aus und war ärgerlich auf sich selbst. Sollte das ganze Dorf hören, daß er am Heiligen Abend ohne Geld war ...? Nein, er konnte es nicht – er war zu stolz, zu eitel, als daß er sich hier hinstellte und sich vor allen Leuten den Kredit verweigern ließ.

Als er sich wieder durch die Schneewehen hindurchgearbeitet hatte und schon halbwegs zu Hause war, überschlug er, was er noch an Vorräten hatte: ein Pfund grobes Brot und etwa hundert Gramm Margarine. Sich das aber als Weihnachtskost für drei Tage vorzustellen, besonders wenn man weder Kaffee noch Tabak besaß – das war erbärmlich. Und als er die Tür zu seiner unaufgeräumten Kammer aufstieß und den Geruch von muffiger Luft, Tubenfarben, Öl und Terpentin wahrnahm, da schauderte ihn.

Freilich war Geld unterwegs – aber wenn es nun morgen einträfe, wäre der Kaufladen geschlossen, und mit leerem Magen konnte er nicht den weiten Weg gehen, um nach Post zu fragen. Er mußte jetzt ...

Herr Martin war ein gescheiter, eigensinniger Mann, und er war nicht geneigt, auf Anhieb zu verzweifeln; aber als er nun daran dachte, daß er Brot und Aufstrich rationieren müsse, um für jeden Tag einen Happen übrigzubehalten, da durchlief ihn ein Gefühl der Wut und zugleich der Drang, in Tränen auszubrechen. Er zündete die Lampe an – Gott sei Dank, er hatte noch zwei Liter Petroleum! Er schätzte seinen Holzvorrat ab: Der müßte reichen, wenn er einigermaßen haushielte. Im übrigen war es mit dem Holz nicht so beängstigend, denn das konnte er draußen im Wald der Holzwarengesellschaft stibitzen. Wenn er doch auch Kaffee und Tabak bei der Gesellschaft mausen könnte! Er ballte die Fäuste, ging in seiner Kammer auf und ab. Was für ein Esel er doch war, daß er vom Kaufmann nicht mehr Waren auf Borg erbeten hatte! Wahrhaftig ein Idiot! Wie spät war es nun? Vier Uhr. Wenn er sich jetzt noch einmal auf den Weg dorthin machte, würde er den Laden geschlossen finden. Und einfach zum Kaufmann in die Küche zu gehen, die Lage zu schildern und schön zu bitten ... Nein, danke, ihm war schon einmal der Kredit verweigert worden ...

Die Dunkelheit draußen wurde dichter, das Glas des Fensters stand schwarz wie eine Fläche von erstarrtem Pech. Herr Martin hatte keine Lust, Feuer zu machen. Zum Glück fand er einige Zuckerstücke; die legte er beiseite, um sie zum trockenen Brot und zur Margarine zu essen. Wenn er nicht ein so lebenserfahrener Mann gewesen wäre, hätte er jetzt all sein inneres Gleichgewicht verloren. Plötzlich erinnerte er sich ...

Eine Weihnachtsnacht in Chicago, ein harter Winter und kein Zimmer. Dann eine Aprilnacht in der langen, bitteren, unheimlich schweigsamen Bettlerreihe vor dem Bridge House[18] in London.

---

18 Im Besitz der Stadt London befindliches Gebäude zur Verköstigung der Armen.

SCHWEDEN

Herr Martin setzte sich auf seinen selbstgefertigten Diwan, der aus einigen Kisten, einer darübergelegten Matratze und Wolldecken bestand, und versank in Gedanken. In der Erinnerung wiederholte er die nächtliche Wanderung.

London Bridge – Cannon Street – doch nicht bis Victoria – dort war es zu offen, zu fein; doch, gewiß hatte er bis hinauf nach New Bridge zu betteln versucht – und dann Aldgate – Whitechapel Road – Commercial ... Kein Konstabler hatte ihn angehalten und gesagt, es sei gefährlich, weiter hineinzugehen. Seine Kleidung war so, daß er ohne Gefahr in ganz East umherstreifen konnte. Unten bei Wapping hatte er auf einem Prahm geschlafen, der ihm von einem freundlichen schottischen Schiffer angewiesen worden war.

Stets aber hatte er Tabak gehabt. Das war es, was ihn jetzt am meisten wurmte. Seltsamerweise war kein armer Schlucker da draußen ohne Tabak, es gab so reichlich davon, und das Betteln um Tabak ging ausgezeichnet. Jetzt aber ...

Der Hunger begann schon in seinem Magen zu rumoren, aber Herr Martin verspürte keine Neigung, aufzustehen und sein Brot in Rationen einzuteilen.

Wenn er sich recht still verhielt und jede Anstrengung vermied, ging es am besten. Aber nun forderte das Stillverhalten unbedingt etwas zu rauchen, der moderne Mensch war nun einmal so, der Tabakhunger gab dem Nahrungshunger nichts nach. Herr Martin mußte an etwas denken – daran, daß bald hundert Kronen kommen würden, daran, daß Weihnachten gar nichts sei, woran man sein Herz hängen sollte, nur ein Fest ohne Bedeutung, dazu angetan, den Armen auf doppelte Weise an seine Armut zu erinnern und den Reichen an sein Unvermögen, mehr zu genießen, als Magen und Nerven vertrugen.

Er fragte sich, was wohl der geheimnisvolle, einsame Pächter-Uhrmacher-Hausgenosse dort unten treibe. Er hörte, wie der in seinen vier Wänden umherwanderte und kramte. Hatte auch er keine Verwandten, zu denen er reisen konnte?

Bum – bum – bum ...

Herr Martin fuhr auf, ohne zu begreifen, was da vorging. Der Uhrmacher stieß mit irgendeinem harten Gegenstand an die Decke. Was mochte er wollen, sollte er betrunken sein? Weshalb kam er nicht herauf, wenn er etwas wollte? Noch einmal klopfte es ...

Herr Martin spürte, daß etwas Ungewöhnliches bevorstand; denn es war das erste Mal, daß der Einsame dort unten an die Decke pochte. Im Handumdrehen war Herr Martin unten, in der sicheren Annahme, der Uhrmacher sei krank. Vorsichtig, fast ängstlich öffnete er die Tür. Womöglich hatte der Alte einen Schlaganfall erlitten.

Mitten im Zimmer standen ein kleiner Weihnachtsbaum, an dem nur vier oder fünf Kerzen brannten, sowie ein kleiner Tisch, ohne Decke zwar, doch mit Grütze und Fisch befrachtet und – einer altmodischen, kleinen bauchigen Flasche, auf die mit grellen Farben eine Blume und eine fliegende Wespe gemalt waren. Am Tisch standen zwei Stühle – Stühle, die keine Lehne mehr hatten und von

Alter und Ruß schwarz gefärbt waren. Der Uhrmacher hatte zwei Brillen auf, die eine saß weit unten auf der Nasenspitze, die andere war an den Haaransatz hinaufgeschoben; im Nacken thronte eine große Schirmmütze, und die Miene des Alten wirkte so, als habe er einen Schelmenstreich vollführt und fürchte nun Schelte. Sein Gesicht leuchtete rot, wenn der Feuerschein aus dem Kamin darauffiel; er sah aus wie eine blankgeputzte Kupferkasserolle auf dem Wandgestell einer wohlgepflegten Bauernstube.

»Jaa – sehen Sie, Herr Künstler, ich möchte am heiligen Weihnachtsabend einen kleinen Brief nach Amerika geschrieben haben. Könnten Sie mir wohl dabei helfen? Wissen Sie, ich hab' nämlich eine Tochter in Amerika ... Wenn das mit dem Helfen nicht zuviel verlangt ist ... Und da hab' ich mir gedacht, wer für einen arbeitet, der soll auch dafür beköstigt werden. Ich bin sonst nicht so kindisch, daß ich mir einen Weihnachtsbaum hinstelle, aber ich hab' mir gedacht, so zum Vergnügen, für den Besuch. Und außerdem hab' ich ja so viel Tabak von dem Herrn Künstler geliehen, daß ich mir gedacht habe: Jetzt gibst du ihn zurück. Und was ich noch sagen wollte: Sie sollen nicht glauben, daß etwas Unreines und Falsches an diesem Essen wäre, das ich selber zusammengekocht habe. Ich meine, falls Sie nicht mit mir essen möchten, sondern denken, daß es nicht rein genug wäre, so sag ich bloß« – der Uhrmacher trat ein paar Schritte vor und gab seiner Stimme Breite und Sicherheit – »der Branntwein ist auf alle Fälle ganz rein ...«

An diesem Weihnachtsabend lernte Herr Martin, daß die Menschen nicht alle mit einem Maßstab zu messen sind. Es gibt ihrer viele Arten, darunter feine Menschen, die zwar abgerissen, schmutzig und äußerlich unansehnlich herumlaufen, in deren Seelen aber das tiefe Gemüt zu Hause ist.

Rings an den Wänden des Zimmers tickten Dutzende von Uhren aller möglichen Formen, und der Zwölferschlag der heiligen Stunde dröhnte aus dem Innern der Stjärnsund-Uhren, der Mora-Seiger, der Smaaland- und der alten Värmland-Uhren, die zu jeder Zeit des Tages und der Nacht die Stunde angeben konnten, wenn man an einer Schnur zog.

Schließlich zog der Uhrmacher mit geheimnisvoller Miene einen Vorhang in der einen Ecke beiseite und schob die überflüssige Brille noch weiter über die Stirn, worauf sein Gesicht einen feierlich-ernsten Ausdruck annahm. Seine Augen glänzten, und seine Stimme zitterte leicht, als er sagte: »Ja, Herr Künstler – wenn Sie niemanden jemals ein Wort sagen wollen – ja, hier hab' ich etwas, das mein Ureigenes ist.«

An der Decke war ein Rad befestigt, von dem eine Schnur zu einer Apparatur hinunterlief, deren komplizierte Konstruktion jahrelange Arbeit erkennen ließ. Da fanden sich Teile aus alten Dampfmaschinen, Stücke aus einem Regulator, eine elektrische Batterie, eine Leydener Flasche und zwei riesige Kolben aus Messing.

SCHWEDEN

Herr Martin lachte nicht, er war gerührt. In Wirklichkeit sind wir alle solche Phantasten, dachte er, der eine malt, der andere ... Die Hauptsache ist, daß sich die Verrücktheit nicht als Bosheit äußert.

»Nun, läßt sich die Maschine in Gang setzen?« fragte Herr Martin, obwohl er bereits wußte, welche Antwort er bekommen würde – die ewig gleiche:

»Nein, nein – es fehlt noch was – etwas ganz Unbedeutendes, woran ich jetzt gerade herumbastele. Aber ist sie nicht großartig?«

»O doch, wunderbar!«

Später in der Nacht, als Herr Martin, mit einem Päckchen Tabak in der Hand, in seine Kammer hinaufgehen wollte, fiel ihm etwas ein, und er drehte sich in der Tür um.

»Sollte ich nicht einen Brief nach Amerika schreiben?«

Der Uhrmacher, der sich schon auf seine Pritsche gelegt hatte, blickte etwas verlegen drein. Dann richtete er sich auf und lachte.

»Ich hab' gar keine Tochter in Amerika«, sagte er. »Ich bin niemals verheiratet gewesen. Eigentlich wollte ich nur sie zeigen...« Er wies in die Ecke, wo die Ewigkeitsmaschine stand. »Weil doch Weihnachten ist ... Und vorher hab' ich sie niemandem gezeigt ....«

Herr Martin nickte einen Abschiedsgruß, begriff und verschwand.

Weihnachtsfreude

Hjalmar Bergmann

ie »Alte« war ein fester Bestandteil des Hofes. Sie hatte auf dem Altenteil gesessen, und als der Hof unter den Hammer kam, wurde sie unbeanstandet mit übernommen. Darüber gab es nichts zu verhandeln. Sie aß nur wenig, und immer machte sie sich irgendwie nützlich, obwohl ihr Augenlicht getrübt und ihr Gedächtnis umwölkt war. Bekam sie Garn, strickte sie den lieben langen Tag. Daß sie einen Teil des Garns für sich behielt, machte nichts aus. Auch daraus wurden Strümpfe – Weihnachtsgeschenke für Anders und Jakob, ihre Söhne. Anders aber lag auf dem Friedhof, und Jakob, der Seemann, war seit Jahr und Tag verschollen. So blieb es schließlich doch immer den Leuten vom Hof vergönnt, Löcher in diese Strümpfe zu reißen.

Aber daß weder Anders noch Jakob von sich hören ließen, nicht einmal zu Weihnachten, das war der große Kummer der Alten. Jakob fuhr ja zur See und konnte eben nichts dafür; daß aber Anders seine alte Mutter einfach so vergessen haben sollte, das grämte und erzürnte sie. Das war bitter.

»Es wird ihn schon irgend etwas abhalten«, tröstete die junge Bäuerin, die eine gute Frau war. Und der Bauer, der ein Witzbold war, lachte und sagte: »Drei Schaufeln Erde sind doch wohl ein triftiger Entschuldigungsgrund fürs Ausbleiben, vor Gott wie vor dem Länsmann[19]!«

Das entsprach gewiß der Wahrheit. Aber für die Alte, die kein Gedächtnis hatte, war das nur närrisches Geschwätz, mit dem sich junge Leute in Erwartung der Feiertage vergnügen mochten. Und so verzog sie sich mit Garn und Stricknadeln in die Herdecke.

»Wenn er nicht kommt, ist es nicht zu ändern. Kommt er aber, so soll er doch sehen, wo seine Mutter mit ihren Gedanken gewesen ist!«

Und sie strickte. Das Weihnachtsfest kam, aber kein Anders und kein Jakob. Das war bitter und schwer. Und ebenso bitter war es die nächsten Weihnachten und die nächsten und die folgenden in einer langen Reihe.

Einmal Weihnachten aber kam er. Das heißt, Anders war es ja in Wirklichkeit nicht, und auch nicht Jakob.

Es war ganz einfach ein Fremder, ein Mann, der am Weihnachtsmorgen gern etwas zu essen haben wollte, dem es aber noch nicht recht klar war, wo und wie er dazu kommen sollte.

Ohne anzuklopfen, trat er in die Küche und fand die alte Frau schlafend in der

19 Landpolizist

SCHWEDEN

Herdecke. Das machte den Fremdling ein wenig verlegen. Er hatte damit gerechnet, daß alle Hofbewohner zu dieser Tageszeit in der Christmette seien. Er versuchte, sich an der Greisin vorbeizuschleichen, ohne sie zu wecken. Aber das glückte ihm nicht.

»Ist das Jakob?« fragte sie.

Der Fremde antwortete: »M-ja-nein.«

»Dann ist es Anders!« rief die alte Frau und breitete ihre Arme aus. »Ja, hab' ich's nicht gewußt! Jesses, er ist ja am Weihnachtsmorgen gar nicht rasiert! Willst du nicht zur Mette gehen, Junge?«

Doch, das wolle er schon. Aber er habe so wenig Zeit. Und natürlich sei er auch ganz ausgehungert.

Oh, dem lasse sich abhelfen! Miteinander plaudern könnten sie ja danach. Nun solle die Wurst auf den Tisch und der Schinken und der Branntwein und all das andere!

Der Fremde ließ sich nichts merken, er sprach sowenig wie möglich, steckte aber in seine Taschen, was er greifen konnte. Es handelte sich zwar meist um Kleinigkeiten ohne großen Wert, jedoch war auch der feinste Seidenschal der jungen Bäuerin darunter, den zur Mette mitzunehmen sie sich nicht hatte entschließen können.

»Iß jetzt, Junge! Hier tischt dir deine Mutter auf«, beteuerte die Alte. Denn nun hatte sie die junge Bäuerin und den Bauern und alles andere vergessen. Nur die Strümpfe, die vergaß sie nicht. Drei Paar holte sie hervor. Und dann sagte sie mit einem Augenzwinkern: »Deine Füße sind doch nicht etwa naß, du, Anders?«

Doch, und wie! Und so bekam Anders alle drei Paar, obwohl eigentlich Jakob eines davon hatte haben sollen. Aber Gott wisse, wann der Liederjan komme ...! Im übrigen solle er nicht glauben, das Geschenk habe irgendeinen Wert, aber immerhin zeige es ihm wohl, an wen die alte Frau ständig denke.

Das rührte den Fremden.

»Unsereiner denkt natürlich ... schon auch ... an seine Mutter.«

Dann holte er den schönen Seidenschal der jungen Bäuerin hervor. Als die Alte das feine Stück an ihrer Haut spürte, wehrte sie ab, lief weg und versteckte sich in der Herdecke.

»Jesses, Jesses, so ein Schelm! Soll ein altes Weib etwa einen Seidenschal tragen? Solche Narrenpossen!«

Doch, ja, er schwöre darauf, das solle sie! Und dann band er ihr den Schal um, und dann küßte er sie, und dann ging er – zur Christmette.

Als aber die Hofbewohner von der Mette zurückkamen, saß die Alte, vor Freude zitternd und weinend, am Herd, und der feine Schal der jungen Bäuerin war naß von Tränen. Und der Schinken war fort und auch der Weihnachtsschnaps und allerlei anderes mehr.

Das gab einen Wirbel!

Die Alte begriff nichts von alledem, versuchte auch gar nicht zu begreifen. Die Leute schrien und fluchten, und dazu hatten sie wohl auch einigen Grund. Die junge Bäuerin nahm den Schal wieder an sich, und das ging nicht gütlich ab. Der Mann mußte die mageren, harten Finger, die das feine Stück festhalten wollten, auseinanderbiegen.

Das machte nichts. Der Schal war schnell vergessen. Aber die Erinnerung an den Besuch des Sohnes, die behielt die Alte von Weihnachten bis zum Knutstag[20].

Und das ist eine lange Zeit, eine lange Weihnachtsfreude.

Nicht auf Lichter
und Lampen kommt es an,
und es liegt nicht
an Mond und Sonne,
sondern daß wir Augen haben,
die Gottes Herrlichkeit sehen können.

Selma Lagerlöf

20 13. Januar, genannt nach dem dänischen König Knut dem Heiligen (1040–1086).

Die Kirchhütten

Astrid Ehrenkron-Kidde

I m vorigen Jahr kam ich zum erstenmal dazu, den Weihnachtsmonat fern von meinem Heimatland, in dem einsam gelegenen Gasthof von Edebäck im nördlichsten Värmland, zu verbringen.
Die Fahrt nach Edebäck gleicht einer Reise ans Ende der zivilisierten Welt. Man steigt an der kleinen Station Sjögränd der Bergslagen[21]-Bahn aus und fährt auf einer schmalspurigen Nebenstrecke, deren Züge sich mit der Geschwindigkeit eines flotten Pferdeschlittens bewegen, einige Meilen in nordöstlicher Richtung weiter, bis diese Bahnlinie am Ufer des Klarälven[22] endet. Elf Meilen vorwärts und vier bis fünf nach jeder Seite ist man nun ganz ohne andere Verbindung mit der Umwelt als durch eine Fahrt mit dem Boot längs der arkadisch schönen Strände des Flusses oder mit dem Wagen über die kurvenreiche Landstraße, die sich, schmal und weiß, zwischen dem Bergrücken und dem Wasser hinschlängelt und von der aus steile, oft schwer passierbare Seitenpfade über das Gebirge nach Dalarna hineinführen.

Der kleine Gasthof bietet zur Sommerzeit eine höchst idyllische Stätte; das lange, flache Gebäude ist mit Rosen behangen und halb von Klematisranken überschattet, die sich um die Eingangstür des kleinen Vorbaus ineinander verflechten, ihre Schlingen über den Dachfirst werfen und sogar den dürftigen Schornstein als Kletterstange benutzen. Der Garten, der sich bis an den Fluß hinunterzieht, trägt einen süßen Duft von Schwertlilien, blaßroten Päonien und weißen Buschrosen über das Wasser, und derselbe süße, weinwürzige Duft hängt in den kleinen, niedrigen Zimmern, deren weiße Mullgardinen in dieser blütengeschwängerten Luft leise und erquickt zu atmen scheinen.

Im Winter aber ist das alles anders. Die Rasenflächen und die schmalen Kieswege liegen dann gemeinsam unter einer dichten, tiefen Schneeschicht, die Pflanzen stehen in kleinen, grünen Gehäusen aus Tannen- und Wacholderreisig verborgen, die man zum Schutz gegen den Frost um sie herum errichtet hat, und die leblosen Eisblumen an den Fensterscheiben lassen sich selbst durch das kräftige Birkenholzfeuer, das in den rundbogigen Öfen lodert und knistert, nicht forthauchen. Und das niedrige Schindeldach trägt statt der leichten grünen Schlingranken während der vier Wintermonate ständig eine steife, durchsichtige Kristallfranse aus langen Eiszapfen, welche die seltenen und kurzen Sonnenstrahlen nicht zum Schmelzen bringen.

---

21 Bergslagen, mittelschwedischer Bergwerksbezirk.
22 Norwegisch – schwedischer Fluß.

Es war mir jedoch nicht bestimmt, das Weihnachtsfest selbst in diesem bescheidenen Palast der Eiskönigin zuzubringen. Ich hatte nämlich das Glück, von dem Herrn von Letafors – dem Eigentümer einer jetzt stillgelegten Eisenhütte im südlichen Finnskoga –, mit dessen Frau ich einige Mal in Filipstadt zusammengetroffen war, eine Einladung zu erhalten, den Heiligen Abend wie auch die folgenden Feiertage auf seinem Anwesen zu feiern. Das Besitztum lag gut und gern zwei schwedische Meilen – das heißt zwanzig Kilometer – von dem Gasthof entfernt, in dem ich wohnte.

Das war, wie man verstehen wird, eine höchst willkommene Einladung, von der ich mir viel Freude und geistigen Gewinn versprach. Und sowohl aus diesem Grunde als auch wegen des in dieser Gegend – trotz des Schneeleuchtens – sehr frühen Einbruchs der Dunkelheit fuhr ich zeitig am Nachmittag, gegen zwei Uhr, in dem alten Kaleschenschlitten des Gasthofes los.

Mein Kutscher war nicht gerade neu in der Gegend, aber bei der üblichen Gleichgültigkeit der Landbewohner gegenüber allem, was sich eine halbe Meile außerhalb ihrer täglichen Welt befindet, wußte er nicht Bescheid, in welcher Richtung das Gut Letafors lag.

Nach einer mehr umständlichen als eigentlich klaren Beschreibung von seiten des Wirts erklärte er jedoch, daß er den Weg mit Leichtigkeit finden werde. Und mit einem Nicken und einem willensfest zusammengekniffenen Mund, der mich vermutlich sowohl von seiner Entschlossenheit als auch von seiner Fähigkeit, mich sicher in den Hafen zu leiten, überzeugen sollte, sprang er auf das kleine Fußbrett, ordnete die Zügel am Schlitten und feuerte das Pferd mit einem Zuruf an.

Und in einer heiteren, erwartungsvollen Stimmung, in dem Bewußtsein, das Weihnachtsfest auf einem alten schwedischen Gutshof feiern zu können, wo, wie ich wußte, die Bräuche längst geschwundener Zeiten noch in Ehren gehalten wurden, fuhr ich, während ein zeitiger Sonnenuntergang seinen Glutstreifen am Rand des grauen Winterhimmels hinzog, bei klarem, stillem Frostwetter auf die schmale, längs des Flusses verlaufende Landstraße hinaus.

Es stellte sich jedoch bald heraus, daß die Unternehmung nicht so leicht war, wie sich der gute Lars Petter, der Fuhrknecht, gedacht hatte.

Solange sich die Straße schnurgerade hinzog, mit den Bergwäldern auf der einen und dem bis auf den Grund zugefrorenen Fluß auf der anderen Seite, gab es keine Schwierigkeit. Als wir aber nach Überquerung des Eises an der Fährstelle wieder auf die Landstraße einschwenkten, die sich hier jenseits des Flusses fortsetzt, bog diese nach einer halben Stunde plötzlich in ein Rodungsgebiet der Waldung ab, wo sie sich teilte und einerseits nach Westen, andererseits nach Osten weiterlief.

Lars Petter brachte das Pferd zum Stehen und kratzte sich mit dem Peitschenstiel im Nacken.

SCHWEDEN

»Der Herr ist mit seiner Auskunft nicht sehr genau gewesen«, sagte er, »ich weiß jetzt nicht recht, welchen Weg wir einschlagen sollen.«

Nach einer kurzen Beratung erklärte er jedoch auf einmal zu meiner großen Beruhigung, seiner Sache vollkommen sicher zu sein. Der Gastwirt hatte von einigen riesigen Findlingsblöcken gesprochen. Dort standen ja auch ihrer drei, gewaltig genug, zwischen ihren Wänden einer ganzen Bärenbehausung Raum zu bieten, und gerade an der Wegscheide nach Westen standen sie, so daß nun für einige Zeit wieder alle Schwierigkeit beseitigt war.

Und schon fuhren wir weiter, unserem Ziel entgegen, während der Tag zur Neige ging und der Weg unter uns eine hellere Tönung annahm als der Himmel.

Alte, längst verlassene Offizierslandsitze aus mennigrotem Holz, deren Fensterscheiben der Frost gesprengt hatte, tauchten aus dem Schnee auf, alle mit Vorplatz, schiefer oder umgesunkener Flaggenstange und leerer Hundehütte. Öde Soldatenkaten, klein und viereckig im Schnee wie demütig knicksende Mütterchen. Aus einem einsamen Pfarrhof, über dessen Dach die Kronen der Tannen zusammengewachsen waren, starrte uns einen Augenblick lang ein Fensterauge nach, das lange kein lebendes Wesen hatte vorbeiziehen sehen, und fiel dann wieder in den Winterschlaf.

Auch wir begegneten keinem reisenden Lebewesen, mit Ausnahme einiger Eichhörnchen, die in ihren roten Pelzen über die Straße huschten, so dicht vor unserem Schlitten, daß wir sie beinahe überfahren hätten. Jeglicher Laut um uns schien in der Luft gefroren. Bei Likenäs hing der Fluß über dem Felsabgrund nieder, erstarrt in seinem Fall wie eine glasierte Kaskade und durchstrahlt von dem rosigen Glanz der Sonnenuntergangsstreifen.

Ich bat Lars Petter, einen Augenblick anzuhalten, währenddessen ich die schweren, ellendicken Eistafeln betrachtete, die der Fluß an seinen Ufern emporgeschoben und in denen der Frost sein Gekritzel hinterlassen hatte, so daß sie einer Ansammlung von Gedenksteinen auf einem stillgelegten Friedhof ähnelten.

»Jetzt sind wir bei Lure angelangt«, sagte mein Kutscher, »Hier haben sie in alter Zeit die Leichen übergesetzt, wenn sie aus den öden Kirchsprengeln östlich vom Klarälven kamen. Und seinen Namen hat der Ort, weil sie hier anhielten und in eine Lure[23] bliesen, um die Fährleute zu rufen. Jetzt haben sie ihren Friedhof mehr in der Nähe, am andern Ufer; aber bei den Namen Likenäs und Lure bleibt es wohl, bis der Jüngste Tag kommt und die Toten aus ihren Gräbern steigen, gleichviel, ob nun hier oder da.«

Ein Stück weiter passierten wir das Kirchdorf Ekshärad, und von dem wußte Lars Petter zu berichten, daß es zur Zeit der Pest mit Mann und Maus ausgestorben sei und so vollständig ausgetilgt und vergessen wurde, daß der Wald um

---

23 Ursprünglich posaunenähnliches Blasinstrument der nordischen Bronzezeit.

die Kirche hochwuchs und sie samt den wenigen verödeten Häusern, die dahinter standen, verbarg. Bis eines Tages, Jahrhunderte danach, ein Jäger, der auf einen Urvogel schoß, und sein Ziel verfehlte, seinen Pfeil in der schuppigen Holzspitze des Kirchturms wiederfand.

Inzwischen hatte ich zu frieren begonnen, weil mein Kutscher, während er erzählte, unwillkürlich die Fahrt verlangsamt hatte; außerdem fand ich seine Unterhaltung für einen Heiligen Abend recht befremdlich und bat ihn, das Pferd etwas anzutreiben, damit wir so schnell wie möglich ans Ziel kämen.

Wir waren seitdem kaum länger als eine halbe Stunde gefahren, als der Wald wieder aufhörte. Wir befanden uns plötzlich in einer offenen, schneeblinkenden Landschaft mit ausgedehnten Moorstrecken und verstreuten Birkengruppen, doch ohne eine einzige menschliche Behausung, soweit das Auge reichte. Und nun wurde es schlimmer als zuvor, denn hier war offensichtlich seit dem letzten Schneefall keiner entlanggefahren, Moor und Landstraße gingen bald ohne die geringste wegweisende Spur ineinander über.

Daß wir die geschlossene Geborgenheit des Waldes hinter uns lassen mußten, machte mich über unser unwegsames Fahren besorgter, als ich es sonst gewesen wäre; und es war mir zumute, als hätte man mich mitten auf dem Ozean, Hunderte von Meilen fern jeder Küste, in einem gebrechlichen kleinen Boot ohne Ruder ausgesetzt.

Ich fühlte mich deshalb nicht sonderlich überrascht, als Lars Petter sich umdrehte und geradeheraus erklärte, daß er nun nicht mehr die blasseste Ahnung habe, wo wir uns befänden, sondern auf gut Glück fahren müsse, »der Nase nach«, wie er sich ausdrückte. Die aber sei immer äußerst fein ausgebildet gewesen, um die rechte Richtung zu wittern, fügte er als Trost hinzu – der mir allerdings sehr schwach erschien.

Dann stellte es sich auch tatsächlich heraus, daß sein Witterungsorgan diesmal versagte. Wir fuhren und fuhren – und bald merkten wir an den vereinzelten Birkengruppen, die uns entgegenkamen, daß wir mitten ins Moor geraten sein mußten. Kurz darauf kippte der Schlitten an einem Grabenrand um, und da wußten wir, daß wir uns – fürs erste jedenfalls – wieder irgendwo auf der unsichtbaren und unbekannten Landstraße befanden.

Sicher ist, daß wir in alle Himmelsrichtungen fuhren, ohne unserem Ziel einen Schritt näher zu kommen. Und als ich Lars Petter bat, einen Augenblick anzuhalten, sich einmal umzuwenden und einen Blick auf die Spuren zu werfen, die wir hinterlassen hatten und die an jene Striche erinnerten, die man einst als Kind mit verbundenen Augen auf eine Tafel zu kritzeln pflegte – da mußte er zugeben, daß wohl niemand geglaubt hätte, hier sei ein nüchterner Kutscher gefahren.

Unverhofft und groß war deshalb meine Freude, als ich, nachdem wir fast eine Stunde lang auf diese trostlose Weise umhergeirrt waren, plötzlich eine weiße Kirche erblickte, die sich vor uns langsam vom Erdboden erhob.

Lars Petter stieß einen langgezogenen Pfiff aus, und ich merkte, wie er von seinem Sitz aufstand und sich aus dem Schlitten lehnte, um auszuspähen. Jetzt schien nämlich das Pferd bebaute Stätten gewittert zu haben, denn es fiel mit einem Ruck in sausenden Lauf und setzte auf den Kirchturm zu, den Lars Petter nun in schräger Richtung blindlings ansteuerte, ohne Rücksicht auf mögliche Hindernisse in Form von Löchern oder Hecken.

Als wir schließlich dorthin gelangten, fühlte ich mich doppelt aufgemuntert, da ich eine Anzahl puppenhaft kleiner, aber hübscher, je zwei niedrige Geschosse fassender Holzhäuser gewahrte, die alle in einem Kreis um die Kirche herum standen. Also mußten wir in ein Dorf gekommen sein, wo man uns wieder auf die rechte Fährte helfen konnte.

Es wunderte mich nur, daß auch nicht hinter einer einzigen Fensterscheibe Licht zu sehen war; aber ich wußte, daß die Bauern in diesen kargen Gegenden dazu neigten, Talglichte zu sparen und, sofern sie nicht gerade irgendeine Abendarbeit vorhatten, lieber mit Hilfe des Feuerscheins von den im Ofen brennenden Birkenholzscheiten herumtappten, bis es Zeit wurde, schlafen zu gehen – was für gewöhnlich der Fall war, nachdem sie dem Schwein das letzte Futter gegeben und die Hühner eingesperrt hatten.

Ich wollte Lars Petter gerade darüber befragen, als er mir diese Mühe augenblicks ersparte, indem er, vom hinteren Trittbrett abspringend, ausrief: »Ach – so! Ja, da können wir die Sache ebensogut gleich aufgeben. Da kommen wir für diesmal doch nicht weiter. Denn jetzt sind wir von irgendeiner Menschenbehausung so weit entfernt, wie wir es nur sein können. Dies sind die Kirchhütten!«

Auf meine erstaunte Frage erklärte er mir nun, daß die Leute in diesen abgelegenen Gegenden Wege von vier oder gar sechs Meilen zur Kirche hätten und deshalb für gewöhnlich schon samstags abends hergefahren kämen. Jeder Hof habe da seine Holzhütte, deren Erdgeschoß einen Stallraum für das Pferd beherberge, während die Leute selbst in dem Stockwerk darüber schliefen. An diesem Abend aber seien sie nicht zu erwarten, meinte er, denn was die Weihnachtszeit betreffe, so pflegten sie den Heiligen Abend stets daheim zu verbringen und erst am anderen Morgen gegen vier Uhr zur Christmette zu kommen.

Ich begriff dennoch nicht, wie in aller Welt jemand auf die Idee kommen konnte, so meilenweit von allen menschlichen Wohnhütten entfernt eine Kirche zu bauen, gleich einem Leuchtturm auf einer Insel mitten im Meer. Sie stand doch hier nur für Wildvögel und Hasen und andere Ödmarktiere, deren Spuren sich im Schnee um uns her abzeichneten.

Ja, erklärte Lars Petter, es sei nun so, daß die Gehöfte und Dörfer in diesen dünnbesiedelten Gegenden sehr weit auseinander lägen, und damit nicht der eine bloß eine halbe und der andere vielleicht zehn ganze Meilen Weg zur Kirche habe, sei sie eben hierher gesetzt worden – also einzig und allein aus Gründen der Gerechtigkeit, fügte er belehrend hinzu.

Obwohl er gewiß ohne Schuld an unserem Mißgeschick war, verspürte ich bei diesen Auskünften einen solchen Unwillen gegenüber meinem irregefahrenen Schlittenlenker, daß ich im Augenblick kein Wort weiter hervorbrachte. Dies alles war auch wirklich kein weihnachtlicher Spaß. Hier saßen wir nun, allein im Umkreis vieler unbekannter und schneekalter Meilen, an diesem leeren und verschlossenen Ort, der nur aus verlassenen, für den Schlaf von Menschen bestimmten Hütten bestand, aus einem einsamen, dumpfen Kirchengewölbe, das haushälterisch das Echo der Stimme des Pfarrers von Sonntag zu Sonntag bewahrte, und aus den Gräbern der Toten auf dem Friedhof, die ortstreu dort blieben, wohin sie zur Ruhe gelegt worden waren.

Lars Petter schien die Sache gelassener zu nehmen. Er war schon dabei, das Pferd auszuspannen.

»Ja, wir müssen hier übernachten!« erklärte er. »Es bleibt uns nichts anderes übrig. Platz gibt es ja hier genug.«

Ich folgte ihm verzagt und ärgerlich zu einer etwas abseits stehenden Hütte, die er aus irgendeinem Grund sofort ausgewählt zu haben schien. Als ich ihn fragte, weshalb er gerade diese ausgesucht habe, antwortete er mir langsam: »Ach, das ist schon die beste. Denn, wissen Sie, da ist man sicher, daß heute nacht keiner kommt. Sie können also ganz ruhig schlafen – und morgen früh auch, so lange Sie wollen.«

Ich starrte ihn an.

»Woher wissen Sie, Lars Petter, so sicher, daß hier niemand kommt?« fragte ich überrrascht.

Er nickte gemächlich.

»Ach, wissen Sie«, sagte er, »hier kennt sich unsereiner eigentlich recht gut aus. Denn schließlich hat man gerade beim Besitzer dieser Hütte, drüben im Sprengel Runsjö, gedient. Sie gehört zum Bolla-Hof, ja, das tut sie. Und die Herrschaft da kam ebenso wie andere Christenmenschen auch jeden Heiligen Abend, den Gott werden ließ, zur Kirche gefahren, ganz gleich, wie das Wetter war. Aber vor drei Jahren – gerade in dem Jahr vor meinem Weggang – starb die Bauersfrau; sie war alt und kränklich, ja, das war sie. Und seitdem hat ihr Mann seinen Fuß nicht mehr in Gottes Haus gesetzt, weder sonntags noch an den großen Festtagen. Er meint wohl, es ist besser, diese Tage zu Hause auf dem Hof zu feiern, in Gesellschaft der Flasche und eines Zechbruders, der ihm dabei hilft, sie leer zu machen. Ja, ja, so ist er, der alte Finngren. Trotzdem war er auch ein guter Brotherr und behandelte seine Leute anständig. Und er hat auch einem andern gern ein Gläschen gegönnt – wenn man für die Art Vergnügen was übrig hatte.«

Er hatte, während er sprach, die Tür geöffnet; das ging leicht, es steckte lediglich ein Bolzen in der Klinke.

»Lassen Sie uns wenigstens etwas Feuer machen«, sagte ich, nicht gerade freundlich gestimmt, wie ich glaube,.

»Das geht nicht«, entgegnete Lars Petter ruhig, während er das Pferd hinein-
führte. »Soweit ich mich entsinne, gibt's hier keine Feuerstelle. Sie müssen die
Felldecken aus dem Schlitten nehmen und sich darin einwickeln.«

Während er das Tier versorgte, stieg ich die schmale Wendeltreppe zum
Schlafraum hinauf. Hier stand eine Wand von eingeschlossener Luft, die nach
Mäusen, Feuchtigkeit und altersbraunem Holz roch. Offensichtlich traf Lars Petters Behauptung zu: die Hütte gehörte keinem eifrigen Kirchgänger. Man hätte
darauf schwören können, daß sich hier seit vielen Jahren kein Mensch aufgehalten habe.

Es war eine sehr einfache und primitive Kammer; die Bettstellen bildeten
zwei schmale Wandbänke, deren Sitzdeckel gastfreundlich offenstanden, als
wären es zwei Särge, die nur auf ihre Bewohner warteten, um zugeschlagen zu
werden. Dank göttlicher Vorsorge fanden sich hier einige dicke Schaf- und
Wolfsfelle, mit denen man sich, so hoffte ich, zudecken konnte; wie ich jedoch
eine davon anfaßte, fing die Wolle an zu zerkrümeln, als hätten seit langem Mäu-
se darin gehaust. Ja, der Besitzer dieser Hütte war wirklich ein nachlässiger
Kirchgänger!

Ich zündete eine lange, dünne Kerze an, die in einem schiefen Eisenleuchter
auf dem Fensterbrett stand. Ein rußiger, fettiger Geruch verbreitete sich in der
Kammer, als die Flamme aufflackerte. Und jetzt sah ich, daß sich hier außer den
Schlafbänken noch eine rot angestrichene Truhe mit gewölbtem Deckel sowie
eine runde Feuerstelle aus Stein fanden.

Erfreut über diese letzte Entdeckung, rief ich zu Lars Petter hinunter und bat
ihn, drüben auf dem Friedhof rasch etwas Reisig zu sammeln.

Und als eine Viertelstunde später das Feuer aufflammte und bald die schlimmste Kälte aus der kleinen Kammer vertrieb, begann ich mich wohler zu fühlen –
obgleich ich die ersten Anzeichen von Hunger verspürte, der sich, wie ich wußte, lange Zeit nicht würde stillen lassen.

Ich fragte Lars Petter, wo er schlafen wolle, und er antwortete, er würde es
sich schon beim Pferd unten bequem machen. Daraufhin hüllte ich mich, halb
erfreut hierüber und halb ärgerlich über den verdorbenen Weihnachtsabend –
den ich auf eine ganz andere, würdige Art zu verbringen gedacht hatte – in meine mitgebrachten Decken und machte den Versuch, in dem einen der beiden
Bankkästen einzuschlafen.

Aber obwohl ich nach der langen Fahrt in der Kälte reichlich müde war, kam
ich nicht so leicht zur Ruhe. Wie immer in solchen Zeiten beängstigenden Un-
friedens, erschien mir der Abend stärker als irgendein anderer Zeitpunkt des Tages dazu geeignet, die Phantasie zu beleben und sie auf Grund all der angstein-
flößenden Nachrichten, wie sie jede neue Morgenzeitung brachte, wuchern zu
lassen. Der Gedanke an die Tausenden von Gemarterten und blutig Verstüm-
melten, die jetzt dort unten auf den riesigen Schlachtfeldern, einsam und verge-

bens einen geliebten Namen rufend, mit dem Todesschlummer kämpften, an die Scharen von jungen Menschen, deren Leichen in den Sümpfen moderten, während Verwandte und Freunde in dieser Stunde daheim in den von jenen Lieben verlassenen Wohnungen schluchzend ihr Weihnachtslied sangen – weniger schon war dazu angetan, Ruhe und Schlaf vom Lager eines Menschen fernzuhalten!

Hinzu kam, wie ich gestehe, auch eine mehr egoistische Angst. Denn – wo befand ich mich eigentlich? Was wußte ich von meinem Kutscher dort unten? Er diente erst etwas über einen Monat in dem Gasthof, und ich hatte in den paar Wochen, die ich mich dort aufgehalten hatte, nur einige wenige Male mit ihm gesprochen. Wertsachen oder größere Geldbeträge hatte ich zwar nicht bei mir – aber was wußte er davon?

Und dann waren da noch all die leeren Hütten mit ihren kleinen, staubigen Fenstern, die wie gebrochene Augen in den Mondschein starrten – was mochten sie hinter ihren morschen Holzwänden verbergen? Und der Friedhof dort drüben mit seinen geschlossenen Gräbern – ja selbst das unermeßlich schneeweiße Land um uns her erschien mir auf einmal in all seiner ausgedehnten Macht gefahrdrohend.

Zu guter Letzt spürte ich aber doch, wie die Müdigkeit alle Widersacher besiegte, die einer nach dem andern in dunkle Nebelbilder überglitten. Das letzte, was ich aus der Wirklichkeit vernahm, war ein unbändiges Schnarchen, das von Lars Petter im unteren Geschoß herrührte und das wahrscheinlich trotz der Lautstärke das Seine dazu beitrug, meine Nerven zu beruhigen. Und so sank ich schließlich in einen Schlaf, fest und schwer wie der der Toten um mich herum.

Ich weiß nicht, wie lange ich geschlafen hatte oder wie spät es sein mochte – als ich auffuhr, weil sich jemand in der Kammer, in der ich lag, zu schaffen machte.

»Wer ist da ...? Ist hier jemand?« rief ich verstört.

Plötzlich wurde es still, als hätte ich eine Maus verscheucht.

Mit diesem Gedanken gab ich mich zufrieden; einen Augenblick darauf hörte ich es jedoch von neuem. Das Geräusch kam jetzt vom Fenster her.

Ich richtete mich in dem Bankkasten ganz auf, und zu meiner Verwunderung sah ich nun, im Schein des Mondes und der letzten Glutstücke in dem steinernen Ofen, eine kleine, alte, in grauen Loden gekleidete Frau sich auf mein Bett zubewegen.

Sie war so klein und das dicke Gewand so lang und weit, daß ihre Füße unsichtbar blieben; es sah so aus, als schöbe sie der schwere Lodenstoff selbst auf eine seltsam gleitende und schrittlose Art über den Fußboden vorwärts.

Als sie mich erblickte, griff sie sich ans Herz. Sie beugte sich über mich und hauchte mit unsagbar sanfter und zärtlicher Stimme: »Bist du es, mein guter Alter?«

Auf einmal aber wich sie zurück.

»O Gott, ich war so froh«, flüsterte sie, »so recht von Herzen froh! Aber er ist es ja gar nicht! Ach nein, das hätte ich mir auch denken können!«

Sie seufzte tief. Aber ehe ich dazu kam, sie zu fragen, was sie meine, fügte sie mit etwas lauterer Stimme hinzu: »Dies ist meine Stube. Und das Bett hier gehört meinem Mann!«

Es wurde mir nun klar, daß sich Lars Petter doch in der Hütte geirrt haben müsse und daß dies eine der schon eingetroffenen Kirchgängerinnen sei. Deshalb machte ich Anstalten, aus dem Bettkasten herauszuklettern, währenddessen ich die Frau um Nachsicht dafür bat, daß wir, nachdem sich mein Kutscher verirrt habe, in ihrem Haus Zuflucht gesucht hätten, das er mit einem anderen verwechselt habe, dessen Besitzer es nicht zu benutzen pflege.

Sie aber machte eine abwehrende Handbewegung.

»O nein, bleiben Sie nur liegen!« sagte sie freundlich. »Es gibt gewiß niemanden mehr, der dieses Bett noch braucht.« Und sie seufzte dazu noch einmal so tief, daß es mir um die kleine alte Frau herzlich leid tat.

»Erwarten Sie vielleicht jemanden, Mütterchen?« fragte ich.

Sie schüttelte den Kopf.

»Ich suche meinen Mann«, sagte sie leise, »in diesem Bett hat er immer geschlafen, müssen Sie wissen. Ich habe schon so manchen Feiertagsvorabend gewartet, nun tue ich es bald nicht länger. Aber man kann es ja trotzdem nicht lassen, immer wieder nachzusehen. Leider Gottes! Als ich noch lebte, hatte ich es schon schwer genug, ihn mit in Gottes Haus zu bekommen. Jetzt ist keiner mehr da, der ihn dazu bewegt und seine Seele auf das lenkt, was fromm und heilig ist. Aber ich habe doch immer noch gedacht, daß er vielleicht – am Weihnachtsabend .... Wir sind früher stets zusammen zur Christmette gefahren, wir beide. Jetzt aber hat er unseren Herrgott wie auch mich vergessen.«

Ich starrte sie an. Was mochte all das, von dem sie da sprach, bedeuten? Die Alte war offensichtlich nicht ganz gescheit. Ich betrachtete sie aufmerksam und neugierig und wunderte mich darüber, daß ich gar keine Angst mehr verspürte.

Aber die kleine graue Frau stand reglos an meinem Lager, wobei sie die alten, welken, durchsichtigen Hände über ihrer Brust gefaltet hielt.

»Diese Stätte gehört sonst uns«, fuhr sie nach einer Weile fort. »Ach ja, lieber Herrgott! Alle übrigen sechs Nächte der Woche schalten und walten wir in unseren Hütten so wie einmal vor langer Zeit. Nur in den Samstagsnächten gehören sie den Lebenden. Ich allein komme jede Samstagnacht her, um zu sehen, ob er seinen Sinn nicht geändert hat. Aber niemals ist er hier anwesend. Er war ein so guter Mensch«, fügte sie mit einem Seufzer hinzu, »aber er war, leider Gottes, auch so leichten Sinnes!«

Während ich noch aufgerichtet in meinem Kastenbett saß, starrte ich sie an, außerstande, ein Wort hervorzubringen. Ich hätte ihr so gern etwas Tröstliches gesagt, denn sie sah zutiefst bekümmert und sorgenvoll aus.

Aber ich suchte vergebens. Wann findet man schon ein tröstendes Wort, wenn man es gerade am nötigsten hätte? Ich konnte ihr lediglich die Hand entgegenstrecken, um ihr wenigstens etwas Teilnahme zu zeigen.

Sie bemerkte es jedoch nicht. Vor sich hin ins Leere blickend, schien sie nur ihrem eigenen Gedankengang zu folgen.

»Aber nun«, fuhr sie fort, während sie ihre Finger voneinander löste und über ihrer eingesunkenen Brust hin und her tappen ließ, »in diesem Jahr, wo es hier oben so schrecklich schlimm steht, wo Elend und Jammer und schwere Schickungen die Welt erschüttern und die Erde um unsere Särge herum zerbröckeln machen, da habe ich gedacht, all das könnte vielleicht seine Gedanken wenden und seinen leichtfertigen, weltlichen Sinn beugen. Aber es ist, als ob ich der einzige Mensch gewesen sei, der seine Seele auf den rechten Weg zu führen vermochte. Und darum kann ich nicht begreifen, weshalb Gott ihm diese Stütze entzogen hat! Ach nein – aber man begreift ja so wenig!« fügte sie demütig hinzu, während sie die Hände wieder über ihrer Brust faltete, als wolle sie für ihre Worte um Vergebung bitten.

Ich legte meine Hand auf ihren Arm – aber in dem Augenblick, da ich sie berührte, wich die alte Frau langsam zurück, als wäre ihr diese Berührung zuwider.

Und in ständiger Rückwärtsbewegung glitt sie weiter und weiter von mir fort, wobei das dicke Gewand sie wie in einem Laufstuhl von schwerem Stoff zu entrücken schien.

»Das Feuer – das Feuer!« rief ich, als ich sah, wie sie sich dem Brandbereich des niedrigen Steinofens näherte. »Geben Sie acht auf das Feuer ...!«

Aber es war zu spät. Ich sah die Glut plötzlich in Flammen ausschlagen, sie ergriffen das graue Gewand der Frau und zogen sie an sich; im Nu loderte es auf, verwandelte sich zusammen mit ihr in einen grauen Aschennebel, der sich allmählich über den ganzen Raum verbreitete.

Ich schrie auf – und schlug die Augen auf.

Ich mußte sehr tief geschlafen haben; mein Kopf schmerzte und dünkte mir schwer wie Blei. Um mich her herrschte eine drückende Hitze, und zu meinem Entsetzen sah ich, wie die Kammer langsam von einem durch das Fenster dringenden rötlichen Schein wie von einer gewaltigen Feuersbrunst erhellt wurde. Dazu hörte ich die Kirchenglocke unausgesetzt läuten, und zwischendurch vernahm ich das Geschelle einer Menge kleinerer und dünnerer Glöckchen.

Im Nu hatte ich mich aus der Schlafbank hinausgeschwungen. Und in diesem Augenblick hörte ich auf der Treppe Lars Petters Stimme: »Die Kirchgänger! Die Kirchgänger kommen!«

Ich drehte mich um und lief ans Fenster.

Draußen über dem riesigen weißen Schneeland bot sich mir ein herrlicher und seltsamer Anblick.

SCHWEDEN

Soweit das Auge über das Schneefeld reichte, sah ich in einem schlangenähnlich gewundenen Bogen einen phantastischen Zug daherkommen, Schlitten hinter Schlitten, jeder mit seiner unruhig flackernden Fackel – eine bogenförmige Linie in Schwarz und flammendem Gold, die sich unter klingender Schellenmusik und schneeknirschendem Sang Hunderter von Kufen näherte.

Von der Kirche her rief die schwere, alte Glocke mit ihren ehrwürdigen erzenen Schlägen, und darüber hing der Himmel nachtblau und frostblank wie eine Glaskuppel, von der aus ein Gewimmel wachsamer und goldfunkelnder Augen der Fackelprozession folgte.

Gerade als ich vom Fenster zurücktreten wollte, um hinunterzueilen, sah ich, wie einer der vorderen Schlitten aus der Reihe der anderen ausscherte und sich der Hütte näherte, in der wir uns befanden. Vor der Tür blieb das Pferd stehen; eine alte, etwas gebückte, aber kräftige Gestalt in dickem Wolfspelz mit einem großen grünen Tannen- und Wacholderkranz auf dem Arm, stieg aus, warf die Fackel in den Schnee und ging mit schnellen Schritten zum Friedhof hinüber.

Rasch lief ich die Treppe hinunter.

Draußen hielten nun all die Fuhrwerke in einem Kreis um die Kirche. Ein Haufen von Fackeln loderte im Schee auf, Füße in pelzbesetzten Stiefeln stapften umher, und es herrschte ein munteres, morgenfrohes Getöse von Schellen und Schirrzeug, von wiehernden Pferden, von grüßenden und lachenden Stimmen.

Und ein Licht nach dem anderen wurde hinter den kleinen Fensterscheiben angezündet, die alsbald wie verklärt aus tiefem Schlaf erwachende Augen blinzelten. Doch, in seinem Innern gehörte dieses Dorf gewiß den Lebenden!

Und da – nein, stand da nicht mein gastfreundlicher Weihnachtswirt, der Herr von Letafors, in eigener Person?

Er schien wie vom Schlag gerührt, als er mich im Fackelschein erblickte.

Ich erklärte ihm unser Mißgeschick und den Umstand mit dem verhängnisvollen Scheideweg.

»Ja, wissen Sie, der Gastwirt hat irgendwas von dem großen Stein gesagt«, stammelte Lars Petter, der hinzugekommen war.

»Dummerjan!« rief der Gutsherr ungehalten, ließ die Knie einknicken und ballte die Hände zu Fäusten. »Das war ja gerade der Weg, den er auf keinen Fall fahren durfte! So ein Taugenichts!«

Lars Petter starrte nachdenklich vor sich hin.

»Ach – so!« sagte er darauf langsam, während er ein Stück Kautabak aus der Westentasche zog und zurechtschnitt. »Sieh an – da hätte man natürlich den anderen Weg fahren sollen!« Nach dieser Entdeckung schob er sich, weiterhin grübelnd, den Priem an einen Backenzahn und folgte dann der Schar zur Kirche hinüber.

Er kann jedoch nicht angespannter als ich gegrübelt haben, als ich in dem Augenblick, da ich den Kirchhof betrat, den Alten im Wolfspelz erblickte, der zwischen den Grabhecken auftauchte und mit schweren, schlurfenden Schritten auf die allein stehende Hütte zuging, in der ich geschlafen und – geträumt hatte.

Als ich meinen Blick hinter ihm her wandern ließ, war es mir, als sähe ich im Mondschein einen Schatten am Fenster der Kammer im oberen Stockwerk vorbeigleiten.

Und ich blieb noch eine Weile in tiefen Gedanken stehen.

Was war Traum und was war Wirklichkeit?

Aber dann wurde ich aus meinem müßigen Grübeln von der Orgel geweckt, die brausend in der Kirche anhob.

Und einstimmig und mächtig, jubelnd und versöhnungsvoll, fiel die Gemeinde ein:

>> *Gegrüßt sei, schöne Morgenstund,*
die der Propheten heil'ger Mund
uns allen hat verkündet ...<<

SCHWEDEN

Die heilige Nacht

Selma Lagerlöf

Als ich fünf Jahre alt war, hatte ich einen großen Kummer. Ich weiß kaum, ob ich seitdem einen größeren gehabt habe. Das war, als meine Großmutter starb. Bis dahin hatte sie jeden Tag auf dem Ecksofa in ihrer Stube gesessen und Märchen erzählt.

Ich weiß es nicht anders, als daß Großmutter dasaß und erzählte, vom Morgen bis zum Abend, und wir Kinder saßen still neben ihr und hörten zu. Das war ein herrliches Leben. Es gab keine Kinder, denen es so gut ging wie uns. Ich erinnere mich nicht an sehr viel von meiner Großmutter. Ich erinnere mich, daß sie schönes, kreideweißes Haar hatte, und daß sie sehr gebückt ging, und daß sie immer dasaß und an einem Strumpf strickte.

Dann erinnere ich mich auch, daß sie, wenn sie ein Märchen erzählt hatte, ihre Hand auf meinen Kopf zu legen pflegte, und dann sagte sie:»Und das alles ist so wahr, wie daß ich dich sehe und du mich siehst.«

Ich entsinne mich auch, daß sie schöne Lieder singen konnte, aber das tat sie nicht alle Tage. Eines dieser Lieder handelte von einem Ritter und einer Meerjungfrau, und es hatte den Kehrreim:»Es weht so kalt, es weht so kalt, wohl über die weite See.«

Dann entsinne ich mich eines kleinen Gebets, das sie mich lehrte, und eines Psalmverses.

Von allen den Geschichten, die sie mir erzählte, habe ich nur eine schwache, unklare Erinnerung. Nur an eine einzige von ihnen erinnere ich mich so gut, daß ich sie erzählen könnte. Es ist eine kleine Geschichte von Jesu Geburt.

Seht, das ist beinah alles, was ich noch von meiner Großmutter weiß, außer dem, woran ich mich am besten erinnere, nämlich dem großen Schmerz, als sie dahinging. Ich erinnere mich an den Morgen, an dem das Ecksofa leer stand und es unmöglich war zu begreifen, wie die Stunden des Tages zu Ende gehen sollten. Daran erinnere ich mich. Das vergesse ich nie.

Und ich erinnere mich, daß wir Kinder hingeführt wurden, um die Hand der Toten zu küssen. Und wir hatten Angst, es zu tun, aber da sagte uns jemand, daß wir nun zum letztenmal Großmutter für alle die Freude danken könnten, die sie uns gebracht hatte.

Und ich erinnere mich, wie Märchen und Lieder vom Hause wegfuhren, in einen langen, schwarzen Sarg gepackt, und niemals wiederkamen.

Ich erinnere mich, daß etwas aus dem Leben verschwunden war. Es war, als hätte sich die Tür zu einer ganz schönen, verzauberten Welt geschlossen, in der wir früher frei aus und ein gehen durften. Und nun gab es niemand mehr, der sich darauf verstand, diese Tür zu öffnen.

Ich erinnere mich, daß wir Kinder so allmählich lernten, mit Spielzeug und Puppen zu spielen und zu leben wie andere Kinder auch, und da konnte es ja den Anschein haben, als vermißten wir Großmutter nicht mehr, als erinnerten wir uns nicht mehr an sie.

Aber noch heute, nach vierzig Jahren, wie ich dasitze und die Legenden über Christus sammle, die ich drüben im Morgenland gehört habe, wacht die kleine Geschichte von Jesu Geburt, die meine Großmutter zu erzählen pflegte, in mir auf. Und ich bekomme Lust, sie noch einmal zu erzählen und sie auch in meine Sammlung mit aufzunehmen.

Es war an einem Weihnachtstag, alle waren zur Kirche gefahren, außer Großmutter und mir. Ich glaube, wir beide waren im ganzen Hause allein. Wir hatten nicht mitfahren können, weil die eine zu jung und die andere zu alt war. Und alle beide waren wir betrübt, daß wir nicht zum Mettgesang fahren und die Weihnachtslichter sehen konnten. Aber wie wir so in unserer Einsamkeit saßen, fing Großmutter zu erzählen an.

»Es war einmal ein Mann«, sagte sie, »der in die dunkle Nacht hinausging, um sich Feuer zu leihen. Er ging von Haus zu Haus und klopfte an. ›Ihr lieben Leute, helft mir!‹ sagte er. ›Mein Weib hat eben ein Kindlein geboren, und ich muß Feuer anzünden, um sie und den Kleinen zu erwärmen.‹

Aber es war tiefe Nacht, so daß alle Menschen schliefen, und niemand antwortete ihm.

Der Mann ging und ging. Endlich erblickte er in weiter Ferne einen Feuerschein. Da wanderte er dieser Richtung zu und sah, daß das Feuer im Freien brannte. Eine Menge weißer Schafe lagen rings um das Feuer und schliefen, und ein alter Hirt wachte über der Herde. Als der Mann, der Feuer leihen wollte, zu den Schafen kam, sah er, daß drei große Hunde zu Füßen des Hirten ruhten und schliefen. Sie erwachten alle bei seinem Kommen und sperrten ihre weiten Rachen auf, als ob sie bellen wollten, aber man vernahm keinen Laut. Der Mann sah, daß sich die Haare auf ihrem Rücken sträubten, er sah, wie ihre scharfen Zähne funkelnd weiß im Feuerschein leuchteten, und wie sie auf ihn losstürzten. Er fühlte, daß einer von ihnen nach seinen Beinen schnappte und einer nach seiner Hand, und daß einer sich an seine Kehle hängte. Aber die Kinnladen und die Zähne, mit denen die Hunde beißen wollten, gehorchten ihnen nicht, und der Mann litt nicht den kleinsten Schaden.

Nun wollte der Mann weitergehen, um das zu finden, was er brauchte. Aber die Schafe lagen so dicht nebeneinander Rücken an Rücken, daß er nicht vorwärts kommen konnte. Da stieg der Mann auf die Rücken der Tiere und wanderte über sie hin dem Feuer zu. Und keins von den Tieren wachte auf oder regte sich.«

So weit hatte Großmutter ungestört erzählen können, aber nun konnte ich es nicht lassen, sie zu unterbrechen. »Warum regten sie sich nicht, Großmutter?«

fragte ich. »Das wirst du nach einem Weilchen schon erfahren«, sagte Großmutter und fuhr mit ihrer Geschichte fort.

»Als der Mann fast beim Feuer angelangt war, sah der Hirt auf. Er war ein alter, mürrischer Mann, der unwirsch und hart gegen alle Menschen war. Und als er einen Fremden kommen sah, griff er nach seinem langen, spitzigen Stabe, den er in der Hand zu halten pflegte, wenn er seine Herde hütete, und warf ihn nach ihm. Und der Stab fuhr zischend gerade auf den Mann los, aber ehe er ihn traf, wich er zur Seite und sauste, an ihm vorbei, weit über das Feld.«

Als Großmutter so weit gekommen war, unterbrach ich sie abermals. »Großmutter, warum wollte« der Stock den Mann nicht schlagen?« Aber Großmutter ließ es sich nicht einfallen, mir zu antworten, sondern fuhr mit ihrer Erzählung fort.

»Nun kam der Mann zu dem Hirten und sagte zu ihm: ›Guter Freund, hilf mir, und leih mir ein wenig Feuer. Mein Weib hat eben ein Kindlein geboren, und ich muß Feuer machen, um sie und den Kleinen zu erwärmen.‹ Der Hirt hätte am liebsten nein gesagt, aber als er daran dachte, daß die Hunde dem Mann nicht hatten schaden können, daß die Schafe nicht vor ihm davongelaufen waren und daß sein Stab ihn nicht fällen wollte, da wurde ihm ein wenig bange, und er wagte es nicht, dem Fremden das abzuschlagen, was er begehrte. ›Nimm, soviel du brauchst‹, sagte er zu dem Manne.

Aber das Feuer war beinahe ausgebrannt. Es waren keine Scheite und Zweige mehr übrig, sondern nur ein großer Gluthaufen, und der Fremde hatte weder Schaufel noch Eimer, worin er die roten Kohlen hätte tragen können.

Als der Hirt dies sah, sagte er abermals: ›Nimm, soviel du brauchst!‹ Und er freute sich, daß der Mann kein Feuer wegtragen konnte. Aber der Mann beugte sich hinunter, holte die Kohlen mit bloßen Händen aus der Asche und legte sie in seinen Mantel. Und weder versengten die Kohlen seine Hände, als er sie berührte, noch versengten sie seinen Mantel, sondern der Mann trug sie fort, als wenn es Nüsse oder Äpfel gewesen wären.«

Aber hier wurde die Märchenerzählerin zum drittenmal unterbrochen. »Großmutter, warum wollte die Kohle den Mann nicht brennen?«

»Das wirst du schon hören«, sagte Großmutter, und dann erzählte sie weiter.

»Als dieser Hirt, der ein so böser, mürrischer Mann war, dies alles sah, begann er sich bei sich selbst zu wundern: ›Was kann dies für eine Nacht sein, wo die Hunde nicht beißen, die Schafe nicht erschrecken, die Lanze nicht tötet und das Feuer nicht brennt?‹ Er rief den Fremden zurück und sagte zu ihm: ›Was ist dies für eine Nacht? Und woher kommt es, daß alle Dinge dir Barmherzigkeit zeigen?‹

Da sagte der Mann: ›Ich kann es dir nicht sagen, wenn du selber es nicht siehst.‹ Und er wollte seiner Wege gehen, um bald ein Feuer anzünden und Weib und Kind wärmen zu können.

SCHWEDEN

Aber da dachte der Hirt, er wolle den Mann nicht ganz aus dem Gesicht verlieren, bevor er erfahren hätte, was dies alles bedeute. Er stand auf und ging ihm nach, bis er dorthin kam, wo der Fremde daheim war.

Da sah der Hirt, daß der Mann nicht einmal eine Hütte hatte, um darin zu wohnen, sondern er hatte sein Weib und sein Kind in einer Berggrotte liegen, wo es nichts gab als nackte, kalte Steinwände.

Aber der Hirt dachte, daß das arme unschuldige Kindlein vielleicht dort in der Grotte erfrieren würde, und obgleich er ein harter Mann war, wurde er davon doch ergriffen und beschloß, dem Kinde zu helfen. Und er löste sein Ränzel von der Schulter und nahm daraus ein weiches, weißes Schaffell hervor. Das gab er dem fremden Manne und sagte, er möge das Kind darauf betten.

Aber in demselben Augenblick, in dem er zeigte, daß auch er barmherzig sein konnte, wurden ihm die Augen geöffnet, und er sah, was er vorher nicht hatte sehen, und hörte, was er vorher nicht hatte hören können.

Er sah, daß rund um ihn ein dichter Kreis von kleinen, silberbeflügelten Englein stand. Und jedes von ihnen hielt ein Saitenspiel in der Hand, und alle sangen sie mit lauter Stimme, daß in dieser Nacht alle Dinge so froh waren, daß sie niemand etwas zuleide tun wollten. Und nicht nur rings um den Hirten waren Engel, sondern er sah sie überall. Sie saßen in der Grotte, und sie saßen auf dem Berge, und sie flogen unter dem Himmel. Sie kamen in großen Scharen über den Weg gegangen, und wie sie vorbeikamen, blieben sie stehen und warfen einen Blick auf das Kind.

Es herrschte eitel Jubel und Freude und Singen und Spiel, und das alles sah er in der dunklen Nacht, in der er früher nichts zu gewahren vermocht hatte. Und er wurde so froh, daß seine Augen geöffnet waren, daß er auf die Knie fiel und Gott dankte.«

Aber als Großmutter soweit gekommen war, seufzte sie und sagte: »Aber was der Hirte sah, das könnten wir auch sehen, denn die Engel fliegen in jeder Weihnachtszeit unter dem Himmel, wenn wir sie nur zu gewahren vermögen.«

Und dann legte Großmutter ihre Hand auf meinen Kopf und sagte: »Dies sollst du dir merken, denn es ist so wahr, wie daß ich dich sehe und du mich siehst. Nicht auf Lichter und Lampen kommt es an, und es liegt nicht an Mond und Sonne, sondern was not tut, ist, daß wir Augen haben, die Gottes Herrlichkeit sehen können.«

Pelle zieht aus
Astrid Lindgren

Pelle ist böse. Er ist in einem solchen Grade böse, daß er beschlossen hat, von zu Hause wegzuziehen. Man kann einfach nicht weiter bei einer Familie wohnen, wo man in dieser Weise behandelt wird. Das war morgens, als Papa ins Büro gehen wollte und seinen Füllfederhalter nicht finden konnte.

»Pelle, hast du schon wieder meinen Füllfederhalter genommen?« fragte Papa und packte Pelle hart am Arm.

Pelle hatte schon manchmal Papas Füller ausgeliehen. Aber nicht heute. Heute steckte der Füller in Papas brauner Jacke, die im Schrank hing. Pelle war vollkommen unschuldig. Und Papa, der ihn so hart am Arm gepackt hatte? Und Mama? Sie hielt selbstverständlich zu Papa. Das hört jetzt aber auf! Pelle hatte die Absicht umzuziehen.

Aber wohin? Er kann zur See gehen. Das kann er. Auf das Meer, wo die großen Schiffe und die großen Wellen sind. Dort kann man sterben. Dann können die zu Hause aber jammern. Er kann auch nach Afrika fahren, wo wilde Löwen umherlaufen. Wenn Papa dann aus dem Büro nach Hause kommt und wie immer fragt:»Wo ist mein kleiner Pelle?«, dann weint Mama und sagt:»Pelle ist von einem Löwen aufgefressen worden.«

Ja, ja, so geht es, wenn man ungerecht ist!

Aber Afrika ist so weit fort. Pelle würde gern etwas mehr in der Nähe bleiben, damit er sehen könnte, wie Papa und Mama nach ihm weinen.

Pelle beschließt deshalb, nach »Herzhausen« zu ziehen. Herzhausen – so nennen sie das kleine rote Häuschen unten im Hof mit dem Herz in der Tür. Dort wird er hinziehen. Er fängt sofort an zu packen, seinen Ball, eine Mundharmonika und »Max und Moritz«. Und dann ein Licht. Ja, in zwei Tagen ist doch Weihnachten. Pelle will in Herzhausen Weihnachten feiern. Da will er dann sein kleines Licht anzünden, dort sitzen und »O du fröhliche, o du selige« auf der Mundharmonika spielen. Das wird sehr traurig klingen, und man wird es bis hinauf zu Mama und Papa hören können.

Pelle zieht sich seinen feinen, hellblauen Mantel und die Handschuhe an und setzt die Ledermütze auf. Er nimmt die große Papiertüte mit dem Ball und der Mundharmonika und dem Licht in die eine Hand und »Max und Moritz« in die andere.

Und dann geht er direkt durch die Küche, damit Mama sehen kann, daß er jetzt umzieht.

»Aber Pelle, willst du schon ausgehen?« fragt Mama.

Pelle antwortet nicht. Ausgehen, ha! Sie sollte nur wissen!

Mama sieht, daß Pelle eine tiefe Falte auf der Stirn hat und daß seine Augen so dunkel sind.

»Pelle, Liebling, was hast du, wo willst du hin?«

»Ich ziehe um!«

»Wohin denn?« fragt Mama.

»Nach Herzhausen«, sagt Pelle.

»Pelle, das kann doch nicht dein Ernst sein! Wie lange willst du dort wohnen?«

»Immer«, sagt Pelle und legt die Hand auf den Türgriff. »Dann kann Papa ja jemand anders beschuldigen, wenn sein alter Füllhalter wegkommt.«

»Lieber, guter Pelle«, sagt Mama und schlingt die Arme um ihn. »Willst du nicht doch bei uns bleiben? Wir tun dir vielleicht manchmal unrecht, aber wir lieben dich doch so sehr – so sehr.«

Pelle zögert. Aber nur einen Augenblick. Er schiebt Mamas Arm beiseite, wirft ihr einen letzten vorwurfsvollen Blick zu und wandert davon. Mama steht am Eßzimmerfenster und sieht, wie eine kleine, hellblaue Gestalt hinter der Tür mit dem Herz verschwindet.

Eine halbe Stunde vergeht. Dann hört Mama schwache Mundharmonikatöne, die von Herzhausen herüberklingen. Es ist Pelle, er spielt »Nun ade, du mein lieb Heimatland«.

Herzhausen ist ein richtig gemütlicher Ort, findet Pelle. Für den Anfang jedenfalls. »Max und Moritz« und den Ball und die Mundharmonika hat er so heimelig wie möglich aufgestellt. Und in das Fenster hat er das kleine Licht gesetzt. Wie traurig wird es dort stehen und am Weihnachtsabend leuchten, falls Papa und Mama zu ihm heruntersehen. Aus dem Eßzimmerfenster.

Am Eßzimmerfenster steht immer der Weihnachtsbaum. Der Weihnachtsbaum, ach ja. Und – und – die Weihnachtsgeschenke. Pelle schluckt.

Nein, er hat nicht die Absicht, irgendwelche Weihnachtsgeschenke von Leuten anzunehmen, die behaupten, daß er Füllfederhalter stiehlt.

Noch einmal spielt er »Nun ade, du mein lieb Heimatland«. Lang, sehr lang wird die Zeit in Herzhausen. Was mag Mama jetzt machen? Papa muß inzwischen auch schon nach Hause gekommen sein.

Pelle würde so gern in die Wohnung hinaufgehen und sehen, ob sie sehr weinen. Aber es ist schwer, einen Grund dafür zu finden.

Dann hat er einen Einfall. Er öffnet rasch den Riegel an der Tür und geht, nein, springt beinahe über den Hof und die Treppen hinauf. Mama ist in der Küche.

»Mama«, sagt Pelle, »wenn für mich vielleicht Weihnachtspostkarten ankommen sollten, willst du dann wohl dem Briefträger sagen, daß ich umgezogen bin?«

Mama verspricht, es zu tun. Pelle geht zögernd wieder zur Tür. Die Füße sind ihm wie Blei.

SCHWEDEN

»Pelle«, sagt Mama mit ihrer weichen Stimme. »Pelle – aber was tun wir mit deinen Weihnachtsgeschenken? Sollen wir die nach Herzhausen hinunterschicken, oder kommst du herauf und holst sie?«

»Ich will keine Weihnachtsgeschenke haben«, sagt Pelle mit harter Stimme.

»Aber Pelle«, sagt Mama. »Das wird ja ein schrecklicher Weihnachtsabend. Kein Pelle, der die Kerzen am Tannenbaum anzündet, kein Pelle, der dem Weihnachtsmann die Tür aufmacht ... Alles, alles ohne Pelle ...«

»Ihr könnt euch ja einen anderen Jungen anschaffen«, sagt Pelle mit zitternder Stimme.

»Nie im Leben!« ruft Mama. »Pelle oder keinen! Es ist immer, immer nur unser Pelle, den wir so liebhaben.«

»Ach so«, sagt Pelle mit noch mehr Zittern in der Stimme.

»Papa und ich, wir werden hier herumsitzen und den ganzen Weihnachtsabend weinen. Wir werden nicht einmal die Lichter anzünden. Wir werden nur weinen.«

Da lehnt Pelle den Kopf an die Küchentür und fängt an zu weinen, weint so herzzerreißend, so laut, so durchdringend – so fürchterlich! Er hat so großes Mitleid mit Papa und Mama. Und als Mama ihre Arme um ihn legt, drückt er sein Gesicht an ihren Hals und weint noch mehr, so sehr, daß Mama ganz naß davon wird.

»Ich verzeihe euch«, sagt Pelle zwischen den Tränen.

»Danke, lieber Pelle«, sagt Mama.

Viele, viele Stunden später kommt Papa aus dem Büro nach Hause und ruft wie immer bereits in der Diele:

»Wo ist mein kleiner Pelle?«

»Hier!« schreit Pelle und wirft sich ihm in die Arme.

Die heilige Nacht

Jeanna Oterdahl

Während das Feuer allmählich niederbrannte, hatte man sich von vergangenen Weihnachten erzählt, von den Christfesten der Kindheit und der ersten Jugendjahre. Die Gesellschaft war nicht groß: zwei Männer und zwei Frauen, alle jenseits der Fünfzig. Sie saßen bequem gruppiert um den Kachelofen im Salon eines alten Gutshauses, das sie alle aus früheren Jahren kannten, denn sie gehörten derselben Familie an. Draußen brauste der Weihnachtssturm durch die Kronen der alten Eichen und Linden, die den sörmländischen Park füllten. Es schneite heftig, seidige Schneeflocken peitschten gegen die Fensterscheiben.

Die Glut im Ofen begann fahl zu werden, und das Gespräch geriet allmählich ins Stocken. Bald saß man schweigend da, in sich selbst und in die Vergangenheit versunken.

Ein plötzlicher Luftzug ließ eine Flamme auflodern, die ihren Schein über das Gesicht des in der Runde am weitesten links sitzenden Mannes warf.

»Valdemar«, rief da die Gastgeberin, »du hast noch nichts erzählt!«

Der Angeredete lächelte; die drei anderen kannten dieses verhaltene Lächeln, das ihm von jeher eigen gewesen war. »Ich habe zugehört«, erwiderte er. »Ich habe wirklich sehr aufmerksam zugehört – Richards Steckenpferd, Mariannes erste Verliebtheit auf dem Weihnachtsball auf Torpa vor vierzig Jahren und Stephanies niederschmetterndes Herzeleid ebendort.«

»Ja, das sieht Valdemar ähnlich«, unterbrach seine Nachbarin zur Rechten, namens Stephanie. »Er hat immer schweigend dabeigesessen und zugehört. Und zugesehen. Aber keiner von uns dürfte soviel zu erzählen haben wie er.«

»Das hat er gewiß auch«, bekräftigte Marianne, die Gastgeberin. »Ach, Richard, leg doch noch ein paar Holzstücke auf und fache die Glut etwas an. So, jetzt ist Valdemar an der Reihe!«

»Erinnerst du dich, daß du mich schon mit sechs Jahren kommandiert hast, Marianne?«

»Hab' ich das getan? Es fehlt mir die geringste Erinnerung daran. Aber du warst der netteste von meinen Cousins, das weiß ich noch. Richard war immer ein Zankteufel.«

Die Flammen begannen die groben Birkenkloben, die soeben aufgelegt worden waren, zu umzüngeln. Valdemar hatte sich erhoben. Er stand am Fenster und blickte in die Dunkelheit hinaus. Der Schnee lag dicht auf den Scheiben, und der Sturm heulte.

»Morgen werden viele nicht zur Christmette kommen können. Bevor die Räumpflüge ihr Werk getan haben, sind die Straßen nicht befahrbar.«

Niemand antwortete. Alle lauschten auf die vielfältigen Stimmen des Sturmes.

»Ich erinnere mich an eine Weihnachtsnacht«, – Valdemar war auf seinen Platz zurückgekehrt – »in der das gleiche Wetter herrschte wie heute. Wollt ihr noch zuhören? Jene Nacht hat mir den ganzen Abend vor Augen gestanden und auch jetzt denke ich an nichts anderes.«

»Wir sind ganz Ohr«, sagte Stephanie, und die anderen stimmten ihr bei.

Valdemar zündete sich eine Zigarette an. Als wieder ein flüchtiger Lichtschein über sein schmales Gesicht fiel, dachte Marianne: Warum ist er es nicht geworden? Vielleicht hätte es für mich das Glück bedeutet. Aber ob er überhaupt gewillt gewesen wäre – ich weiß es nicht.

»Es ist lange her«, begann Valdemar. »Dreißig Jahre und mehr. Ich wollte nach Hause reisen – es war in dem Herbst, als ich die Bibliothek auf Rydafors ordnete. Ich war gerade zum Heiligen Abend fertig geworden, und obwohl man mich eingeladen hatte, über die Festtage zu bleiben, wollte ich unbedingt heim. Na ja, ich schaffte auch den Zug und glaubte zur weihnachtlichen Schinkensuppe zu Hause zu sein.

Zu der Zeit hielt der Schnellzug nicht auf unserer Station. Mein Dritte-Klasse-Abteil war mit Menschen vollgepfropft. Ich war arm, aber eben vornehm und wollte nichts lieber als eine Zuschlagkarte lösen und mich in die Zweite Klasse setzen; meine Kasse war jedoch allzu mager, als daß sie irgendwelche Extravaganzen erlaubt hätte. Also zwängte ich mich in meine Ecke und betrachtete das ›Volk‹, gereizt und überheblich – als der Grünschnabel, der ich war. Niemals zuvor glaubte ich, so viele Schmierlederschuhe und fettige Butterbrotpakete gesehen zu haben und so fürchterlich von menschlichen Ausdünstungen, schmutzigen Händen und unkultivierten Stimmen gepeinigt worden zu sein wie damals.«

»Armer Valdemar!« sagte Stephanie mitleidig spöttelnd.

»Ja, das dachte ich selbst auch – das kannst du mir glauben. Nach und nach wurde es jedenfalls besser. Leute stiegen aus, und neue kamen dazu, sauber gewaschen und weihnachtlich gekleidet, einige darunter auch von meiner Sorte. In einem schwedischen Eisenbahnabteil spricht man ja nicht miteinander, aber auf alle Fälle kam dort drinnen eine gewisse freundliche Stimmung auf. Es war Heiliger Abend, und die meisten schienen irgend etwas zu erwarten, nachdem sie wohlbehalten an ihr Ziel gelangt wären; sie wollten eben nach Hause oder wenigstens zu Verwandten oder zu Freunden. Wie ich so in meiner Ecke saß und sie über die Zeitung hinweg betrachtete, fand ich, daß sie allesamt anmutig und sympathisch aussahen. Es war nun auch nicht mehr so eng im Abteil; man reist ja am Heiligen Abend nicht, wenn man nicht unbedingt muß. Auf einer unbedeutenden Station stieg ein junges Paar dazu. Er sah nach einem kleinen Handwerker aus, nach einem Tischler oder etwas Ähnlichem. Sie war blutjung, kaum älter als zwanzig Jahre, würde ich glauben; sie hatte einen bleichen, fast durchsichtigen Teint und war auffallend blond. Ihr Blick war entrückt, in irgendeine ferne, glückliche Sphäre; sie schien um sich herum nichts wahrzunehmen. Es war offenkundig, daß sie sehr bald Mutter würde. Ich glaube, niemals sonst sah ich bei einer Frau eine so stille, friedvolle Erwartung angesichts dessen, was kommen würde. Beide waren so ärmlich, aber sauber gekleidet; ich erinnere mich noch, daß die junge Frau ein schwarzes Kopftuch trug.

Die Neuankömmlinge waren ebenso schweigsam wie wir anderen. Aber obwohl sie nicht sprachen, merkte man, daß sie miteinander in ununterbrochenem Kontakt standen. Der Mann war rührend in seiner rücksichtsvollen Zärtlichkeit. Allein in seiner Art, sie anzusehen, lag so etwas wie Anbetung, ebenso in seinen unbeholfenen Bewegungen, wenn er ihr bei diesem oder jenem half.

Ich weiß nicht, ob einer meiner Mitreisenden die beiden beobachtete. Ich glaube es kaum. Sie waren im übrigen bald ganz von ihren eigenen Dingen in Anspruch genommen. Es hatte bereits geschneit, als ich den Zug bestieg, und schon da hatte er Verspätung. Gegen Mittag nahm der Schneefall zu, es wehte ein scheußlicher Wind, und die Zusteigenden hatten alle Hände voll zu tun, um sich einigermaßen von dem Schnee zu befreien, den sie von den verschneiten Straßen und Wegen mitschleppten. So allmählich sah man nichts mehr von der Landschaft draußen, alles war in eine einzige riesige Wolke von Schnee gehüllt, die von einem heulenden Nordostwind mit gewaltiger Kraft vorwärts geschleudert wurde. Es erwies sich bald als unmöglich, die Fensterplätze weiter zu benutzen – so furchtbar zog es dort. Wir rückten, soweit möglich, in der Mitte des Wagens zusammen. Bei Finnby stellte jemand fest, daß wir zwei Stunden Verspätung hatten.

Das weckte Unruhe. Wir alle rechneten aus, wie lange es dauern würde, bis wir an unseren verschiedenen Stationen angelangt wären. Eine Weile sah es so aus, als würde das Schneegestöber aufhören. Wir faßten wieder Mut und sagten uns, daß der Zug wenigstens einen Teil der verlorenen Zeit aufholen könnte. Aber es dauerte nicht lange, da wirbelte der Schnee in noch größeren Mengen herab. Und langsamer als ein Güterzug krochen wir weiter.«

»Wie unangenehm, Valdemar!« rief Stephanie. »Wie ging es weiter?«

»Denkbar schlecht. Wir waren wohl nun nicht mehr als zehn, zwölf Personen im Abteil, aber wir hatten alle damit gerechnet, daß wir noch rechtzeitig zu unserem Christbaum, unserer Weihnachtsgrütze, unserer Schinkensuppe und all dem kommen würden, was einen sonst an jenem Abend erwartet. Diejenigen von uns, die ihrem Ziel am nächsten waren, hatten noch Hoffnung, es zu schaffen; für uns andere sah es düster aus. Ich für meinen Teil konnte kaum damit rechnen, vor neun Uhr zu Hause zu sein, für andere schien es sich noch mehr in die Länge ziehen zu wollen. Plötzlich hielten wir. Es war stockdunkel draußen, und kein Schimmer von einer Laterne oder einer Kerze war zu sehen. Ein paar Lichter hatten wir bis dahin immerhin noch auf jeder Station trotz des Schneetreibens wahrnehmen können.

Ich ging auf die Plattform hinaus. Der Schnee flog mir ins Gesicht wie ein Hagel stechender Nadeln. Soviel ich sehen konnte, standen wir mitten im Wald und konnten nicht weiter.

So verhielt es sich tatsächlich. Der Schaffner brachte uns alsbald die betrübliche Gewißheit: wir waren mitten auf der Strecke in einer einsamen Waldgegend stehengeblieben und lagen hoffnungslos fest. Wann wir freikommen würden, konnte niemand wissen.

Während er verschwand, um seine Hiobsbotschaft weiterzuverbreiten, brach in unserem Abteil das Unwetter los. Es begann damit, daß zwei Kinder laut zu weinen anfingen. Und während sie all ihre Müdigkeit nach der tagelangen Reise und all ihre Enttäuschung – waren sie doch um den Heiligen Abend gebracht worden – hinausschluchzten und -schrien, ließen wir Älteren in gleicher Weise unseren Mut sinken. Bei einem nach dem andern brachen all die Dämme, die die Kultur um uns einfältige Wesen errichtet hatte. Aufgebracht wirbelten wir durcheinander, spähten vergeblich in die Dunkelheit hinaus und versuchten, auf die Plattform hinauszukommen, wurden aber durch Kaskaden von Schnee zurückgetrieben. Unsere erregten Stimmen erzeugten einen disharmonischen Wirrwarr von Flüchen, Schluchzen und Schreien. Es war, als wäre alles Böse, das wir während unseres ganzen bisherigen Lebens erlitten hatten, aller Gram und alle Enttäuschung, die sich bei uns angesammelt hatten, als wäre dies alles plötzlich aus seinen verborgenen Winkeln aufgestiegen und hätte sich einen Auslauf gesucht. Unsere Gesichter verwandelten sich. Eben noch waren wir eine Schar verhältnismäßig netter Leute gewesen, jetzt verzerrten sich unsere Züge zu häßlichen Karikaturen unserer selbst.«

»Doch nicht deine, Valdemar!«

»Aber ganz sicher, Marianne. Ich kann dir nur sagen, es war abscheulich. Und als der Schaffner zurückkam und erklärte, daß wir wahrscheinlich die ganze Nacht über in dem Wald liegenbleiben würden, daß wir uns in einer öden Gegend befänden, in der nicht daran zu denken sei, eine menschliche Wohnung anzutreffen, da stieg unser Verdruß zu einem gewaltigen Crescendo an. Ich kann es mir nicht anders erklären, als wie ich eben schon sagte: Es war, als verkörperte dieses Mißgeschick, an sich so unbedeutend, alles, was wir jemals an Widrigkeiten und Ärgernissen erfahren hatten. In kolossaler Vergrößerung starrten uns alle Unglücksfälle, die uns im Leben begegnet waren, auf einmal an, und keiner von uns machte den Versuch, anders als mit schrecklichem Gram zu reagieren.

Wenn ich sage keiner, so nehme ich das junge Paar aus, von dem ich vorhin sprach. Dem Zustand der Frau nach zu urteilen, hätten die beiden mehr als irgendeiner von uns anderen Grund gehabt, danach zu trachten, so bald wie möglich ihr Reiseziel zu erreichen. Aber keiner der beiden zeigte irgendeine Gereiztheit oder Erbitterung. Sie saßen still nebeneinander, Hand in Hand, sie mit gleichbleibendem Ausdruck erwartungsvollen Glücks, er voll gleichbleibender stummer Zärtlichkeit. Und ihre Gesichter waren es, die mich halbwegs wieder zur Besinnung brachten.

Während die Wogen der Erregung noch hoch gingen, erhob sich plötzlich die junge Frau, und trotz der Umstände lenkte ihre Bewegung alle Blicke auf sich. Sie flüsterte ihrem Mann einige Worte zu, der faßte sie um und legte sie auf die Bank nieder.

›Meine Frau wird gebären‹, sagte er zu uns anderen gewandt. In seiner Stimme war nichts von Schrecken oder Besorgnis; er schien zu wissen, daß alles sich regeln, alles gut gehen würde.

Seine Worte wirkten wie eine Zauberformel. Es war, als ginge von dieser einfachen Tatsache, daß hier in unserem zusammengewürfelten und aufgeregten Kreis ein neues Geschöpf ins Leben eintreten sollte, die Macht aus, uns alle zu verwandeln. Plötzlich bedeutete es nichts mehr, daß wir eingeschneit im Wald standen oder daß wir um unseren Weihnachtsabend gekommen waren. Alle die Unbilden des Lebens, die auf einmal in unser Bewußtsein gedrungen waren und uns zutiefst aufgewühlt hatten, wichen zurück, sie behinderten und verblendeten uns nicht länger. Wir wurden zu unserem besseren Ich zurückgeführt.«

Der Erzähler saß eine Weile schweigend da. Die Glut glimmte, und im Luftzug bewegten sich leichte graue Rußflocken.

Dann fuhr er fort.

»Die beiden bedauernswerten, verweinten Kinder waren zur Ruhe gekommen. Wir hatten jedes auf eine Bank gelegt und Mäntel über sie gebreitet. Die Männer zogen sich zurück, und die Frauen versammelten sich um die Gebärende. Eine von ihnen bat uns, Wasser herbeizuschaffen. Über einer Spiritusflamme schmolzen wir Schnee in einem Kessel, den der Schaffner glücklicherweise aufgetrieben hatte, und hielten, während wir warteten, das so gewonnene Wasser warm. Wir waren plötzlich Bekannte geworden, wir hatten uns selbst und einander verziehen, was zuvor geschehen war, saßen wie alte Freunde in Erwartung des Augenblicks, da sich das Mysterium vollziehen sollte – der Eintritt eines neues Lebens ins Dasein.

Es war eine tapfere kleine Frau. Sie stand, was ihr auferlegt war, ohne Klage durch, aber sie gebar auch schnell und leicht. Nach einer Stunde hörten wir den ersten zarten Schrei des neugeborenen Menschen. Ich weiß nicht, ob die anderen es so empfanden wie ich, aber ich glaube es. Es war, als ziehe ein Hauch neuen Lebens auch durch meine Seele, als erhebe sich das Beste in mir und fordere seine Erfüllung, Ich begreife nicht, wie es kam, aber es war so.

Das Kind – es war ein Junge – wurde in dem geschmolzenen Schneewasser gewaschen und in Leinenzeug gehüllt, das eine der Frauen aus ihrem Gepäck hervorgeholt hatte. Als dann alles zu einem guten Ende gekommen war, gingen wir alle zu der jungen Mutter heran. Sie war die Madonna, so wie ich sie weder vordem noch nachdem, weder in der Kunst noch im Leben je gesehen habe.

Viel ist nicht mehr zu sagen. Das Schneegestöber hatte inzwischen aufgehört, es war sternhell und ruhig geworden. Der Sirius leuchtete durch die klare Fensterscheibe an der vom Wind abgekehrten Seite herein. Wir sammelten, was wir entbehren konnten, als Gabe für das Neugeborene, und das war gar nicht wenig. In dieser Nacht fühlten wir uns gewiß alle ungewöhnlich reich.

Gegen Morgen war die Strecke frei, und wir konnten weiterfahren. Ich wüßte nicht, daß ich einen jener Menschen irgendwann einmal wiedergesehen hätte, mancher von ihnen ist wohl schon dahingegangen, vielleicht auch das Neugeborene. In meinem Innern aber hat es mich gedrängt, jene Nacht die heilige zu nennen.«

Das Feuer war nun völlig niedergebrannt, und das große Zimmer lag im Dunkel.

In der Lotsenhütte

Johan Ludwig Runeberg

ine zu eifrig betriebene Jagd im Schärengebiet und danach einsetzender Gegenwind, der sich zum Sturm steigerte, hinderten uns zu unserem großen Verdruß daran, unserer Absicht gemäß noch vor dem Weihnachtsabend in die Stadt heimzukehren. Vielmehr mußten wir den ganzen Abend draußen auf hoher See in einer Lage verbringen, die mit einem schlechteren Kutter, als er uns zur Verfügung stand, überaus gefährlich gewesen und geradezu unerträglich geworden wäre, wenn es nicht einer in der Gesellschaft verstanden hätte, unseren Mißmut durch seine Heiterkeit und seine Geschichten einigermaßen zu zerstreuen.

Dieser Mann war Ausländer; er führte ein Boot, das ihm selbst gehörte und mit dem er in unserem Hafen überwinterte. Ihm lag weniger als anderen daran, den Weihnachtsabend auf festem Land zu feiern, denn er hatte keine Verwandten, die ihn bei der Grütze und der Torte vermißt hätten. Außerdem war er, im Unterschied zu uns anderen, gegen alles, was sich Wind, Kälte und Wasser nannte, gänzlich abgehärtet, und wie er da am Ruder seines eigenen Kutters saß, hielt er es anscheinend für ziemlich überflüssig, sich zu ducken, obwohl er bei jeder Woge Gefahr lief, den Mond zu streifen.

Unsere Segelei war und blieb keineswegs angenehm. Wir kreuzten und liefen zwischen den Wendemanövern zwei und drei Viertelmeilen, ohne daß wir nennenswert vorwärts kamen, weil die heftige Dünung den Segeln unablässig entgegenwirkte. Schließlich gaben wir alle Hoffnung auf, noch das feste Land zu erreichen, und beschlossen, für die Nacht am Lotsholmen, einem schroffen, fichtenbewachsenen Felsen draußen im Meer, anzulegen und bei den Lotsen, die dort ihre Hütte hatten, Obdach zu suchen. Aus der Ferne sahen wir Feuerschein durch die Fenster dringen, und der heitere Kapitän ließ den Kutter vor gutem Wind dorthin laufen.

»Ohne zu prahlen, meine Herren, kann man wohl sagen, daß wir jetzt eine anständige Brise haben!« rief er nun und nahm einen tiefen Schluck kalten Schwedenpunsch zu sich. »Und trotzdem ist mir so eine, wenn nicht noch weit flottere Brise einmal beschert worden, als ich erst vier, fünf Jahre alt und dazu mutterseelenallein auf See war. Ich habe noch gar nicht erwähnt, daß es sich bei mir gerade umgekehrt verhält als sonst bei Menschenkindern; ich weiß nämlich besser, wohin es mit mir in der Welt geht, als woher ich komme. Kurzum, als ich ungefähr fünf Jahre alt war – und das muß, wie man mir gesagt hat, vor etwa dreißig Jahren gewesen sein –, da fand ich mich eines Nachts draußen auf dem weiten Meer, so wie jetzt, mit dem Unterschied allerdings, daß ich damals ein Spiel der Winde und Wellen war, während ich jetzt zwei ungereffte Segel gesetzt habe, und daß ich damals vor Kälte steif war, während mir jetzt bis in die kleine Zehe warm ist. Ich kann mich nur wenig an die Umstände jener ersten Expedition erinnern; was ich noch weiß, ist, daß ich auf einem Felsen in der wilden See allein gelassen wurde und daß ich denen, die mich so verlassen hatten, nachfahren wollte. Es war stockdunkel, wie jetzt, und als ich zu rudern versuchte, schlug mir die erste Welle die Riemen aus der Hand. Wie lange ich dann so umhertrieb, weiß ich nicht, aber sicher ist, daß ich schließlich bei guten Menschen landete. Wie die Herren sehen, geht es mir also kaum besser als Adam: auch ich weiß nicht, ob ich Eltern gehabt habe oder nicht. Die Leute, die mich aufnahmen und wieder zum Leben erweckten, waren von Beruf Schmuggler und im übrigen wohlhabende Bauern. Ich wuchs unter ihnen auf und beteiligte mich an ihrem Gewerbe, bis mein Bart zu sprießen anfing. Dann schloß ich mich einem Kauffahrer an und wurde ein ehrlicher Kerl. – So, Bootshaken aus und abstemmen! – Ich glaube, der Böse weist mir den Weg durch die Steine hier!«

Der Kutter lag mit killenden Segeln in einer Bucht, die aus vorspringenden Klippen gebildet wurde. Alle fingen an, die steifen Glieder zu recken, man gähnte und brüllte sich die Kälte aus dem Leib. Der Kapitän und zwei Jungmänner blieben beim Kutter zurück und machten sich noch daran zu schaffen, während wir anderen uns mit schwankenden Schritten in die warme Hütte begaben.

Dort herrschte weihnachtliche Stimmung. Ein gewaltiges Fichtenholzfeuer knisterte auf dem breiten Herd und erhellte den Raum, auf dessen Tisch außerdem ein großes Armlicht samt einigen kleineren Kerzen brannte. Die Wände waren ganz mit Netzen und anderen Fischfanggeräten behängt, und in den Ecken schimmerte es weiß von Ziegen und Zicklein, die sich dort zusammengeschart hatten.

Die Bewohnerschaft der Hütte bestand aus einer sehr alten Frau, die am Tisch saß und aus ihrem Gesangbuch zu psalmodieren schien, einem Mann in den mittleren Jahren sowie dessen Frau und fünf Kindern, von denen vier ein fürchterliches Konzert auf Tonpfeifen vollführten, während das fünfte und älteste die Darbietung mit einer schmetternden Holztrompete begleitete.

Als wir eintraten, stand der Vater auf, stampfte nachdrücklich auf den Boden, um die lärmenden Kinder zur Ordnung zu mahnen, und nickte uns freundlich und ungezwungen zu.

Die Alte legte ihr Buch auf den Tisch, nahm ihre Brille ab und musterte uns scharf.

»Wo kommt ihr her, gute Leute?« fragte sie. »Habt ihr am Weihnachtsabend nicht Haus und Herd, oder liegen Schiff und Ladung im Meer? Signal nach einem Lotsen habt ihr doch aber nicht geschossen, zum Kuckuck nein, das habt ihr nicht!«

FINNLAND

Bei diesen Worte spuckte sie sich auf die runzligen Finger, schnuppte die wilde Flamme an einer der Kerzen ab, stand auf und leuchtete uns gründlich ins Gesicht.

»Jaja«, fuhr sie fort, »der Hase muß schon bannig weiß sein, wenn man sich die Mühe macht, ihn bis in den Weihnachtsabend zu jagen! Wollen nun sehen, was sich für euch alle zu essen auftreiben läßt. Hier ist gottlob noch Strömling, und Anna soll versuchen, aus den Ziegen noch etwas herauszuquetschen. Grütze allerdings kann jetzt mitten in der Nacht niemand mehr kochen.«

Die Alte wie auch die beiden anderen um uns Bemühten waren in dieser Hinsicht schnell ihrer Sorgen enthoben. Wir zogen unsere Pelze aus, wärmten uns und machten uns mit einer Tasse Schwedenpunsch willkommen, die wir unseren Gastgebern gern anboten und die sie ihrerseits noch lieber entgegennahmen. Bald waren wir ganz heimisch und fühlten uns in der warmen Hütte überaus wohl. Die Alte wollte schon Vorbereitungen für unser Nachtlager treffen und mahnte beim Melken der Ziegen zur Eile, als ein Zufall ihre Anstalten unterbrach und Folgen zeitigte, die wir nicht hatten voraussehen können.

Der Kapitän, der beim Kutter zurückgeblieben war, hatte dort schließlich alles in Ordnung gebracht, die Segel aufgetucht, das Boot festgemacht, seine Siebensachen in die Hütte hinauftragen lassen und war nun bereit, die Nacht an Land zu verbringen. Ehe er sich jedoch mit seiner Büchse in die Wärme der Hütte begab, fiel ihm ein, was wir vergessen hatten, nämlich den Signalschuß abzufeuern. Und der Knall dieses Schusses war es, der die weiteren Nachtvorbereitungen der Hüttenbewohner durchkreuzte. Die Alte hörte das Krachen und warf das Eiderdaunenkissen, das sie gerade in der Hand hielt, ohne zu zögern, beiseite.

»Habt ihr gehört«, rief sie mit erregter Stimme, »habt ihr nicht einen Schuß gehört? O möge sich Gott der ›Juno‹ erbarmen, die nicht in Norwegen überwintern konnte, sondern in dieser Jahreszeit hier auf die Untiefen zuläuft! Setz das Boot aus, Junge, und halte gut gegen Nordwest, damit du den Wind hast. Wir werden schon nach den Kindern sehen, sorge dich nicht um sie. Beeil dich nur!« Für jüngere Ohren, als die Alte sie hatte,« war es nicht schwierig, sofort ihren Irrtum festzustellen. Der sogenannte Junge, ihr vierzigjähriger Sohn, unterbrach lächelnd ihre Ermahnungen und sagte halb verlegen, halb mitleidig: »Immer geistert es in deinen Ohren, liebe Mutter! Schüsse wirst du noch hören, wenn du einmal zur Ruhe gegangen bist und eine Fliege über dein Grab krabbelt. Aber wenn ich recht vermute, war es ein Hasenschreck, den einer der Herren am Strand hat ballern lassen, und kein Krachen aus der sechspfündigen Drehbasse der ›Juno‹.«

»Jaja«, erwiderte die Alte, »immer wollen die Jungen klüger sein! Aber ich bin nicht närrisch und auch nicht von närrischen Eltern geboren … Gott verzeih' mir, aber der Weihnachtsabend, der andere froh macht, ist mein Trauerabend.

Ich kann nun einmal nichts dafür. Und was sollte ich armes Weib auch tun? Aber setzt euch doch ans Feuer, ihr fremden, guten Leute, dann will ich euch erzählen, was eine schwache Frau getan hat und wie sie dafür belohnt worden ist.«

Wir kamen dem Wunsch der Alten nach, während unsere Besatzung und die junge Gastgeberin gemeinsam das Abendbrot für uns bereiteten und das kalte Essen aufwärmten, das wir bei uns hatten.

Indessen begann die Alte:

»Es ist nun schon länger her, als viele von euch, gute Freunde, zurückdenken können, wenn ich eure Gesichter so recht betrachte – da saß ich an einem Weihnachtsabend, so einem wie diesem, allein hier in der Hütte. Ich kann wohl sagen allein, denn meine beiden Sprößlinge, die um mich herumtummelten, brauchten selber mehr Hilfe, als sie mir hätten gewähren können. Die See lag offen wie jetzt, aber wenn es heute nacht in der Dachluke auch zu heulen scheint, so ist dieser Wind doch nur ein Hauch gegen den Sturm damals. Wir erwarteten kein Boot mehr zurück, und mein Mann war mit seinen Kameraden in die Stadt gefahren, um am Weihnachtsmorgen in die Kirche zu gehen und sich vielleicht auch den Abend dort etwas lustiger zu vertreiben, als sie es hier hätten tun können. Ich hatte damals rötere Wangen als heute und dazu ein Herz im Leibe, das einem Weib wohl anstand. So wie vorhin, als ihr hereinkamt, saß ich da und las im Gesangbuch; die Kinder hatten gerade ihr Abendbrot gegessen und spielten mit den kleinen Geschenken, die sie zu Weihnachten bekommen hatten. Der Ältere, der damals zehn Jahre zählte und inzwischen reif und weise geworden ist, fuhr mit einem Schiff aus Baumrinde auf dem Fußboden umher; der Jüngere hatte unser Fischbrett als Boot bekommen und freute sich darüber, ebenso wie über eine Glasperlenkette mit einem goldenen Herzen, die mir mein Mann geschenkt und die ich dem Jungen für diesen Abend um den Hals gehängt hatte. So saßen wir da, als ich plötzlich von draußen auf See einen Schuß hörte. Gott möge mir verzeihen, was ich da Unrechtes tat; aber ich glaubte, recht zu handeln. Ich nahm den Älteren zum Bedienen der Fockschot mit, machte ein Boot los und segelte hinaus. Der Jüngere folgte uns bis an den Strand. Ich schickte ihn ins Haus zurück, aber er blieb stehen und rief weinend hinter mir her, bis der Sturm und das Tosen des Meeres sein Schreien übertönten. Als ich unter die Blindschären kam, sah ich Feuer von dem Schiff, das in der Dunkelheit geradewegs nach Norden in die Brandung steuerte, als hätte es niemals zuvor unseren Hafen angelaufen. Ich erreichte es noch zur rechten Zeit und brachte das Ruder in Lee, so daß das Schiff dicht vor Sandbank und Brandung wie ein Lachs wendete, und so hatte ich, wenn auch nur eine Frau, die Freude, das große Schiff des alten Herrn Adolf unversehrt in den Hafen zu leiten. Und an diesen Abend würde ich mich mit Freuden zurückerinnern, solange ich lebe, wenn zu Hause alles so gewesen wäre, wie es hätte sein sollen. Es war morgens um vier Uhr, als ich wieder die Hütte betrat. Ich dachte nun ausruhen zu können, aber dieses Ausruhen wurde schlimmer als die Arbeit zuvor. Der Kleine war verschwunden. Die ganze Nacht suchte ich ihn mit der Laterne in der Hand hier auf unseren Klippen, ich rief seinen Namen, lauter als der Sturm heulte; aber es war, als geschehe mein Suchen und mein Rufen auf dem Meeresgrund. In der Morgendämmerung entdeckte ich dann dort, wo unser zweites Boot angebunden gelegen hatte, einen nackten Pfahl, und seither habe ich weder das Boot noch den Jungen wiedergesehen. Das Boot war Gold wert, der Junge aber war mir teurer als das Leben.«

Bei diesen Worten verstummte die Alte und brach in Tränen aus. Der Kapitän war während des Erzählens hereingekommen, doch schien er kaum auf ihre Schilderung zu achten. Statt dessen musterte er die Wände, die Decke, alles in der Hütte, besonders aber ein altes Fischbrett, das über dem Herd an der Wand hing und in der Mitte schon stark zerschlitzt war, dessen Verzierungen an beiden Enden jedoch noch leidlich gut erhalten waren.

Als die alte Frau geendet hatte, stand er auf, ging auf sie zu, riß sich Rock und Weste auf, zog eine Glasperlenkette hervor und legte sie ihr in den Schoß.

Die Alte betrachtete sie eine Weile, hob dann ihren Blick und sah den Kapitän verwundert an. Dann stand sie auf, schlang die Arme um seinen Hals und schluchzte, ohne ein Wort zu sprechen. Als sie darauf ihr Gesicht erhob, erstrahlte es vor Freude bis tief in die Runzeln.

»Und solche Ähnlichkeit mit deinem Vater, als stünde er leibhaftig vor mir!« sagte sie jetzt. »Nur noch viel stattlicher als er! Gott behüte dich, du Wildfang! Wer hat dich denn damals aufgefordert, allein in die See hinauszustürzen? War das ein Wetter für dich? Daß ich Schaf dich aber auch nicht am Bettpfosten festgebunden hatte – dann hättest du wohl zu Hause bleiben müssen! Gott sei Dank! Nun kann ich in Frieden sterben, und niemand wird an meinem Grabe fragen, wo ich mein Kind gelassen habe.«

Unsere Überraschung kann man sich leicht vorstellen. Dieser Weihnachtsabend aber, der für uns so verdrießlich zu werden drohte, gestaltete sich fröhlicher als mancher andere.

Am Weihnachtsabend

Frans Eemil Sillanpää

Wenn ihr in der Stille eurer Einsamkeit leise das Wort Weihnachten vor euch hinsagt, dann verflüchtigen sich alle nur äußerlichen Freuden und alle eitlen Nutzlosigkeiten, und es kehrt bei euch die Stimmung ein, die dieses eine Wort allein euch schenkt. Das Bild eines Augenpaares, das mit warmem Glanz auf euch niederblickt, wird euch innerlich gegenwärtig – zwei Augen, deren Leuchten nie und nimmer in eurer Seele erlöschen kann: die Augen eurer Mutter.

Ich bin kein gelehrter Mann der Kirche, und deshalb darf man von mir keine Weihnachtspredigt erwarten. Ich bin ja nur ein kleiner Kätnerjunge aus der Landschaft im Herzen Finnlands. Und mein Glaube schließt in sich, daß die Vorstellungen eines jeden Menschen vom Weihnachtsfest darauf beruhen, welche Eindrücke die Weihnachtsfeste seiner Kindheit ihm hinterlassen haben. Laßt mich deshalb in dieser festlichen Stunde erzählen, wie die Weihnachtsstimmung meiner eigenen Kindheit war. Bestimmt habe ich mich schon früher einmal an so etwas versucht, aber mir will im Augenblick scheinen, daß ich mich trotzdem nicht ernstlich wiederhole. Weihnachten selbst ist ja doch geistig und leiblich eine unaufhörliche Wiederholung. Folge mir also bei meinem Versuch, mein lieber Nächster!

... So war es denn mit Franssu und Miina – nachdem sie sich gefunden hatten und miteinander im Stande der Ehe vereint worden waren – so weit gekommen, daß sie ihre unvergeßliche Kate gebaut und ihr den Namen Sillanpää gegeben hatten. (Sillanpää = wörtlich: Brückenkopf; d. Übers.) Alles, was sie an Umzugsgut besaßen, hatte auf einer kleinen Fuhre Platz, und meine Mutter Miina wurde niemals müde, das hervorzuheben, wenn die Rede auf dieses Ereignis kam. Und in der Sillanpää-Kate hielt dann ihre erste gemeinsame Weihnacht Einzug. Ein so ungeheuer stattliches Fest war das nun gerade nicht, und doch fühlten sie es; in allen den kleinen Dingen, in allen den sogenannten Schattierungen des Lebens konnten sie es sehen, hören, riechen, schmecken und – vor allem fühlen zu innerst in ihren Herzen. Eine kleine Kätnerstelle im Herzen Finnlands, in deren nächstem Umkreis auch nicht der Rauch aus einem einzigen anderen Schornstein zu entdecken war, aber deren kleinste Hütte und alle anderen unansehnlichen Nebengebäude ihr eigen waren – das war ihr heiß und teuer erworbener Schatz.

»Und wenn es auch nur drei Ecken hat – Hauptsache ist, daß es einem selbst gehört!« Das war die feste Überzeugung und Wohnungspolitik von Frans Henrik Henrikssohn Koskinen, nachmals Sillanpää. Hier konnten er und seine Frau und später auch ihr Sohn ein- und ausgehen, wie ihnen behagte. Hier waren die Ritzen zwischen den Balken der Wände sorgfältig gedichtet, und als später Ecken und Wände sich gesetzt hatten, erhielten sie einen Bewurf aus Lehm. Hier gab es weder einen kalten Zug noch sonst etwas Abträgliches, was auf ein liederliches Bauen zurückzuführen gewesen wäre. Und vor allen Dingen: es war ihr eigen.

Nun hatte es sich durch den Willen des alles lenkenden Höchsten für Franssu und Miina so gefügt, daß sie jäh und auf tragische Weise alle ihre Kinder verloren hatten – alle außer dem Jüngstgeborenen, eben jenem Frans Eemil, der jetzt hier vor euch sitzt und euch sein unvollkommenes Machwerk vorliest. Und als das Leben diese Wendung genommen hatte, machte sich das äußerlich für sie wie für mich bemerkbar. Da ich das einzige Kind auf der kleinen Kätnerstelle war, wollten meine Eltern mir eine für mein Alter passende Gesellschaft zum Weihnachtsfest besorgen. Und weil sie darauf bedacht waren, werde ich ihrer stets mit ehrfurchtsvoller Dankbarkeit gedenken. Sie wußten, daß zum Schönsten am Weihnachtsfest die helle Kinderfreude gehört, und ohne ihr fürsorgliches Zutun wäre die von ihrer Kate ferngeblieben.

So war es denn Weihnachten geworden in der Sillanpää-Kate, die in der Hämeenkyrö-Gemeinde lag und zum Ollikkala-Hof gehörte, und Syrjäläs wackerer Väinö war zur Gesellschaft und zur Freude des kleines Frans Eemil da. Väinö habe ich's zu verdanken, daß ich damals einen richtigen Weihnachtsbaum bekam; denn schwerlich wäre mein etwas bärbeißiger Vater in den schneeverwehten Wald hinaus gewatet, um mir einen zu holen. Mit Väinö zusammen aber holten wir uns einen von irgendwo her, stellten ihn in der Stube auf und wollten ihn schmücken. Doch im Rahmen der Möglichkeiten, die damals zu Gebote standen, einen Weihnachtsbaum zu schmücken, das hielt schon viel schwerer. Den schönsten Schmuck bildete ein schmaler, langer, bunter Papierstreifen, der auf eine besondere Art und Weise so gefaltet und geschnitten wurde, daß er, wenn man ihn auseinanderzog, eine Art Netz bildete, das sich der Länge nach dehnen ließ. Auseinandergezogen, wurde dieser Streifen an den Zweigen der Tanne aufgehängt und schmückte auf diese Weise den ganzen Baum. Der eßbare Schmuck wurde mit Drähten an den Enden der Zweige befestigt. Um jene Zeit gab es auf den Christbäumen der Waldbewohner keine Watte und kaum Kerzen. Auf dem Fußboden der Stube aber war Stroh ausgebreitet, und das war es, wovon die höchste und innigste Festtagsstimmung ausging.

Erst gingen Mutter und ich allein in die Badstube. Und dort, oben auf der Schwitzbank, fing meine Mutter an zu lauschen und hieß auch mich, die Ohren dafür aufzutun, wie Weihnachten kam. Tatsächlich, man kann mir's glauben: der kleine Junge meinte, durch den pochenden Schlag seines Blutes hindurch zu hören, wie es geschah, daß Weihnachten kam. Denn gekommen war es. Als wir in die Stube zurückkehrten, nackt und nur das Hemd in der Hand, war die Mitte der Stube mit frisch duftendem Roggenstroh ausgelegt. Alles, was an der sorgsam geputzten Lampe aus Metall war, lächelte dem Jungen mit den großen Augen freundlich entgegen, und er spürte in seinen sauberen Nasenflügeln den würzigen Duft des wohlbekannten Weihnachtsmahls. Der vorbereitende Teil des Weihnachtsfestes war damit zu Ende. Das große Fest hatte begonnen. Es fiel kein Wort. Dies war eine der Stunden, da der unansehnliche Sohn der unansehnlichen Hütte den hohen Wert des Schweigens zu würdigen verstand. Und dies war der einzige Abend im ganzen Jahre, an dem der Junge nach dem Besuch der Badstube wieder seine Hosen anziehen durfte. Allein in dieser Kleinigkeit lag etwas, was sich nie und nimmer mit Worten ausdrücken läßt. Da, auf dem immer noch nach frischer Luft im Freien duftenden Stroh sitzen zu dürfen, das wohlige Gefühl nach der Badstube im ganzen Leibe, und Hosen anzuhaben! Ja, seht, da habt ihr die feinste Schwingung der Weihnachtszeit, und nichts – bis auf meine alten Tage – hat die Wirkung dessen übertroffen. Vieles bin ich meinem eigenen Schicksal schuldig, auch daß ich diese Stimmung so ganz und so echt in mir bewahre, aus jenen Zeiten, da irgendwo weit hinter mir.

Dank Euch, liebe Mutter droben im Himmel, für alles, was Ihr getan habt; daß Ihr so vollkommen und so schön die Voraussetzungen für diese Stimmungen geschaffen habt, gerade in jenen Jahren ...

Go tell it on the mountain

Negro Spiritual

Go tell it on the mountain
Over the hills and everywhere
Go tell it on the mountain
That Jesus Christ ist born

In the time of David
Some called him a king
If a child is trueborn
The Lord will hear him singing

When I was a sinner
I sought both night and day
I asked the Lord to help me
And he showed me the way

He made me a watchman
Upon an city wall
And as I am a good soul
I'm loving one and all

An jenem Morgen

Pearl S. Buck

Er war plötzlich hellwach. Es war vier Uhr morgens, die Stunde, da sein Vater ihn immer gerufen hatte, er solle aufstehen und beim Melken helfen. Seltsam, wie ihm seine Jugendgewohnheiten noch anhafteten! Fünfzig Jahre war das jetzt her, und sein Vater lag schon über dreißig Jahre unter der Erde, und doch wachte er immer um vier Uhr morgens auf. Sonst hatte er sich stets auf die Seite gedreht und weitergeschlafen, heute aber war Weihnachten, und da wollte er nicht wieder einschlafen.

Seine Kindheit lag schon so weit zurück, seine eigenen Kinder waren groß geworden und fortgezogen. Er lebte mit seiner Frau allein. Gestern hatte sie gesagt:»Vielleicht ist es nicht der Mühe wert ...« Und er hatte erwidert:»O doch, Alice, wenn auch nur wir beide noch da sind, wollen wir doch unser Weihnachtsfest feiern.« Dann hatte sie gesagt:»Den Baum schmücken wir morgen, so daß er fertig ist, wenn die Kinder kommen. Heute bin ich zu müde.« Er hatte zugestimmt, und der Baum stand noch draußen.

In Gedanken versetzte er sich in jene frühe Zeit zurück. Fünfzehn Jahre war er damals alt gewesen und lebte noch auf dem Hof seines Vaters. Er liebte seinen Vater sehr. Aber er wußte das erst an jenem Tag kurz vor Weihnachten, als er zufällig gehört hatte, wie sein Vater zu der Mutter sagte:»Marry, es ist mir schrecklich, Rob so früh wecken zu müssen. Er wächst so rasch und braucht seinen Schlaf. Ich wollte, ich könnte ohne ihn fertig werden!« – »Das kannst du nicht«, erwiderte die Mutter.»Außerdem ist er kein Kind mehr. Es ist an der Zeit, daß er mehr zupackt.« – »Ja«, meinte der Vater.»Aber jedenfalls ist es mir arg, ihn zu wecken.«

Da wußte er, daß sein Vater ihn lieb hatte. Jetzt gab es kein Herumtrödeln mehr, und er beeilte sich am Morgen, wenn auch noch fast taumelnd vor Schlaf. Und dann lag er in jener Nacht vor Weihnachten, als er fünfzehn war, still da und schaute zu seinem Dachfenster hinaus.

»Papa«, hatte er gefragt,»was meint man denn mit dem Stall?« – »Eben einen Viehstall«, hatte sein Vater geantwortet,»so wie der unsere.«

So war also Jesus in einem Viehstall geboren, und die Hirten und Weisen aus dem Morgenland waren zu dem Stall gekommen, um ihre Geschenke zu bringen! Der Gedanke durchfuhr ihn wie ein Dolch. Warum sollte er nicht auch seinem Vater draußen im Stall ein besonderes Geschenk machen? Er konnte früh aufstehen, schon vor vier, sich in den Stall schleichen und das ganze Melken besorgen. Er würde alles allein tun, und wenn dann sein Vater hereinkam, würde er sehen, daß alles bereits getan war.

Vielleicht zwanzigmal mußte er in jener Nacht aufgewacht sein und jedesmal ein Streichholz angezündet haben. Kurz vor drei stand er auf und zog sich an. Die Kühe blickten verschlafen und verwundert drein. Auch für sie war es zu früh. Aber sie ließen ihn friedlich gewähren, und er brachte jeder Kuh ein wenig Heu und holte dann die Eimer und die Milchkannen.

Nie zuvor hatte er allein gemolken, aber es kam ihm geradezu leicht vor. Er dachte dabei, wie überrascht sein Vater sein würde. Er würde die zwei großen Milchkannen holen wollen, aber sie wären weder da noch leer, sondern würden gefüllt in der Milchkammer stehen. Die Arbeit ging ihm leichter von der Hand als sonst. Melken war diesmal für ihn keine Anstrengung mehr, sondern ein Geschenk für seinen Vater, der ihn lieb hatte. Er war fertig, die beiden Kannen waren voll, er trug sie in die Kammer und schloß sorgfältig die Tür. Er stellte den Schemel auf seinen Platz und hängte den sauberen Milcheimer auf.

Als er wieder in seinem Zimmer war, hatte er nur einen Augenblick Zeit, in der Dunkelheit seine Kleider abzustreifen und ins Bett zu schlüpfen, denn er hörte seinen Vater heraufkommen. Er zog die Bettdecke über die Ohren, um sein Keuchen zu dämpfen. Die Tür wurde geöffnet. »Rob!« rief der Vater. »Wir müssen aufstehen, auch wenn es Weihnachten ist.«

»Ist schon recht«, erwiderte er verschlafen.

»Gehe inzwischen voran«, sagte sein Vater.

Die Tür schloß sich, er lag still da und lachte in sich hinein. In ein paar Minuten würde sein Vater es wissen. Die Minuten waren endlos – endlich hörte er wieder die Schritte. Wieder ging die Tür auf, und er lag still. »Du hast wohl gedacht, du könntest mich zum Narren halten?« Sein Vater stand neben ihm und zog ihm die Decke weg. »Es ist doch für Weihnachten, Papa!«

Er fühlte, wie sich die Arme seines Vaters um ihn legten. »Sohn, ich danke dir. Du hättest mir keine größere Freude machen können...« Ach, was für ein Weihnachten war das, sein Herz war fast vor Stolz zersprungen, als sein Vater es der Mutter erzählte und die jüngeren Geschwister ermahnte, gut zuzuhören, wie er, Rob, ganz aus eigenen Stücken aufgestanden sei: »Das schönste Weihnachtsgeschenk, das ich je bekam. So lange ich lebe, mein Sohn, werde ich mich jedes Jahr am Weihnachtsmorgen daran erinnern.«

Sie hatten sich beide daran erinnert, und jetzt, da sein Vater tot war, erinnerte er sich allein an jenen gesegneten Weihnachtsmorgen.

Er stand auf, schlüpfte in Schlafrock und Pantoffeln und ging leise auf den Speicher hinauf, um die Schachteln mit dem Christbaumschmuck zu holen. Ach, da war ja auch die Krippe, genau wie früher! Er trug alles ins Wohnzimmer. Dann brachte er den Baum herein und begann, ihn sorgfältig zu schmücken. Das war rasch getan. Die Zeit verstrich im Flug wie damals vor langer Zeit in dem Stall. Er holte sein besonderes Geschenk für seine Frau, einen mit Brillanten und

Smaragden besetzten Anhänger, nicht groß, aber mit schönen Steinen. Er hängte das Päckchen an den Baum und trat zurück.

Aber er war noch nicht befriedigt. Er wollte ihr sagen, wie sehr er sie liebte. Es war lange her, seit er ihr das gesagt hatte, obschon er sie in einer besonderen Art mehr liebte als in ihrer Jugend. Ach, das war das wahre Glück im Leben, diese Fähigkeit, aufrichtig zu lieben! Denn er war überzeugt, daß manche Menschen einfach unfähig waren, jemanden zu lieben. Das war das Entscheidende: Nur Liebe konnte Liebe wecken. Und er konnte diese Gabe immer wieder geben. Diesen Morgen – diesen gesegneten Morgen würde er seiner geliebten Frau geben. Die Kerzen, die er angezündet hatte, brannten friedlich weiter und sandten ihr warmes Licht über den Raum. Ja, er könnte es in einem Brief für seine Frau niederschreiben, den sie lesen und dann immer aufheben würde. Er ging zum Schreibtisch und begann seinen Liebesbrief an seine Frau. »Meine Inniggeliebte ...«, begann er.

Als er fertig war, verschloß er ihn und hängte ihn an den Baum, wo sie ihn als erstes sehen würde, wenn sie ins Zimmer trat. Sie würde ihn lesen, überrascht und dann gerührt sein und merken, wie sehr er sie liebte.

Das Geschenk der Weisen

O. Henry

in Dollar und siebenundachtzig Cent. Das war alles. Und sechzig Cent davon bestanden aus Pennies. Pennies, die man jeweils einzeln oder paarweise dem Krämer und dem Gemüsehändler und dem Metzger abgehandelt hatte, bis einem die Wangen brannten wegen des unausgesprochenen Vorwurfs der Knausrigkeit, der bei einer derartigen Feilscherei unausbleiblich war. Dreimal zählte Della das Geld nach. Ein Dollar und siebenundachtzig Cent. Und am folgenden Tag war Weihnachten!

In dieser Lage blieb offensichtlich nichts anderes übrig, als sich auf die schäbige kleine Couch zu werfen und zu heulen. Das tat Della denn auch. Was zu der philosophischen Überlegung reizt, daß das Leben im Grunde aus Schluchzen, Seufzen und Lächeln besteht, wobei allerdings das Schluchzen überwiegt.

Während die Frau des Hauses allmählich vom ersten zum zweiten Stadium übergeht, wollen wir uns das Heim ein wenig anschauen. Eine möblierte Wohnung für acht Dollar die Woche. Sie spottet zwar nicht gerade jeder Beschreibung, aber sie unterscheidet sich auch gewiß nicht wesentlich von einer Bettlerbehausung.

Unten im Flur befand sich ein Briefkasten, in den nie ein Brief fiel, und eine elektrische Klingel, der kein sterblicher Finger einen Ton entlocken konnte. Dazu gehörte auch noch eine Visitenkarte, die den Namen »Mr. James Dillingham Young« trug.

Dieses »Dillingham« verdankte seine Entstehung einer früheren Epoche des Wohlstandes, als sein Besitzer noch dreißig Dollar in der Woche verdiente. Doch jetzt, da sein Einkommen auf zwanzig Dollar die Woche zusammengeschrumpft war, wirkten die Buchstaben von »Dillingham« etwas verschwommen, als ob sie ernsthaft daran dächten, sich zu einem bescheidenen und anspruchslosen »D« zusammenzuziehen. Aber jedesmal, wenn Mr. James Dillingham Young heimkam und seine Wohnung oben erreichte, wurde er von Mrs. James Dillingham Young, die Ihnen bereits unter dem Namen Della bekannt ist, »Jim« gerufen und stürmisch umarmt. Soweit war also alles in Ordnung.

Della hörte auf zu weinen und bearbeitete ihre Wangen mit der Puderquaste. Sie stand am Fenster und sah bedrückt einer grauen Katze zu, die auf einem grauen Zaun des grauen Hinterhofes einherspazierte. Morgen war Weihnachten, und sie hatte nur einen Dollar siebenundachtzig, um damit für Jim ein Geschenk zu kaufen. Schon seit Monaten hatte sie jeden entbehrlichen Penny gespart, und das war das Ergebnis. Mit zwanzig Dollar in der Woche kann man keine großen

Sprünge machen. Die Ausgaben waren größer gewesen, als sie vorausgesetzt hatte. So ist es immer. Nur ein Dollar siebenundachtzig, um ein Geschenk für Jim zu kaufen. Für ihren Jim. Manche glückliche Stunde hatte sie damit zugebracht, sich etwas Schönes für ihn auszudenken. Etwas Schönes und Seltenes und Kostbares – etwas, was in etwa der Ehre würdig wäre, Jim als Besitzer zu haben.

Zwischen den Fenstern des Zimmers hing ein Pfeilerspiegel. Vielleicht haben Sie schon einmal einen solchen Pfeilerspiegel in einer Achtdollarwohnung gesehen. Eine sehr schlanke und sehr flinke Person kann, wenn sie ihr Spiegelbild in einer raschen Folge von Längsstreifen betrachtet, in ihm eine einigermaßen genaue Vorstellung ihrer Erscheinung gewinnen. Die schlanke Della verstand sich auf diese Kunst.

Plötzlich wirbelte sie vom Fenster weg und stand vor dem Spiegel. Ihre Augen leuchteten, aber ihr Gesicht hatte innerhalb von zwanzig Sekunden alle Farbe verloren. Schnell löste sie ihr Haar und ließ es in seiner ganzen Länge herabfallen.

Nun, das Ehepaar James Dillingham Young besaß zwei Dinge, auf die sie beide besonders stolz waren. Das eine war Jims goldene Uhr, die schon sein Vater und Großvater getragen hatten. Das andere war Dellas Haar. Hätte die Königin von Saba in der Wohnung auf der anderen Seite des Lichtschachtes gewohnt, dann hätte Della bestimmt einmal ihr Haar zum Trocknen aus dem Fenster gehängt, nur um die Juwelen und Geschenke ihrer Majestät zu beschämen. Wenn König Salomon der Hausmeister gewesen wäre und alle seine Schätze im Keller aufgestapelt hätte, dann hätte Jim im Vorbeigehen jedesmal seine Uhr gezückt, nur um zu sehen, wie er sich vor Neid den Bart raufen würde.

So fiel jetzt also Dellas wunderschönes Haar an ihr herab, wallend und schimmernd wie ein brauner Wasserfall. Es reichte ihr bis unter das Knie und hüllte sie fast wie ein Gewand ein. Doch dann steckte sie es nervös und hastig wieder auf. Zwischendurch zögerte sie einen Augenblick und verharrte reglos, während ein paar Tränen auf den abgetretenen roten Teppich fielen.

Schnell zog sie ihre alte braune Jacke an und setzte ihren alten braunen Hut auf. Ihre Röcke wirbelten, und in ihren Augen war noch immer das glitzernde Leuchten, als sie zur Tür hinaus die Treppe hinab und auf die Straße huschte.

Sie blieb vor einem Schild stehen, das die Aufschrift trug: »Mme. Sofronie. Haare aller Art«. Della eilte eine Treppe hinauf und suchte sich zu sammeln, noch ganz außer Atem. Madame, groß, allzu bleich, kühl, sah kaum so aus, als könne sie Sofronie heißen.

»Würden Sie mein Haar kaufen?« fragte Della.

»Ich kaufe Haar«, antwortete Madame. »Nehmen Sie den Hut ab und lassen Sie mich einmal sehen.«

Herab wogte der braune Wasserfall.

»Zwanzig Dollar«, sagte Madame, wobei sie die Masse mit geübtem Griff anhob.

»Geben Sie mir schnell das Geld«, sagte Della.

Oh, die beiden nächsten Stunden schritten auf rosigen Schwingen einher. (Verzeihen Sie mir die schiefe Metapher.) Sie durchstöberte die Geschäfte nach einem Geschenk für Jim.

Sie fand es schließlich. Es war gewiß für Jim und niemand anders gemacht. In keinem anderen Laden gab es etwas Gleichwertiges, und sie hatte alle auf den Kopf gestellt. Es war eine schlicht und edel gestaltete Uhrkette aus Platin, deren eigentlicher Wert allein in dem kostbaren Material bestand, nicht in aufdringlichen Verzierungen – wie es bei allen wirklich guten Dingen sein sollte. Sie war sogar seiner Uhr würdig. Della hatte sie kaum entdeckt, als sie wußte, daß sie Jim gehören mußte. Sie paßte zu ihm. Ausgeglichenheit und Wert – diese Bezeichnungen trafen auf beide zu. Einundzwanzig Dollar nahm man ihr dafür ab, und sie eilte mit den siebenundachtzig Cent heim. Wenn Jim seine Uhr an dieser Kette trug, konnte er wirklich in jeder Gesellschaft seinem Drang nachgeben, nach der Zeit zu sehen. So herrlich die Uhr auch war, er schaute zuweilen nur verstohlen auf sie, weil sie an einem alten Lederriemen und nicht an einer Kette hin.

Als Della zu Hause ankam, wich ihr Freudenrausch ein wenig der nüchternen Überlegung. Sie holte ihre Brennschere hervor, zündete das Gas an und machte sich daran, die Verheerungen, die Großmut im Verein mit Liebe angerichtet hatte, zu beheben. Und das ist stets eine ungeheure Arbeit, liebe Freunde – eine Mammutarbeit.

Nach vierzig Minuten war ihr Kopf mit winzigen, enganliegenden Löckchen bedeckt, mit denen sie einem schwänzenden Schuljungen erstaunlich ähnlich sah. Sie betrachtete lange, sorgfältig und kritisch ihr Bild im Spiegel.

»Wenn Jim mich nicht umbringt«, sagte sie zu sich selbst, »bevor er mich eines zweiten Blickes würdigt, sagt er bestimmt, daß ich wie ein Ballettmädchen von Coney Island aussehe. Aber was hätte ich machen sollen – oh, was hätte ich machen sollen mit einem Dollar und siebenundachtzig Cent?«

Um sieben Uhr war der Kaffee fertig, und die Pfanne stand hinten auf dem Herd, heiß und bereit, die Koteletts zu braten.

Jim verspätete sich nie. Della legte die Uhrkette in ihrer Hand zusammen und setzte sich auf die Tischkante in der Nähe der Tür, zu der er immer hereinkam. Dann hörte sie von weitem seine Schritte auf den Stufen der untersten Treppe, und sie wurde einen Augenblick lang blaß. Sie hatte die Angewohnheit, bei den unbedeutendsten alltäglichen Anlässen ein kleines Stoßgebet zu sprechen, und so flüsterte sie jetzt: »Bitte, lieber Gott, mach, daß er mich noch immer hübsch findet!«

Die Tür öffnete sich, Jim trat ein und schloß sie wieder. Er sah schmal und sehr ernst aus. Armer Kerl, er war erst zweiundzwanzig – und hatte schon die

Last einer Familie zu tragen! Er brauchte einen neuen Mantel und er hatte keine Handschuhe.

Jim blieb bei der Tür stehen, unbeweglich wie ein Setter, der eine Wachtel wittert. Seine Augen waren auf Della gerichtet, und in ihnen lag ein Ausdruck, den sie nicht deuten konnte und der sie erschreckte. Es war weder Zorn noch Erstaunen, weder Vorwurf noch Entsetzen oder sonst eine Gemütsbewegung, auf die sie gefaßt war. Er starrte sie nur an mit diesem sonderbaren Gesichtsausdruck.

Della glitt vom Tisch herunter und ging ihm entgegen.

»Jim, Liebling«, rief sie, »schau mich doch nicht so an! Ich habe mir mein Haar abschneiden lassen und es verkauft, weil ich es nicht ertragen hätte, zu Weihnachten kein Geschenk für dich zu haben. Es wächst wieder nach – du bist mir doch deswegen nicht böse, oder? Ich mußte es einfach tun. Mein Haar wächst furchtbar schnell. Sag ›Frohe Weihnachten‹, Jim, und laß uns glücklich sein! Du weißt nicht, was für ein schönes – was für ein herrliches, schönes Geschenk ich für dich habe.«

»Du hast dein Haar abgeschnitten?« fragte Jim mühsam, als habe er auch nach schwerster geistiger Anstrengung diese offensichtliche Tatsache noch nicht erfaßt.

»Abgeschnitten und verkauft«, sagte Della. »Hast du mich nicht trotzdem noch genauso lieb wie früher? Ich bin doch dieselbe auch ohne mein Haar.«

Jim sah sich suchend im Zimmer um.

»Du meinst, daß dein Haar verschwunden ist?« fragte er mit einem fast idiotischen Ausdruck.

»Du brauchst nicht danach zu suchen«, sagte Della. »Es ist verkauft, ich sage es doch – verkauft und verschwunden. Heute ist Heiligabend, mein Junge. Sei lieb zu mir, ich habe es doch deinetwegen getan. Die Haare auf meinem Kopf waren vielleicht gezählt«, fuhr sie plötzlich mit ernsthafter Zärtlichkeit fort, »aber niemand kann meine Liebe zu dir ermessen. Soll ich jetzt die Koteletts aufsetzen, Jim?«

Auf einmal schien Jim aus seinem Trancezustand zu erwachen. Er umarmte seine Della. Wir aber wollen zehn Sekunden lang mit diskreter Aufmerksamkeit einen belanglosen Gegenstand in der entgegengesetzten Richtung betrachten. Acht Dollar in der Woche oder eine Million im Jahr – wo liegt da der Unterschied? Ein Mathematiker oder ein geistreicher Mann würde eine falsche Antwort geben. Die Weisen aus dem Morgenland brachten kostbare Gaben mit, aber die eine war nicht darunter. Diese rätselhafte Behauptung wird sich später aufklären.

Jim zog ein Päcken aus der Manteltasche und warf es auf den Tisch.

»Schätz mich nicht falsch ein, Dell«, sagte er. »Ich glaube nicht, daß es eine Frisur oder einen Haarschnitt oder ein Haarwaschmittel gibt, weswegen ich mein Mädchen weniger lieben sollte. Aber wenn du das Päckchen aufmachst, wirst du verstehen, warum ich zuerst so entgeistert war.«

Weiße Finger rissen hastig an der Schnur und an dem Papier. Und dann ein entzückter Freudenschrei, und dann, ach, ein schneller, echt weiblicher Wechsel zu hysterischen Tränen und Klagen, die den sofortigen Einsatz aller tröstenden Kraft des Hausherrn verlangten.

Denn dort lagen die Kämme – die Kammgarnitur für die Seite und den Hinterkopf, die Della schon so lange in einem Schaufenster am Broadway bewundert hatte. Wunderbare Kämme, echt Schildpatt, an den Rändern mit Steinen besetzt – genau in der Farbe, die zu ihrem herrlichen verschwundenen Haar paßte. Es waren teure Kämme, das wußte sie, und ihr Herz hatte sie begehrt und ersehnt, ohne die geringste Hoffnung, sie jemals zu besitzen. Und nun gehörten sie ihr, aber die Zöpfe, die diese begehrenswerten Schmuckstücke hätten zieren sollen, waren verschwunden.

Aber sie drückte die Kämme an die Brust, und schließlich hatte sie sich so weit gefaßt, daß sie mit tränenverschleierten Augen und mit einem Lächeln aufblicken und sagen konnte: »Mein Haar wächst doch so schnell nach, Jim!«

Und dann sprang Della auf wie eine kleine Katze, die sich verbrüht hat, und rief: »Oh, oh!«

Jim hatte ja sein wunderschönes Geschenk noch nicht gesehen. Sie hielt es ihm eifrig auf der Handfläche entgegen. Das mattglänzende kostbare Metall leuchtete gleichsam auf im Widerschein ihrer heiter-erregten Seele.

»Ist sie nicht phantastisch, Jim? Ich habe die ganze Stadt danach abgesucht. Du mußt jetzt bestimmt hundertmal am Tag auf die Uhr schauen. Gib mir deine Uhr. Ich will sehen, wie sie sich daran ausnimmt.

Anstatt zu gehorchen, warf sich Jim auf die Couch, verschränkte die Hände unter dem Kopf und lächelte.

»Dell«, sagte er, »wir wollen unsere Weihnachtsgeschenke wegpacken und sie noch eine Weile aufheben. Sie sind zu schön, um jetzt schon gebraucht zu werden. Ich habe die Uhr verkauft, um das Geld für die Kämme zu bekommen. Und jetzt setzt du wohl am besten die Koteletts auf.«

Die Weisen aus dem Morgenland waren, wie Sie wissen, kluge Männer – ungemein kluge Männer –, die dem Kind in der Krippe ihre Geschenke brachten. Sie erfanden die Sitte der Weihnachtsgeschenke. Da sie so weise waren, müssen auch ihre Gaben weise gewesen sein, und sie haben wohl auch schon an die Umtauschmöglichkeit für doppelt vorhandene Geschenke gedacht. Und hier habe ich Ihnen nun recht und schlecht die wenig aufregende Geschichte zweier törichter Kinder in einer Mietwohnung erzählt, die höchst unweise die größten Schätze ihres Hauses füreinander geopfert haben. Aber im Hinblick auf die Weisen in unserer Zeit muß abschließend gesagt werden, daß von allen, die einander beschenken, diese beiden die weisesten waren. Von allen, die Geschenke machen und erhalten, sind Leute wie sie die weisesten. Überall sind sie die weisesten. Sie sind die wahren Weisen.

Kleines braunes Jesuskind

Joan O'Donovan

ause!« sagte ich wieder. »Du hast die Pause vergessen!« Im dunklen Kandiszuckergesicht der Jungfrau Maria blitzten die Augäpfel.

»Ja, Miß«, sagte sie gottergeben.

»Versuch's noch mal! Und achte auf mich!«

Es war wirklich schade, daß Heliotrope Smith am geeignetesten war. Sie und keine andere würde die Jungfrau Maria sein müssen, aber das ging nicht ohne Schwierigkeiten ab. Denn sie war nicht nur eine »Zurückgebliebene«, sie hatte auch den natürlichen Künstlerinstinkt – eine heikle Mischung.

»Pause!« rief ich.

Diesmal griente Heliotrope von einem Ohr zum andern und zeigte all ihre weißen Zähne. Man mußte sie ebenso gern haben, wie man ein junges Hündchen gern haben muß. Heliotrope war nicht einfach unartig – sie war der reinste Sprengstoff. Sogar Jim, der es glatt fertiggebracht hatte, der Handarbeitslehrerin eine Büchse voll Würmer an den Kopf zu werfen und den Hausmeister mit seinem eigenen Besen zu schlagen, versuchte sich vor Heliotrope in Sicherheit zu bringen, indem er sich an mich heranschlängelte und heimlich tuschelte: »Ist doch schrecklich, Miß, wenn's immer Unruhe gibt!«

Ich wußte, was er meinte. Wer weiß, was passieren konnte. Ehe Heliotrope kam, hatte es in der Gudge Street nie eine Farbigenfrage gegeben, doch sie hatte gleich am ersten Tag eine geschaffen, indem sie uns »dreckige Weiße« nannte. Sie wurde dafür beinahe gelyncht.

Seltsamerweise war es Doreen Bax, die ruhigste der ganzen Klasse, die Heliotropes Freundin wurde – und jetzt, so schien es, sollte unser Stück dem ein Ende machen, denn – was für ein Pech – Doreen hatte angenommen, daß sie die Jungfrau Maria spielen dürfe. In meinem Stück war sie ein Engel. Seit vierzehn Tagen schmollte sie mit mir.

Der Morgen der Generalprobe kam – wir sollten das Stück am Nachmittag für die Schule aufführen –, und es fing gleich damit an, daß Gertie Pugh die rote Glasbrosche von der Teemütze mauste, die der eine von den Heiligen Drei Königen auf dem Kopf tragen sollte. Wir brachten es fertig, die Brosche aus ihrer Pumphose zu entfernen, doch das erforderte Zeit, und weil Gertie beim Mausen die Nadel abgerissen hatte, mußte ich sie jetzt mit Leim auf die Teemütze kleben. Dann bekam Jim, der siebente Schäfer, seine Nervenzustände und schlug Josef zu Boden, und die Frau des Herbergsvaters erschien in einer gelben Papierkrinoline, langen schwarzen Handschuhen und einem Künstlerhut, denn so

hatte ihre Mutter meine Bitte um ein altes Leinentuch und ein paar Sicherheits-
nadeln ausgelegt, und sie machte mich noch nervöser, als sie sich in Hut und
Handschuhen im Zuschauerraum zeigte.

Doch schlimmer als alles, weit schlimmer, war die Krise wegen der Puppe.
Ich hatte vorgeschlagen, daß wir für das Jesuskind auf der Bühne weiter nichts
als ein Stoffbündel benutzten, um das ein Schal gewickelt wurde. Aber davon
wollte die Klasse nichts wissen. Sogar Jim, der sich in seinen ruhigen Momen-
ten bei mir einschmeichelte, konnte so etwas nicht dulden. »Jeder kann sehen,
daß da kein Jesus in dem Zeugs steckt«, erklärte er. »In unsrer Kirche haben sie
eine Puppe, Miß. Und Stroh.«

Jim war ein in die Höhe geschossener, schlaksiger Junge mit unkontrollier-
ten Bewegungen und Nagelschuhen. Manchmal fiel er platt aufs Gesicht. Es war
mir neu, daß er die Kirche besuchte.

»Ja, Miß«, tadelte die Klasse, »wir woll'n eine Puppe!«

Daher wählte ich Doreen; sie sollte ihre Puppe mitbringen. Es schien sie auf-
zuheitern.

»Und Stroh!« erinnerte mich Jim. »Ohne Stroh ist es nicht richtig.«

»Gut, Jim«, sagte ich. »Wenn du Stroh bekommst, bring es mit!«

Doch war es mir nicht unangenehm, als er dann ohne Stroh erschien. Ich hatte genug Sorgen. Doreen brachte zwar ihre Puppe, aber eine kleine, kleine Hät-
schelpuppe von der Sorte, die wir früher, in weniger aufgeklärten Zeitläufen, ein
Negerbaby genannt hätten. Doch auch Heliotrope brachte eine Puppe an, eine
weiße Puppe, und sie war fast einen Meter groß und durchaus eine Dame.

»Hier ist Jesus, Miß«, sagte sie.

Die Klasse starrte hingerissen auf das flitterbesetzte Ballkleid und die Stöckelschuhe.

»Die ist größer als die Puppe in unsrer Kirche«, sagte Jim finster.

Damit hatte er recht.

Doreen preßte ihr Püppchen an sich, und ihr Gesicht wurde allmählich pu-
terrot. Ich war töricht genug, es bei Heliotrope mit Überredung zu versuchen.

»Es ist eine schöne Puppe, Heliotrope, aber ich finde sie ziemlich groß.«

»Groß, Miß?« Heliotrope platzte fast vor ungläubigem Gelächter. »Groß? Das
ist doch gar nichts. In Jamai ...« Ich unterbrach sie.

»Außerdem hat Doreen schon ihre Puppe mitgebracht. Ich hatte sie aufgefordert. Es war abgemacht.«

Heliotrope tat überrascht. »Meinen Sie das winzige Püppchen?« fragte sie mit
sachlicher Stimme. »So ein kleines? Ich glaube nicht, daß so ein kleines gut genug ist, um Jesus zu sein.«

Ich hatte es noch nie erlebt, daß Doreen ihre Stimme erhob. Ich hätte es überhaupt nicht für möglich gehalten. Doch jetzt kreischte sie vor Wut.

»Jesus war keine Dame!«

Heliotrope flog herum. Der Kampf war eröffnet.

»Jesus konnte sein, was er wollte«, schimpfte sie los. »Er hätte eine Maus sein können oder ein Löwe ... oder sonst was. So steht's nämlich in der Bibel!«

»Aber in unserm Stück ist er'n Baby, und fertig!«

Ich dachte, die Klasse würde ihr recht geben, doch die Kinder starrten wie hypnotisiert auf die Balldame, und Heliotrope wußte ihren Vorteil zu nutzen. Ihre Katzenaugen verengten sich, bis sie gehässige Schlitze waren. »Deine Puppe ist schwarz«, sagte sie trocken. »Jesus war schön weiß.« Sie zuckte verächtlich mit der Schulter. »Das kleine schwarze Würmchen!«

Es war höchste Zeit einzugreifen. Wir würden mit einem Stoffbündel proben, erklärte ich mit fester Stimme. Die Puppen wurden beiseite gelegt, und die endgültige Entscheidung wurde auf den Nachmittag verschoben. Wenn wir Glück hatten, konnte immer noch etwas dazwischenkommen.

Nach dem Mittagessen nahm ich vier Aspirintabletten und legte mich hin. Die anderen Lehrer waren in der Kantine und ich hatte das Lehrerzimmer für mich allein. Ich fing an mich zu entspannen. Der Rektor war ein vernünftiger Mann: Er würde von der Versuchsklasse nichts weiter erwarten, als daß sie hinaufzottelten und wieder nach unten zottelten. Aber darauf kam's auch nicht an. Der Versuchsklasse würde es den größten Spaß machen.

Das Getrampel von Stiefeln auf der Treppe riß mich aus einem leisen Schlummer, und ein gräßlicher Junge namens Fisher platzte herein.

»Sie werden gesucht!« sagte er.

»Wer sucht mich?« fragte ich.

»Ein Mann mit 'nem Pferdewagen.«

Es hörte sich wie ein Traumsymbol an. Ich ging die Treppe hinunter und trat in die abgestandene Kälte der Gudge Street. Eine arme Frau mit einem Kohlkopf unter dem Arm ging vorbei. Von einem Mann war nichts zu sehen, auch nichts von einem Pferd oder Wagen.

Im Klassenzimmer sah ich dann die Bescherung. Stroh! Ganze Berge von Stroh! Mein Katheder war verschwunden, die Zentralheizung schaute nur noch wie die zackige Einfassung eines Blumenbeetes aus dem Strohmeer. Halme steckten in den Tintenfässern. Die Luft war voll Staub. Ich blickte mich stumpfsinnig um. Hinter mir tauchte Jim auf.

»Ich hab' Sie nicht im Stich gelassen«, erzählte er mir glückstrahlend. »Mein Pappi sagt, es kostet nix. Die fünf Shilling waren für den Lumpenmann, der uns seinen Wagen geliehen hat. Es war zuviel Stroh für Pappis Karre. Mehr als in der Kirche!«

»Das ist sehr nett von deinem Pappi, Jim«, sagte ich mühsam.

Er warf vergnügt eine Handvoll Stroh in die Luft, das auf uns niederregnete. Dann kratzte er sich. »Flöhe!« sagte er heiter. »Im Stroh sind immer 'ne Menge Flöhe!«

Als Heliotrope ins Klassenzimmer kam, sah ich, daß sie einen langen Kratzer auf der Backe hatte, und bei Doreen schien sich ein blaues Auge zu bilden.

»Miß«, fragte sie mit einer Stimme, die sich nicht mit Versprechungen ver-
trösten ließ, »welche Puppe ist Jesus?«

Ich wußte, was es bedeutete. Wenn ich nicht vorsichtig war, konnte ich meiner Jungfrau Maria nachwinken. Matt blickte ich auf Doreen. Mit dem ge-
schwollenen Auge war ihr Ausdruck unerhört zäh geworden, und sie glich ihrer
Mutter wie noch nie. Auch das stimmte mich bedenklich. Dann kam mir eine
Erleuchtung.

»Wir haben zwei Jesuskinder«, erklärte ich knapp.

Da muß ich mir nun meine Versuchsklasse loben: Sie war durch keinerlei Vorurteil getrübt.

»Prima!« schrie Jim. »In der Kirche hatten sie bloß einen Jesus!«

Heliotrope strahlte. Sie begann zu kichern. Über Doreens Gesicht glitt ein be-
friedigtes Lächeln. Sie blickten sich an. Heliotrope stürmte vor und schlang ihrer Rivalin den Arm um den Hals.

»Dein kleiner Jesus ist gar nicht so schwarz«, sagte sie, »er ist eben einfach
ein kleines braunes Jesuskind!« Sie nahm ihn auf den Arm und herzte ihn.

Die Balldame kam also in die Krippe, das heißt die untere Hälfte von ihr. Das
Stroh verhüllte Nylonstrümpfe und Stöckelschuhe. Und es war erstaunlich, daß
keiner seinen Text vergaß, nicht mal Jim. Doreen sah im Profil interessant aus,
und nur ich konnte das blaue Auge sehen. Heliotrope bot der Gudge Street die
Weihnachtsgeschichte dar, und die Gudge Street hörte in atemlosem Schweigen
zu. Schließlich waren es gefährdete Kinder, Heimatlose, Vertriebene, acht in einem Zimmer ... Die Gudge Street wußte, was das bedeutete.

Ich stand in den Kulissen und verfolgte das Spiel. Nun fehlte nur noch das
Schlußsolo. Heliotrope saß allein auf der Bühne und wartete, wie ich's ihr gesagt hatte, doch als wir beide bis zehn gezählt hatten, blickte sie nicht auf mich,
sondern auf das braune Püppchen in seinem Schalbündel. Anstatt zu singen:
»Zur Krippe kommet im nächtlichen Stall«, stimmte sie eine Melodie an, die ich
als Trinidad-Steptanz erkannte:

> »Kleines braunes Jesuskind,
> schlaf mir ein geschwind ...«

Ich blickte entsetzt auf die Zuschauer. Nichts rührte sich. Heliotrope war ganz
versunken; wie eine liebevolle Mutter sang sie ihrem Baby vor:

> »Kleines braunes Jesuskind,
> schlaf mir ein geschwind,
> wenn du schreist, wird Mammi bös,
> Pappi Josef sägt Holz im Stall,
> und der liebe Gott macht schön Wetter!

Schlaf mir, braunes Jesuskind,
sonst haut dich deine Mammi ...
haia – humm, haia – humm ...«

Die Stimme wurde leiser. Heliotrope warf mir einen Blick zu, einen energischen; er bedeutete Vorhang.

Ich ließ den Vorhang langsam herunter. Fünf Sekunden herrschte völlige Stille, dann brach wildes Beifallsgetöse aus. Ich flog auf die Bühne und fing Heliotrope auf. Sie kicherte verrückt und umschlang mich wie ein Affe mit Armen und Beinen. »Warum weinen Sie denn, Miß?«

»Schreib's mir auf, das Lied! Hörst du?«

Ich spürte, wie sie leblos wurde. Dann fiel's mir ein. Sie war eine »Zurückgebliebene«. Das Schreiben war ihr Strafe und Qual.

»Nein, Dummchen! Es gefällt mir ja, das Lied! Du sagst mir die Worte, und ich schreibe es selber auf.«

Am andern Morgen wollte mich Heliotropes Mutter sprechen. Es war eine ernste kleine Frau, und sie war sehr ärgerlich. Sie verbat es sich, daß ich ihrer Tochter Trinidad-Lieder beibrächte. Sie sagte, ihre Tochter solle fein erzogen werden, nach der englischen Mode ...

Am dritten Tag nach Weihnachten

William Saroyan

onald Efaw, sechs Jahre und drei Monate, stand an der Ecke der 3. Avenue und 37. Straße; sein ärgerlicher Vater hatte ihm vor einer Stunde befohlen, eine Minute hier zu warten, während er in den Laden ging, um eine Arznei für Alice zu holen, die hustend und weinend krank zu Bett lag. Alice war drei und hielt sie alle die ganze Nacht wach. Donalds nervöser Vater haßte den Lärm und gab Mutter die Schuld. Mutter hieß Mabelle. »Mabelle Louisa Atkins Fernandez, ehe ich Harry Efaw heiratete«, hatte der Junge sie einmal zu einem Mann sagen hören, der das zerbrochene Fenster in der Küche reparieren sollte. »Mein Mann hat von seiner Mutter etwas Indianerblut, und ich habe von meinem Vater etwas Indianerblut. Fernandez klingt mehr mexikanisch oder spanisch als indianisch, aber mein Vater hatte einen Schuß indianisches Blut. Jedoch wir haben nie unter Indianern gelebt, wie manche Mischlinge. Wir haben immer in Städten gewohnt.«

Der Junge trug Overall und ein altes kariertes Jackett, das sein Vater abgetragen hatte; wenn es nicht so schlecht gesessen hätte, dann hätte es einen Mantel für das Kind abgeben können. Die Ärmel waren kürzer geschnitten, um es passend für den Jungen zu machen, das war alles. Die Taschen lagen außer Reichweite, und er mußte sich die Hände reiben, um sie warm zu halten. Es war jetzt vormittags gegen elf Uhr.

Donalds Vater war in den Laden gegangen. Nun kam er sicher bald heraus, und dann gingen sie heim, und dann gab Mutter Alice etwas von der Arznei – Milch und Medizin –, und dann hörte Alice auf zu weinen, und die Eltern hörten auf zu streiten.

Der »Laden« war Haggertys Bar. Sie hatte einen Eingang an der Ecke und einen andern an der Seitenstraße. Harry Efaw hatte den Ausgang nach der 37. Straße benutzt, fünf Minuten nachdem er hineingegangen war. Er hatte den Jungen auf der Straße nicht vergessen, er wollte nur eine Weile weg von ihm und auch weg von den andern.

Er hatte einen kleinen Schuß Korn getrunken, der zuviel gekostet hatte, das war alles. Er hatte einen Quarter gekostet, und das war zuviel für einen kleinen Schuß Korn. Er hatte das Getränk hinuntergeschluckt und war aus dem Lokal gelaufen und weggegangen; er wollte nach zwei Minuten zurückkommen und den Jungen abholen und dann Lebensmittel und Medizin kaufen und nach Hause gehen, um zu sehen, ob etwas gegen die Krankheit des kleinen Mädchens zu tun sei, aber irgendwie war er einfach immer weitergegangen.

Endlich trat Donald in den »Laden« und merkte, daß er anders war als jeder andere Laden, den er gesehen hatte. Der Mann in der weißen Jacke sah ihn an und sagte: »Du darfst nicht hier herein. Geh nach Hause.«

»Wo ist mein Vater?«

»Ist der Vater dieses Jungen hier im Hause?« rief der Mann laut, und jeder Mensch im Lokal, es waren sieben Männer, drehten sich um und sahen Donald an. Sie sahen ihn nur einen Augenblick an, dann fuhren sie fort zu trinken und zu reden.

»Wer auch dein Vater ist«, sagte der Mann, »hier ist er nicht.«

»Harry«, sagte Donald. »Harry Efaw.«

»Ich kenne niemand, der Harry Efaw heißt. Los, Kind, geh nach Hause!«

»Er sagte mir, ich soll draußen eine Minute warten.«

»Ja, ich weiß. Na ja, hier kommen viele Leute her, die bloß ein Glas trinken und dann gehen. Ich glaube, er hat's auch so gemacht. Wenn er dir gesagt hat, du sollst draußen warten, dann tu's lieber. Du kannst nicht hier drin bleiben.«

»Draußen ist es kalt.«

»Ich weiß, daß es draußen kalt ist«, sagte der Bartender. »Aber du kannst hier nicht bleiben. Warte draußen, wie's dir dein Vater gesagt hat, oder geh nach Hause.«

»Ich weiß nicht, wie«, sagte der Junge.

»Weißt du die Adresse?« Offenbar verstand der Junge den Sinn der Frage nicht, und so versuchte es der Bartender auf andere Art.

»Weißt du die Nummer von eurem Haus und den Namen der Straße?«

»Nein, wir sind weit gegangen. Wir kamen her um Medizin für Alice zu holen.«

»Ja, ich weiß«, sagte der Mann geduldig. »Und ich weiß auch, daß es draußen kalt ist, aber es ist besser, du gehst trotzdem hier heraus. Ich darf keine kleinen Jungen in dies Lokal kommen lassen.«

Ein schwächlicher Mann von etwa sechzig, der mehr als halbbetrunken und halbtot war, stand von seinem Tisch auf und kam zu dem Bartender.

»Ich würde den Jungen gern nach Hause bringen, wenn er mir den Weg zeigt.«

»Setzen Sie sich wieder«, sagte der Bartender. »Der Junge weiß den Weg nicht.«

»Vielleicht doch«, sagte der Mann. »Ich habe selbst Kinder gehabt, und die Straße ist kein Platz für kleine Jungen. Ich bringe ihn wirklich gerne nach Hause zu seiner Mutter.«

»Ich weiß«, sagte der Bartender. »Aber setzen Sie sich nur.«

»Ich bringe dich heim, Jungchen«, sagte der alte Mann.

»Setzen Sie sich hin!« Der Bartender schrie es fast, und der alte Mann drehte sich erstaunt um.

»Für was halten Sie mich überhaupt?« fragte er leise. »Der Junge hat Angst und friert und braucht seine Mutter.«

»Wollen Sie sich bitte hinsetzen?« sagte der Bartender. »Ich weiß alles von dem Jungen. Und Sie sind schon gar nicht der Mann, um ihn nach Hause zu seiner Mutter zu bringen.«

»Jemand muß ihn doch nach Hause zu seiner Mutter bringen«, sagte der alte Mann leise, dann stieß er auf. Er steckte in abgetragener und derber Kleidung von der Art, die man – das wußte der Bartender – von Wohlfahrtsverbänden bekommt. Er besaß vermutlich noch dreißig oder vierzig Cents für Bier; Geld, das er sich höchstwahrscheinlich erbettelt hatte.

»Es ist der dritte Tag nach Weihnachten«, fuhr der alte Mann fort. »Es ist noch nicht lange nach Weihnachten; keiner von uns hat das Recht einfach zu vergessen, daß man so einem kleinen Burschen nach Hause helfen muß!«

»Ach, was ist überhaupt los?« fragte ein anderer Trinker von seinem Platz her.

»Nichts ist los«, sagte der Bartender. »Der Vater dieses Jungen hat ihm gesagt, er soll draußen auf ihn warten – das ist alles.« Der Mann wandte sich an Donald Efaw. »Wenn du nicht weißt, wie du nach Hause kommst, warte eben draußen, wie's dir dein Vater gesagt hat, und sicher kommt er bald zurück und nimmt dich mit nach Hause. Nun mach voran – heraus hier!«

Der Junge verließ das Lokal und begab sich wieder dorthin, wo er schon über eine Stunde gestanden hatte. Der alte Mann ging dem Jungen nach. Der Bartender schwang sich über die Bar, griff vor der Schwingtür den Alten bei den Schultern, drehte ihn herum und führte ihn zurück zu seinem Stuhl.

»Jetzt setzen Sie sich«, sagte er freundlich. »Es steht Ihnen nicht zu, sich Gedanken über den Jungen zu machen. Kümmern Sie sich um sich selbst. Ich werde dafür sorgen, daß ihm nichts passiert.«

»Für was halten Sie mich überhaupt?« sagte der alte Mann wieder.

Mit einem kurzen Blick die Straße auf und nieder wandte sich der Bartender, ein kleiner, gedrungener Ire, Anfang der Fünfzig, in der Schwingtür um und sagte: »Haben Sie sich letzthin einmal im Spiegel gesehen? Sie würden nicht bis zur nächsten Ecke kommen, mit dem kleinen Jungen an der Hand.«

»Warum nicht?« fragte der alte Mann.

»Weil Sie nicht aussehen wie der Vater oder Großvater oder jemand aus der Freundschaft irgendeines kleinen Jungen.«

»Ich habe selbst Kinder gehabt«, sagte der Alte leise.

»Ich weiß«, sagte der Bartender. »Aber sitzen Sie bloß still. Manche Leute dürfen eben nett zu Kindern sein und manche nicht. Das ist alles.«

Er brachte eine Flasche Bier zum Tisch des alten Mannes und stellte sie neben sein leeres Glas.

»Hier ist eine Flasche auf meine Rechnung«, sagte er. »Ich darf zu alten Leuten, wie Sie einer sind, gelegentlich nett sein, und Sie dürfen gelegentlich zu Bartendern, wie ich einer bin, nett sein. Aber Sie dürfen nicht nett sein zu einem kleinen Burschen, dessen Vater wahrscheinlich in einem Lokal hier in der Nachbarschaft ist. Sitzen Sie lieber still und trinken Sie Ihr Bier.«

USA

»Ich brauche Ihr dreckiges Bier nicht«, sagte der alte Mann. »Und Sie können mich nicht gefangenhalten in Ihrer dreckigen Bar.«

»Bleiben Sie bloß still sitzen, bis der Vater des Jungen kommt und ihn nach Hause bringt, dann können Sie so schnell Sie wollen hier heraus.

»Ich will aber jetzt hier 'raus«, sagte der alte Mann. »Ich brauch' von niemand in der ganzen Welt Schimpfworte einzustecken. Wenn ich Ihnen mal was darüber erzählte, wer ich bin, ich glaube, dann würden Sie nicht so mit mir sprechen, wie Sie gesprochen haben.«

»Gut, gut«, sagte der Bartender. Er wollte nicht, daß ihm die Sache aus der Hand glitt, er wollte keinen Krach, und er spürte, daß er den Alten im Guten davon abbringen konnte, dem Jungen durchaus helfen zu wollen. »Erzählen Sie mir was darüber, wer Sie sind, und vielleicht sprech' ich dann ganz anders zu Ihnen, nicht so wie jetzt.«

»Das würden Sie sicher, sag' ich Ihnen!« sagte der alte Mann.

Der Bartender war froh, als er sah, daß der Alte sich Bier in sein Glas goß. Er beobachtete, wie er das erste Drittel des Glases austrank, und dann sagte der alte Mann: »Mein Name ist Algayler, ja, das ist mein Name.«

Er trank noch etwas Bier, und der Bartender wartete, daß er weiterspräche. Er stand jetzt am Ende der Bar, so daß er ein Auge auf den Jungen auf der Straße haben konnte. Das Kind rieb die Hände aneinander, aber sonst fehlte ihm offenbar nichts. Es war ein Junge, der durch Härten aller Art zäh geworden war, und das Warten auf der Straße, bis der Vater käme, würde nicht zuviel für ihn sein.

»Algayler«, sagte der alte Mann wieder, und er sprach leise weiter. Der Bartender konnte nicht hören, was er dann sagte, aber das machte nichts, denn er wußte, daß der Alte von jetzt an in Ordnung war. Er war wieder völlig in seinem alten Ich, in das er gehörte.

Eine Frau, die schon etwa eine Woche jeden Tag um Mittag in die Bar kam, einen Foxterrier an der Leine, sagte: »Draußen steht ein kleiner Junge vor der Tür – in der Kälte! Zu wem gehört er denn?«

Die Frau biß die falschen Zähne zusammen, als sie die Trinker musterte, und der Hund tanzte um ihre Füße, um sich an die Wärme des Lokals zu gewöhnen.

»Ihm fehlt nichts«, sagte der Bartender. »Sein Vater macht eine Besorgung. Er wird jede Minute zurückkommen.«

»Er täte gut daran, in einer Minute zurückzukommen«, sagte die Frau. »Wenn ich etwas nicht ausstehen kann, dann ist es ein Vater, der seinen Jungen auf der Straße 'rumstehen läßt!«

»Algayler.« Der alte Mann drehte sich um und sprach mit sehr lauter Stimme.

»Was sagen Sie zu mir, Sie betrunkener alter Strolch?« sagte die Frau. Der Hund ging auf den alten Mann zu, strammte die Leine und bellte ein paarmal.

»Es ist nichts Schlimmes«, sagte der Bartender höflich. »Er hat nur seinen Namen gesagt.«

»Na, er hat gut getan, nichts anderes zu sagen«, meinte die Frau und schnappte ihr falsches Gebiß wieder zu.

Auch der Hund beruhigte sich ein wenig, mußte aber immer noch in der Wärme herumtanzen. Er trug eine kleine Schabracke, die sie ihm bei kaltem Wetter immer überstreifte, aber die nützte seinen Pfoten nichts, und seine Pfoten waren es, die die Kälte am meisten spürten.

Der Bartender goß Bier für die Frau in ein Glas, und sie begann, an der Bar stehend, zu trinken. Schließlich setzte sie sich auf einen Barstuhl, um sich's gemütlich zu machen, und der Hund hörte auf, im Lokal herumzutanzen.

Der Bartender brachte Algayler eine weitere Flasche Freibier, und ohne ein Wort, ja ohne einen Blick waren beide übereingekommen, auf dieser Basis Frieden zu halten.

Ein Mann von etwa fünfunddreißig, dessen Gesicht und sauber geschnittener Bart einem ziemlich bekannt vorkamen, trat von der 37. Straße her ein und forderte einen Schluck Bourbon, und nachdem der Bartender das Getränk eingeschenkt hatte, fragte er so leise, daß kein anderer ihn hören konnte: »Das ist doch sicher nicht Ihr Sohn, der da draußen steht, nicht wahr?«

Der Mann hatte das kleine Glas an die Lippen gehoben, aber nun, nachdem er die Frage gehört hatte, sah er vom Glas auf den Bartender und ging wortlos zum Fenster, um einen Blick auf den Jungen zu werfen. Dann wandte er sich nach dem Bartender um und schüttelte den Kopf. Er forderte noch ein Glas und bekam es, und dann ging er hinaus und an dem Jungen vorbei, ihn kaum beachtend.

Nachdem Algayler seine zweite Flasche Freibier ausgetrunken hatte, begann er auf seinem Stuhl vor sich hinzudösen, und die Frau mit dem Foxterrier fing an, dem Bartender etwas von ihrem Hund zu erzählen.

»Ich habe Tippy, seit er lebt«, sagte sie, »und wir sind die ganze Zeit zusammen gewesen. Jede Minute!«

Ein Mann unter Dreißig in ziemlich guter Kleidung kam ein Viertel nach zwölf herein und bestellte sich einen Johnny Walker Black Label, gab sich aber schnell mit einem Red Label zufrieden, und als er ausgetrunken hatte, fragte er: »Wo ist der Fernsehapparat?«

»Wir haben keinen.«

»Keinen Fernsehapparat?« fragte der Mann lustig. »Ja, was ist denn das für 'n Laden? Ich wußte nicht, daß es in ganz New York 'ne Bar gibt, die keinen Fernsehapparat hat. Was sehen sich die Leute denn hier drin an?«

»Wir haben bloß einen Musikautomaten.«

»Gut, also okay«, sagte der Mann. »Wenn das alles ist, was Sie haben, dann ist es eben alles. Was möchten Sie gern hören?«

»Ganz nach Ihrem Belieben.«

Der Mann studierte die Titel der verschiedenen Platten, die im Automaten waren, und sagte dann: »Wie wär's mit Benny Goodmann – ›Jingle Bells‹?«

USA

Der Automat begann zu arbeiten, während der Mann wieder an der Bar saß und der Bartender ihm noch ein Glas Red Label über Eis mischte. Die Musik setzte ein, und nachdem der Mann einen Augenblick zugehört hatte, sagte er: »Das ist nicht ›Jingle Bells‹, das ist etwas anderes.«

»Sie haben auf die falsche Nummer gedrückt.«

»Na«, sagte der Mann freundlich, »spielt keine Rolle. Spielt überhaupt keine Rolle. Das ist auch keine schlechte Nummer.«

Der Junge kam wieder herein, aber der Musikautomat machte zu viel Lärm – der Bartender konnte ihm nicht sagen, er solle hinausgehen, ohne laut zu schreien, und so ging er hinüber zu dem Jungen und führte ihn hinaus auf die Straße.

»Wo ist mein Vater?« sagte Donald Efaw.

»Er wird jede Minute zurück sein. Du mußt hier draußen warten.«

So ging es weiter bis halb drei, als es anfing zu schneien. Der Bartender paßte einen geeigneten Augenblick ab, um hinauszugehen und den Jungen hereinzuholen. Er machte kleine Abstecher in die Küche und holte dem Kind etwas zu essen. Der Junge saß auf einer Kiste hinter der Bar, so daß ihn niemand sehen konnte, und aß von dem Deckel einer zweiten Kiste.

Nachdem er gegessen hatte, fing er an einzuschlafen, und nun machte ihm der Bartender ein Lager auf ein paar leeren Bierkästen, wo er sich ausstrecken konnte; er benutzte seinen Mantel als Matratze und drei alte Schürzen aus dem Wäschebeutel und sein Jackett als Decke. Sie hatten beide kein Wort gesprochen, er und der Junge, seit er ihn hereingebracht hatte, und als das Kind sich jetzt ausstreckte und am Einschlafen war, lächelte und weinte es beinahe gleichzeitig.

Die morgendlichen Trinker waren weggegangen, mit ihnen Algayler und die Frau mit den falschen Zähnen und dem Foxterrier, und das einkehrende Publikum wechselte nochmals, während der Junge schlief.

Es war Viertel vor fünf, als er sich aufrichtete. Er erinnerte sich sofort an den Bartender, aber sie sprachen nicht. Er setzte sich auf, als sei er zu Hause in seinem Bett, träumte zehn Minuten mit offenen Augen und stieg dann herunter.

Jetzt war es draußen dunkel, und es schneite so heftig wie bei einem Unwetter. Der Junge betrachtete einen Augenblick den Schnee, dann wandte er sich um und sah zu dem Bartender auf.

»Ist mein Vater zurückgekommen?« fragte er.

»Noch nicht«, sagte der Bartender.

Er kniete sich zu dem Jungen, um mit ihm zu sprechen.

»In ein paar Minuten bin ich mit meiner Arbeit fertig, und wenn du mir euer Haus zeigen kannst, wenn du's siehst, werde ich versuchen, dich nach Hause zu bringen.«

»Ist denn mein Vater nicht gekommen?«

»Nein, er ist nicht gekommen. Vielleicht hat er vergessen, wo er dich stehenließ.«

»Er ließ mich doch hier, genau hier«, sagte der Junge, als sei das etwas, was man unmöglich vergessen könne. »Direkt vor der Tür.«

»Ich weiß.«

Der Bartender vom Nachtdienst kam in seiner weißen Jacke aus der Küche und sah den Jungen.

»Wer ist denn das, John? Eins von deinen Kindern?«

»Hmmm ja«, sagte der Bartender, der keine Lust hatte, dem andern auseinanderzusetzen, was geschehen war.

»Wo hat er denn den Rock her?«

Der Junge zuckte zusammen und sah zu Boden.

»Es ist ein alter Rock von mir«, sagte der Bartender. »Er hat natürlich einen eigenen Mantel, aber er will durchaus gerade diesen alten Rock tragen.«

Der Junge sah plötzlich erstaunt zu dem Bartender auf.

»Jaja, so sind die Kinder, John«, sagte der zweite Bartender, »immer wollen sie gerne so sein wie der Vater.«

»Das stimmt«, sagte der Bartender.

Er legte seinen weißen Kittel ab und zog sein Straßenjackett und seinen Mantel an und nahm den Jungen bei der Hand.

»Gute Nacht«, sagte er, und der zweite Bartender wünschte ihm auch eine gute Nacht und sah ihm nach, wie er mit dem Jungen auf die Straße trat.

Schweigend gingen sie drei Blocks weiter, dann traten sie in einen Drugstore und setzten sich an die Theke.

»Schokolade oder Vanille?«

»Ich weiß es nicht.«

»Ein Schokoladen- und ein Vanille-Eiscreme-Soda«, sagte der Bartender an der Sodafontäne, und als die Gläser auf der Theke standen, machte sich der Mann an das Vanille-Eis. Der Junge ließ sich das andere schmecken, und dann gingen sie wieder zusammen hinaus in den Schnee.

»So, nun versuch dich mal zu erinnern, in welcher Richtung du wohnst. Kannst du das wohl?«

»Ich weiß die Richtung nicht.«

Der Bartender stand im Schnee und grübelte, was er tun sollte, aber das war schwer, und er kam zu keinem Ziel.

»Also«, sagte er schließlich, »was meinst du – willst du die Nacht zu Hause bei mir und meinen Kindern bleiben? Ich habe zwei Jungen und ein kleines Mädel. Wir machen dir ein Lager, wo du schlafen kannst, und morgen wird dein Vater dich holen kommen.«

»Wird er?«

»Na sicher!«

Sie gingen weiter im stummen Schneetreiben, und dann hörte der Bartender, wie der Junge leise zu weinen anfing. Er versuchte nicht, ihn zu trösten, weil er wußte, daß es für ihn keinen Trost gab. Aber der Junge ließ sich nicht gehen, er weinte nur ganz leise und ging mit seinem Freund weiter. Er hatte von Fremden gehört, und er hatte von Feinden gehört, und war zu der Meinung gekommen, daß sie ein und dasselbe seien, aber hier war nun jemand, den er nie zuvor gesehen hatte und der doch weder ein Fremder noch ein Vater war. Trotzdem war es schrecklich einsam ohne seinen ewig gereizten Vater.

Sie fingen an, ein paar Stufen hinanzusteigen, die mit Schnee bedeckt waren, und der Freund des Jungen sagte: »Siehst du, hier wohnen wir. Jetzt bekommen wir etwas Warmes zu essen, und dann kannst du dich schlafen legen, bis morgen, wenn dein Vater dich abholen kommt.«

»Wann wird er kommen?« fragte der Junge.

»Am Morgen«, sagte sein Freund.

Als sie in das beleuchtete Haus traten, sah der Bartender, daß der Junge aufgehört hatte zu weinen – vielleicht waren es die letzten Tränen seines Lebens gewesen.

Die Guardarraya

Luis Felipe Rodriguez

Eine Geschichte aus der vorrevolutionären Zeit

un laß mal deine Vorstellungskraft leuchten wie eine Streckenwärterlampe und komm in Gedanken mit mir. Es schadet dir nämlich nichts, wenn du diese offene Bresche in den lebendigen Eingeweiden der Zuckerrohrpflanzung siehst.

Ich, Marcos Antilla, ein rechter Sohn dieses Insellandes, mit allen Lastern und Tugenden eines echten Kreolen, will dir nämlich die Geschichte der Guardarraya erzählen, damit du die ganze angeblich geschichtliche Folgerichtigkeit zum Teufel wünschst. Kolonisation und was jene Epoche eben darunter verstand, Sklavenhandel, billigen Schweiß, Fässer voll Alkohol, Metallbecken voll Honig, Zuckerbrot, Wagenschmiere und Peitschen aus Gold und Sonnenstrahlen. Und später die Kreolenpolitik und das fremde Kapital. Aber stell dich dabei nicht wie ein geprügelter Hund an, mein Junge. Was ich damit meine und was ich dir sagen will, ist nichts weiter als eine Geschichte, wie gute Landsleute oder gute Freunde sie einander mit auf den Weg geben.

Ich sagte in jener Nacht zu meinem Kumpan: »Heute nacht wird auch für uns der Herr Jesus geboren. Hier auf der miesesten und allerfinstersten Zuckerrohrpflanzung. Schließlich soll die fromme Überlieferung der christlichen Welt auch ein bißchen Geist und Brot in das Leben von uns Zuckerrohrschneidern bringen. Feiern wir also Weihnachten, auf unserer Erde, wie Gott es befiehlt. Und da wir keinen Stern von Bethlehem haben, wollen wir die Laterne der Negerin Paola Celestina auf den höchsten Sparren der Baracke stecken, und da wir keine Heiligen Könige haben, laden wir, damit sie uns beehren, den Verwalter der Zuckersiederei, Mister Norton, ein, dazu seinen Sekretär Rogelio Ricvas Soto aus Casamayor und unseren unschätzbaren Pächter Fico Larrachea.

Diese Nacht ist eine gute Nacht,
Christ ist geboren in Bethlehem ...

Wir waren unser fünfundzwanzig Zuckerrohrschnipsler auf der Guardarraya, fünfundzwanzig unermüdliche Hackmesser, so richtige Barackenknülche auf den Hängematten aus Mehlsäcken, und die Hälfte von uns waren erloschene Kohlen aus dem glühenden Ofen des haitianischen Bauernlandes. Du kannst meinetwegen noch einen Puertorikaner, zwei Dominikaner und den einen oder anderen Jamaikaner dazu zählen, doch wir anderen waren alle Kubaner vom Kap San Antonio bis zu Punta de Maisi. Und zu unserem Lob muß ich hinzufügen, daß wir Kubaner trotz unserer Extrawürste immer mit allen anderen zusammen waren, vielleicht gerade wegen unserer kreolischen Eigenbrötelei und unserem Herrn Jesus Christus. Ein Hinterwäldler, der jenem guten Neger Hans ähnelte, der zwischen zwei weiteren solchen Häusern in seinen Kniestiefeln steckte, während über die Wellen hinweg die kupferfarbene, gnadenreiche Jungfrau zu ihm sprach – solch ein Hinterwäldler war derjenige unter uns, der das höchste Geschick darin besaß, Ziegenkeule und Pökelfleisch zuzubereiten, und das vor allem, wenn weder ein Schwein noch das kleinste Zicklein vorhanden war. In solchen Fällen wußte die linke Hand des Hinterwäldlers so wenig wie der Eigentümer der verirrten Tierchen, was die rechte Hand tat.

Ich hatte unter der Schar einen Gesinnungsgenossen und Tippelbruder, einen waschechten Spanier, den die Bergwerke der Biscaya hervorgebracht hatten, und der sich nach allerlei Irrfahrten auf den Zuckerpflanzungen der Großen Antillen umhertrieb. Dieser Tausendsassa nannte sich Manuel Herdoza, und wenn er nicht Spanien und der ganzen Welt eine neue Ordnung hätte geben wollen, dann hätte er es sicher zum Bürgermeister von Bilbao gebracht. Dieser Weltverbesserer und ich waren Lager- und Arbeitsgenossen, und in unserem Tagewerk waren wir uns auch geistig näher gekommen. Täglich zog die Sonne ihre steile mathematische Feuerbahn über unsere Köpfe, brannte sich in unsere Schultern ein, trieb uns den Schweiß auf die Stirn und warf Funken auf unsere Hackmesser, die in den grünen Saft hineinschlugen, und legte unzählige glühende Reflexe auf den immer gleichen und immer verschiedenen Wellenschlag dieses Meeres aus lebendigem Smaragd. Und, als gehorchten wir einem heiligen Ritus, der uns von einer unersättlichen Gottheit auferlegt wurde, so packten unsere fünfundzwanzig Hände die jungfräulichen Gestalten der Zuckerpflanzen und zerfetzten ihnen alle Trikots aus schützenden Blatthüllen. Dann stießen weitere fünfundzwanzig Hände, mit Blitzen bewaffnet, treffsicher in die tiefen Furchen der Pflanzung hinein, und gleich darauf streckte jede der fünfundzwanzig Hände von vorher, aus der Erde auftauchend, ihr Rohr in die Luft, das beschnittene Lebensorgan der kreolischen Erde. In der Luft ward dann rasch diese Arbeit beendet: Rein und nackt, wie ein Diamant im Wasser, war das süße Zuckerrohr, aus dem drei scharfe Schläge des Stahls drei Stücke machten. Die fielen dann ruhmlos auf die bedeutungslosen Haufen, die sich bald zu beiden Seiten der Guardarraya aufreihten, dieser Schneise, diesem halbgeöffneten Augenlid des kubanischen Zuckerrohrlandes, aus dem die grüne Pupille der einheimischen Frucht sich dem Meer der Antillen zeigt und die neuen Galeeren anblickt, die vom anderen Ufer, von Nordamerika, herkommen. So lag sie immer unter dem glühenden Ring des Tages, die Guardarraya, die Schneise, von der aus wir das Zuckerrohr »umwarfen«, im Schweiß unseres leidenden Angesichts. Erst wenn der letzte Glanz des fernen Widerscheins im Zuckerfeld erlosch, ließen wir unsere fünfzig Arme sinken, und fünfundzwanzig dreieckige Hackmesser ergaben sich dem Trägheitsgesetz. Und der Schwung unserer unermüdlichen Arbeit erlosch in leiblicher Ermüdung. Und jeden Tag sehnten wir uns mehr dem Weihnachtsfest entgegen und gaben uns einer alten, oft erneuerten Hoffnung hin. Und wenn ich ihm das Maul nicht stopfte, dann hielt mein Kumpan Manuel Herdoza eine widerborstige Rede auf dieses Zuckerrohr, das schließlich im raschen Schatten des insularen Sonnenunterganges versank.

Endlich kam die Nacht und die Stunde, von der man uns gesagt hatte, daß in ihr in einer Krippe der Säugling Emanuel von Jesus, der Erlöser der Menschheit, geboren sei. Ein länglicher Tisch war vor unserer Barackentür aufgestellt, und darauf lagen, als Mahl zurechtgemacht, Fauna und Flora unseres Landes. Viele Sterne glänzten über unserem Weihnachtsschmaus, und oben auf der höchsten Sparre der Baracke, einsam und rot, hing die Signallaterne, die an anderen Tagen die Behausung der Negerin Paola Celestina erleuchtete. Unser Hinterwäldler hatte seine Sache gut gemacht. Da er kein Schwein fand, hatte er ein Zicklein organisiert, das sich irgendwo allein herumgetrieben hatte. Und damit es nicht heißen sollte, wir seien »Einsiedler«, hatten wir auch den ganzen Pöpelhaufen von Haitianern eingeladen. Arme Haitianer. Sie waren argwöhnisch wie mißhandelte Tiere, zeigten aber keine Empörung, sondern nur einen unersättlichen Hunger. Chano Galbán, der Dominikaner, dem gleichfalls der Hunger aus Augen und Nasenlöchern hervorsah, erlaubte sich immerhin über die Ziege einen Witz zu reißen: »Die Ziege, die die Trommel zerbricht, muß es mit ihrem Fell büßen.«

Die beiden Jamaikaner hingegen fürchteten sich, über die kulinarischen Heldentaten unseres Hinterwäldlers ihr Lob zu singen, denn sie hatten Angst vor ihrer eigenen Angst und vor der englischen Regierung. So starrten sie nur gierig auf den Tisch, an dem auch sie sich niedersetzen durften. Und so fingen wir dann an zu essen und zu trinken wie gute Christen, die wenigstens in der Nacht, in der der Erlöser geboren war, die Erinnerung an die Guardarraya auslöschen wollten. Doch mitten in der Mahlzeit begann der Spanier Manuel Herdoza, der tüchtig getrunken hatte, in fiebriger Ungeduld herumzurutschen und an sich herumzufingern, als habe er da irgend etwas versteckt, was endlich einmal gesagt werden mußte. Und als er noch zwei weitere Becher zu Ehren seiner Söhne über den Durst getrunken hatte, war er endlich so mutig, über das Zentralthema seines Lebens zu sprechen. Mit ungewöhnlichem Zittern in der Stimme sagte er:

»Meine Freunde, meine Brüder in der weltweiten Liebe zur Gerechtigkeit, der Gerechtigkeit des Menschen zum Menschen dieser Erde, in dieser Nacht ist, von zahmen Tieren umgeben, der Sohn des Menschen geboren. Und die Menschen haben ihn gekreuzigt, weil er wollte, daß alle Menschen mit dem gleichen Recht am Festmahl des Lebens teilnehmen könnten. Er hat gelitten unter der Gewalt des Pontius Pilatus, unter dem egoistischen Elend, und wir, die wir noch immer unerlöst sind, wir feiern seine Geburt, indem wir essen, nicht, um sein Gerechtigkeitsideal aufzuzehren, sondern weil wir noch immer jeglichen Hunger erleiden müssen, einen Hunger des Geistes und einen Hunger des Körpers, denn wir sind die modernen Parias der Guardarraya, die fett wird vom Schweiß und vom Blut unseres Lebens. Aber ich glaube daran, daß er noch einmal kommen wird, wiedergeboren in unserer Mitte, daß er kommen wird, nicht, um uns zu sagen, daß sein Reich nicht von dieser Welt ist, sondern um uns endlich die versprochene Erlösung zu geben. Ja, ich sehe ihn kommen. Aber er ist nicht sanft und nicht duldsam. Und er kommt nicht, um zu leiden, sondern als Sieger kommt er daher, auf der blutigen Fährte aller Märtyrer der Menschheit ...«

Der Hinterwäldler nahm sein Stück Fleisch aus dem Mund und rief mit aufrichtigem Entzücken:

»Bravo!«

»Halt doch dein Maul, du Esel!« rief entsetzt und verdrossen der Puertorikaner, und einer der beiden Jamaikaner, der sich Sorgen machte, was Ihre Britische Majetät über dergleichen Reden denken könnte, sagte sanft und begütigend:

»Mensch, Spanier, halte doch deine Zunge im Zaum. Mister Norton und Fico Larrachea werden sich ganz schön ärgern.«

Die Haitianer hörten unterdessen nicht zu essen auf, blickten aber Manuel Herdoza ergebungsvoll an, als ob sie sagen wollten: Dieser Spanier sagt da Sachen, die auch für uns Haitianer nicht schlecht sind, aber besser ist es sicher, das Maul zu halten und in Ruhe zu essen, denn eine Ziege wie diese gibt es nicht alle Tage.

Ich, Marcos Antilla, war aber so gepackt und so aufgekratzt, daß ich gleich noch eine Ansprache anschloß und ein Loblied sang auf die Erlösung des Menschen. Ich gebe zu, daß ich sogar am anderen Morgen bei Sonnenaufgang von meiner Begeisterung für diese Weihnacht noch ganz beschwingt war.

Und kaum daß wir an diesem Morgen abermals auf der Guardarraya angetreten waren, sahen wir Mister Norton, den Pächter Fico Larrachea und ein paar Landgendarmen auf uns zukommen.

»O wei, Mister Norton hat ja ganz schön Ärger geladen«, sagte der größte und stämmigste unserer Jamaikaner.

»Und gleich wird er platzen«, sagte der Dominikaner Chano Galbán schadenfroh.

Kaum waren sie bei uns, ergriff auch schon unser Pächter Fico Larrachea das Wort. Dieser edle Fico sprach also:

»Mister Norton, der Mann, der die Gesetze liebt, der Freund Kubas und der Freund ehrbarer, friedlicher Arbeit, der über die Ordnung wacht und die Interessen der Gesellschaft vertritt, ist bereits unterrichtet über das, was gestern abend hier geschehen ist. Er verlangt, daß ihr alle, wie immer, ohne zu mucken auf die Guardarraya geht, daß aber der Spanier Manuel Herdoza und dieser Marcos Antilla, die hier die Leute aufwiegeln wollen, sich sofort auf den Weg machen nach Hornuga Loca. Die Gendarmen werden diese beiden Kerle begleiten.«

Manuel Herdoza aber protestierte. Er rief, wobei er fast ironisch lächelte: »Mister Norton ist doch bestimmt falsch unterrichtet! Wir haben doch nur den Geburtstag des Erlösers der Welt gefeiert, hier auf unserem Boden. Das kann uns doch niemand verbieten!«

Mister Norton, der bis dahin keinen Laut von sich gegeben hatte, hielt uns nun, als spräche er von der Kanzel eines protestantischen Tempels herab, folgende Ansprache:

»Dieser Boden nicht sein euer Boden. Dieser Boden gehören der kubanischen Zuckergesellschaft. Gesellschaft wollen hier keine Reden. Stören Arbeit und Geschäft. Gesellschaft hier nur wollen Leute, wo nur denken an Schneiden von Zuckerrohr. Marcos Antilla und spanische Anarchist nur hier sein auf Boden, um sofort weg zu sein von Guardarraya mit Landgendarm.«

Nachdem er das gesagt hatte, drehte sich Mister Norton um und ging. Mir lagen einige Worte der Empörung auf der Zunge, aber wie konnte ich Mister Norton widersprechen? Er hatte offensichtlich recht: Dieses Land gehörte nicht uns, sondern seiner Gesellschaft.

Während die anderen alle schwiegen, standen wir auf und machten uns auf den Weg. Gefolgt von den Gendarmen, verließen wir das Gelände der kubanischen Zuckergesellschaft, und hinter uns blieb wieder einmal die Guardarraya zurück, jene Bresche, die wir mit unserem Schweiß und unserem Blut ins lebendige Eingeweide des Zuckerrohrs geschnitten hatten. Und außer den Landgendarmen folgten uns nur die Schatten unserer eigenen Körper die staubige Straße entlang, über der das gleißende Licht unserer Inselsonne flimmerte.

KUBA

Weihnachten

Unbekannter Verfasser

Jedesmal, wenn zwei Menschen einander verzeihen,
     ist Weihnachten.
Jedesmal, wenn ihr Verständnis zeigt für eure Kinder,
     ist Weihnachten.
Jedesmal, wenn ihr einem Menschen helft,
     ist Weihnachten.
Jedesmal, wenn jemand beschließt, ehrlich zu leben,
     ist Weihnachten.
Jedesmal, wenn ein Kind geboren wird,
     ist Weihnachten.
Jedesmal, wenn du versuchst, deinem Leben einen
neuen Sinn zu geben,
     ist Weihnachten.
Jedesmal, wenn ihr einander anseht mit den Augen
des Herzens, mit einem Lächeln auf den Lippen,
     ist Weihnachten.

Denn es ist geboren die Liebe,
Denn es ist geboren der Friede,
Denn es ist geboren die Gerechtigkeit.
Denn es ist geboren die Hoffnung,
Denn es ist geboren die Freude.
Denn es ist geboren Christus der Herr.

Und die Hirten machten sich sofort auf den Weg und fanden
Maria und Joseph und das Kind in der Krippe.
(Evangelium des Lukas)

Azariah Mbatha wurde 1941 in Südafrika geboren. Missionare entdeckten seine künstlerische Begabung, als er in einem Missionshospital lag. Studium am
Zentrum für Kunst in Natal und, nachdem er 1965 den Südafrikanischen Kunst-
preis erhalten hatte, an der Staatlichen Kunstakademie Stockholm. Werke von
ihm befinden sich im Museum für Modern Art in New York.

Kein Platz in Solitaire

Richard Rive

Fanie van der Merve hatte allen Grund, sich zu ärgern. Er, der Besitzer des einzigen Hotels in Solitaire, polierte am Heiligen Abend Gläser in seiner leeren Bar. Der Wirt des einzigen Lokals bis Donkergat stand vor unbesetzten Tischen und Stühlen ... Na ja, ganz leer war es nicht; der alte Dawie Volkwyn saß mürrisch und verdrossen an der Theke. Fanie konnte sich nicht erinnern, daß Dawie einmal nicht auf eben diesem Hocker gegenüber der Küchentür gesessen hätte. Das einzige Lokal meilenweit, und am Weihnachtsabend leer!

Pure Bosheit steckte dahinter, ganz offensichtlich! Ohm Sarel handelte immer aus Bosheit. Zum Beispiel damals, als Marietjie Louw zum erstenmal mit Dawie ausgegangen war. Und dann diese Geschichte. Angefangen hatte es mit Politik. Ohm Sarel hatte an der Theke gesessen, so wie immer, und über alles mögliche geredet. »Gottes Segen über die südafrikanische Politik«, hatte Fanie vor sich hin gemurmelt. Er war ruhig geblieben, bis Ohm Sarel behauptete, Kaffern[24] könnten in der Schule höchstens die zweite Klasse schaffen. Das hatte Fanie geärgert, sehr geärgert, und er hatte Witboois Vetter als Gegenbeispiel aufgeführt, Witbooi war sein schwarzer Küchenjunge.

Witboois Vetter hatte in Kapstadt die sechste Klasse absolviert. Ohm Sarel aber war dabei geblieben: So etwas habe es noch nie gegeben, und falls es stimme, dann hätten die Missionare oder die Engländer oder sonst jemand das absichtlich getan. Als Fanie dann noch hinzufügte, Witboois Vetter könne Afrikaans[25] lesen und schreiben, besser als mancher weiße Pächter, da bekam Ohm Sarel einen roten Kopf und erklärte, er werde nie wieder in einer Bar trinken, die einem Kommunisten gehöre. Dann war er gegangen. Das hatte vor ihm schon mancher getan, aber bei Ohm Sarel war das etwas anderes. Er war der Besitzer von Bo-Plass, der größten Maisfarm im Distrikt. Zweimal schon war er in Johannesburg gewesen, und seinen Urlaub verbrachte er manchmal sogar in Hermanus am Kap.

Pure Bosheit, ganz offensichtlich! Was sonst sollte Ohm Sarel wohl dazu bewogen haben, am Heiligen Abend ein großes Festessen zu veranstalten und jeden in Solitaire einzuladen außer Fanie van der Merve und, na ja, außer Dawie Volkwyn? Wurst und Brandy waren natürlich frei, um ihm, Fanie, alle Kunden

---

24 Neger der Bantugruppe
25 »Kapholländisch«, Tochtersprache des Niederländischen in Südafrika; zweite gleichberechtigte Landessprache in der südafrikanischen Union neben dem Englischen.

wegzulocken, versteht sich! Alle Kunden! Louw Viljoen, Daantjie Pretorius, Jan Mostert – alle! Fanie wäre liebend gern dabeigewesen. Er hätte die Bar geschlossen und Witbooi freigegeben. Aber er war absichtlich übergangen worden. Deshalb polierte er am Heiligen Abend gleichgültig seine Gläser und starrte in das leere Lokal. Nur Dawie war da. Keinem Menschen war es jemals eingefallen, Dawie einzuladen. Dabei kannte er das Leben, der Dawie, obwohl er trank und bei den Frauen in schlechtem Ruf stand. Und wenn er genügend Brandy getrunken hatte, rülpste er, lehnte sich bequem zurück, verengte die Augen und redete – über Religion, über Politik, über die Engländer, warum die Welt vor die Hunde geht und über Marietjie Louw. Er war überzeugt, daß Marietjie ihm mehr entgegenbrachte als Interesse, aber was half's! Ihr Vater fand Dawie mit seinen fünfzig zu alt. Dabei mußte Marietjie die Vierzig auch schon vor einer Weile überschritten haben, und ein Ehemann war nirgends in Aussicht.

»Ja, Dawie«, sagte Fanie, der ihm gegenübersaß, »so ist das Leben.« Dawie gab keine Antwort. Fanie entkorkte eine Flasche Brandy und füllte zwei Gläser. Sie tranken schweigend, jeder mit seinen Gedanken beschäftigt. Fanie goß nach.

»Es ist bitter, wenn das Geschäft nicht geht.«

Wieder ein langes Schweigen, während sie ihren Brandy tranken. Nach dem dritten Glas antwortete Dawie.

»Wie ich hörte, soll Ohm Sarel zwei Ochsen geschlachtet haben.« – »Ja.«

»Und drei Lämmer. Und Hühner und Gänse.«

»Ja.«

»Und den ganzen Wein und Brandy hat er bei Cohen in Donkergat gekauft.«

»Ja«, wiederholte Fanie fatalistisch. Er dachte an Witboois Vetter und begann, an dessen Fähigkeiten zu zweifeln. Ob er wirklich Afrikaans lesen und schreiben konnte? Er mußte seinen Küchenjungen mal fragen. Dieser Vetter begann, ihm das Geschäft zu verderben.

»Ich hätte es niemals für möglich gehalten, daß meine Bar am Heiligen Abend leer sein würde.«

»So ist das Leben.«

Fanie goß Dawie noch ein Glas ein.

»Also auf Weihnachten. Alles Gute für morgen!«

»Alles Gute!«

»Lange her seit Bethlehem.«

»Ja«, sagte Dawie, weit in die Vergangenheit zurückblickend, weit über seine fünfzig Jahre hinaus. »Das war vor langer Zeit.«

»Aber Er wird wiederkehren.«

»So steht es in der Bibel.«

»Ja.«

»In der Offenbarung.«

»Er wird kommen in all seiner Herrlichkeit.«

»Und die Trompeten werden erschallen.«

»Aber ich hab' darüber nachgedacht, Fanie.«

»Ja.«

»Als Er zum ersten Male kam, hat man Ihn nicht erkannt.«

»Tatsächlich?«

»So steht es in der Bibel.«

»Ich weiß es.«

»Wie werden wir Ihn erkennen, wenn Er wiederkehrt?«

»Du führst gefährliche Reden.«

»Und wenn Er kein Weißer ist?«

»Er ist ein Weißer!«

»Ja, ich weiß«, sagte Dawie nachgiebig.

Sie verfielen wieder in Schweigen, und Fanie füllte mechanisch die Gläser
nach.

»Wie werden wir Ihn erkennen?«

»Es wird Anzeichen geben, Dawie.«

»Was für welche?«

»Es steht in der Bibel.«

Fanie hoffte, daß Louw Viljoen, Jan Mostert und Daantjie Pretorius vielleicht
doch noch auf einen schnellen Drink hereinschauen würden, auch wenn es bei
Ohm Sarel den Wein umsonst gab. Also bei Cohen in Donkergat hat er alles gekauft ... Pure Bosheit!

»Fanie, ich bin nicht fromm.«

»Ich weiß, Dawie.«

»Ich gehe nicht in die Kirche.«

»Ich weiß.«

»Aber ich stelle gern Fragen.«

»Ja?«

»Wie werden wir Ihn erkennen, wenn Er wiederkehrt?«

»Es steht in der Bibel.«

»Was steht dort?«

»Du mußt die Bibel selbst lesen.«

»Ich kann nicht lesen.«

»Ja.«

Fanie merkte, daß die Unterhaltung zu nichts führte, und beschloß, die Rede
auf Witboois Vetter zu bringen.

»Glaubst du, daß Kaffern lesen können?«

»Das weiß ich nicht, Fanie.«

»Wenn sie in Kapstadt zur Schule gegangen sind?«

»Möglich.«

»Genau das habe ich Ohm Sarel gesagt.«

»Na und?«

»Er nannte mich einen Kaffernfreund.«

»So was!«

»Und einen Kommunisten.«

»Das ist schlimm!«

»Deswegen hab' ich ihm von Witboois Vetter erzählt.«

»Ja?«

»Kennst du ihn?«

»Nein.«

»Er hat die sechste Klasse beendet.«

»Das kann schon sein.«

»Daraufhin hat Ohm Sarel mein Lokal verlassen.«

Die beiden nippten mißmutig an ihren Gläsern. Dawie fragte sich, ob Marietjie Louw wohl auch auf Bo-Plaas war und ob sie an ihn dachte. Fanie hoffte, daß Louw Viljoen und Daantjie Pretorius nach dem Festessen noch hereinschauen würden. Schließlich mochte er Louw gut leiden.

»Baas.«

Louw war streitlustig, aber man konnte mit ihm auskommen.

»Baas!«

»Ja, Witbooi?«

»Draußen ist ein Mann mit einer Frau, der will den Baas sprechen.«

»Sag ihnen, sie sollen reinkommen.«

»Baas, es sind Schwarze wie ich.«

»Dann sag ihnen, sie sollen sich zum Teufel scheren.«

Er wandte sich wieder an Dawie.

»Diese Kaffern werden wirklich immer frecher.«

»Das ist wahr.«

»Ein faules, nichtsnutziges Pack.«

»Da bin ich ganz deiner Meinung.«

»Aber immerhin – einige von ihnen können lesen und schreiben.«

»Stimmt.«

»Afrikaans.«

»So ist es.«

»Wie zum Beispiel Witboois Vetter.«

»Ja. Witboois Vetter.«

Der Küchenjunge erschien wieder, sehr aufgeregt.

»Baas, der Mann sagt, es sei dringend.«

»Jag sie fort.«

»Das hab' ich versucht, Baas.«

»Sag ihnen, ich komm gleich mit der Schrotflinte.«

»Das ist zwecklos, Baas.«

»Sieh zu, wie du sie los wirst!«

»Ich versuch's noch mal, Baas.«

Fanie nahm eine neue Flasche vom Regal und entfernte mit den Zähnen geschickt die Stanniolkappe. Dann drehte er den Korkenzieher hinein, zog ihn heraus und füllte die beiden Gläser nach. Seine schlechte Laune war verflogen, er schien plötzlich gut aufgelegt zu sein.

»Also, nimm zum Beispiel Witboois Vetter.«

»Ja.«

»Na, ist das etwa kein gescheiter Kaffer?«

»Muß er wohl sein.«

»Er arbeitet in einem Büro in Kapstadt.«

»Ja?«

»Schreibt Briefe für seinen Baas.«

»Nicht möglich!«

»Und am Monatsende schickt er Rechnungen ab.«

»Ein paar von diesen Leuten können so was.«

»Aber Ohm Sarel versteht das nicht.«

»Ohm Sarel ist schwierig.«

Witbooi zupfte Fanie vorsichtig am Ärmel.

»Bitte, Baas, machen Sie das selbst.«

»Was ist?«

»Der Mann und die Frau an der Hintertür.«

»Hast du sie nicht weggejagt?«

»Ich kann nicht, Baas.«

»Verdammt, bring mir die Schrotflinte!«

»Ja, Baas.«

»Komm, Dawie, jagen wir sie zum Teufel.«

Dawie verließ nur ungern die halbvolle Flasche, aber er mußte sich Fanies Wohlwollen bewahren. Unsicher stieg er vom Hocker und folgte dem Wirt schwankend durch Lokal und Küche. Am Eingang stand ein bärtiger Mann unbestimmbaren Alters, der einen Esel locker am Zügel hielt. Eine schwarze Frau saß stöhnend auf der Veranda.

»Ja?« sagte Fanie.

»Meine Frau ist krank.«

»Was fehlt ihr?«

»Sie ist krank, Baas.«

»Was hat sie denn?«

»Sie bekommt ein Kind.«

»Ich bin doch keine Hebamme, verdammt!«

»Ich suche einen Arzt, Baas.«

»Na und?«

»Im Ort ist kein Mensch.«

»Und was kann ich dafür?«

»Sie sind alle auf Bo-Plaas, Baas ... Sie ist krank, Baas.«

»Macht, daß ihr wegkommt!«

»Bitte, Baas.«

»Haut ab!« Fanie drehte sich um und ging zurück, gefolgt von Dawie. Sie widmeten sich wieder ihren Drinks.

»Als ob ich so eine verdammte Hebamme wäre!«

»Diese Kaffern werden immer frecher.«

»Ausgerechnet zu mir müssen sie kommen.«

»Ja, unglaublich.«

»Ich führe ein Hotel und kein Entbindungsheim.«

»Das ist das Schlimme bei diesen Leuten.«

Plötzlich blitzte in Fanies Augen hämisches Vergnügen.

»Ich hoffe, sie gehen nach Bo-Plaas.«

»Ja.«

»Das brächte Ohm Sarel in eine schöne Lage.«

»Ja, wirklich.«

»Und die Frau müßte ausgerechnet dort das Kind bekommen!«

»Ja, das wäre ein Spaß.«

»Bitte, Baas.«

Fanie wandte sich aufgebracht Witbooi zu.

»Sie sind immer noch hier, Baas.«

»Wie?«

»Sie gehen einfach nicht weg.«

»Jag sie zur Hölle!«

»Sie wollen irgendwo ausruhen.«

»Wir haben keinen Platz.«

»In einem der Schuppen, Baas?«

»Da ist kein Platz.«

»Die Frau ist sehr krank.«

Fanie trank seinen Brandy mit einem Schluck aus und schenkte sich gleich zwei weitere ein. »Hier ist kein Platz!« wiederholte er, dann starrte er verwundert auf Dawie, der hysterisch zu kichern begann.

»Und was findest du so komisch?«

»Kein Platz!« wiederholte Dawie. »Kein Platz in diesem gastlichen Haus!«

»Na und?«

»Begreifst du denn nicht, Mann?«

»Nein.«

»Es ist Heiligabend!«

»Großer Gott!«

»Der Kaffer hat einen Esel.«

»Ja, ja!« Fanie lachte schallend, aber es schwang ein falscher Ton darin mit. Er würgte, spuckte und bekam einen Hustenanfall. Dann lachte er, daß ihm die Tränen über die Wangen strömten. Dawie lachte pflichtschuldig mit.

»Kein Platz in diesem gastlichen Haus!«

»Ja, das ist wirklich sehr komisch!«

Fanie wurde auf einmal still. Dawie unterdrückte ein Kichern.

»Komm, wir wollen nach ihnen sehen«, sagte Fanie hastig.

»Nach den Kaffern?«

»Ja.«

»Bring den Brandy mit – und die Gläser.«

Sie erhoben sich unsicher und gingen zur Hintertür. Fanie war aschgrau unter seiner lederartigen Haut. Es war niemand da.

»Witbooi!«

Keine Antwort.

»Witbooi!«

Der Küchenjunge tauchte plötzlich aus dem Nichts auf.

»Baas?«

»Wo ist der Mann?«

»Ich weiß nicht, Baas.«

»Du lügst!«

»Bestimmt nicht, Baas!«

»Wo sind sie?«

»Die Frau ist sehr krank.«

»Also, wo sind sie hingegangen?«

»Ich hab' sie in den Stall gebracht, Baas.«

»Allmächtiger!«

»Mein Gott!«

Fanie und Dawie blickten einander an, und dann sahen sie beide zum Himmel empor, um zu sehen, ob dort ein heller Stern leuchtete.

Kreuz und Krippe Ziel und Weg

Yang Dyings Ch'in

Strahlt ein Stern hell durch die Nacht,
Schlaf liegt über Bethlehem.
Nur die Hirten auf der Wacht
dürfen Gottes Wunder sehn.
Tief erschrocken lauschen sie
nie gehörter Melodie.
Engel künden aller Welt:
Christus hat sich eingestellt.
Ehre sei dem höchsten Herrn,
Heil den Menschen nah und fern.

Strahlt ein Stern hell durch die Nacht.
Einsam leuchtet dort ein Licht,
wo ein Trog zur Wiege ward.
Besser ruht der Heiland nicht.
Um uns Sündern nah zu sein,
ging Gott diesen Wandel ein.
Er, der in den Himmeln groß,
teilt für uns der Menschheit Los.
Ehre sei dem höchsten Herrn,
Heil den Menschen nah und fern.

Waren einst im Morgenland,
Weise, die der helle Stern
auf dem Weg zur Wahrheit fand,
und er führte sie von fern
durch die Wüste, bis sie ihn
fanden, um vor ihm zu knien.
Myrrhen, Weihrauch, edles Gold
schenkten sie dem Kindlein hold.
Ehre sei dem höchsten Herrn,
Heil den Menschen nah und fern.

Gott und Menschheit, welche Kluft
gähnt hier tief durch meine Schuld!
Aber ach, mein Hirte ruft
noch mit göttlicher Geduld.
Soll ich weiter irregehn,
nie das Ziel vor Augen sehn?
Kreuz und Krippe, Ziel und Weg,
zeige mir, eh es zu spät.

CHINA

In klarer Wintersnacht fallt der Reif

Genjo Miwa

In klarer Wintersnacht fällt der Reif;
die Schafe haben auf der Matte des Grases geruht.
Aus der Ferne dringt ein Laut,
Ist es der Wind oder das Wasser?

O nein, die hochherzigen Engel
singen ihr hohes Lied.
Wie zur Mittagszeit strahlt hell
das wunderbare Licht
unvermindert von des hohen Himmels Ferne.
Ist es nicht der Stern,
der die frohe Kunde verbreiten will,
daß der heilbringende Gottessohn
geboren worden ist?

Ehre sei Gott in der Höhe
und Frieden auf Erden den Menschen!
So laß uns, o Freunde, mit lauter Stimme singen
die alte Weise, die uns in unsere Tage
überkommen ist.

Laß dein Gesicht hell strahlen,
denn dein Licht kommt:
Die Herrlichkeit des Herrn
geht über dir auf wie die Sonne!

Jesaja

Nachdem Gott vielfältig
und auf vielerlei Weise ehemals
zu den Vätern geredet hat
in den Propheten,
hat er am Ende dieser Tage
zu uns geredet im Sohn.

Hebräerbrief

Die schönste
Weihnachtsgeschichte der Welt

Lukasevangelium 2, 1-20

Zu jener Zeit ordnete Kaiser Augustus an, daß alle Menschen in seinem Reich gezählt und für die Steuer erfaßt werden sollten. Diese Zählung war die erste und wurde durchgeführt, als Quirinius Statthalter der Provinz Syrien war. Und alle gingen hin, um sich einschreiben zu lassen, jeder in die Heimatstadt seiner Vorfahren.

Auch Josef machte sich auf den Weg. Aus Galiläa, aus der Stadt Nazaret, ging er nach Judäa in die Stadt Davids, nach Bethlehem. Denn er stammte aus der Familie von König David.

Dorthin ging er, um sich einschreiben zu lassen, zusammen mit Maria, seiner Verlobten, die war schwanger.

Während sie dort waren, geschah es, daß für Maria die Zeit der Entbindung kam.

Sie gebar ihren Sohn, den Erstgeborenen, wickelte ihn in Windeln und legte ihn in eine Futterkrippe im Stall. Denn in der Herberge hatten sie keinen Platz gefunden.

In jener Gegend waren Hirten auf freiem Feld, die hielten Wache bei ihren Herden in der Nacht.

Da trat der Engel des Herrn zu ihnen, und die Herrlichkeit des Herrn umstrahlte sie, und sie fürchteten sich sehr.

Aber der Engel sagte zu ihnen: »Habt keine Angst! Ich habe eine große Freudenbotschaft für euch und für das ganze Volk.

Heute ist euch der Retter geboren worden, in der Stadt Davids: Christus, der Herr!

Und dies ist das Zeichen, an dem ihr ihn erkennt: Ihr werdet ein neugeborenes Kind finden, das liegt in Windeln gewickelt in einer Futterkrippe.«

Und plötzlich war bei dem Engel ein ganzes Heer von Engeln, all die vielen, die im Himmel Gott dienen, die priesen Gott und riefen:

»Groß ist von jetzt an Gottes Herrlichkeit im Himmel; denn sein Frieden ist herabgekommen auf die Erde zu den Menschen, die er erwählt hat und liebt!«

Als die Engel in den Himmel zurückgekehrt waren, sagten die Hirten zueinander: »Kommt, wir gehen nach Bethlehem und sehen uns an, was geschehen ist, was Gott uns bekanntgemacht hat!«

Sie liefen hin, kamen zum Stall und fanden Maria und Josef und bei ihnen das Kind in der Futterkrippe.

Als sie es sahen, berichteten sie, was ihnen der Engel von diesem Kind gesagt hatte. Und alle, die dabei waren, staunten über das, was ihnen die Hirten erzählten.

Maria aber bewahrte all das Gehörte in ihrem Herzen und dachte immer wieder darüber nach.

Die Hirten kehrten zu ihren Herden zurück und priesen Gott und dankten ihm für das, was sie gehört und gesehen hatten. Es war alles genauso gewesen, wie der Engel es ihnen verkündet hatte.

Das neue Weihnachtslied

Der gute Sohn, vom Geist geboren,
der Himmelssohn, vom Geist gekommen,
der Himmelssohn, vom Geist geschaffen,
Er zieht wahrhaftig bei uns ein!
O Freude, laßt Freude sein!

Er ist Jesus, unser Befreier,
Er löst uns die Bande des Satans,
Er befreit uns aus dem Knechtsein,
damit wir heil werden.
O Freude, laßt Freude sein!

Leben gibt uns der Herr des Lebens,
Himmel gibt uns der Herr der Himmel,
wie sehr schlägt die Sehnsucht,
mit Ihm zu leben, mit unserem Herrn.
O Freude, laßt Freude sein!

Gott, der Vater, schickt Jesus,
Gott der Herr, weiß um Sein Kommen.
Er hat Ihn bestimmt, für uns zu leben.
Es ist Sein Sohn!
O Freude, laßt Freude sein!

PAPUA-NEUGUINEA　　　✳　　　251

Quellenverzeichnis

Wir danken für die Abdruckrechte:

Aus dem Himmel ohne Grenzen
Huub Oosterhus, Im Vorübergehen
Verlag Herder, Wien 2. Auflage 1971
Lied: Als die Welt verloren KB Nr. 53
Dt.T: G. Kucz
© Verlag Merseburger, Kassel, Fjodor
M. Dostojewski, Der Knabe bei Christus Aus: Erzählungen
Übersetzer: F. Bennewitz/J. Hahn/A.
Luther/E. Walter
© Artemis & Winkler Verlag, Düsseldorf/Zürich
Pelle zieht aus von Astrid Lindgren
© Verlag Friedrich Oetinger, Hamburg
1967
Leo Tolstoi, Wo Liebe ist, da ist Gott
Aus: Leo Tolstoi, Volkszählung, Übers.
und hrsg. von Guido Waldmann
© by Reclam, Stuttgart
O. Henry, Das Geschenk der Weisen
Aus: O. Henry: The Furnished
Room/Das möblierte Zimmer, 1978
© by Reclam, Stuttgart
Anton Tschechow, Wanka, aus dem
Russischen übertragen von Ilma Rakusa
Aus: Kinder in der Weltliteratur,
Manesse Verlag, Zürich 1981
Karl Heinrich Waggerl,
Josef und der störrische Esel
Und es begab sich 1989
© Otto Müller Verlag, Salzburg 1959
Wystan Hugh Auden, Unter euch ist ein

Kind
Hier und Jetzt
© Otto Müller Verlag, 1961
Shlomo Breznitz, Weihnachten
Aus: Shlomo Breznitz, Vergiß niemals,
wer du bist. Erinnerungsfelder meiner
Kindheit.
Gerlingen: Bleicher Verlag 1995
Istva`n Szamosközi, Der Gang nach
Bethlehem
Aus: Die lange Straße nach Bethlehem
1979
Gerhard Johann, Kalte Feiertage
Aus: Die lange Straße nach Bethlehem
1979
Holger Drachmann, Das Schiff in der
Kirche
Aus: Das Kind aus den Schneebergen,
2. Aufl. 1977
Elias Mar, Die Geschichte von einem
Weihnachtsbaum
Aus: Das Kind aus den Schneebergen,
2. Aufl. 1977
Kristian Elster d. J., Lars Stua
Aus: Das Kind in den Schneebergen,
2. Aufl. 1977
Lars Hansen, Feiertag auf Brötöy
Aus: Das Kind in den Schneebergen,
2. Aufl. 1977
Dan Andersson, Die Ewigkeitsmaschine
Aus: Das Kind in den Schneebergen,
2. Aufl. 1977
Hjalmar Bergmann, Weihnachtsfreude
Aus: Das Kind in den Schneebergen,

Bücher von Hans Steinacker

Hans Steinacker

Die Hintertür von Bethlehem

Das andere Weihnachtsbuch
256 Seiten, Paperback

Bestell-Nr. 471 368

»Weihnachten? Die einzige interessante Geschichte seit eh und je.« Das Zitat des französischen Schriftstellers Charles Peguy ist zugleich Motto dieses ungewöhnlichen Weihnachtsbuches.

Ein bebilderter Lese- und Erzählband als Begleiter durch die festlichen Wochen des Jahres, auch für Familie, Gemeinde und Schule.

Hans Steinacker

Gott ist mir auf den Fersen

18 Wendepunkte als Ermutigungen, wie man Gott konkret begegnen kann.
160 Seiten, Paperback

Bestell-Nr. 471 365

Lebenszeugnisse von William Booth, Frank Buchmann, Charles Colson, Charles de Foucauld, Karl Heim, Tatjana Goritschewa, Manfred Hausmann, C. S. Lewis, Toyohiko Kagawa, Friso Melzer, Ernst Modersohn, John Mott, Malcolm Muggeridge, Elias Schrenk, Sadhu Sundar Singh, Edith Stein, Hudson Taylor, Eva von Tiele-Winckler.

Bitte fragen Sie in Ihrer Buchhandlung nach diesen Büchern!

Die Entwicklungsphasen des Welpen

Die Erziehung des Welpen

Ernährung, Gesundheit und Pflege

KINDER SPEZIAL

Serviceseiten

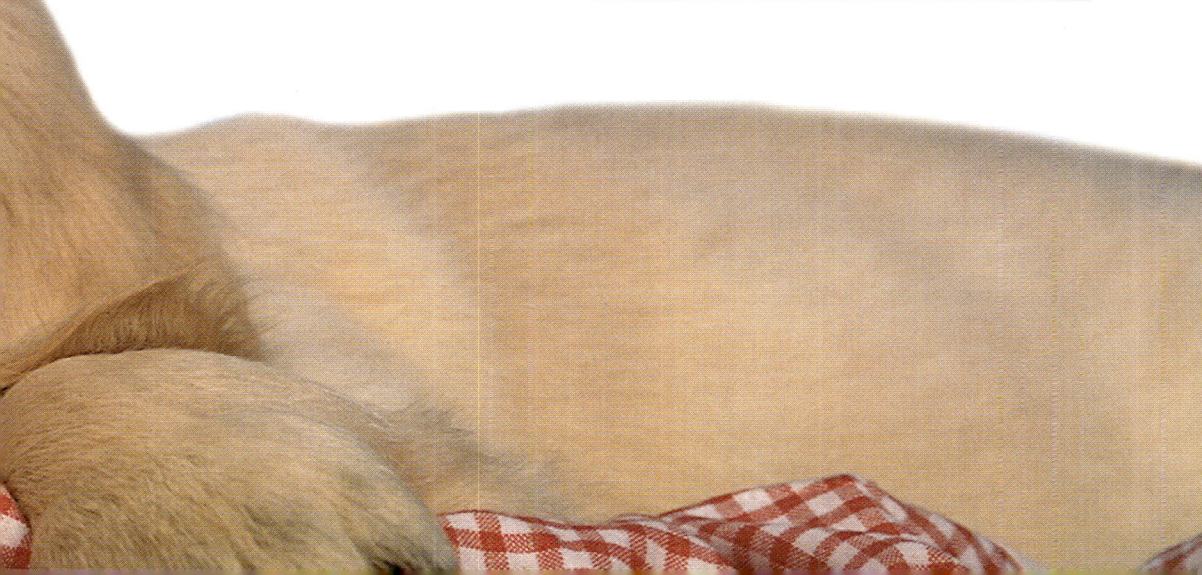

Quick Info

Der junge Hund auf einen Blick

Der junge Hund im Größenvergleich

Bei Mischlingswelpen weiß oft niemand, wie groß sie werden. Welpen mit großen Pfoten werden meist auch größere ausgewachsene Hunde, eine Garantie ist das aber nicht.

Woher bekommen Sie einen Welpen?

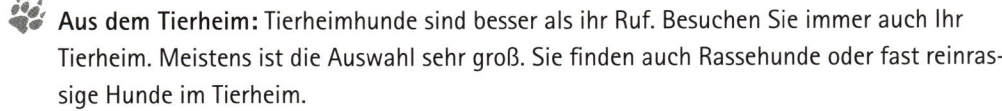 **Aus dem Tierheim:** Tierheimhunde sind besser als ihr Ruf. Besuchen Sie immer auch Ihr Tierheim. Meistens ist die Auswahl sehr groß. Sie finden auch Rassehunde oder fast reinrassige Hunde im Tierheim.

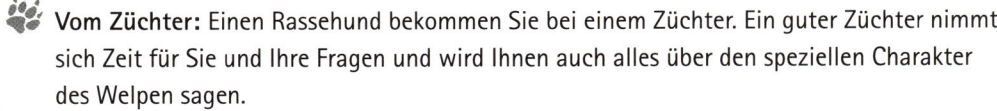 **Vom Züchter:** Einen Rassehund bekommen Sie bei einem Züchter. Ein guter Züchter nimmt sich Zeit für Sie und Ihre Fragen und wird Ihnen auch alles über den speziellen Charakter des Welpen sagen.

Von Bekannten oder Verwandten: Falls diese einen Wurf haben. Der Vorteil: Sie sehen den Welpen auch in den ersten Wochen aufwachsen. Der Welpe kennt Sie schon und Sie sind mit seinen Eigenheiten vertraut.

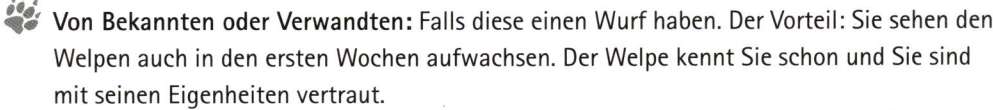 **Aus der Tageszeitung:** Dort werden samstags viele Hunde angeboten. Schauen Sie sich mehrere Plätze an. Kaufen Sie keinesfalls bei Händlern.

Warum einen Welpen? – Pro und Kontra

 ## PRO

 ## KONTRA

 Ein Welpe wird voraussichtlich für viele Jahre ein Hausgenosse sein

 Er ist häufig noch nicht sauber und braucht Geduld und viel Zuwendung

 Ein Welpe gewöhnt sich eher an die schon im Haus lebenden Tiere

 Ein Welpe kann nicht alleine bleiben und er braucht ständigen Kontakt sowie Aufsicht

 Ein Welpe lässt sich leichter erziehen und nach eigenen Wünschen formen

 Nicht immer ist der Charakter bereits klar zu erkennen. Auch hier kann es unangenehme Überraschungen geben

Einen Welpen kennen Sie von Anfang an und sind so besser mit ihm vertraut

 Durch Unsauberkeit und zerstörerische Spiele kostet ein Welpe Geld und Zeit und braucht viel Toleranz

 Ein Welpe ist lustig und macht viel Freude. Es ist schön, ihn aufwachsen zu sehen

 Ein Welpe macht viel mehr Arbeit als ein ausgewachsener Hund

Je dicht gedrängter umso wohler fühlen sie sich:
Junge Hunde mögen es eng

Wie gehe ich richtig mit meinem Welpen um?

Der Pfeil (→) zeigt Ihnen, auf welcher Seite Sie vertiefende Informationen finden.

Jetzt stellen Sie für sich und Ihren Welpen die Weichen für seine ganze Lebenszeit. In der »Kinderstube« entscheidet sich, ob Ihr putziges Knäuel ein angenehmer Gefährte wird oder nicht. Ebenso wichtig wie die Erziehung sind eine altersgerechte Betreuung und Fütterungszeiten, sowie Spaziergänge usw. ändern sich mit zunehmendem Alter genauso wie bei einem Kind, wenn es älter wird.

Das braucht Ihr Welpe (0–4 Monate)

Füttern: → S. 50 f. Füttern Sie 4-mal täglich kleine Portionen. Im Handel gibt es bei Fertigfutterprodukten inzwischen auch spezielles Welpenfutter.

Auslauf: → S. 52. Machen Sie mit Ihrem Welpen täglich 6-7 kleine Spaziergänge (ca. 15 Minuten je Gang). Lassen Sie den Kleinen dabei ausreichend schnuppern.

Prägespiele: → S. 47. Schaffen Sie ausreichend Spielmöglichkeiten mit Artgenossen. Wichtig sind auch Kontakte zu anderen Tieren und Menschen, damit der Welpe Vertrauen in seine Umwelt gewinnen kann.

Lernen: → S. 40 ff. Gleich am Anfang soll Ihr Welpe lernen, auf seinen Namen zu reagieren. Verbinden Sie deshalb Kommandos wie Komm! Pfui! (Nein!) immer mit seinem Namen. Die Sauberkeitserziehung beginnt auch vom ersten Tag an, gewöhnen Sie den Kleinen auch sofort ans Autofahren.

Tierarzt: → S. 52ff. Wichtig sind eine gründliche Allgemeinuntersuchung, Entwurmung und Wiederholungsentwurmung sowie Impfung und Wiederholungsimpfung.

Verbote: → S. 51. Noch nicht erlaubt sind Treppensteigen, Laufen am Fahrrad, Sprünge über Hindernisse, Toben und Spaziergänge gleich nach dem Füttern.

Wo läuft der Ast mit dem Welpen hin? Schon junge Hunde »arbeiten« gern

Spielend erobert sich Ihr Welpe seine Welt

Wie bei Menschenkindern auch lernen Hundekinder die wichtigsten Verhaltensregeln im Spiel. Legen Sie deshalb mehrmals täglich Spielphasen ein und achten Sie darauf, dass Ihr Welpe dabei auch genügend Erfolgserlebnisse hat. Geeignete Welpenspiele, die auch auf Spaziergänger eingeplant werden können, sind:

❀ **Zerrspiel/Beutespiel:** Nehmen Sie ein Spielzeug und bewegen Sie es lebensecht vor Ihrem Welpen hin und her. Durch zischende Laute motivieren Sie Ihren Hund noch zusätzlich, mit Ihnen um die Beute zu rangeln. Zwischendurch halten Sie inne und fordern den Hund mit »Aus« auf, das Spielzeug freizugeben. Dann kann das Spiel von neuem beginnen.

❀ **Apportierspiel:** Das Beutespiel kann man gut mit dem Apportierspiel verbinden. Wenn der Welpe richtig »heiß« auf seine Beute ist, werfen Sie das Spielzeug ein Stückchen weg. Schnell setzt der Welpe nach und packt sich die »Beute«. Sie warten an Ort und Stelle und locken den Hund mit freudigen Worten zu sich. Vermeiden Sie dabei »drohende« Gesten, wie starren Blickkontakt und hastige Greifbewegungen. Das schöne Zerrspiel

geht weiter, wenn der Welpe die Beute bringt. Nach kurzer Zeit beenden Sie das Beutespiel und gehen wieder zum Apportieren über.

❀ **Suchspiel:** Nehmen Sie eine leere Dose oder kleine, offene Pappschachtel. Einer muss den Welpen festhalten, während der andere vor dem aufmerksamen Hund einen Futterbrocken unter der Schachtel oder Dose versteckt. Lassen Sie dann den Welpen los und spornen ihn mit »Such« an, das Leckerchen zu finden. Später

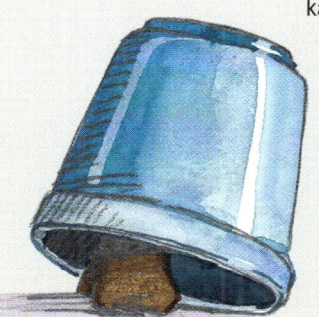

kann man zum Beispiel auch ein Spielzeug unter einer Decke verstecken und das »Suchspiel« ausbauen.

Quick Info

Wie gehe ich richtig mit dem Junghund um?

Das braucht Ihr Junghund (4–12 Monate)

🐾 **Füttern:** → S. 50 f. Gehen Sie auf 2mal tägliches Füttern über und bieten Sie zum Gebisswechsel harte Kauknochen an.

🐾 **Auslauf:** → S. 52. Machen Sie täglich noch 3 bis 4 Spaziergänge und steigern Sie jeden Gang auf ca. 30 Minuten.

🐾 **Prägespiele:** → S. 47. Wichtig bleibt der Kontakt zu Artgenossen ebenso wie zu anderen Tieren und Menschen. Der Junghund ist jetzt sozusagen ein »Halbstarker« und muss im Spiel noch viel für ein sozial angepasstes Verhalten lernen.

🐾 **Lernen:** → S. 43 ff. Der Junghund lernt jetzt am besten das Laufen an der Leine, Kommandos wie Komm! Sitz! Geh auf deinen Platz! Aus! lernt er jetzt so leicht wie später nie mehr. Fahren mit öffentlichen Verkehrsmitteln und Spaziergänge in der Stadt sollten Sie ihm jetzt vertraut machen, dafür muss die Sauberkeitserziehung auch abgeschlossen werden.

🐾 **Tierarzt:** → S. 52 ff. Neben der Allgemeinuntersuchung muss die Zahnentwicklung kontrolliert werden.

🐾 **Verbote:** → S. 51. Noch nicht geeignet ist der Junghund für Bergwanderungen, längeres oder häufiges Treppensteigen, Laufen am Fahrrad, hohe oder steile Sprünge. Toben unmittelbar nach dem Fressen bleibt absolut tabu.

Auf Kommando »Sitz«. Damit das besser klappt, drücken Sie das Hinterteil nach unten

Das braucht Ihr erwachsener Hund (1–6 Jahre)

Füttern: → S. 50 f. Von nun an reicht 1mal täglich füttern. Vermeiden Sie unter allen Umständen Überfütterung und geben Sie weterhin regelmäßig Kauknochen.

Auslauf: Es reichen jetzt 2 Spaziergänge täglich von mindestens 1 Stunde Dauer. Ihr Hund hält jetzt aber auch sehr gut bei Spaziergängen über mehrere Stunden mit, ebenso bei Ausflügen mit dem Fahrrad. Wechseln Sie dabei zwischen Fahren und Schieben, damit der Hund zwischendurch auch verschnaufen, schnüffeln und sein »Geschäft« erledigen kann.

Ausbildung: Sie können Ihren Hund jetzt je nach Interesse zum Begleithund, Blindenhund oder ähnliches ausbilden lassen. Ihr Tierarzt kann Ihnen eine geeignete Schule nennen.

Lernen: Ihr Hund hat bis hierher viel lernen müssen. Damit das Gelernte nicht wieder verlorengeht, müssen die erlernten Befehle regelmäßig und vor allem weiterhin konsequent angewendet werden. Für sein ausgeglichenes Sozialverhalten braucht der Hund als Rudeltier auch im Erwachsenenalter viele Kontakte zu Hunden, anderen Tieren und Menschen.

Tierarzt: → S. 52 f. 1mal jährlich sind von nun an die gründliche Allgemeinuntersuchung, Impfungen, Entwurmung und Zahnkontrolle fällig.

Verbote: → S. 51. Toben und längere Spaziergänge nach dem Fressen bleiben tabu. Für große Rassen besteht sonst die Gefahr des Magendrehens.

Kräftige, ausgewachsene Hunde können vielfältige Aufgaben übernehmen, dafür ist die Hundeschule zuständig

Wir wollen einen Welpen

Wenn nach Abwägung aller Argumente für Sie nur ein Welpe infrage kommt, dürfen Sie bei der Wahl Ihres »Traumwelpen« nicht nur das Gefühl entscheiden lassen, sondern müssen sich auch gut überlegen, welcher Hund in Ihr Leben am besten passt.

Dem überwältigenden Charme junger Hunde erliegt leicht jeder. Behalten Sie trotzdem bei der Auswahl einen kühlen Kopf.

Nur wer sich die Entscheidung für einen Hund gut überlegt hat und sich seinen Vierbeiner sorgfältig auswählt, schafft damit die Basis für ein langes und für beide Seiten angenehmes Zusammenleben. Leider hat das Tier dabei kein »Mitspracherecht«, sodass um so mehr Verantwortung beim Menschen liegt. Wählen Sie Ihren neuen Gefährten für einen langen Lebensabschnitt daher mit Herz und Verstand.

Wie alt sollte er sein?

Bei einem Welpen, der als ausgesetztes Fundtier im Tierheim landete, erübrigt sich die Frage nach dem idealen Zeitpunkt der »Abnabelung«. Kommt der Kleine dagegen direkt von seiner Mutter, bezeichnen Wissenschaftler das Alter von 8 bis 10 Wochen als idealen Zeitpunkt für die Abgabe. Falls eine Hündin allerdings zu viele Welpen hat und entsprechend ausgelaugt ist, werden die Welpen schon einmal im Alter von 6 Wochen von der Mutter getrennt. Jünger sollten sie jedoch keinesfalls sein, wenn sie das Zuhause wechseln.

Sind Sie durch Tod oder Krankheit der Mutterhündin zu Adoptiveltern für ein jüngeres Hundebaby geworden, erfahren Sie auf S. 55, wie mit einem Flaschenkind umzugehen ist.

Welche Kosten entstehen?

Welpen werden zu den unterschiedlichsten Preisen angeboten, je nachdem, ob es sich um einen Mischlings- oder um einen Rassehund handelt, ob Sie ihn aus dem Tierheim holen oder bei einem Züchter kaufen. Die unten stehende Tabelle bietet Ihnen eine erste Orientierung. Abkömmlinge von besonders wertvollen sowie von prämierten Tieren kosten oft erheblich mehr. Generell gilt, dass bei allen Preisen sowohl die Entwurmung als auch die erste Schutzimpfung inbegriffen sein sollten.

   Auch Tierheime können ihre Tiere nicht kostenlos abgeben. Sie kosten dort allerdings nur ca. $1/10$ dessen, was Sie für sie beim Züchter bezahlen müssen. Die Tierheime verlangen bei der Abgabe eines Hundes eine Vermittlungsgebühr, um damit wenigstens einen Teil ihrer immensen Kosten abzudecken.

WICHTIG

Lassen Sie sich auf keinen Fall durch die Dumpingpreise von Hundehändlern im In- und Ausland zu einem scheinbar günstigeren Kauf verleiten (s. auch S. 21)!

Laufende Kosten

Die Hundesteuer ist in Deutschland, Österreich und der Schweiz Pflicht. Sie wird von den Kommunen erhoben und beträgt je nach Gemeinde zwischen 40 und 210 DM. Für Blindenhunde z. B. gelten jeweils unterschiedliche Regelungen.

   Im Gegensatz zur Hundesteuer ist die Hunde-Haftpflichtversicherung nicht gesetzlich vorgeschrieben. Sie ist aber ausgesprochen sinnvoll, denn auch der besterzogene Hund kann einmal einen folgenschweren Unfall provozieren. Damit Sie vor hohen Kosten geschützt sind, sollte die garantierte Schadensdeckungssumme mindestens 2 Millionen DM betragen.

TIPP Vergleichen Sie verschiedene Angebote; die Tarife für eine Hundehaftpflicht schwanken auch bei gleicher Leistung. Sie liegen ungefähr zwischen 90 und 200 DM.

WAS WELPEN KOSTEN		
	Züchter	Tierheim	Privat
Rassewelpen	1200–2000 DM	200–500 DM	400–1000 DM
Mischling	–	häufig nur Ausfall-gebühren (impfung, Tierarzt, Entwurmen) um 100–200 DM	200–300 DM

Auch die Kosten für die jährlichen Impfungen (s. auch S. 53) sollten Sie berücksichtigen. Die Erstimpfung des Welpen, die so genannte Grundimmunisierung, kostet ca. 150 DM.

Der Preis für die einmal jährlich anfallende Auffrischungsimpfung liegt bei ca. 100 DM.

Darüber hinaus sollten Sie für verschiedene Utensilien (Körbchen, Decken, Leinen, Näpfe, Spielsachen, Bürste u. a.) im Laufe eines Hundelebens 200 bis 300 DM einkalkulieren.

Wollen Sie mit Ihrem kleinen Vierbeiner an Welpenspieltagen oder an einer Hundeschule (s. S. 42) teilnehmen, kostet Sie das ca. 10 DM pro Tier und Kursstunde.

Die nachfolgende Tabelle zeigt eine Auflistung der Kosten, die auf Sie als Hundebesitzer zukommen. Zusätzliche Tierarztkosten, wie sie insbesondere bei älteren Hunden, z. B. für Aufbauspritzen, Herztabletten etc. anfallen, sind hierin allerdings – da sie ja vollkommen unkalkulierbar sind – ebenso wenig berücksichtigt wie Kosten, die Ihnen durch Unfall oder Krankheit des Hundes entstehen können oder die Sie für die Unterbringung Ihres Vierbeiners während des Urlaubs aufbringen müssen. Bei den laufenden Kosten für Ihren Hund ist es völlig egal, ob Sie sich für einen Welpen aus dem Tierheim oder einen vom Züchter entschieden haben.

Bei der Auswahl des Welpen sollte möglichst die ganze Familie dabei sein. Ein Tier eignet sich sowieso denkbar schlecht als Überraschungsgeschenk, beispielsweise für ein Kind oder den Lebenspartner. Außerdem wird sich besonders ein Kind dem Hund viel verbundener fühlen, wenn es ihn mit aussuchen durfte.

WICHTIG

Falls der Neue ein Zweithund wird, sollte auch der Ersthund »gefragt« werden. Er wird schon zeigen, wen er mag.

DAS KOSTET SIE IHR HUND

	einmalig	pro Jahr	pro Monat
Anschaffungspreis für den Hund	s. S. 12		
Grundausstattung	200 – 300 DM		
Grundimmunisierung	ca. 150 DM		
Hundesteuer		ca. 150 DM	
Haftpflichtversicherung		ca. 120 DM	
Impfungen		ca. 100 DM	
Wurmkur (evtl.)		ca. 10 DM	
Futter (Schäferhundgröße)			ca. 80 DM

Rassehund oder Mischling?

Bei einem Mischlingswelpen weiß man nicht, wie er einmal aussehen wird. Und man kann auch seine spätere Größe nur ungefähr schätzen. Dafür ist jeder Mischling aber einzigartig. Keiner sieht aus wie der andere. Auch sind Mischlinge in der Regel sowohl psychisch als auch physisch besonders robust. Sie sind – im Gegensatz zu vielen ihrer reinrassigen Artgenossen weder degeneriert noch überzüchtet. Wenn Sie die Eltern Ihres Mischlingswelpen kennen, haben Sie natürlich einige Anhaltspunkte, was Größe und Aussehen betrifft. Aber auch die Großeltern, die meist nicht mehr bekannt sind, können ganz überraschende Merkmale auf Ihren Hund vererbt haben.

Wenn Sie einen Rassewelpen bevorzugen, sollten Sie sich vorab genau über die Bedürfnisse der jeweiligen Rasse und ihre Ansprüche an Haltung und Pflege informieren. Bevor Sie sich endgültig für einen Hund entscheiden, besuchen Sie unbedingt mehrere Züchter und achten Sie immer auf die artgerechte Unterbringung der Vierbeiner (s. S. 19 f.).

Vorsicht Modehund

Besonders das Medium Fernsehen erweist sich immer wieder als Trendsetter: Durch Werbung, Zeichentrick- und Spielfilme und Fernsehserien wird in der Gesellschaft Interesse für eine bestimmte Rasse erzeugt. Vor allem Kinder sind auf diese Weise leicht zu beeinflussen. Um die plötzliche enorme Nachfrage nach den Moderassen zu befriedigen, werden die Hunde dann in Massen »produziert«.

Die Folge von Inzucht, Einkreuzungen fremder Rassen, nicht artgerechter Haltung und teilweise viel zu früher Trennung der Welpen vom Muttertier sind Schäden im Erbgut und Verhaltensstörungen. Ein trauriges Beispiel ist der eigentlich als sanftmütig geltende Golden Retriever. In letzter Zeit landen immer wieder Vertreter dieser Rasse in den Tierheimen oder müssen eingeschläfert werden, weil sie aggressiv und bissig geworden sind. Natürlich gibt es nach wie vor genügend charakterlich einwandfreie Tiere. Aber man sollte sich genau über das Wesen beider Eltern und möglichst auch noch der Großeltern informieren und den Züchter besonders sorgfältig auswählen.

TIPP Wenn Sie ein Faible für eine bestimmte Rasse haben, können Sie mit etwas Glück einen Mischlingswelpen bekommen, der Ihrer Lieblingsrasse sehr ähnlich sieht. Aber auch wenn für Sie nur ein Rassewelpe infrage kommt, erkundigen Sie sich doch erst einmal bei den Tierheimen in Ihrer Umgebung (s. S. 18).

WICHTIG

Besondere Vorsicht ist beim Kauf eines Rassehundes geboten, der gerade »in« ist, weil er durch Überzüchtung gesundheitliche Schäden aufweisen kann.

Rüde oder Hündin?

In der Regel sind Hündinnen einfacher zu erziehen. Sie machen weniger Ärger, weil sie einen geringeren Hang zum Raufen, Imponieren und Ausbüxen haben. Sie gelten deshalb als der bessere Familien- und Kinderhund, auch, weil sie sich leichter in die Familie einordnen und oft die geduldigeren Schmusetiere sind. Manche Hundehalter glauben allerdings, bei alternden Weibchen eine stärkere Tendenz zur »Zickigkeit« beobachten zu können.

Außerdem werden Hündinnen zweimal im Jahr für ca. 3 Wochen läufig und können schwanger oder scheinschwanger werden. Durch eine Kastration lassen sich solche geschlechtsspezifischen Probleme lösen.

Auch bei einem Rüden kann die Kastration durchaus sinnvoll sein: Ein besonders dominantes oder zum Streunen neigendes Tier wird dadurch ruhiger und häuslicher. Ausnahmen bestätigen hier natürlich die Regel.

Bei solch niedlichen Wurfgeschwistern fällt die Wahl schwer. Da hilft nur, die Kandidaten längere Zeit zu beobachten.

Groß oder klein?

ACHTUNG

Die Wohnungsgröße ist nicht entscheidend für das Auslaufbedürfnis Ihres Hundes.

TIPP Wenn man weder über die Rasse oder Mischung noch über die Eltern seines Welpen etwas weiß, können die Pfoten Hinweise auf seine endgültige Größe geben: Sind diese beim Hundebaby unproportional groß, dann wird sicherlich aus dem kleinen Kerl einmal ein großer.

Natürlich ist es schön, wenn man viel Platz hat. Aber es ist ein altes und dummes Vorurteil, dass große Hunde immer große Wohnungen oder am besten ein Eigenheim mit Grundstück brauchen, während kleine Hunde grundsätzlich in einer kleinen Wohnung zufrieden sind.

Ein Hund, der viel Auslauf und Abwechslung hat, kann die restliche Zeit glücklich und zufrieden in einer 1-Zimmer-Wohnung verbringen. Vor allem der rassetypische und der individuelle Bewegungsdrang des Tieres spielen eine entscheidende Rolle beim Platzbedarf. Es gibt kleine wuselige Hüpfer (z. B. Terrier), die den ganzen Tag durch die Gegend rennen möchten und denen ein Garten gar nicht groß genug sein kann, und es gibt große Hunde(rassen), die gern gemütlich herumliegen und dösen.

Bei einem Welpen ist in jedem Fall der Bewegungsdrang groß. Tragen Sie dem durch ausgiebige Spaziergänge Rechnung, bevor sich der Kleine todmüde auch mit der kleinsten Zimmerecke begnügt.

Geben Sie Ihrem Hund soviel Auslauf und Bewegung, wie er benötigt. Haus und Garten sind kein Ersatz!

Der Charakter

Es ist nicht leicht, bei einem Welpen seinen späteren Charakter als erwachsenen Hund vorauszusehen. Aber Anhaltspunkte können Sie schon entdecken, wenn Sie mit Muße vorgehen und Ihren Welpen nicht im Vorübergehen aussuchen.

Falls Sie die Möglichkeit haben, sich Ihren Kleinen aus einem Wurf auszusuchen, können Sie unter den Geschwistern bereits die unterschiedlichen Charaktere erkennen.

Nehmen Sie sich Zeit zum Beobachten. Einer, wahrscheinlich der neugierigste und vorlauteste, ist vielleicht schon der Ranghöchste und wird später entsprechend dominant sein. Ein anderer sitzt unter Umständen etwas abseits, wirkt schüchtern und ein wenig ängstlich. Dieser Welpe wird wohl kaum Platz 1 im Rudel beanspruchen und entsprechend leichter zu erziehen sein.

Lassen Sie sich auch vom Tierpfleger oder Züchter beraten, er kennt den Kandidaten ja schon länger.

ACHTUNG
Bei auffallend schüchternen, ruhigen oder ängstlichen Welpen ist Vorsicht geboten. Oft sind sie bereits psychisch oder physisch gestört.

Beobachten Sie die Welpenschar und suchen Sie Ihren Vierbeiner mehr nach seinem Verhalten als nach seinem Äußeren aus.

Wo Sie den Richtigen finden

Je flexibler Sie sind, was Aussehen, Rasse und sonstige Merkmale Ihres Welpen angeht, umso leichter werden Sie einen Hund für sich finden, der Ihnen gut gefällt.

Im Tierheim

Möchten Sie einem Tierheimwelpen ein Zuhause geben, so ist es sinnvoll, sich vorher telefonisch zu erkundigen, ob es gerade Hundebabys gibt. In Tierheimen größerer Städte wird das in der Regel der Fall sein. Aber auch bei den kleineren Vereinen in ländlichen Regionen können Sie oft sofort fündig werden.

Sogar Rassewelpen können Sie mitunter im Tierheim finden. Oft waren es »Überraschungsgeschenke«, die keiner haben wollte, oder unüberlegt gekaufte Tiere, die dann wegen des Vermieters oder vielleicht wegen einer Allergie wieder weggegeben werden mussten.

Hier werden die Besucher bereits voller Neugier und Spannung erwartet. Ist vielleicht mein neuer Besitzer dabei?

Beim Züchter

Wenn es ein Rassewelpe sein soll, müssen Sie sich unbedingt die Zeit nehmen und nach einem guten und seriösen Züchter Ausschau halten. Am besten wäre ein engagierter Hobbyzüchter, der seiner Hündin nur alle paar Jahre einmal einen Wurf zumutet und nicht vom Verkauf der Tiere lebt.

Adressen und Empfehlungen geben Ihnen die Rassehundevereine sowie deren Dachverbände VDH (Verband für das Deutsche Hundewesen), ÖKV (Österreichischer Kynologenverband), SKG (Schweizerische Kynologische Gesellschaft) und IDH (Interessengemeinschaft Deutscher Hundehalter) (Adressen s. Anhang).

Um zu prüfen, ob es sich um einen verantwortungsvollen Züchter handelt, sollten Sie ihm bei Ihrem Besuch unbedingt einige Fragen stellen (s. nachfolgende Checkliste) und sich die Hunde und ihre Umgebung genau anschauen.

Können Sie alle diese Fragen mit Ja beantworten, dann haben Sie mit Sicherheit einen seriösen Züchter gefunden, dem das Wohl seiner Tiere am Herzen liegt.

Fällt das Checklistenergebnis hingegen weniger positiv aus und ist der Züchter sofort zum Verkauf bereit, ohne auch Ihnen einige Fragen zu stellen, so sollten Sie dort keinen Hund kaufen! Diesem Züchter ist das weitere Wohl seiner Tiere offenbar nicht so wichtig.

Einen ganz schlechten Eindruck macht es, wenn der Züchter mehr als 2 Rassen gleichzeitig anbietet. In solchen Fällen machen Sie besser auf dem Absatz kehrt. Bleiben Sie hart, selbst wenn Sie aus reinem Mitleid gern einen Welpen mitgenommen hätten.

TIPP Beim Züchter hat man immer die Gelegenheit, auch das Muttertier zu sehen; sollte das nicht möglich sein, haben Sie wahrscheinlich einen Händler vor sich, der die Hunde lediglich verkauft!

ACHTUNG

Denken Sie daran, dass Sie mit einem Kauf bei einem schlechten Züchter das Geschäft solcher »Hundevermehrer« weiter ankurbeln.

WORAN SIE EINEN SERIÖSEN ZÜCHTER ERKENNEN

* Ist das Lager der Hunde trocken, sauber, und steht es an einem hellen, zugfreien Ort?
* Wird der Züchter von der Hündin und den Welpen freudig begrüßt?
* Leben auch noch alte, nicht mehr zuchttaugliche Hunde bei dem Züchter?
* Sehen die Hunde gepflegt und gesund aus?
* Kann der Züchter etwas über die Charaktereigenschaften der einzelnen Welpen sagen?
* Ist der Züchter Mitglied in einem der genannten Verbände und wird er entsprechend kontrolliert?

Im Bekanntenkreis oder über eine Anzeige

Vielleicht hat in Ihrem Bekanntenkreis eine Hündin Junge bekommen, für die es nun gilt, beste Plätze zu finden.

Eine andere Möglichkeit ist es, in der Zeitung nach einem entsprechenden Inserat zu suchen. Passen Sie dabei aber auf, dass es sich nicht um professionelle Hundehändler handelt, die sich als Privatpersonen tarnen.

Leute, die ihre Hündin aus Profitgier ständig decken lassen, sollten Sie natürlich nicht durch den Kauf eines Welpen ermuntern, weiter so zu handeln. Ebenso sollten Sie Hundebesitzer meiden, die ihre Hündin weder kastrieren lassen noch überwachen, wenn sie läufig ist, sondern den regelmäßigen Hundenachwuchs einfach in Kauf nehmen. In Deutschland werden jährlich gut 200 000 Hunde ausgesetzt – unsere Tierheime sind überfüllt.

Tiermarkt

Süße **Rauhaardackelwelpen** aus gewissenhafter Hobby-zucht, VDH-Papiere vorh., ge-impft, tätowiert, entwurmt; rufen Sie an: ☎ 0 12 34/56 78

Keinesfalls beim Händler oder im Supermarkt

Zeitungsanzeigen, in denen viele verschiedene Rassen angeboten werden, sind eher ein Fall fürs Veterinäramt als für Sie als Kunden. Hundehändler erhalten ihre »Ware« in der Regel von Massenzüchtern, die Hunde unter unwürdigen Bedingungen »produzieren«. Die Welpen werden dem potenziellen Käufer dann z. B. im Wohnzimmer des Händlers »vorgeführt«. Die meist heruntergekommene Mutterhündin und das traurige Umfeld, in dem die Hunde geboren wurden und die ersten Lebenswochen verbrachten, bekommt der Käufer nicht zu sehen.

TIPP Der Wunsch nach einem Hund kommt meist heftig und möchte so bald wie möglich befriedigt werden. Nehmen Sie sich dennoch die Zeit, die Herkunft des Hundes sorgfältig zu prüfen.

Solchen armen, in dunklen Verschlägen gehaltenen Hundebabys fehlt der für ihre weitere Entwicklung so wichtige enge Kontakt zum Menschen. Sie bleiben später immer scheu.

Niederbayern z. B. ist in Deutschland eine berüchtigte Gegend für solche Hinterhofzüchter, die ihre »Ware« bis vor kurzem sogar mit der Post oder Bahn verschickten. Solche tierquälerischen und kriminellen Praktiken sollten Sie keinesfalls unterstützen.

Übrigens: Seit Mai '95 werden bei der Deutschen Bahn AG und seit Juli '95 auch bei der Deutschen Post AG keine lebenden Tiere mehr verschickt. Leider kam diese längst überfällige Entscheidung nicht aus Tierschutzgründen, sondern aufgrund wirtschaftlicher Überlegungen und organisatorischer Veränderungen in der Paketabfertigung zustande. Es bleibt zu hoffen, dass hier die privaten Transportunternehmen keine Marktlücke entdecken und aus Profitsucht das Martyrium im Paket verschickter Tiere in Kauf nehmen werden. Der Gesetzgeber ist hier gefordert, entsprechenden Plänen von vornherein einen Riegel vorzuschieben.

Hunde zu Dumpingpreisen

Seit Öffnung der Grenzen zu Osteuropa werden in Ungarn, Tschechien und Polen vermehrt Hunde gezüchtet, um sie im Westen anzubieten: Rassewelpen zu Dumpingpreisen, mit echten oder gefälschten Papieren. Sie werden am Fließband produziert, sind entsprechend oft krank oder krankheitsanfällig und nach einem so schlechten Start ins Hundeleben bereits im Welpenalter verhaltensgestört.

Diese Welpen können sich gesund entwickeln.

Damit keine Missverständnisse entstehen: Es gibt natürlich auch in Ungarn, Polen und Tschechien liebevolle und empfehlenswerte Züchter. Aber diese exportieren ihre »Ware« nicht massenhaft ins Ausland und an Händler. Sollten Sie sich für eine typisch ungarische Rasse wie den Kuvasz oder den Komondor interessieren, so schauen Sie sich in Ruhe vor Ort um und verbinden Sie den Kauf Ihres Hundes mit einer Reise in dessen schöne Heimat.

Welpen aus dem Supermarkt

Bei uns inzwischen Gott sei Dank verpönt und unüblich, wenn auch leider noch immer nicht ausdrücklich verboten, sind Hundebabys im Schaufenster. Zum Glück verzichtet mittlerweile nicht nur der seriöse Zoohandel auf Hunde in der Auslage, sondern auch Kaufhäuser und Großmärkte haben sie »aus ihrem Sortiment (!) genommen«: eine artgerechte Haltung junger Hunde in solchen Glaskästen ist natürlich nicht möglich. Sie können weder ihren Bewegungsdrang ausleben, noch haben sie den so wichtigen Kontakt zu Mensch und Artgenossen. Zudem ist das Schicksal solcher Schaufensterhunde sehr ungewiss: Die putzigen Kerlchen mit ihren großen Hundekinderaugen verlocken natürlich zur unüberlegten Anschaffung, was ja auch gewollt ist, und werden später oft wieder abgegeben.

Leider ist im Ausland der Verkauf von Hunden im Kaufhaus oder Supermarkt vielerorts noch üblich. Lassen Sie sich auch nicht aus verständlichem Mitleid dazu verführen, einen solchen Hund spontan aus dem Urlaub mitzubringen.

WICHTIG

Tierschützer mahnen, dass gerade Hunderassen aus dem Ausland, die dort noch für Aufgaben wie z.B. das Hüten von Schafen gezüchtet werden, keine klassischen Haushunde sind.

TIPP Geben Sie lieber einem nachweislich herrenlosen Straßenhund ein gutes Zuhause.

Einzug und Eingewöhnung

Rechnen Sie zunächst mit einer turbulenten Zeit, wenn Ihr Welpe in Ihr Heim Einzug hält. Sie werden vieles vor dem Kau- und Spieltrieb des Welpen in Sicherheit bringen und auch ihn davor schützen müssen, z. B. herumliegende Gegenstände zu verschlucken.

Ihr Welpe wird es kaum erwarten können, alles Neue zu erkunden und neugierig zu beschnüffeln; es hilft bei der Eingewöhnung.

Jeder Welpe hat seinen eigenen Charakter und sein eigenes Temperament. Dementsprechend länger oder kürzer ist die Phase der Eingewöhnung, die manchmal recht anstrengend sein kann. Sie dürfen Ihren kleinen Vierbeiner zu Beginn nicht allein lassen und müssen sofort auf seine Taten reagieren. Wenn Sie sich dabei mit jemandem abwechseln können, verschaffen Sie sich erhebliche Erleichterung.

Vergessen Sie nicht, dass es völlig normal ist, wenn sich Hundekinder – so wie Menschenkinder auch – eben »kindisch« benehmen, einen starken Spiel- und Bewegungsdrang haben und dabei auch mal etwas kaputtmachen. Wenn Sie Angst um Ihre Wohnungseinrichtung haben, sollten Sie sich besser für ein erwachsenes Tier entscheiden (oder für eines aus Stoff oder Porzellan!).

Rechtzeitig vorbereiten

Damit es möglichst stressfrei zugeht, sollten Sie beizeiten die möglichen praktischen Vorsorgen treffen, die in diesem Kapitel beschrieben sind. Wenn Sie dann noch gelassen bleiben und vor allem den Spaß sehen, den Sie mit Ihrem kleinen Ungestüm haben, dann werden Sie auch die erste schwierige Zeit mit Ihrem Welpen gut überstehen.

Grundausstattung

Bevor der Kleine bei Ihnen einzieht, sollten Sie bereits einige Dinge für Ihren zukünftigen vierbeinigen Hausgenossen bereitlegen. Sie benötigen

- Halsband und Leine; geben Sie dafür nicht zu viel Geld aus. Bis der junge Hund ausgewachsen ist, brauchen Sie mehrere Größen.
- stabile Futter- und Wassernäpfe; achten Sie darauf, dass der Hund sie nicht umstoßen kann. Schwere Keramiknäpfe eignen sich gut. Bei Plastikschüsseln besteht die Gefahr, dass der Welpe sie zernagt und Teile davon verschluckt. Für Hunde mit langen Schlappohren sind schmale und hohe Fressnäpfe zu bevorzugen, damit ihnen die Ohren nicht ständig im Futter hängen.
- geeignetes Spielzeug und Kauknochen; es braucht nicht unbedingt Spezialspielzeug zu sein. Alte Plüschtiere, denen Plastikaugen und Nasen herausgetrennt wurden, oder geknotete Socken erfüllen denselben Zweck.
- eine Bürste; welchen Bürstentyp Sie kaufen sollten, hängt vom Fell des Welpen ab. Lassen Sie sich im Fachhandel beraten.
- einen Futtervorrat; um eine abrupte Futterumstellung beim Umzug zu vermeiden, sollten Sie mit dem Züchter, Tierpfleger oder Vorbesitzer Rücksprache halten, damit der Welpe noch einige Zeit seine gewohnte Nahrung beibehalten kann.
- einen Schlafplatz; hier tut es für den Anfang ein entsprechend geschnittener Pappkarton mit Decke.

Einen Laufstall für den Hund

Manche Hundebesitzer schwören auf eine Art Laufstall oder Welpenkiste, also einen begrenzten Raum, in dem der Kleine nichts anstellen und sich auch nicht verletzen kann, wenn man ihn einmal kurz allein lassen muss. Sie können dafür entweder einen richtigen Kinderlaufstall verwenden, wenn die Gitterstäbe eng genug sind (Secondhandshop, Flohmarkt, Zeitungsinserat), oder Sie basteln ihn selbst aus Holz oder sehr stabilem Pappkarton. Da der junge Hund seinen vertrauten Eigenbereich nur ungern verschmutzt, wird er im Idealfall auch schneller stubenrein werden.

Die welpensichere Wohnung

Sie können Ihre Wohnung zwar nicht derart sichern, dass der Welpe überhaupt nichts anstellen kann, Sie können aber einiges dafür tun, dass Ihnen größerer Schaden erspart bleibt:

Lassen Sie Dinge, an denen Sie hängen in den nächsten Wochen und Monaten nicht unbeaufsichtigt herumliegen. Das betrifft Schuhe genauso wie Kinderspielzeug. Außerdem werden Ihre Kinder endlich aufräumen lernen, wenn es nach den schönsten Holzspielsachen auch noch den Lieblingsteddy erwischt hat. Ebenso sind Rattanmöbel, Einkaufskörbe, Bastverkleidungen, Stuhl- und Tischbeine, Socken, Krawatten, Mützen, Schals und andere Kleidungsstücke gefährdet.

Möglichst wenig alleine lassen

Lassen Sie Ihren Welpen anfangs keinesfalls mehrere Stunden allein, denn Langeweile und das Gefühl, verlassen worden zu sein, zählen zu den wichtigsten Gründen, warum sich Ihr Vierbeiner an Ihren Sachen zu schaffen macht.

Lässt es sich nicht vermeiden, dass er einmal für kurze Zeit unbeaufsichtigt ist, dann sperren Sie ihn mit seinem Körbchen in einen Raum, in dem er wenig Unheil anrichten kann, oder in den bereits erwähnten Laufstall.

Wertvolle oder schlecht zu reinigende Teppiche sollten Sie so lange für den Kleinen unerreichbar verwahren, bis er stubenrein ist und auch nicht mehr die Gefahr besteht, dass er das gute Stück anknabbert oder zerbeißt..

Vielleicht wird Ihr Liebling trotz allem auch einmal etwas finden, an dem Sie sehr gehangen haben. Mein Hund hat sich als Welpe bevorzugt für gut gebundene Literatur interessiert und einmal sogar ein mehrseitiges Manuskript komplett in tausend Teile zerfetzt – selbstverständlich bevor ich es fotokopiert hatte!

Schützen Sie umgekehrt aber auch Ihren Welpen. Herumliegende Gegenstände können für ihn sehr gefährlich werden. Chemikalien, Medikamente und Lebensmittel, Geflügelknochen und andere Gegenstände, die er verschlucken könnte, sollten Sie deshalb stets von Ihrem Welpen fern halten.

Die ersten Tage zu Hause

Für den Welpen bedeutet der Umzug in eine völlig fremde Umgebung eine harte Umstellung, vor allem, wenn er das Glück hatte, bis zu diesem Zeitpunkt die Geborgenheit bei Mutter und Geschwistern zu genießen. Sie sollten daher alles vermeiden, was ihn noch mehr verunsichern könnte.

Wenn Sie ihn mit dem Auto abholen, fahren Sie zu zweit. So kann sich einer ganz dem Welpen widmen, ihn auf den Schoß nehmen und beruhigend auf ihn einreden. Autofahren wird dem kleinen Hund zunächst nämlich unheimlich sein.

Bei seiner Ankunft im neuen Zuhause darf keinesfalls gleich die ganze Familie auf den Neuankömmling einstürmen. Freunden und Bekannten sollten Sie den Hund sowieso erst nach einigen Tagen »vorstellen«.

Sorgen Sie für eine ruhige Atmosphäre, und vermeiden Sie Krach und Hektik. Geben Sie Ihrem Hund Zeit und Gelegenheit, alles in Ruhe zu beschnüffeln. Falls er sich irgendwo verkriecht, warten Sie, bis er von allein wieder vorkommt.

Lassen Sie den Kleinen in den ersten Tagen nicht allein. Ein Welpe braucht wie alle Babys oder Kleinkinder viel Liebe, Pflege und Aufmerksamkeit. Legen Sie deshalb die Zeit seines Einzugs am besten mit Ihrem Urlaub zusammen.

Beschäftigen Sie sich von Anfang an so viel wie möglich mit dem Hundekind. Nennen sie es vom ersten Augenblick an immer wieder bei seinem Namen, damit es sich an ihn gewöhnt. Experten meinen, dass Hunde auf kurze Namen, in denen ein A oder O oder beide vorkommen, besonders gut reagieren.

WICHTIG

Einen Welpen in Hundehütte oder Zwinger zu verbannen, ist Quälerei und für Tierschützer ein berechtigter Grund, einen Tierheimhund vertragsgemäß wieder zurückzuholen. Auch für den erwachsenen Hund ist die Zwinger- oder Kettenhaltung nicht artgerecht – Hunde sind Rudeltiere! Sind sie oft allein, stumpfen sie ab, verlieren die Bindung zum Menschen und werden verhaltensgestört.

Ess- und Schlafplatz

Dies sind aus der Sicht des Hundes die mit Abstand wichtigsten Bereiche einer Wohnung. Seinen Essplatz sollten Sie an einer ruhigen Stelle einrichten. Flure und Durchgangszimmer sind ungeeignet, denn je mehr potenzielle Futterkonkurrenten am Hund vorbeilaufen, umso größer wird seine Sorge, es könnte ihm doch einmal einer etwas wegnehmen. Außerdem – Sie wollen doch auch lieber ungestört tafeln, oder? Bei schönem Wetter können Sie Ihren Welpen auch auf der Terrasse oder dem Balkon füttern.

Manche Verhaltensforscher meinen, Mensch und Hund sollten das Schlafzimmer miteinander teilen, weil es dem natürlichen Verhalten eines Rudels in freier Wildbahn entspricht, nahe beieinander zu schlafen. Manchen Hunde mögen aber später, als große Hunde, gar nicht mehr im Schlafzimmer übernachten, solange sich nur alle »Rudelmitglieder« unter einem Dach befinden. Einen erst wenige Wochen alten Welpen sollten Sie aber in jedem Fall in ihrer Nähe einquartieren. So kann er sich nachts leicht bemerkbar machen, wenn er mal muss. Außerdem wird er die Trennung von seiner Hundefamilie wesentlich schneller überwinden, wenn er nachts nicht allein sein muss. Weisen Sie ihm also seinen Schlafplatz neben Ihrem Bett zu oder lassen Sie zumindest die Tür zum Flur auf, wenn er dort schlafen soll.

Später wird der erwachsene Hund vielleicht einen anderen Schlafplatz bevorzugen und die Geborgenheit einer Höhle suchen. Andere haben gern alles im Blick, favorisieren daher Flur oder Treppenhaus und nehmen dabei auch Störungen in Kauf.

TIPP Bedenken Sie bei Ihrer Standortwahl für den Futternapf, dass es besonders jungen Hunden an Tischmanieren mangelt. Sie verteilen ihr Futter oft in einem sehr großen Radius und setzen die Umgebung beim Trinken gerne unter Wasser.

Am Anfang ist der beste Schlafplatz für Ihren Welpen neben Ihrem Bett.

Der Welpe und andere Haustiere

Mit ein bisschen Einfühlungsvermögen und der gebotenen Vorsicht
wird es Ihnen vermutlich gut gelingen, Ihren Welpen an andere Hausgenossen zu gewöhnen.

Artgenossen

Haben Sie bereits einen Hund und holen dann einen Welpen hinzu,
gibt es nur in den seltensten Fällen Probleme. Der ältere Hund wird
den Kleinen gern unter seine Fittiche nehmen und ihm allerhand
nützliche, aber auch viele unsinnige Dinge beibringen.

Falls Sie sich nicht sicher sind, ob Ihr Ersthund dem Hundebaby
freundlich begegnet, sollten Sie die beiden erst einmal auf neutralem
Terrain zusammenführen, ihnen Zeit zum Beschnuppern geben und
dann gemeinsam Ihr Zuhause betreten.

Erschrecken Sie nicht, wenn die Hunde nach ein paar Monaten
auch einmal aufeinander losgehen. Das kommt vor, wenn bei gleich-
geschlechtlichen Tieren das jüngere geschlechtsreif wird. Dann betrachtet der ältere Hund den jungen erstmals als Konkurrent und die
Rangfolge im Rudel muss neu festgelegt werden.

Vor allem Rüden machen sich mit ihren Schaukämpfchen auch
gern ein bisschen wichtig.

TIPP Wenn Sie Hund
und Katze zusam-
men halten möch-
ten, schaffen Sie sich am
besten beide als Jungtiere
und zur gleichen Zeit an.

Samtpfoten

Eine Katze an einen Welpen zu gewöhnen ist in der Regel umso leichter, je jünger die Katze noch ist. Ältere Stubentiger können dagegen
einem Hundebaby unter Umständen gefährlich werden: Ich kenne
mehrere Fälle, in denen sie jungen Hunden mit einem gezielten Tat-
zenhieb ein Auge ausgeschlagen haben. Tollpatschig und unerfahren
wie sie sind, können Welpen einem gekonnten Katzenangriff kaum
etwas entgegensetzen.

Falls Ihre Katze schon älter ist, kennen Sie sie hoffentlich gut genug, um zu wissen, ob Sie einen kleinen Hund zunächst einmal vor ihr
schützen müssen oder nicht. Im Zweifelsfall sollten Sie keine Experi-
mente wagen und ein wachsames Auge auf die beiden haben.

Hundekind und Menschenkind

Es gibt nichts Schöneres für ein Kind, als mit einem vierbeinigen Freund gemeinsam aufzuwachsen. Ein Hund ist – dicht gefolgt von der Katze – das dafür am besten geeignete Tier. Darüber sind sich sowohl Tierschützer als auch Pädagogen einig. Hunde spielen und toben für ihr Leben gern.

Auch darum ist ein Hund ein wunderbarer Freund für ein Kind. Außerdem hört er zu, wenn das Kind Kummer hat, und beweist täglich seine Anhänglichkeit. Für viele Kinder bedeutet dies eine wichtige Stärkung und Stütze. Schließlich wird ein Kind, das regelmäßig seinen Hund ausführt, auch kein Stubenhocker.

Das Zusammenleben sollte jedoch nicht nur für das Kind, sondern auch für den Hund etwas Schönes sein. Doch gerade Welpen können sich gegen unsensible, ungeschickte oder gar aggressive Kinder kaum wehren. Es ist daher die Pflicht der Eltern, darauf zu achten, dass der kleine Hund nicht geärgert oder gar gequält wird.

> ## WICHTIG
>
> Es ist keineswegs »normal«, wenn Kinder Tiere quälen Und es ist ein Fehler, wenn Eltern darüber hinwegsehen und es entschuldigen. Bereits Kleinkinder von einem Jahr sind in der Lage, Hunde und Katzen so zu streicheln, dass die Tiere gerne zu ihnen kommen – wenn die Eltern es ihnen nur oft genug vormachen und bei Grobheiten einschreiten.

Kleinkinder sollten nicht unbeaufsichtigt mit Welpen zusammen sein.

Ein Hund ist kein Spielzeug

Wenn der Welpe wehrlos dem kindlichen Treiben ausgesetzt ist, wird er später entweder immer völlig verängstigt reagieren oder aber aggressiv werden und auch schon einmal schnappen oder gar beißen. Spätestens jetzt sind solche Hunde als Spielkamerad und Freund untauglich geworden und landen oft im Tierheim. Sie können in der Regel nie mehr an einen Haushalt mit Kindern vermittelt werden, so tief hat sich ihre schlechte Erfahrung mit den Menschenkindern in ihr Gedächtnis eingeprägt.

Wenn Sie sich von Anfang an an einige Regeln (s. unten) halten, wird aus Ihrem Welpen bestimmt ein kinderfreundlicher Hund. Seien Sie gerade am Anfang konsequent und achten Sie genau darauf, wie Kind und Hund miteinander umgehen.

> **WICHTIG**
>
> Lebendige Tiere sind kein Spielzeug, an dem sich Kinder abreagieren können.

Wenn der Welpe grob wird

Natürlich kann auch ein übermütiger Welpe einem Kind ganz ordentlich zusetzen. So möchten kleine Vierbeiner, vor allem wenn sie – so ungefähr ab dem vierten Lebensmonat – ihre Milchzähne verlieren, ständig in alles hineinbeißen. Damit also auch die Kinder den Spaß am Hund nicht verlieren, müssen die Eltern bei besonders ungestümen Welpennaturen gleichfalls entsprechend eingreifen.

> **DIE 5 GOLDENEN REGELN**
>
> ❦ Kinder unter 3–4 Jahren sollten Sie nie unbeaufsichtigt mit einem Hund spielen lassen.
> ❦ Kleinkindern sollten Sie immer wieder vormachen, wie man den Hund richtig anfasst und streichelt.
> ❦ Erklären Sie Ihrem Kind immer wieder, dass ein Tier kein Gegenstand ist, sondern ein Lebewesen, das Schmerzen empfindet wie ein Mensch.
> ❦ Schreiten Sie sofort ein, wenn Ihr Kind grob wird! Lassen Sie nicht zu, dass es den Hund beim Schlafen und Fressen stört oder ihn wild an der Leine durch die Gegend zerrt.
> ❦ Geben Sie dem Kind keinen Anlass, auf den Welpen eifersüchtig zu sein. Denn Eifersucht kann ein Grund dafür sein, dass das Tier heimlich gequält wird, bis es sich durch Zubeißen wehrt. Das gilt natürlich auch umgekehrt.

Ein Wort zur Hygiene

Wenn ein Hund gesund und gepflegt ist sowie regelmäßig entwurmt und geimpft wird, brauchen Sie sich auch bei intensiverem Körperkontakt zwischen Hunde- und Menschenkind keine Sorgen zu machen. Selbst wenn Sie sehen, dass die Freunde nicht nur das Spielzeug austauschen, sondern auch einmal abwechselnd am gleichen Eis lecken, ist das kein Grund zur Hysterie. Weisen Sie Ihr Kind stattdessen freundlich, aber bestimmt darauf hin, dass das nun bei aller Liebe etwas zu weit geht. Außerdem ist Eis für Hunde gar nicht gesund ...

Abschließend möchte ich zu diesem Thema den großen Hundeexperten und Verhaltensforscher Eberhard Trumler, der 80 (!) Hunde hatte, zitieren: »Wer es nicht über das Herz bringt, einem neu in die Familie gekommenen Baby vom Hund einmal zärtlich mit der Zunge über das Gesicht lecken zu lassen, der sollte es sich gesagt sein lassen: Bei dieser Einstellung wäre es das Allerbeste, sich weder Hund noch Kind anzuschaffen.« (Trumler, Eberhard: Hunde ernst genommen, vgl. Anhang)

Solange beide gesund sind, dürfen sie sich ruhig näherkommen.

Die Entwicklungs-phasen des Welpen

Wie der Mensch macht auch der Hund verschiedene Entwicklungsphasen durch. Machen Sie sich damit vertraut, damit Sie Ihrem Hund in jeder Phase der richtige Partner sein können. Fördern Sie Ihren Hund aber nicht rein schematisch, sondern berücksichtigen Sie dabei auch die individuellen Veranlagungen.

Von seiner Mutter lernt der kleine Hund das Wichtigste für sein Leben, nach der Trennung sind Sie gefordert.

Der große Verhaltensforscher Eberhard Trumler hat die ersten Monate im Leben eines Welpen in verschiedene Etappen eingeteilt. In jeder dieser Phasen können Sie sowohl positiv als auch negativ die Weichen für die weitere Entwicklung Ihres Hundes stellen. Man kann den Charakter eines Hundes verderben oder das Beste aus ihm herauskitzeln - Letzteres vielleicht sogar im wahrsten Sinne des Wortes!

Betrachten Sie die zeitlichen Angaben für diese Entwicklungsphasen als Anhaltspunkte, denn die Entwicklung verläuft bei jedem Hund etwas anders. Außerdem gibt es rassespezifische Unterschiede und Besonderheiten, über die Sie sich beim Züchter oder in der Fachliteratur rechtzeitig informieren sollten.

Auch die Gene »reden« mit

Der Charakter des Hundes wird zwar in hohem Maße durch sein Umfeld geprägt, doch natürlich darf man nicht die genetischen Anlagen vergessen, die dem Welpen in die Wurfkiste gelegt wurden. Jedes Individuum bringt seine individuellen Gene mit, die ihren Teil dazu beitragen, ob Sie es mit einem fröhlichen, wesensstarken Hund zu tun haben werden oder mit einem schwierigen, verschlossenen Eigenbrötler.

Prägungsphase

Nach Trumler umfasst die Prägungsphase die vierte bis siebte Lebenswoche. Sie prägt den jungen Hund für sein ganzes Leben!

Bestimmte Erfahrungen und Lernschritte, die dem Hund in der Prägungsphase vorenthalten werden, kann er später entweder gar nicht
mehr oder nur mit unendlich viel Mühe und Glück nachholen.

Wie bei Menschenkindern sind die ersten Lebensmonate entscheidend für Lernfähigkeit, Charakter und (Sozial-) Verhalten des erwachsenen Tieres.

Der Welpe verbringt seine ersten Lebenswochen natürlich am besten bei seiner Mutter und seinen Wurfgeschwistern. Bereits ab der
dritten Woche füttert die Mutter vorgekauten Nahrungsbrei zu.
Trotzdem säugt sie die Welpenschar auch noch, wenngleich ihr das
langsam lästig wird. So stillt sie oft nur noch im Stehen oder vertreibt
die nervende Brut mitunter sogar, wenn sie einmal ihre wohlverdiente
Ruhe haben möchte.

Falls der Vater der Welpen anwesend ist, kann er eine wichtige
Rolle in der Erziehung übernehmen. Er tobt mehr oder weniger grob
mit den Kleinen herum und bringt ihnen so – auf spielerische Art und
Weise – das später lebenswichtige Unterwerfungs- und Beschwichti-
gungsverhalten (winseln, sich auf den Rücken legen, den Hals bieten
etc.) bei.

Das Urvertrauen zum Menschen

*Häufige positive Kontakte
sind wichtig für die
Vertrauensbildung.*

Da Hunde in unseren Breiten Heimtiere sind und nicht nur mit ihres-
gleichen, sondern vor allem mit uns Menschen zusammenleben sollen, muss in der Prägungsphase auch dafür der Grundstein gelegt
werden. Um das für seine weitere Entwicklung so wichtige Urvertrau-
en aufzubauen, braucht ein Welpe häufigen Kontakt zum Menschen.
Es reicht nicht, dass ein Zweibeiner sich täglich sehen lässt und Futter hinstellt. Er muss sich berühren lassen und mit dem Tier schmusen
und spielen!

Je häufiger und je positiver der Kontakt mit Menschen ist, umso
kontaktfreudiger und ungezwungener wird das Tier später mit Menschen umgehen.

Sozialisierung

Zwischen der achten und der zwölften Lebenswoche liegt die Sozialisierungsphase. In dieser Zeit lernt der Welpe die Regeln für das Zusammenleben mit Artgenossen und mit uns Menschen. Außerdem
sollten Sie diese Wochen intensiv nutzen, um ihn mit möglichst vielen Situationen vertraut zu machen. Denn was er jetzt kennen lernt,
sei es Kanufahren oder das Pferd des Nachbarn, wird er später als
selbstverständlich annehmen.

Wie sich Versäumnisse, die in dieser Phase gemacht wurden, auf
ein ganzes Hundeleben auswirken, möchte ich an folgendem Beispiel
kurz erläutern: Mein Hund Mikis wurde von mir mit der Flasche groß-
gezogen und ist ohne Geschwister aufgewachsen. Bis zum Greisen-
alter zeigte er einen solch intensiven Futterneid, dass ich ihn nie mit
anderen Hunden gemeinsam fressen lassen oder in Gegenwart von
Artgenossen mit Leckerlis beglücken konnte. Zunächst war ich darüber verwundert, gerade weil diesem Hund ja nie irgendeiner etwas
weggefressen hatte. Woher also der Futterneid? Nach Trumler ist
dieses kleinliche Verhalten jedoch absolut folgerichtig. Es ist nichts
anderes als das typische unsoziale Gebaren eines Einzelkindes: Mein
Mikis hatte nie teilen gelernt. Und was Hänschen nicht lernt, …

> ### WICHTIG
>
> Lassen Sie die sozialen An-
> triebe Ihres Welpen nicht
> ins Leere laufen, sondern
> fördern Sie seine Anlagen
> und seine Entwicklung
> nach besten Kräften, denn
> es lohnt sich! Alles, was Sie
> jetzt an Zeit und Mühe in-
> vestieren, gibt Ihnen Ihr
> Hund später sein ganzes
> Hundeleben lang zurück.

Trennung von Mutter und Geschwistern

In der Sozialisierungsphase weist die Mutterhündin die Welpen immer öfter und immer grober zurück. Die Zeit der absoluten »Welpen-
Narrenfreiheit« geht zu Ende.

Damit ist auch der ideale Zeitpunkt für die Trennung von Mutter
und Geschwistern gekommen. Jetzt lernt der Welpe am besten, sich
auch im Menschenrudel richtig zu verhalten. Der Mensch muss nun
die Rolle des Rudelchefs übernehmen und dem Junghund stets klare
Grenzen setzen.

Beim Spielen und Raufen mit dem Welpen können Frauchen und
Herrchen bestens ihre Stärke und Konsequenz demonstrieren, z.B. indem sie schimpfen oder das Spiel abbrechen, wenn der Hund zu grob
geworden ist. So begreift er, dass er beim Spielen nur ganz zart und
vorsichtig in unsere Hand beißen darf.

Die Bedeutung des Spielens

TIPP Da in der Sozialisierungsphase
auch der Kontakt zu
gleichaltrigen Artgenos-
sen sehr wichtig ist, sollten Sie mit Ihrem Vierbeiner in diesen Wochen un-
bedingt eine Welpenspiel-
gruppe besuchen (s. auch
S. 47).

Die Bedeutung des Spielens kann gar nicht hoch genug eingeschätzt werden. Spielen Sie so viel wie möglich mit Ihrem Welpen. Sie legen damit den besten Grundstock nicht nur für ein lebenslanges, vertrauensvolles Einvernehmen, sondern auch für die Lernfreudigkeit Ihres jungen Vierbeiners.

Verhaltensstörungen oder Wesensschwächen eines erwachsenen Hundes haben ihre Ursache oft unter anderem darin, dass in der Sozialisierungsphase zu selten jemand mit ihm gespielt hat.

Übrigens: Man denkt immer, gerade Welpen müssten extrem liebesbedürftig sein. Oft haben sie aber ganz andere Prioritäten. Seien Sie daher nicht enttäuscht, wenn ein Hundebaby zunächst mehr Wert auf Spielen und Raufen als auf Schmusen legt. Das ändert sich bald und später ist dann Schmusen genauso angesagt. Dass Ihr Welpe spielen will, zeigt er Ihnen durch deutliche Körpersprache: er stupst Sie an oder senkt die vordere Körperhälfte mit eingeknickten Vorderläufen auf den Boden und wedelt dazu heftig mit dem Schwanz.

Ob mit Ball oder Blume –
Welpen sind immer zum
Spiel aufgelegt.

Rang- und Rudelordnung

Bereits kurz nach ihrer Geburt kämpfen und rangeln die Welpen um die ergiebigste Mutterzitze, den kuscheligsten Schlafplatz und vieles mehr. Aber als Rangordnungsphase bezeichnet man die Zeit von der 13. bis zur 16. Lebenswoche und als Rudelordnungsphase die Zeit zwischen dem fünften und sechsten Monat.

Rang innerhalb der Geschwister

In der Rangordnungsphase etabliert sich eine Rangordnung unter den Geschwistern, die danach kaum noch infrage gestellt wird. Dabei zählen wohl weniger körperliche Überlegenheit und Kraft als vielmehr Intelligenz und Nervenstärke. Gleichzeitig festigt sich das Verhältnis zu den Eltern.

Die liebevolle Akzeptanz des Vaters quasi als »Leitwolf« basiert ebenfalls auf dessen physischen und psychischen Fähigkeiten. Das sollte auch der Mensch berücksichtigen, der im Leben eines Haushundes die Stelle des Leithundes einnehmen soll!

Sind die Positionen innerhalb der »Familie« geklärt, wird nun in der nächsten Phase, der Rudelordnungsphase, noch die Rangordnung innerhalb des Rudels geklärt.

Ein Hund braucht Autorität

Die Gründe dafür liegen in seiner Abstammung: Wölfe gehen, um nicht zu verhungern, gemeinsam auf die Jagd. Den Jagderfolg garantiert eine strenge Rangordnung innerhalb des Rudels. Jedes Mitglied hat seinen festen Platz und orientiert sich am Leitwolf, dem so genannten Alphatier. So sichert es seine Existenz.

Ein Hund, der nicht weiß, wer sein Rudelchef ist, hat ein schweres Defizit. Er wird entweder darunter leiden oder selbst versuchen, die offensichtlich klaffende Lücke zu schließen und Rudelführer zu werden. Im ersten Fall verwildert der Hund seelisch, d. h., er wird wahrscheinlich allen Menschen gegenüber ein devotes Verhalten zeigen, kein Selbstbewusstsein und kein Gefühl der Zugehörigkeit zu »seinen Menschen« entwickeln.

ACHTUNG

Wer sich einen jungen Hund anschafft, dem muss klar sein, dass er ein Rudeltier mit entsprechenden Rangordnungsbedürfnissen bekommt. Einem Hund kann man mit einer antiautoritären »Laissez-faire«-Erziehung keinen Gefallen tun!

TIPP

Wenn Sie wissen, dass es Ihnen schwer fällt streng und autoritär zu sein und auch einmal zu strafen, dann sollten Sie sich vielleicht besser für ein braves erwachsenes Tier entscheiden oder einem weiblichen Welpen den Vorzug geben, der in der Regel deutlich einfacher zu erziehen ist.

Grenzen erfahren

Im zweiten Fall verhält er sich Ihnen und Ihrer Familie gegenüber aggressiv. Solche Hunde landen, vor allem, wenn sie zu großen, starken und potenziell gefährlichen Tieren heranwachsen, häufig im Tierheim, weil ihrer keiner mehr Herr werden konnte. Nicht selten werden sie letztendlich sogar eingeschläfert.

Wie kleine Kinder möchten auch kleine Hundekinder ausprobieren, wie weit sie gehen können, und sie sind froh, wenn sie ihre Grenzen gesetzt bekommen. Daher wird es auch ein Hund seinem Menschen nicht übel nehmen, wenn dieser ihn schimpft und straft. Sowohl Menschen als auch Hundeeltern werden stattdessen, nachdem sie den Welpen »die Leviten gelesen haben«, mit Ergebenheits- und Liebesbezeugungen geradezu überhäuft.

Dagegen wird der Vierbeiner ein Familienmitglied, bei dem er alles darf oder das sich ihm gegenüber mal so und mal so verhält, eher ablehnen, weil er es nicht für voll nimmt und nicht von ihm profitieren kann.

Gerade dann, wenn sich die Rang- und Rudelordnungen festigen, braucht der Welpe die feste Führung durch seinen Menschen.

Halbstarkenphase

Ähnlich wie Menschenkinder machen auch junge Hunde im Alter von 7 Monaten bis ca. 1 Jahr eine wilde Phase durch, in der Sie Ihre Position als Rudelchef verteidigen müssen.

Dass sich Ihr Hund im Flegelalter befindet, erkennen Sie daran, dass er immer häufiger Ihre Kommandos überhört, obwohl er die Befehle bereits gut beherrscht. Als Nächstes wird er überprüfen, wie ernst es Ihnen mit Ihren Anweisungen ist. Wenn Sie z. B. sein Hinterteil hinunterdrücken, damit er »Sitz« macht, springt er Sie möglicherweise an, vielleicht knurrt er sogar oder schnappt ein wenig. Jetzt müssen Sie sich auf jeden Fall durchsetzen und Ihrem Hund zeigen, dass Sie stärker sind.

Fast immer sind es Rüden, pubertäre Angeber, die einfach überprüfen wollen, ob Sie vielleicht keine Lust oder keine Kraft mehr haben, Rudelführer zu sein. Mit der Zeit legen sie es aber immer seltener auf ein Kämpfchen an.

WICHTIG

Sie sollten wissen dass das Verhalten Ihres Hundes völlig normal ist und nicht für aggressive oder bösartige Wesenszüge spricht. Im Gegenteil, das »Halbstarkenalter« ist charakteristisch für normal entwickelte, charakterlich gesunde und urwüchsige Hunde.

TIPP Mitunter wirkt es Wunder, bei diesen »Unterwerfungsübungen« – ganz artgerecht – einer Hundebiss nachzuahmen. Drücken Sie dazu Ihrem vierbeinigen Rebel die einzelnen Finger wie Zähne ins Nackenfell.

Zwei halbstarke Foxterrier wollen es wissen: Wer ist der Stärkere von uns?

Die Erziehung des Welpen

Einsatz und Zeit für die Erziehung Ihres jungen Welpen aufzubringen lohnt sich. Nur so werden Sie aus Ihrem jungen Hund einen gut erzogenen, treuen Begleiter machen, der bereit ist, mit Ihnen durch dick und dünn und für Sie durchs Feuer zu gehen!

Komische und häufig auch herzerweichende Situationen mit Ihrem Welpen entschädigen für manche Mühe.

Für die Erziehung eines jungen Hundes brauchen Sie vor allem Geduld und Hartnäckigkeit. Auch wenn es manchmal schwer fallen wird, etwa weil Ihr Hund nur zögerlich Fortschritte macht oder es Ihnen gerade nicht behagt, streng zu sein, sollten Sie sich dennoch konsequent verhalten. Nur so lernt der Welpe, was von ihm verlangt wird.

Im Interesse von Hund und Mensch

Nur einen erzogenen Hund können Sie problemlos überall mit hinnehmen und auch einmal von der Leine lassen. Sie müssen sicher sein, dass er Ihrem Zuruf folgt, wenn er sich z.B. einer befahrenen Straße nähert und in Gefahr geraten könnte.

Aber auch für ihn ist es wichtig zu spüren, dass er einen Rudelführer hat, der weiß, wo es langgeht und dem er folgen kann. Geben Sie darum niemals nach. Gehen Sie behutsam, aber unmissverständlich vor, berücksichtigen Sie die Eigenarten Ihres Welpen und überfordern Sie ihn nicht. Der Lohn für diese Mühe ist ein friedliches Zusammenleben für hoffentlich viele Jahre. Denken Sie daran, Ihren Hund oft zu loben, mit Worten, Streicheleinheiten oder auch mit einem besonderen Leckerbissen.

So wird er stubenrein

Ab 6 Wochen können Sie mit der Sauberkeitserziehung anfangen. Damit der Hund schnell versteht, was Sie von ihm wollen, halten Sie folgende Regeln ein:

- Gehen Sie alle 2 Stunden und grundsätzlich nach jeder Mahlzeit oder einem längeren Schläfchen mit ihm hinaus.
- Die ersten 1 bis 2 Wochen lassen Sie ihn auch nachts etwa alle 3 Stunden nach draußen.
- Suchen Sie sich einen fixen Ort aus, an dem der Welpe sein Geschäft verrichten soll, und führen Sie ihn immer wieder dorthin.
- Kommt es, was wahrscheinlich ist, trotzdem zu einem Malheur, dürfen Sie den Kleinen nur ausschimpfen, wenn Sie ihn auf frischer Tat ertappen. Nur so ist er in der Lage, die Strafe mit seinem Tun zu verknüpfen.
- Verrichtet er sein Geschäft wunschgemäß draußen, loben Sie ihn über den »grünen Klee« und belohnen ihn mit einem Leckerli!

TIPP Falls der Welpe keine Fortschritte macht, hilft ihm vielleicht Folgendes auf die Sprünge: Verlagern Sie eines seiner Häufchen nach draußen und zeigen es ihm dort ganz begeistert. Ein Junghund lernt auch oft von einem älteren Tier, was sich gehört.

Ist es hier genehm? Der Blick ist noch unsicher, der Kleine lernt vieles durch »Ausprobieren«.

Halsband und Leine

Am Anfang wird sich Ihr Welpe wahrscheinlich schütteln, wenn Sie ihm ein Halsband anlegen. Aber er gewöhnt sich schnell daran. Achten Sie darauf, dass es entweder mitwächst oder kaufen Sie rechtzeitig ein größeres. Es darf das Tier weder einschnüren und beim Atmen behindern, noch darf es zu locker sitzen, weil Ihnen dann der Welpe ganz schnell herausschlüpft.

Es gibt Halsbänder aus Leder, farbenfrohem Nylon oder Metall. Jedes Material ist akzeptabel.

Auch mit Leine wird sich der Welpe zunächst schwer tun. Denn er ist weder die Einschränkung seiner Bewegungsfreiheit noch die komische lange Schnur an seinem Hals gewöhnt. Es ist daher normal, dass er sich zunächst sofort hinsetzt oder sich sogar flach auf den Boden legt. Sprechen Sie dann mit ihm, beruhigen Sie ihn, spielen Sie ein wenig mit ihm und animieren Sie ihn schließlich weiterzugehen, notfalls mit einem Leckerli.

TIPP Wenn der Welpe an der Leine nach vorn stürmt, sollten Sie möglichst früh Gegenmaßnahmen ergreifen. Ermahnen Sie ihn stets mit einem »Laangsam« und bleiben Sie stehen, wenn er sein Tempo nicht drosselt. Erst wenn er auch steht, gehen Sie wieder los.

WICHTIG

Würge- oder Kettenhalsbänder mit nach innen gerichteten Haken sind für einen Welpen indiskutabel. Sie sind übrigens auch bei einem erwachsenen Hund ein Armutszeugnis für die erzieherischen Fähigkeiten seines Besitzers.

Bald wird Ihr Welpe ganz selbstverständlich an der Leine gehen.

Die wichtigsten Kommandos

Bereits beim Welpen sollte man mit der Erziehung beginnen. Zwar können Sie von einem 12 Wochen alten Hund noch nicht erwarten, dass er ein Kommando tadellos ausführt, doch üben sollten Sie schon jetzt mit ihm.

»Sitz!«

Das Kommando »Sitz!« können Sie Ihrem kleinen Vierbeiner relativ einfach beibringen: Sie sagen laut und deutlich »Sitz!«. (Ich hebe zur Verstärkung der Aufmerksamkeit immer noch den Finger hoch.) Dann drücken Sie dem »Hundeschüler« das Hinterteil zunächst ganz sanft, bei störrischen Naturen etwas massiver, hinunter, bis er sitzt. Jetzt wiederholen Sie das Kommando und loben ihn wie einen Weltmeister. Üben Sie das Kommando immer wieder auch auf Spaziergängen, z. B. vor dem Überqueren eines Weges.

Mit unzweideutigen Bewegungen werden die Kommandos eingeübt.

»Platz!«

Auf das Kommando »Platz!« soll der Hund sich hinlegen. Um ihm das klar zu machen, drücken Sie ihn sanft, aber bestimmt zu Boden. Wie bei allem, was der Hund lernen soll, dürfen Sie nicht gleich am Anfang grob werden, denn der Welpe weiß ja zunächst noch nicht, was Sie von ihm wollen. Erst wenn Sie den Eindruck haben, dass er Sie verstanden hat, aber nicht gehorchen will, müssen Sie ihm zeigen, dass Sie der Stärkere sind und es keinen Zweck hat, sich blöd zu stellen. Schließlich wird er den Befehl ausführen. Danach gibt es ordentlich Lob und Belohnung durch Schmusen, Spielen oder einen Leckerbissen.

Das Ablegen

Es ist sehr praktisch, wenn ein Hund dort liegen bleibt, wo man ihn »Platz!« machen lässt. Doch für diese Ablegeübung braucht man viel Geduld und Hartnäckigkeit. Immer wenn Ihr Vierbeiner sich auf Ihr Kommando hingelegt hat, müssen Sie sich ein Stückchen weiter von ihm entfernen. Gehen Sie dabei anfangs rückwärts, halten Sie Blickkontakt zu Ihrem Hund, und ermahnen Sie ihn ständig liegen zu bleiben. Er darf erst wieder aufstehen, wenn Sie ihn rufen.

»Komm!« oder »Hierher!«

Ganz klar: Ein Hund muss hören und gehorchen, wenn man ihn ruft. Das »Komm!«- oder »Hierher!«-Kommando ist daher eigentlich das allerwichtigste Kommando. Beginnen Sie mit der Übung in Ihrer Wohnung, wenn der Welpe sich bei Ihnen eingelebt hat. Rufen Sie ihn zunächst aus geringer Entfernung und loben Sie ihn überschwänglich, wenn er kommt. Gleichzeitig lernt der Hund seinen Namen kennen. Kommt er nicht, holen Sie ihn zu sich und sch mpfen.

Der nächste Schritt ist, den Kleinen aus einem anderen Zimmer zu rufen. Folgt er Ihrem Kommando, wird er geherzt und belohnt. Bleibt Ihr Rufen erfolglos, binden Sie Ihren Vierbeiner an eine lange Leine oder Schnur und ziehen ihn – auch gegen seinen Willen – zu sich heran. Dann müssen Sie ihn allerdings streicheln und loben, obwohl er das Ziel ja nicht ganz freiwillig erreicht hat. Wichtig ist, dass der Hund die Ausführung eines Befehls als etwas Positives erfährt.

TIPP Ziehen Sie Ihrem sitzenden Hund langsam die Vorderpfoten weg, bis er sich automatisch hinlegen muss. Um ihn am sofortigen Aufstehen zu hindern, drücken Sie ihm sanft, aber bestimmt den Rücken hinunter. Dabei wiederholen Sie immer wieder das Kommando »Platz!«, halten den Hund für kurze Zeit in dieser Position und loben ihn ausgiebig.

WICHTIG

Der Hund soll die Ausführung des »Komm!«-Befehls von Anfang an mit etwas Angenehmem verbinden: mit Schmusen, Spielen, Gassigehen etc.

WICHTIG

Vergessen Sie nie, dass es sich um einen Welpen handelt, der nicht überfordert werden sollte. Nach wie vor gilt die Regel, dass er im Spiel am besten lernen und begreifen wird. Allerdings muss ein Kommando immer befolgt werden. Herrchen und Frauchen, die Rudelleitung, dürfen niemals, auch nicht in scheinbar belanglosen Auseinandersetzungen, nachgeben.

TIPP Einige Hundetrainer warnen vor Nachlauf- und Fangspielen. Dem kleinen Hund könnte dabei nämlich bewusst werden, dass er am Ende ja doch immer der Schnellere ist.

Als Nächstes üben Sie im Freien. Ein eingezäunter Garten ist ideal. Steht dieser jedoch nicht zur Verfügung, binden Sie den kleinen Schüler wieder an eine lange Schnur oder Leine, sodass Sie jederzeit auf ihn einwirken können. Bei jedem Spaziergang trainieren Sie nun mit ihm das Herankommen auf Ihren Zuruf.

Stecken Sie sich für unterwegs ein paar Leckerbissen zur Belohnung in die Tasche. Leinen Sie den Hund ab, wenn Sie weit genug von der nächsten Straße weg sind. Lassen Sie ihn zunächst herumtoben, und rufen Sie ihn dann zur Übung immer einmal wieder zu sich her.

»Zufallslernen«

Hat der kleine Vierbeiner sich zufällig richtig verhalten, sollten Sie ihn stets ausgiebig dafür loben. So können Sie, wenn er sich müde hinlegt, hoch erfreut »Platz« rufen und ihn stark loben. Beim »Zufallslernen« darf man natürlich niemals schimpfen, sondern muss sich, wie der Begriff »Zufall« schon sagt, über alles freuen, was der Hund eben zufällig genau richtig macht, und ihn kräftig loben.

Von Anfang an können Sie den Welpen über das »Zufallslernen« mit einigen Kommandos vertraut machen.

Lernen in der Gruppe

Wenn Sie glauben, mit der Erziehung Ihres Hundes überfordert zu sein, geben Sie nicht auf, sondern suchen Sie sich Gleichgesinnte und Fachleute.

Welpenschule und Prägungsspieltage

Die Welpenschule kann als Vorstufe zum Hundeplatz angesehen werden. Sie wird ein- oder zweimal wöchentlich von einem Tierschutzverein, einer Hundeschule oder einem Hundesportverein angeboten. Die Junghunde sollen dort viel Spaß haben und mit anderen – durchaus auch mal älteren, gutmütigen – Hunden herumtollen. Immer in der Gruppe lernen sie dabei auch Sozialverhalten, Unterwerfungsrituale und das richtige Einschätzen ihrer Stärke. Im Spiel mit Artgenossen wird das Selbstvertrauen schüchterner Welpen gestärkt und vorwitzige Hunde werden in ihre Schranken verwiesen. Sie werden auch mit Umweltreizen und Geräuschen vertraut gemacht und verlieren so die Scheu vor Unbekanntem.

An den Prägungsspieltagen nehmen nur Hundekinder im Alter von 8 bis 16, allerhöchstens 18 Wochen teil. Ideal ist eine Gruppe von insgesamt 8 Welpen. Hier geht es vorrangig darum, die positiven und negativen Anlagen eines Tieres frühzeitig zu erkennen und entsprechend zu beeinflussen. Die ganze Familie darf den Hund begleiten und vor allem für Kinder gibt es viele gemeinsame Spiele mit dem jungen Hund.

Nehmen Sie die Gelegenheit wahr, bei diesen Veranstaltungen Fachleute zu Ihrem Problem zu befragen, und nutzen Sie das Gespräch mit anderen Welpenbesitzern zum Erfahrungsaustausch.

TIPP
Seien Sie bei der Suche nach einem geeigneten Platz sehr wählerisch, und beobachten Sie die Übungsstunden erst ein paar Mal, bevor Sie mitmachen oder in einen Verein eintreten.

ACHTUNG
Lassen Sie bei Spaziergängen Ihren Hund Kontakt mit anderen Vierbeinern aufnehmen – auch, wenn Ihr Welpe noch so klein und der entgegenkommende Mastino noch so bedrohlich ist! Kein normaler Hund wird einem Welpen etwas tun.

KRITERIEN FÜR EINEN GUTEN HUNDEPLATZ

- Die Hunde dürfen vor und nach dem Training ausgiebig miteinander spielen.
- Auch Mischlinge sind willkommen.
- Es herrschen weder Kasernenton noch Kadavergehorsam.
- Sie dürfen gerne und öfter zusehen, bevor Sie sich fest zum Training anmelden.

Ernährung, Gesundheit und Pflege

Besondere Leckerbissen lieben alle Hunde. Wichtiger aber ist die richtige Zusammensetzung der Nahrung, vor allem im ersten Lebensjahr. Sie ist die Grundlage eines langen Hundelebens. Doch nur ein gesunder Welpe hat die Möglichkeit, sich optimal zu entwickeln und zu einem glücklichen Hund heranzuwachsen.

Hunde sind Gewohnheitstiere und sollten stets zur gleichen Uhrzeit gefüttert werden. Sie betteln dann auch weniger intensiv.

Es ist gar nicht nötig, dass Sie Ihren Welpen stets mit selbst gekochtem Essen verwöhnen. Auch Dosen- oder Fertigfutter sind praktische Alternativen. Wichtig ist jedoch, dass Sie auf eine ausgewogene Zusammensetzung achten und Fehlendes ergänzen. Die Nahrung sollte energieliefernde Bestandteile und lebensnotwendige Bausteine, die der Organismus des Hundes nicht selbst produzieren kann, in ausreichender Menge enthalten.

Was Sie jetzt in hochwertiges Futter investieren, wird sich später auszahlen und Mangelerscheinungen verhindern. Doch achten Sie auch schon beim Welpen darauf, dass Sie Ihren Vierbeiner nicht überfüttern. Übergewicht verkürzt nicht nur die Lebenserwartung, sondern schädigt die normale Entwicklung der noch weichen Knochen und Gelenke.

Der Tierarzt als Partner

Suchen Sie sich einen vertrauenswürdigen Tierarzt in Ihrer Nähe, der Ihren Hund regelmäßig untersucht, ihn impft und ärztlich betreut. Mit seiner Hilfe, mit ausreichender Bewegung an frischer Luft und sorgfältiger Körperpflege werden Sie Ihrem Welpen eine gesunde Zukunft sichern.

Der Speiseplan

Der Organismus des Welpen ist noch nicht imstande, große Futtermengen auf einmal aufzunehmen. Um gesund zu bleiben, benötigt der junge Hund mehrere kleine Portionen am Tag. Mit zunehmendem Alter kann man die Abstände zwischen den Mahlzeiten vergrößern und die Anzahl der Portionen verringern (siehe Tabelle unten).

Die Nahrung sollte energieliefernde Bestandteile (also Eiweiß, Fett und Kohlenhydrate) und lebensnotwendige Bausteine (Vitamine, Mineralstoffe, Spurenelemente) in ausreichender Menge enthalten.

Selbstverständlich ist die Nahrungsmenge von der Größe Ihres Welpen abhängig. Wenn Sie unsicher sind, erkundigen Sie sich bei Ihrem Tierarzt, wie viel Ihr Hund täglich fressen soll, um gesund zu bleiben und nicht zu schwer zu werden.

Auch Reis ist ein guter Kohlenhydratelieferant, den Ihr Hund gern annimmt.

Als Hauptsache Fleisch

Da Hunde Fleischfresser sind, sollte insbesondere das Futter junger, noch im Wachstum befindlicher Tiere mindestens zur Hälfte aus Fleisch bestehen. Denn damit deckt der Hund den größten Teil seines täglichen Eiweißbedarfs zum Aufbau von Muskelmasse.

Neben Fleisch sind Milchprodukte hervorragende Eiweißlieferanten. In größeren Mengen kann Kuhmilch wegen ihres hohen Milchzuckeranteils jedoch Durchfall verursachen. Molke, ein Stück Käse oder etwas Hüttenkäse, vor allem aber Quark, sind da besser geeignet. Eier sollten Sie nur gekocht »servieren«.

Kohlenhydrate können Sie Ihrem Hund beispielsweise in Form von Getreideflocken anbieten. Wenn Ihr Vierbeiner eher dünn ist, dürfen es auch schon einmal Nudeln sein. Darüber hinaus gibt es im Handel

ACHTUNG

Vor allem Schweinefleisch sollten Sie nie roh verfüttern, da es gefährliche Krankheitserreger enthalten kann, die nur durch Kochen abgetötet werden.

WELPEN–FÜTTERUNGSPLAN	
Welpenalter	Mahlzeiten pro Tag
2 – 3 Monate	4 – 5
3 – 6 Monate	3
6 – 12 Monate	2
älter als 12 Monate	1 – 2

eine große Anzahl von speziellen Hundeflocken, die man dem Futter beimengt. Zusätzlich enthalten diese Nahrungsmittel unverdauliche Bestandteile (Ballaststoffe), die für eine gute Verdauung wichtig sind.

Fett ist der größte Energielieferant, d. h. es hat den höchsten Nährwert. Seinen Bedarf daran deckt der Hund vor allem durch tierische Fette. Sie sind in Form gesättigter Fettsäuren im Fleisch enthalten.

Einen ganz hohen Stellenwert bei der Versorgung mit Vitaminen, Mineralstoffen und Spurenelementen haben Gemüse und Obst. Viele Hunde möchten Bananen, andere knabbern einen Apfel. Je nachdem wie willig Ihr Hund Gemüse annimmt, sollten Sie seinem Futter z. B. Mais oder Karotten beimischen. Über Kartoffeln sind die Expertenmeinungen sehr geteilt. Ich habe damit noch keine schlechten Erfahrungen gemacht. Ab und zu ein Löffel Honig ist ebenfalls sinnvoll.

Darüber hinaus sind Vitamintabletten – und regelmäßige Mineralstoffzugaben aber unerlässlich. Ich füttere auch ab und an eine Hefetablette – übrigens ein gutes Belohnungsleckerli.

Über (Aufbau-)Kalk haben Tierärzte unterschiedliche Auffassungen. Süßigkeiten, stark gewürzte Speisen oder Tischabfälle sind für Ihren Hund schädlich und gehören daher nicht in seinen Futternapf.

> **TIPP** Die Attraktivität einer gesunden Karotte kann man für den Hund immens erhöhen, wenn man sie mit Wurst oder Schmalz einreibt. Karotten können ein guter Knochenersatz sein.

> **WICHTIG**
> Salz ist in der Hundeernährung weniger ein Gewürz als vielmehr ein notwendiges Mineral. Wenn das normale Hundefutter kein Salz enthält, sollten Sie Ihrem Vierbeiner einmal pro Woche eine Prise über sein Futter streuen – am besten Jodsalz.

Knochen

Einmal pro Woche können Sie Ihrem Vierbeiner die Freude gönnen, einen Knochen abzunagen. Dadurch verrirgert sich die Gefahr von Zahnsteinbildung und die Kiefermuskulatur wird trainiert. Weiche Kalbsknochen sind hierfür am besten geeignet.

Hunde, die zur Verstopfung neigen, sollten auf Knochen ganz verzichten. Zum Trost bekommen sie einen Büffelhaut-Kauknochen oder, wenn es noch Welpen sind, ein Kaustäbchen, Hundekuchen und -kräcker oder Knäckebrot.

Übrigens: Sollten Sie die Mühe scheuen oder einfach nicht die Zeit haben, Ihrem Hund das Futter selbst zusammenzustellen, können Sie auf die Vielzahl an angebotenen Fertigfutterprodukten zurückgreifen. Diese können Sie dann mit Obst, Gemüse und Hundeflocken bereichern. Die zusätzliche Gabe von Vitamin- und Mineralstoffpräparaten ist allerdings ein Muss.

Unabhängig vom Alter soll ein Hund nach dem Fressen zunächst ruhen und keinen Verdauungsspaziergang machen wie der Mensch.

Gesundheitsvorsorge

TIPP Nehmen Sie, wenn Sie Ihr neu- es Familienmitglied aussuchen, Ihren Tierarzt einfach mit, falls Sie ihn gut genug kennen, um solch ein Anliegen vor- bringen zu können!

Lassen Sie den Gesundheitszustand des kleinen Vierbeiners für den Sie sich entschieden haben, bald beim Tierarzt feststellen.

Holen Sie Ihren Hund aus einem gut geführten Tierheim, reicht es wahrscheinlich, wenn Sie bei der nächsten fälligen Impfung gleich noch einen Gesundheitscheck durchführen lassen – es sei denn, das Tier zeigt Anzeichen einer Krankheit oder hat sich verletzt.

Der tägliche Auslauf

Um gesund zu bleiben, braucht Ihr Welpe vor allem täglich viel Aus- lauf und Bewegung, damit die Muskulatur so kräftig wird, dass sie Gelenke und Wirbelsäule optimal stützen kann.

Ein täglicher 1- bis mehrstündiger Spaziergang plus 4 kleine Gassi- runden sollte Ihnen das Wohlbefinden Ihres Hundes wert sein – und zwar unabhängig von seiner Größe.

WICHTIG

Viel Bewegung bedeutet nicht, dass Sie Ihren Wel- pen stundenlang neben dem Fahrrad herrennen lassen sollen. Dafür fehlt ihm noch die Ausdauer, und sein noch im Wachs- tum befindliches Skelett würde durch die enorme Belastung Schaden neh- men. Bei größeren Wan- dertouren müssen Sie ihn zwischendurch immer mal wieder tragen.

Auf diese Weise kann sich der kleine Welpe auf lan- gen Spaziergängen immer mal wieder ausruhen.

Gesundheitliche Probleme

Wegen ihrer noch unterentwickelten Abwehrkräfte erkranken vor allem Welpen an Viruskrankheiten. Die Impfungen des Welpen sind deshalb von höchster Wichtigkeit.

Impfungen

Ein Welpe braucht zunächst eine Grundimmunisierung gegen folgende 5 Infektionskrankheiten: Tollwut, Staupe, Hepatitis contagiosa canis (kurz: Hepatits c. c. = infektiöse Leberentzündung), Leptospirose (auch als »Stuttgarter Hundeseuche« bekannt) und Parvovirose. Diese Fünffachimpfung (LTPSH) kostet beim ersten Mal mindestens 150 DM. Die jährlichen Auffrischungen kosten dann jeweils um die 100 DM.

An Parvovirose können Welpen innerhalb eines Tages sterben. Diese gefährliche Viruskrankheit wird wegen der Ähnlichkeit ihres Erregers auch als »Katzenseuche« bezeichnet. Dabei wird sie weder von Katzen auf Hunde noch umgekehrt übertragen.

Alle Impfungen müssen regelmäßig wiederholt werden.

> **WICHTIG**
>
> Bedenken Sie: Ohne gültigen Impfpass kann Ihr Hund Sie weder auf Auslandsreisen begleiten, noch können Sie ihn für die Zeit Ihres Urlaubs in einer Tierpension oder in einem Tierheim unterbringen.

IMPFPLAN		
Erstimpfung (Grundimmunisierung)	8. Lebenswoche	Impfung gegen Staupe, Hepatitis c.c., Parvovirose und Leptospirose.
Ist die Impfung beim Züchter erfolgt, auf entsprechende Eintragungen im Impfpass achten!		
	12. Lebenswoche	Impfung wie oben oder mit zusätzlichem Schutz gegen Tollwut
1. Wiederholung	nach 1 Jahr	gegen alles plus Tollwut
Weitere Wiederholungen	jährlich	Tollwut, Leptospirose
	alle 2 Jahre	Staupe, Hepatitis c.c., Parvovirose

In Sonderfällen, etwa bei kranken oder verletzten Hunden, besonderer Infektionsgefahr oder anderem, wird der Tierarzt den Plan entsprechend ändern.

Spulwürmer und Bandwürmer

TIPP In Zukunft sollten Sie jedoch regelmäßig den Kot des Hundes vom Tierarzt auf Spulwürmer untersuchen lassen. Erst wenn er fündig wird, ist die nächste Entwurmung fällig.

Welpen sind häufig von Spulwürmern befallen und müssen daher unbedingt entwurmt werden. Die erste Entwurmung wird in der Regel am 18. Lebenstag vorgenommen. 2 bis knapp 3 Wochen später bekommen die Tiere dann abermals eine entsprechende Wurmpaste. Erkundigen Sie sich im Tierheim oder beim Züchter genau, ob und wann Ihr Hundejunges entwurmt wurde. Die Dosierung der Wurmkur richtet sich nach dem Gewicht des Welpen. Im Alter von 2 Monaten sollten Sie die Entwurmung noch einmal wiederholen.

Der Verdacht auf Bandwürmer liegt nahe, wenn der Hund unter Juckreiz im Analbereich leidet oder einen Flohbefall hinter sich hat. Bei einer Kotuntersuchung werden die Eier des Bandwurms leider nicht entdeckt. Ein sicherer Beweis für Bandwurmbefall ist aber ein mit bloßem Auge erkennbares, bewegliches, reiskornförmiges weißes Gebilde im Hundekot oder im Fell. Dabei handelt es sich um ein ausgestoßenes Bandwurmglied. Holen Sie sich ein speziell gegen Bandwürmer wirksames Mittel vom Tierarzt.

Bringen Sie zu jeder Impfung den Impfpass Ihres Vierbeiners mit.

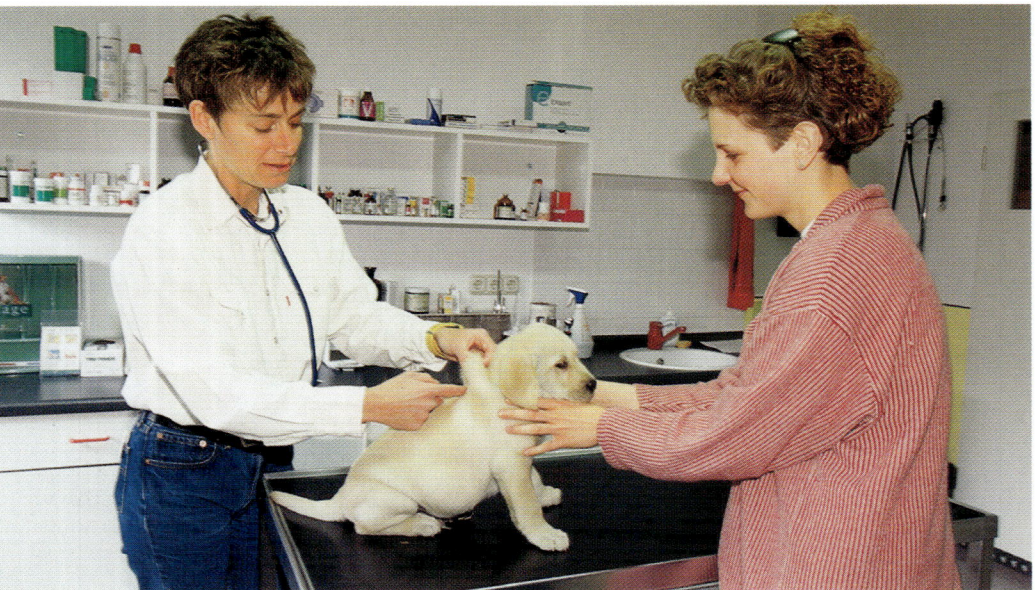

Problemfall: Hundesäugling

Um einen Hundesäugling ohne Mutter selbst aufzuziehen, brauchen Sie neben Zeit und viel Geduld natürlich auch konkrete Kenntnisse über die Aufzucht von Welpen. Folgende Punkte gilt es zu beachten:

Unsere normale Lebensmittelmilch enthält zu viel Zucker, Sie sollten deshalb spezielle Welpenaufzuchtmilch kaufen. Es gibt sie in Pulverform. Das Pulver rührt man einfach mit kochendem Wasser an und lässt die Milch dann bis auf Körpertemperatur abkühlen.

Der Säugling braucht viel Wärme. Eine – keinesfalls zu heiße – Wärmflasche, in ein Handtuch geschlagen und ins Hundebett gelegt, kann hier eine große Hilfe sein. Aber nichts geht über den Körperkontakt: Man kann den Säugling in einem Tuch am Körper tragen, so wie man es eben mit Babys macht.

In den ersten Wochen wird er sich ca. alle 2 bis 3 Stunden – also auch nachts – melden. Dann ist es Zeit für sein Fläschchen. Mit zunehmendem Alter werden die einzelnen Mahlzeiten umfangreicher und die Abstände dazwischen größer. Wie viel Sie Ihrem Welpen füttern müssen, hängt neben dem Alter natürlich auch von seiner Größe ab. Fragen Sie einen Tierarzt. Um den Absatz von Kot und Urin anzuregen, massieren Hundemütter nach dem Stillen mit der Zunge das Bäuchlein ihres Welpen. Das müssen Sie nun auch tun, dürfen aber statt der Zunge die Finger benutzen ...

Ab einem Alter von 3 bis 4 Wochen können Sie beginnen, feste Nahrung zuzufüttern, z. B. ein wenig Tatar mit Haferflocken.

Übrigens: Auch wenn der Welpe seine Augen öffnet, meist am 13. Tag, ist er zunächst noch blind. 4 Tage später beginnt er Umrisse zu erkennen.

Die Amme

Eine andere Möglichkeit, einen hilflosen Waisen aufzuziehen, ist die Amme. Allerdings muss es schon ein großer Zufall sein, wenn es in Ihrer Umgebung eine Hündin gibt, die gerade Junge hat oder hatte, so dass man ihr ein Findelkind unterschieben kann. Aber für den Fall, dass Sie keine Hundeersatzmutter finden, einen Trost: Hundebabys sind viel schneller aus dem Gröbsten raus als Menschenkinder.

Körperpflege

Die regelmäßige und sorgfältige Körperpflege ist für ein langes und gesundes Hundeleben ebenfalls von großer Bedeutung.

Kontrollieren Sie deshalb schon in der Welpenzeit sowohl Zähne als auch Ohren regelmäßig. In der Regel hat ein Welpe noch keine Probleme mit Zahnsteinbefall oder Karies. Allerdings verläuft der Zahnwechsel bei zwergwüchsigen Rassen gelegentlich nicht vollständig. Persistierende Milchzähne müssen dann von einem Tierarzt gezogen werden.

Die Ohren sollten Sie besonders nach ausgiebigen Spaziergängen durch hohes Gras oder Getreide auf eingedrungene Fremdkörper hin untersuchen. Entdecken Sie Grassamen, Grannen oder Ähnliches im Ohr, versuchen Sie nicht mit allen Mitteln, diese zu entfernen. Mit spitzen Gegenständen und sogar mit Wattestäbchen können Sie unversehens schlimme Verletzungen verursachen. Überlassen Sie das Entfernen einem Tierarzt.

CHECKLISTE
GRUNDAUSSTATTUNG FÜR
DIE HUNDEPFLEGE
- Zeckenzange
- Bürste
- eng- oder weitzahniger Striegel
- Gumminoppenhandschuh
- verschiedene Kämme
- Hundeshampoo oder Babypflegeprodukt

Kurzhaarige Hunde wie dieser Foxterrier sollten wenigstens einmal pro Woche sorgfältig gebürstet werden.

Lieber bürsten als baden

Die Formel für die richtige Fellpflege ist denkbar einfach: Bürsten so oft wie möglich, Baden nur, wenn es unbedingt nötig ist. Die meisten Hunde lieben es, gebürstet zu werden. Benutzt man eine geeignete Bürste und bürstet nicht zu ruppig und nicht gegen den Strich, so ist dies für Ihren Vierbeiner eine angenehme Variante des Streichelns.

Gleichzeitig entdecken Sie dabei etwaiges Ungeziefer wie Flöhe oder Zecken sowie Verletzungen und ertasten sonstige körperliche Veränderungen des Hundes (Warzen, Schwellungen, Tumore etc.).

Langhaarige Hunde wie Bobtails, Bearded Collies oder Afghanen müssen täglich gebürstet werden. Kurzhaarigen Vertretern sollten Sie das Vergnügen mindestens einmal pro Woche gönnen, während des Fellwechsels auch öfter.

Beim Baden mit Seife und Shampoo büßt der Hund seinen natürlichen Fettfilm und damit seinen Hautschutz ein. Aber wenn er sich in einem Kuhfladen, einem Misthaufen oder gar in Aas gewälzt hat, bleibt kaum eine andere Lösung als Einseifen und Abduschen.

TIPP Verwenden Sie in jedem Fall ein spezielles Hundeshampoo oder ein schonendes Produkt aus der Babypflege und achten Sie darauf, dass nichts davon in die Augen kommt. Es gibt sogar sogar Trockenshampoos für Hunde, die man einfach ins Fell ein- und ausbürstet.

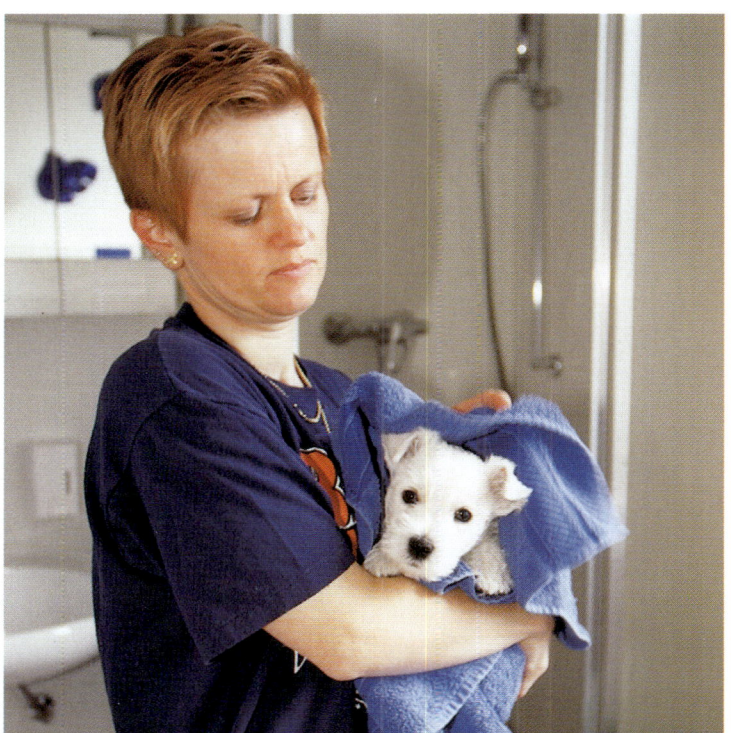

Nach dem Abduschen müssen Sie den Welpen gründlich trockenfrottieren, damit er sich nicht erkältet.

KINDER SPEZIAL

Von Anfang an immer mit vielen

Hundekinder kommen
immer mit mehreren
Geschwistern
auf die Welt.

Die Konkurrenz macht die Hundekinder stark, da sie sich einen guten Platz an der Zitze der Hundemama erkämpfen müssen. Sie sind auch nie allein. Sie haben immer Körperkontakt zu den Geschwistern und wärmen sich gegenseitig, auch wenn die Hundemama nicht da ist.

Spielen: Die spielenden Welpen lernen ihren Körper zu beherrschen. Sie werden immer geschickter.

Raufen: Beim Raufen lernen die Welpen, sich gegen die Artgenossen durch zu setzen und gewinnen Kraft.

Teilen: Auch Hundekinder müssen teilen lernen, damit sie später gut mit anderen Hunden aus-kommen können.

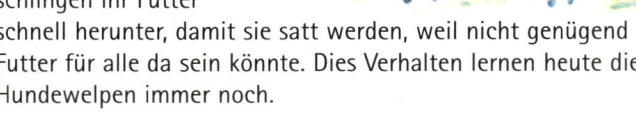

Schlingen: Wölfe schlingen ihr Futter schnell herunter, damit sie satt werden, weil nicht genügend Futter für alle da sein könnte. Dies Verhalten lernen heute die Hundewelpen immer noch.

Hundekinder müssen spielen, raufen, teilen und schlingen lernen, damit sie sich mit Artgenossen gut vertragen und ein artgerechtes Hundeleben führen können.

Wer wird der Boss?

Darauf musst du unbedingt von Anfang an achten, wenn du mit deinem Welpen »raufen« willst.

 Dein Hundekind ist noch klein und darf nicht zu lange spielen. Wenn es müde wird, lass es in Ruhe, damit es schlafen kann.

 Störe dein Hundekind nicht beim Fressen. Auch nachher muss es sich erst ausruhen.

 Du musst damit rechnen, dass dein Hundekind dich beim Spiel mit den Zähnen piekst. Dafür kann es nichts, weil es noch sehr spitze Milchzähne hat. Auch muss es erst lernen, wie fest es zubeißen kann.

 Wenn dein Hundekind zu grob ist, musst du es bestrafen, wie die Hundemama es tun würde. Fasse mit deiner Hand ins Nackenfell und schüttle es ein wenig. Sei dabei sehr vorsichtig, damit du das Hundekind nicht verletzt. Dazu sagst du dann *nein* oder *pfui*, damit das Hundekind gleich die richtigen Befehle lernt.

 Spiele mit deinem Hundekind »Tauziehen«. Dazu nimmst du ein altes Handtuch. Du ziehst an einem Ende, dein Hund an dem anderen. Dabei darfst du den Hund nicht mit dem Tuch anheben oder hinter dir herziehen, weil dein Hundekind noch nicht so viel Kraft hat.

 Bei allen Spielen musst du dem Hunde-kind zeigen, dass du der Boss bist, damit die Rangfolge geklärt ist. Aber lasse ihn bei Spielen auch einmal gewinnen, damit er sich freut und weiterhin gerne mit dir spielen mag.

KINDER SPEZIAL

Was dein Welpe sagen will

Wenn dein Welpe dir den Bauch zeigt und erstarrt, unterwirft er sich dir und bittet um Gnade. Strafe ihn jetzt nicht mehr, er hat aufgegeben.

Dein Welpe ist aufgeregt. Durch die aufgestellten Haare möchte er größer erscheinen als er ist, damit er mehr Eindruck macht.

Dein Welpe duckt sich, legt die Ohren zurück, klemmt den Schwanz ein und läuft mit dem Bauch fast auf dem Boden. Er hat Angst. Kümmere dich um ihn, damit er sich sicher und beschützt fühlt.

Dein Welpe steht straff mit erhobener Rute, nach vorne gestellten Ohren, die Rücken- haare sind gesträubt (Bürste). Er steht ganz still oder bewegt sich mit steifen Beinen. Er will angeben und Eindruck machen. Nimm ihn nicht zu ernst, lache ihn aber auch nicht aus.

KINDER SPEZIAL

Wenn dein Welpe mit einem anderen Welpen einen Ringkampf macht, wollen sie ihre Kräfte messen. Ein ernsthafter Streit mit Beißerei entsteht daraus nur sehr selten.

Halbstarke Rüden, aber auch einige Hündinnen, springen von hinten auf den Rücken eines anderen Hundes. Sie üben den Deckvorgang. Lasse deinen Welpen gewähren.

Wenn dein Hund die Vorderbeine auf den Boden streckt, die Ohren aufstellt und ein freundliches Gesicht macht, dabei das Hinterteil mit hocherhobenem Schwanz in die Höhe streckt, fordert er dich zum Spielen oder zu einem Spaziergang auf. Du solltest darauf eingehen.

Serviceseiten

Wichtige Adressen
Deutschland
IDH – Interessengemeinschaft
Deutscher Hundehalter
Auguststraße 5
22085 Hamburg

VDH – Verband für das Deutsche Hundewesen e. V.
Westfalendamm 174
44141 Dortmund

Österreich
ÖKV – Österreichischer Kyno-
logenverband
Johann-Teufel-Gasse 8
A-1238 Wien

Schweiz
SKG – Schweizerische Kynologische Gesellschaft
Länggaßstraße 8
3001 Bern

Dachverbände der Tier-
schutzorganisationen
Deutschland
BVT – Bundesverband Tier-
schutz (Arbeitsgemeinschaft
Deutscher Tierschutz)
Walpurgisstraße 40
47441 Moers

BMT – Bund gegen Miss-
brauch der Tiere (Bund gegen
Vivisektion)
Viktor-Scheffel-Straße 15/0
80803 München

DTSchB – Deutscher Tier-
schutzbund
Baumschulallee 15
53115 Bonn

Deutsches Haustierregister
Tel.: 0 18 05 – 23 14 14

Österreich
Zentralverband der Öster-
reichischen Tierschutzvereine
& Wiener Tierschutzverein
Khleslplatz 6
A-1120 Wien

Schweiz
STS – Schweizer Tierschutz
Zentralsekretariat
Birsfelderstraße 45
CH-4052 Basel

*Ratgeber-Telefon (Herz für
Tiere Service) für Tierhalter*
01 90 / 87 32 47-11 (Täglich
von 8 bis 22 Uhr beantworten
Tierärzte Ihre Fragen)

Literaturhinweise
Feddersen-Petersen, Dorit:
Hunde und ihre Menschen,
Franckh-Kosmos 1992

Feldmann-von Schroeder,
Gudrun: Hund und Mensch im
Zwiegespräch – Spielregeln
für eine Partnerschaft,
Franckh-Kosmos 1993
Trumler, Eberhard: Hunde
ernst genommen. Zum Wesen
und Verständnis ihres Verhal-
tens, Piper 1992

VDH & SV (Hrsg.): SV und VDH
empfehlen Kindern 12 Goldene Regeln im Umgang mit
Hunden. Die Broschüre (Bera-
ter E. Trumler und E. Zimen)
können Sie beim VDH oder SV
anfordern:
Verein für Deutsche Schäfer-
hunde (SV), Steinerne Furt 71,
86167 Augsburg, Tel.: 08 21 –
74 00 20

Weidt, Heinz: Der Hund mit
dem wir leben: Verhalten und
Wesen, Parey 1993

Weidt, Heinz u. Berlowitz,
Dina: Prägungsspieltage. Leit-
faden für die Organisation,
Durchführung und Teilnahme,
Bern 1994 (Hrsg. Schweizer
Kynolog. Gesellschaft)

Sie finden uns im Internet unter:
www.falken.de

Dieses Buch wurde auf chlorfrei
gebleichtem und säurefreiem Papier
gedruckt.

Der Text dieses Buches entspricht den
Regeln der neuen deutschen Recht-
schreibung.

ISBN 3 8068 2067 8

© 1999 by FALKEN Verlag,
65527 Niedernhausen/Ts.
Die Verwertung der Texte und Bilder,
auch auszugsweise, ist ohne Zu-
stimmung des Verlags urheberrechts-
widrig und strafbar. Dies gilt auch
für Vervielfältigungen, Übersetzun-
gen, Mikroverfilmung und für die
Verarbeitung mit elektronischen
Systemen.
Titelbild: FALKEN Archiv/U. Schanz;
    Einklinker: FALKEN Archiv/ C. Stei-
    mer
Umschlagrückseite: U. Schanz, Mün-
    chen
Fotos: »Ein Herz für Tiere«/C, M. Bahr;
    U. Schanz, München; C. Steimer,
    Wölfersheim,
FALKEN Archiv: J. Huber; C.. Steimer;
    U. Schanz
Zeichnungen: U. Selders, Köln; E. Wa-
    gendristel), Berlin (Kinder Spezial)
Die Ratschläge in diesem Buch sind
von der Autorin und vom Verlag sorg-
fältig erwogen und geprüft, dennoch
kann eine Garantie nicht übernommen werden. Eine Haftung der Autorin bzw. des Verlags und seiner Beauf-
tragten für Personen-, Sach- und Ver-
mögensschäden ist ausgeschlossen.
Druck: Ludwig Auer GmbH, Donau-
    wörth

817 2635 4453 6271

Register

Erste Hilfe

Regeln für das Verhalten

bei einem Notfall:

- 🐾 Bewahren Sie unbedingt Ruhe!
- 🐾 Bringen Sie den Hund schnell aus der Gefahrenzone!
- 🐾 Beruhigen Sie den aufgeregten und ängstlichen Hund!
- 🐾 Rufen Sie den Tierarzt an und informieren Sie ihn über wichtige Details!
- 🐾 Leisten Sie erste Hilfe und bringen Sie den Hund schnell zum Tierarzt!

Wichtige Telefonnummern:

🐾 **Tierarzt:**

🐾 **Tierklinik:**

🐾 **Tierärztlicher Notdienst:**

🐾 **Tiertaxi:**

Erste Hilfe bei Insektenstichen

- 🐾 **Symptome:** Kratzen der Einstichstelle; bei Stichen im Maul Schwellungen des Fangs, der Zunge, im Rachenraum, Atemnot, Speicheln, Erbrechen.
- 🐾 **Behandlung:** Stachel entfernen, Schwellungen kühlen; bei Stichen im Maul zum Tierarzt.

Erste Hilfe bei Hitzschlag

- 🐾 **Symptome:** Hecheln, Taumeln, Atemnot, Bewusstlosigkeit.
- 🐾 **Behandlung:** Hund in den Schatten bringen; mit feuchten Tüchern abkühlen, aber nicht ins kalte Wasser werfen.

Erste Hilfe bei pulsierenden Blutungen

- 🐾 **Symptome:** Das Blut tritt stoßweise aus der Wunde aus.
- 🐾 **Behandlung:** Schnauze zubinden; Gliedmaßen oberhalb der Wunde abbinden, alle 30 Minuten lockern, sonst stirbt das Bein ab; bei Wunden am Körper Druckverband anlegen.

Erste Hilfe bei Brüchen

- 🐾 **Symptome:** Abknicken im verletzten Bereich, Lahmheit; offene Wunde
- 🐾 **Behandlung:** Schnauze zubinden; Hund ganz vorsichtig bewegen; wenn abgeknickt, Bein nicht gerade biegen; geraden Bruch schienen; offene Wunden mit sauberem Tuch abdecken.

Erste Hilfe bei Verbrennungen

- 🐾 **Symptome:** Gerötete Haut, Blasen, versengte Haare.
- 🐾 **Behandlung:** Mit fließendem kaltem Wasser oder Eisbeuteln mindestens 15 Minuten kühlen.